城市轨道交通建设系列指南

城市轨道交通创精品工程实施指南

江苏省住房和城乡建设厅
江苏省土木建筑学会城市轨道交通建设专业委员会 组织编写

中国建筑工业出版社

图书在版编目（CIP）数据

城市轨道交通创精品工程实施指南/江苏省住房和城乡建设厅，江苏省土木建筑学会城市轨道交通建设专业委员会组织编写．—北京：中国建筑工业出版社，2020.7

（城市轨道交通建设系列指南）

ISBN 978-7-112-25291-6

Ⅰ.①城…　Ⅱ.①江…②江…　Ⅲ.①城市铁路-轨道交通-铁路工程-指南　Ⅳ.①U239.5-62

中国版本图书馆CIP数据核字（2020）第114909号

本指南重点论述了城市轨道交通创建精品工程的全过程。从精品工程的策划、设计、主体结构、机电及系统设备安装、科技创新、装饰装修以及工程质量等方面进行详尽的阐述。书中附有大量工程实景图片及亮点点评，图文并茂，言简意赅，是一部指导城市轨道交通创建精品工程的实施手册，具有较强的实用性和可操作性。

本指南可供城市轨道交通工程设计、建设、施工、监理、建设行政主管部门、质量监督部门和大专院校等单位相关人员使用和参考，也可作为城市轨道交通相关人员的培训教材。

责任编辑：万　李　张伯熙
责任校对：芦欣甜

城市轨道交通建设系列指南
城市轨道交通创精品工程实施指南
江苏省住房和城乡建设厅
江苏省土木建筑学会城市轨道交通建设专业委员会　组织编写
*
中国建筑工业出版社出版、发行（北京海淀三里河路9号）
各地新华书店、建筑书店经销
北京红光制版公司制版
南京海兴印务有限公司印刷
*
开本：787×1092毫米　1/16　印张：26¼　字数：637千字
2020年7月第一版　　2020年7月第一次印刷
定价：**80.00**元
ISBN 978-7-112-25291-6
（35991）

《城市轨道交通创精品工程实施指南》

主编单位：

江苏省土木建筑学会城市轨道交通建设专业委员会

无锡地铁集团有限公司

参编单位：

中铁一局集团有限公司

中铁第四勘察设计院集团有限公司

广州地铁设计研究院股份有限公司

中铁四局集团电气化工程有限公司

中国铁路通信信号上海工程局集团有限公司

中铁十六局集团有限公司

中铁十七局集团有限公司

中国建筑第八工程局有限公司

中国铁建电气化局集团有限公司

南京消防器材股份有限公司

常州华东人防设备有限公司

今创集团股份有限公司

迅达（中国）电梯有限公司

通力电梯有限公司

南京地铁建设有限责任公司

苏州市轨道交通集团有限公司

常州市轨道交通发展有限公司

徐州市城市轨道交通有限责任公司

南通城市轨道交通有限公司

本书编审委员会

顾　　问　钱七虎　陈湘生　缪昌文　周　岚　顾小平
余才高　周明保　徐　政　宋晓云　朱明勇
王　智

本书编写委员会

主　　任　张大春

副 主 任　汪志强　罗跟东　卢红标　江泽礼

主　　编　靳永福

副 主 编　彭宇一　戴　宇

编写人员　（按姓氏笔划排列）

王　波　王　涛　王开材　王亚文　王秋会
文　竹　文琪方　邓有春　艾治家　节妍冰
石江河　卢红标　朱　刚　朱春明　刘国彦
李大宁　李世国　李新祝　吴　梦　吴祝阳
闵向林　沈永亮　张　伟　张大春　张文平
张吉呈　陈　宇　陈　昕　范小叶　周　鹏
胡　静　侯冠斐　祝　海　姚　吉　袁德民
莫振泽　徐雪来　徐彩霞　郭新伟　黄　峰
黄新家　彭宇一　董自磊　靳永福　褚周健
蔡志军　戴　宇　戴之淇　戴世锦

本书审定委员会

主　　任　徐学军

委　　员　王永生　赵正嘉　谢　波　陶建岳　桂　林
刘亚非　唐来顺　马　记　吴志明

序　一

自20世纪90年代至现在是中国城市轨道交通快速发展的新阶段。随着经济的快速发展，城市综合规模的迅速扩大，中国城镇化进程的加快，我国的轨道交通也进入了大发展时期。规划建设城市轨道交通的城市迅速增多，大中城市轨道交通正逐步形成网络化，中国正初步形成了以地铁为主体，轻轨、单轨、有轨电车、磁浮、APM和市域快轨等其他制式为补充的多元化发展格局，城市轨道交通正在高位稳定发展。中国城市轨道交通用不到30年的时间，走过了国外发达国家150年的发展历程。

实践证明，城市轨道交通在优化城市地下空间结构，促进新型城镇化发展，缓解城市交通拥堵和保护环境等方面显示出无比优越的作用。在大规模、高速度、跨越式发展的阶段，我们必须清醒地认识到，当前我国城市轨道交通建设正面临着一些严峻的问题和挑战。轨道交通建设的前期线网规划、线路、可行性研究、方案设计、比较研究和优化工作不够；在大建设时期还未来得及形成一套系统、完善的管理、勘察、设计、施工、监理、运营等在内的技术与管理标准体系；强调快速建设而压缩工期，强调最低价中标而造成材料设备和施工竞相压价，导致建设投入不足；建设管理薄弱，管理信息化水平不高，风险管理意识薄弱，工程事故时有发生；由于建设项目多、规模大、专业性强，造成目前轨道交通行业技术和管理力量稀释，专业技术人员、管理人员和熟练岗位技术工人严重匮乏，特别是一线操作工人来源短缺，技术水平较低，难以适应需求；工程建设中常见质量问题仍较普遍，质量水平不容乐观。

可喜的是，江苏省土木建筑学会城市轨道交通建设专业委员会在江苏省住房和城乡建设厅、江苏省科协的大力支持下，从2014年10月成立以来，一直以“建设一批优质工程、带动一批骨干企业、培养一批优秀人才、研究一批急需成果”为己任，先后开展了城市轨道交通工程“835”、“926”科技创新计划，经过5年多的努力，终于完成了两轮科技创新任务。两轮科技创新计划涵盖了城市轨道交通科研项目、地方标准和建设指南。其中编写的一套《城市轨道交通建设系列指南》，始于城轨需求，源自城轨实践；有理论，更有经验的提炼；有系统性，更重操作性，可喜可贺！本套丛书的问世，顺应了“聚焦高质量发展”新时代的要求，将对我国城市轨道交通建设水平的提升起到积极和重要的促进作用。

中国工程院院士、国家最高科学技术奖获得者：钱七虎

2019年12月9日

序　二

从1863年英国伦敦第一条地铁线到1965年我国北京地铁一号线建设以来，因快捷准点、运输量大、节能环保等优点，城市轨道交通已成为百姓出行首选的交通工具。截至2019年9月底，我国已有43个城市运营突破6300公里；在建里程达6600公里。截至2019年12月，江苏省城市轨道交通已有7个地级市运营或在建，其中运营地铁18条线704.5公里、有轨电车5条线83.8公里；在建地铁19条线539.4公里。

城市轨道交通工程建设涉及土木工程、机电工程和管理工程等近40个专业。随着我国城市轨道交通进入高速发展阶段，该领域的管理、勘察设计、监理、施工、检测、监测等专业人员紧缺，安全与质量管理面临着严峻的问题和挑战。因此，项目管理、安全与质量风险管控，技术与管理人员管理水平等亟待提升。

为此，江苏省土木建筑学会城市轨道交通建设专业委员会（以下简称江苏城轨专委会）自2014年成立以来，一直把科技创新工作放在首位。先后联合了省内外城市轨道交通建设110余家勘察设计、施工、监理、检测、监测、科研院所、监管等单位和部门，共同开展了两轮科技创新活动，取得了一批可喜的成果。已出版了第一批《城市轨道交通建设系列指南》7本、省级地方标准6本和10余项重要科研成果，第二批《城市轨道交通建设系列指南》将有10余本陆续出版，相关成果对推动城市轨道交通建设高质量发展起到了很好的引领作用。

组织《城市轨道交通建设系列指南》的编写，反映了江苏城轨专委会想城轨建设所想，急城轨建设所急，具有前瞻眼光和强烈的责任感。组织编写这样一套系列丛书，工程浩大，需要组织协调和筹集大量人财物。从选题、立项、确定主参编单位和人员、每本书的大纲和定位，到编写过程中邀请国内相关专家的数轮指导审核把关，付出了艰辛的努力；他们坚持不流于形式、不急于求成，坚持实用、创新、引领和指导等原则，体现了编审委员会严谨、求实和负责的态度和精神。

系列指南涵盖了我国城市轨道交通建设的多个领域，涉及面广。它的陆续出版，是我国城市轨道交通建设的一件盛事和喜事。编写者在城轨一线边工作边写作，边调研边提炼总结，对现行标准规范融会贯通，集思广益，倾注了大量的心血。他们紧扣该领域建设的实际需要，突出问题导向，突出经验总结和梳理，突出实用性和操作性，奉献出了一本本图文并茂、可读性强，集指导性、实用性、专业性为一体的指南，可喜可贺！系列指南的问世将对我国城市轨道交通工程建设水平的提高和高质量发展具有重要的促进作用。

陈湘生，博士，教授，中国工程院院士
深圳大学土木与交通工程学院院长
深圳市地铁集团有限公司技术委员会主任
2019年12月9日

序　三

随着城市建设的快速发展，城市轨道交通作为百姓出行的首选方式，其工程建设也进入迅猛发展时期。针对如此大规模的城市轨道交通建设任务，为提高工程整体建设水平，急需在施工质量控制、新材料研究及应用、安全管理标准化、检测监测技术研究、建设项目管理等多方面编写一系列指南来指导工程建设。

江苏省土木建筑学会城市轨道交通建设专业委员会（以下简称江苏城轨专委会）作为科技社团，2014 年 10 月成立以来，紧紧围绕城市轨道交通建设“四大目标”和“六项任务”开展工作。“四大目标”即：建设一批优质工程、带动一批骨干企业、培养一批优秀人才、研究一批急需成果；“六项任务”即：搭建交流平台、开展标准（课题）研究、提供咨询服务、组织人才培训、指导工程创优、发挥助手作用。

通过 5 年多的努力，江苏城轨专委会充分发挥专家团队的技术优势，积极开展系列科技创新活动。先后牵头组织省内外 110 余家单位，近 800 人共同开展城市轨道交通“835”和“926”计划，参加的单位有城市轨道交通参建单位、高等院校、科研院所以及政府主管部门等，目前已基本完成全部科技创新计划任务。

系列指南的编写立足于城市轨道交通建设，内容丰富，书中大量的观点、做法、数据和案例都来自各编写单位一线工程实践经验，具有鲜明的工程特色，同时还引用了国内大量最新发布的标准和规范性文件，在写法上做到了图文并茂，整体具有较好的先进性、创新性和实用性。

本轮系列指南在编写过程中凝聚了全体主参编、审定人员的智慧和辛勤汗水，对推动城市轨道交通工程高质量发展具有非常重要的指导价值。

中国工程院院士：

2019 年 12 月 18 日

序　四

近年来，江苏省城市轨道交通工程建设进入大规模、高速度、跨越式发展阶段。自2000年南京地铁1号线开工建设以来，先后有苏州、无锡、常州、徐州、南通、淮安及昆山等地陆续开工建设，截至2019年12月，江苏省城市轨道交通在建和投入运营的线路（含有轨电车）共42条，共1327.7公里；预计到“十三五”末将达到1400公里左右。

城市轨道交通工程建设周期长、施工环境复杂、风险大，涉及专业众多。多年来，我省各级建设主管部门和奋战在我省城市轨道交通建设战线的广大管理和技术人员，在轨道交通工程建设和管理方面十分重视向北京、上海、广州、深圳等兄弟城市学习，同时结合江苏省的实际和特点进行探索，并注重实践经验的积累和总结。2014年7月25日，江苏省住房和城乡建设厅下发了“关于开展江苏省城市轨道交通工程建设系列指南（标准）编写工作的通知”，并委托江苏省土木建筑学会城市轨道交通建设专业委员会具体实施。通过110余家单位、近800人的攻关，首批系列指南已正式出版发行。第二批指南也列入江苏省住房和城乡建设厅科技创新工作计划，计划到“十三五”末，基本建立和健全江苏省城市轨道交通建设标准体系。目前，已出版了第一批《城市轨道交通建设系列指南》7本、省级地方标准6本和10余项重要科研成果，第二批《城市轨道交通建设系列指南》有10余本也陆续出版，相关成果对推动城市轨道交通建设高质量发展起到了很好的引领作用。

组织编写《城市轨道交通建设系列指南》，是我省城市轨道交通建设史上的一件大事，是全面总结和提高我省城市轨道交通建设水平的重要工作。江苏省土木建筑学会城市轨道交通建设专业委员会在组织编写系列指南过程中，积极协调各方资源，严密组织编写过程，坚持每本指南召开编写大纲、中间成果、修改后成果三次评审会和最终成果专家审定会，每次会议均邀请国内城市轨道交通建设专家学者严格把关，经过多次反复沟通修编，较好地保证了指南编写的质量。

由于江苏省城市轨道交通建设起步较晚，建设经验与兄弟省市相比还有较大的差距，系列指南（标准）的编写还存在许多不足，希望编委会和广大编写人员继续向兄弟省市学习，向实践学习，不断改进、总结和完善，为城市轨道交通建设作出积极的贡献。

江苏省住房和城乡建设厅党组书记：

2019年12月16日

前　言

城市轨道交通工程是百年民生工程，具有投资大、工期长、建设环境复杂、质量要求高和社会关注度高等特点，大力开展精品工程创建活动，既是城轨建设者的目标和任务，更是责任和使命。为指导城市轨道交通工程开展精品工程创建活动，提升创精品工程的技术与能力，江苏省住房和城乡建设厅、江苏省土木建筑学会城市轨道交通建设专业委员会组织无锡地铁集团有限公司等多家单位共同编写本指南。

本指南编写组在广泛调研国内城市轨道交通创精品工程的基础上，从设计、策划、施工、资料整理到申报的全过程对城市轨道交通创精品工程的经验与效果进行了认真的梳理和总结。本指南以国家现行相关法律法规及标准规范为依据，以精品工程的要求，将工程中关键工序做法呈现给读者，提供系统性、实用性、专业性的帮助。本指南经过反复锤炼、讨论，终于成稿。

本指南按照城市轨道交通精品工程应具有的七个典型特征："设计先进、结构可靠、安装规牢、创新环保、装修精巧、资料全好、一次成优"为基调分为八章。第1章绪论，主要介绍了城市轨道交通的重要性和质量要求，提出了精品工程的定义、创精品工程的目的和意义，阐述创精品工程的展望；第2章策划在先，介绍了创精品工程总体策划和细部策划的内容与实操方法，体现的是"一次成优"的工作方法和基本要求；第3～8章，介绍创精品工程在设计、土建结构、机电安装、创新环保、装饰装修和档案资料管理等方面的具体质量控制要求。相应章节插入了大量工程案例和实景图片及其亮点点评，具有较强的实用性和可操作性。

本指南在编写过程中得到了江苏省内外相关城市轨道交通建设单位、质量安全监督部门的大力支持和帮助，同时参考了国内外同行专家、学者的著述和文献，在此表示衷心的感谢和敬意！因时间仓促和编写人员的水平局限性，编写过程中难免存在一些不足和疏漏，恳请各位专家、读者谅解并提出宝贵意见，并反馈至江苏省土木建筑学会城市轨道交通建设专业委员会，便于该指南的进一步修订和完善。

本书编审委员会

2020年5月

目　录

第 1 章　绪　论

城市轨道交通是现代城市交通系统的重要组成部分，是城市公共交通系统的骨干，对提升城市公共交通供给质量和效率、缓解城市交通拥堵、引导城市空间结构布局优化、改善城市环境具有重要作用。城市轨道交通作为我国重大工程建设项目之一，要确保其工程质量达到建设百年工程的目标，其工程参建各方应积极开展创精品工程活动，着力打造精品工程，推进城市轨道交通整体工程质量水平的提升。

1.1　创精品工程的意义和作用

精品工程是通过科学的组织、有效的管理、精湛的技艺创造出的完美的工程；是以规范、标准和工艺设计为依据，通过全员参与的管理方式，周密组织和严格控制，对所有工序精心操作，最终达到优良的内在品质和精致细腻的外观效果的工程；是设计新颖、造型美观、功能合理、无永久性质量缺陷、技术含量高、能经受时间考验、与环境相协调、用户满意的工程。

城市轨道交通创精品工程是贯彻“高质量发展”精神，实现“中国梦”的需要，对于城市轨道交通行业具有重要及现实意义。

(1) 体现“百年大计，质量第一”的方针，通过高品质、高效率打造一批精品工程，树立行业标杆，增强工程建设企业质量意识，带动轨道交通工程本身、工程所在地区乃至全国工程质量水平的提高。

(2) 实践城市轨道交通创精品工程，得到完美的工程质量，既满足建筑物结构安全的首要条件，又实现建筑物的使用功能和美观外形，同时以创精品工程过程中的质量控制促进施工安全，实现安全生产的目标。

(3) 提高参建各方管理水平和技术水平。通过创精品工程，建立完善的质量管理体系，并推广使用“四新技术”，提升工程技术创新能力和管理创新能力，实现质量管理、安全管理、成本管理等的优化。

(4) 提高操作层的作业水平，增强施工专业化程度，以精细化管理和标准化作业确保工程一次建成、一次成优，在一定程度上治理和消除质量通病，降低质量缺陷风险，尤其是隐蔽工程质量风险。

(5) 体现生态建筑学和“绿色建筑”的理念，建设更高层次适宜人类需求的建筑环境，满足可持续发展和生态环境等要求，提高人们生活水平，创建宜居环境，提高人民幸福生活指数，体现“以人为本”的核心要求。

(6) 带来一定的经济和社会效益，实现“质量”、“效益”双丰收，培养一批人才，创建一项精品（优质）工程，引领行业发展。

1.2 创精品工程的现状

1.2.1 城市轨道交通创精品工程的现状

纵观国内外城市轨道交通的发展，建设精品工程是各国城市轨道交通行业的目标和共识，其中国外所创造的精品工程以莫斯科地铁最为典型，被公认为世界上最漂亮的地铁。莫斯科地铁站建筑造型各异、华丽典雅，常以民族特点、名人、历史事迹等为主题建造，享有“地下的艺术殿堂”之美称。伦敦地铁，是世界上最古老的地下铁道，其结构坚固耐久，经历过战争的洗礼，见证过无数次的技术革新和线路拓展。

我国自 20 世纪 80 年代以来，先后设立了“国家优质工程奖”、“中国建设工程鲁班奖（国家优质工程）”等奖项，鼓励更多的建设者创建优质工程。自此，我国工程建设理念发生了从注重“量”向注重“质”的转变，在建设规模大发展的同时，质量意识明显提高。近几年，随着城市轨道交通工程风险防控技术的成熟，工程质量及创精品工程意识明显提高，越来越多的城市轨道交通参建单位加入到创精品工程队伍当中。各地从质量目标确立、规划、勘察、设计到施工，全方位、全过程地提升了城市轨道交通建设水平，创造出的精品工程亮点纷呈，其中华北地区整体风格大气，华东地区风格典雅，华中地区风格轻巧，华南地区风格细腻。

以江苏省城市轨道交通创精品工程的情况为例，江苏省南京市、无锡市及苏州市的城市轨道交通工程均先后获得过国家级奖项，包括“国家优质工程奖”、“中国建设工程鲁班奖（国家优质工程）”。这些城市在创精品工程策划、实施和申报工作上积累了丰富的经验，带动了区域内城市轨道交通创精品工程工作的大力发展。江苏省徐州、常州、南通等其他城市随着城市轨道交通的建设与运营，也正在积极筹备国家级奖项申报工作。江苏省城市轨道交通创造的多项精品工程如图 1-1 所示。

(*a*)

(*b*)

图 1-1 江苏省部分城市轨道交通精品工程照片（一）
（*a*）无锡轨道交通 1 号线某车站；（*b*）苏州轨道交通 2 号线某车站；

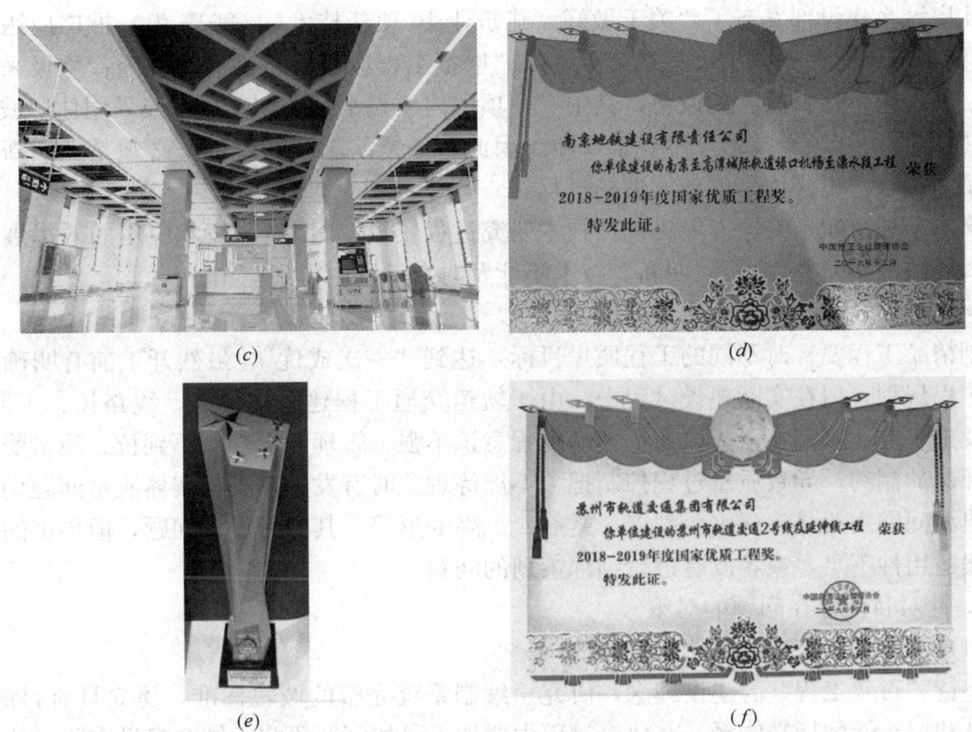

(*c*) (*d*) (*e*) (*f*)

图 1-1 江苏省部分城市轨道交通精品工程照片（二）

（*c*）南京地铁宁溧线某车站；（*d*）南京地铁宁溧线荣获国家优质工程奖；
（*e*）无锡轨道交通 1 号线获国家优质工程金奖；（*f*）苏州轨道交通 2 号线获国家优质工程奖

1.2.2 创精品工程存在的问题和对策

1. 目前创精品工程存在的问题

（1）城市轨道交通标准系统性不强

随着城市轨道交通的发展，住房城乡建设部先后发布了多项新的国家验收标准。这些标准的制定和实施，为规范和推动城市轨道交通的质量控制起到了至关重要的作用，但是目前我国城市轨道交通标准还存在一些问题。首先，城市轨道交通在一些特定专业技术方面、材料应用方面，还没有形成完整的标准控制体系。其次，城市轨道交通规范标准体系性不强，部分为房建、市政、铁路标准，没有城市轨道交通专门的标准体系。再次，城市轨道交通部分标准陈旧，更新不及时，不能适应轨道交通高速发展的要求。最后，部分标准要求偏低，不能适应轨道交通高质量发展和创精品工程的要求。

（2）城市轨道交通创精品标准不高

从国家级及省级的一些工程质量奖项评选文件中可以看出，要求所评选工程的综合指标达到同时期国内领先水平，工程质量不仅仅要满足于国家标准、行业标准，甚至要高于以上标准。但通过对国内以往优质工程评选工作的调研发现，有些工程在评选成绩上不理想的主要原因在于对工程质量标准定位不高，仅满足于国家标准，没有提出高于国标的创精品标准，在“优中选优”中落选。

（3）城市轨道交通新技术应用不够

住房城乡建设部发布了“关于做好《建筑业10项新技术》（2017版）推广应用的通知”，结合鲁班奖评选办法第三章第十一条“申报工程应具备条件”之一为：积极采用新技术、新工艺、新材料、新设备，其中有一项国内领先水平的创新技术或采用住房城乡建设部“建筑业10项新技术”不少于6项。因此，创精品工程的过程，必须是“四新”技术应用的过程，也必须是创新发展的过程。

但由于城市轨道交通发展迅速，技术研究过程较短，“四新”技术应用的效果展现不充分，导致一些研究成果、“四新”技术不能及时在工程中得到应用。

（4）仍存在较多的常见质量问题

创精品工程要针对不同的工程质量目标，达到“一次成优”。虽然开工前有明确的创精品工程规划，但在实际建设过程中，由于轨道交通工程建设体量大、线路长、工期长、设计及施工专业多等特点，以及创精品工程意识不强、管理职责落实不到位、质量受工期造价环保的制约，导致质量过程控制把关不严等现象时有发生，工程实体质量问题仍然存在。典型问题主要是渗漏水、裂缝、露筋、沉降变形等，其中有设计问题，但更多的是施工方案适用性不足，或者没有进行细部策划的问题。

2. 针对目前存在问题的对策

（1）建立系统完整的城轨建设标准

坚持“百年工程”的建设理念，研究、编制系统完整的城轨标准，建立具有目的性、系统性和层级性的标准体系。在建设过程中要加强科技创新研究，结合建设实际，注重总结城轨实践经验和问题处理情况，及时上升为行业指南、标准，并及时推广应用和更新，使得标准体系的建立适应轨道交通发展的节奏。

（2）建立较高的创精品质量控制标准

城市轨道交通建设方在创精品工程伊始，就要根据工程实际情况和奖项评选要求，制定具有较高层次、可实施性及可操作性的工程质量实际控制标准。要想精品工程创建成功，所制定的标准不仅要满足于现有的国家或行业标准，还要对具体技术参数进行再提升，制定高于验收标准的创精品标准。在工程设计、施工质量等方面满足精品工程“优中选优”的要求。

（3）积极推广应用“四新”技术

城市轨道交通建设要做好“四新”技术应用和推广。第一，需要政府主管部门、参建各方、科研院所和社会组织的重视和参与，尤其是建设单位的强有力支持和落实。第二，通过系统完整的城市轨道交通工程建设标准，为创精品工程提供技术支撑，强化新技术成果的转化和推广应用，为创精品工程提供“新技术、新工艺、新材料和新设备”等创新发展的技术动力。第三，在解决城市轨道交通工程出现的复杂环境、复杂工况时，要倡导将传统的施工工艺与“四新”技术结合起来，开发新方法、新思路，如地下结构防裂抗渗成套技术、清水混凝土施工技术、先进的钢筋加工制安工艺、高质量大型定型钢模应用等。

（4）夯实工程实体质量管理工作

首先，要提高各参建单位创精品工程意识，重视参建人员质量意识、创精品工程意识的培养。可以定期组织创精品工程培训与工作交流，开展精品工程展示、观摩学习等活动，举办专家咨询、讲座等活动。

其次，要做好创精品工程的组织管理。组织是影响目标实现的决定性因素，建设单位应作为创精品工程的牵头方，由其主要领导亲自挂帅，实行创精品工程责任人制度，有效组织参建各方全过程参与创精品工程。

再次，要落实好各参建方质量管理责任。勘察设计单位应做好勘察工作，详细调查城市轨道交通工程的地质特征，进行合理的结构设计，提出适用的施工方案，把握与市政工程接口之间的具体要求；施工单位应结合具体工程对象编制适用的施工方案，准确定位工程项目中的重点难点并确定对策，进行必要的细部策划，做到“过程精品，细节大师”，追求精益求精，优中之最；监理单位应加强过程监督，及时发现问题并责令改正。建设单位也应开展定期和不定期安全质量检查，同时对监理单位的监督职能履行情况进行检查，对工程中发现的问题及时处理，为树立精品工程创造条件。

最后，要处理好工程质量与建设速度、工程造价的关系。应避免最低价中标和抢工期带来的工程质量问题隐患，在招标工作中确定合理最低价，在工程建设阶段中确定合理的工期，按建设规律办事，让工程有足够的资金和时间精雕细刻，真正实现精品工程精心打造。

1.3 创精品工程的展望

1. 构建内实外美的传世工程

创精品工程是落实国家高质量发展要求的具体抓手，也是促进城市轨道交通高质量发展的有力措施。创建精品工程应该以现行有效的规范标准和工艺设计为依据，通过全员参与的管理方式，周密组织和严格控制，对所有工序进行精细操作，最终达到具备优良的内在品质和精致细腻的外观效果的工程，即内实外美的工程，使得城市轨道交通精品工程经得起宏观和细微检查，经得住时代考验，造福社会，百年传世。

2. 推行安全智能的创新工程

创精品工程要推广应用新技术，通过积极推进科技进步与创新，提升城市轨道交通工程的技术含量，提升质量管理效能，构建安全、智能的现代化城市轨道交通工程。

为了适应建筑技术迅速发展的形势，持续发挥“建筑业 10 项新技术”的引导作用，住房城乡建设部发布了《建筑业 10 项新技术》(2017 版)。重新修订后的 10 项新技术反映了现阶段我国建筑技术发展的最新需求，具有先进性、适用性、成熟性与可推广性的特点；突出了建筑工程领域通用技术，兼顾交通、市政等其他领域的需求，全面总结了传统和新兴领域的最新技术成果；对绿色施工、建筑工业化、信息化、防灾减灾、建筑节能等“十三五”重点领域的技术进行了升级更新，更符合国家建设主管部门对建筑行业现阶段的政策导向。江苏省住房和城乡建设厅也相继颁布并更新《江苏省建筑业 10 项新技术》，包含地基基础和地下空间工程技术、建筑工程测量技术及建筑新机具、新设备应用技术等内容，促进了建筑业技术创新，推动了建筑产业转型升级，其中许多技术已推广应用于城市轨道交通工程中。

面对新形势下的创精品工程要求，城市轨道交通行业应积极应用 BIM 技术、物联网、移动互联网、智能化等新兴信息化技术，推进互联网＋监管，应用信息化手段加强数据综合应用，建立可视化视频管理，促进城轨工程安全质量管理业务协同与流程优化，提升管理效能，促进城市轨道交通的技术进步。

3. 打造节约环保的绿色工程

城市轨道交通工程在建设期需要耗费大量的资源和能源，同时产生废水、废气、固体废弃物、粉尘、噪声和强光等污染。创精品工程应该突出建筑使用功能以及节能、节水、节地、节材和环境保护的可持续发展理念，在保证质量、安全等基本要求的前提下，通过科学管理和技术进步，最大限度地节约资源与减少对环境负面影响。倡导将“绿色方式”运用到城市轨道交通工程建设中，达到“绿色设计”、“绿色施工”，体现生态与环境保护、资源与能源利用、社会与经济发展的可持续性，为建设资源节约型、环境友好型社会作出贡献。

4. 建设效能最大的一体化工程

轨道交通的建设对每个城市和经济的发展至关重要，轨道交通是实现现代化城市、生态城市、宜居城市以及城市可持续发展不可或缺的基础设施和关键因素。城市轨道交通应朝着与城市总体规划、常规公交、综合交通枢纽和城市地下空间开发的一体化以及城市轨道交通网络的一体化的方向发展。

城市轨道交通的规划和设计，要提倡将城市轨道交通与城市其他所有地下设施以及与地面空间统一规划于城市上位规划中。使珍贵的城市土地资源实现立体高效利用，各类地下设施之间有机协调设置。既使土地资源高效集约利用，让城市环境与城市轨道交通两者都能可持续发展，又能创造出温馨宜人的城市空间，满足广大人民群众工作、学习、生活、休闲等的需求。逐步将城轨建设与城市土地的集约化开发与利用结合起来，引导和改善城市空间结构，既解决城市交通拥挤问题，又促进经济繁荣和城市可持续协调发展。

第2章 策 划 在 先

创精品工程是一项系统性工程，涉及工程建设全专业、全过程以及所有参建单位，需要由建设单位牵头，与设计单位、勘察单位、监理单位、施工单位、政府行政主管部门、行业协会等共同协作，在设计先进、结构可靠、安装规牢、创新环保、装修精巧、资料全好、一次成优、用户满意等诸多方面做成精品。因此，在工程伊始进行总体策划，是创建精品工程的最重要与最关键的步骤之一。

在工程伊始，建设单位应组织各参建单位进行总体策划，明确创精品工程的总目标、总方向、总要求，并形成书面指导性文件，再根据创精品工程进展逐步分解成阶段性策划、细部策划等。策划工作应贯穿于创精品工程全过程，同时对工程全过程实施有效的管理和控制，整合和优化各项资源和措施，从而推动城市轨道交通工程朝着精品工程建设方向发展。

2.1 总 体 策 划

2.1.1 明确创精品工程目标

目前我国城市轨道交通工程建设领域的精品工程奖项有国家级、省部级及市级等奖项，国家级奖项包括“中国建设工程鲁班奖（国家优质工程）”、“国家优质工程奖”等，省级奖项如“江苏省优质工程奖扬子杯”，市级奖项如南京市“金陵杯”、无锡市“太湖杯”、苏州市“姑苏杯”、南通市“紫琅杯”、常州市“金龙杯”、徐州市“古彭杯”等。

城市轨道交通工程创精品工程要以市优为基础，省优为起点，誓创国优奖、鲁班奖等国家级奖项。各个奖项相关要求不尽相同，建设单位应结合工程规模、特点、重难点及精品工程相关要求对创精品工程目标进行调研、筹划，在工程开工伊始制定适合本工程的创精品工程目标。

国家级、省级关于城市轨道交通优质工程奖的评选要求见表2-1～表2-3。

“国家优质工程奖”对于城市轨道交通专业的评选要求统计表　　表2-1

项目	对城市轨道交通工程的要求
级别	国家优质工程奖是经中共中央、国务院确认设立的工程建设领域跨行业、跨专业的国家级质量奖。最高奖为国家优质工程金奖
精神和倡导对象	国家优质工程奖弘扬“追求卓越，铸就经典”的国优精神，倡导提升工程质量管理的系统性、科学性和经济性，宣传和表彰设计优、质量精、管理佳、效益好、技术先进、节能环保的工程项目
工程要求	国家优质工程奖获奖工程应当符合国家倡导的发展方向和政策要求，综合指标应当达到同时期国内领先水平

续表

项目	对城市轨道交通工程的要求
可参与的工程项目	凡在中华人民共和国境内注册登记的企业建设的工程项目（包括境外工程）均可以参与国家优质工程奖评选活动
评选单位	国家优质工程奖评选工作由中国施工企业管理协会组织实施
评选范围	应为具有独立生产能力和完整使用功能的新建、扩建和大型技改工程
	城市轨道交通规模为整体工程（含首末站，连续）
	下列工程不列入评选范围： 1. 国内外使、领馆工程。 2. 由于设计、施工等原因而存在质量、安全隐患、功能性缺陷的工程。 3. 工程建设及运营过程中发生过一般及以上质量事故、一般及以上安全事故和环境污染事故的工程。 4. 已正式竣工验收，但还有甩项未完的工程
评选条件	国家优质工程奖获奖项目应当具备下列条件： 1. 建设程序合法合规，诚信守诺。 2. 创优目标明确，创优计划合理，质量管理体系健全。 3. 工程设计先进，获得省（部）级优秀工程设计奖。 4. 工程质量可靠，获得工程所在地或所属行业省（部）级最高质量奖。 5. 科技创新达到同时期国内先进水平，获得省（部）级科技进步奖，或已通过省（部）级新技术应用示范工程验收，或积极应用“四新”技术、专利技术，行业新技术的大项应用率不少于 80%。 6. 践行绿色建造理念，节能环保主要经济技术指标达到同时期国内先进水平。 7. 通过竣工验收并投入使用一年以上四年以内。 8. 经济效益及社会效益达到同时期国内先进水平
	具备国家优质工程奖评选条件且符合下列要求的工程，可参评国家优质工程金奖： 1. 关系国计民生，在行业内具有先进性和代表性。 2. 设计理念领先，达到国家级优秀设计水平。 3. 科技进步显著，获得省（部）级科技进步一等奖。 4. 节能、环保综合指标达到同时期国内领先水平。 5. 质量管理模式先进，具有行业引领作用，可复制、可推广。 6. 经济效益显著，达到同时期国内领先水平。 7. 推动产业升级、行业或区域经济发展贡献突出，对促进社会发展和综合国力提升影响巨大
申报要求	参与国家优质工程奖评选的单位包括建设、勘察、设计、监理和施工等企业。申报时应由一个单位（建设、工程总承包或施工单位）主申报，其他单位配合
	参与国家优质工程奖评选的项目由下列单位推荐： 1. 各行业工程建设协会。 2. 各省、自治区、直辖市及计划单列市建筑业（工程建设）协会。 3. 经中施企协认定的国务院国资委监督管理的中央企业或者其他机构
	国家优质工程奖的推荐遵循下列程序： 1. 推荐单位按照中施企协分配的名额择优推荐。 2. 推荐渠道： 1）市政、建筑和公路工程按地域推荐； 2）经中施企协确认的中央企业所属的建设工程可以通过集团总公司推荐。跨行业和跨地区推荐的，中施企协秘书处将征求所属行业或所在地推荐单位的意见

续表

项目	对城市轨道交通工程的要求
评选机构	国家优质工程奖评审机构包括国家工程建设质量奖审定委员会（以下简称审定委员会）和中施企协会长办公会。审定委员会由行业权威质量专家组成，设主任委员1名，副主任委员1～3名，委员若干名，主要职责是评审并推荐国家优质工程奖候选项目。中施企协会长办公会决定国家优质工程奖项目
评审程序	国家优质工程奖评审按照下列程序进行： 1. 初审。中施企协秘书处组织专家对国家优质工程奖申报材料进行审查。 2. 复查。中施企协秘书处组织专家对通过初审的工程项目进行现场复查。参加建设工程全过程质量控制管理咨询活动的工程项目，在参评国家优质工程奖时可原则上免去现场复查环节。专家组复查后向协会秘书处提交复查报告，并汇报复查情况。 3. 评审。召开国家优质工程奖评审会议。中施企协秘书处向审定委员会报告初审及现场复查情况。审定委员会通过评议，以记名方式投票，达到参会评委二分之一票数的工程确定为国家优质工程奖候选项目，国家优质工程金奖候选项目得票数应达到参会评委的三分之二。 4. 公示。国家优质工程奖候选项目在中施企协网站上进行公示。公示期为15天。 5. 审定。中施企协召开会长办公会议，以记名投票的方式表决。国家优质工程奖项目需达到参会会长二分之一以上的票数，国家优质工程金奖项目需达到参会会长三分之二以上的票数

“中国建设工程鲁班奖（国家优质工程）”对于城市轨道交通专业的评选要求统计表　　表2-2

项目	对城市轨道交通工程的要求
级别	鲁班奖是我国建设工程质量的最高奖，工程质量应达到国内领先水平
评选单位	评选工作在住房城乡建设部指导下由中国建筑业协会组织实施，评选结果报住房城乡建设部
精神和原则	评选工作要本着对人民负责、对历史负责的精神，坚持“优中选优”和公开、公正、公平的原则
评选周期和数量	每两年评选一次，获奖工程数额不超过240项。获奖单位为获奖工程的主要承建单位、参建单位
申报单位	由建筑业企业自愿申报，经省、自治区、直辖市建筑业协会、有关行业建设协会或有关单位择优推荐后进行评选（有关单位是指没有成立建筑业（建设）协会，并与中国建筑业协会商妥的归口本系统申报工程的单位）
评选工程范围	建筑面积3万m^2以上的其他单体公共建筑工程。长度5km以上的轨道交通工程
	已参加过鲁班奖评选而未获奖的工程，不再列入评选范围
申报条件	中国建筑业协会根据历年实际情况和当年调研摸底情况按年度提出各省、自治区、直辖市、有关行业和有关单位当年申报鲁班奖工程的建议数量
	申报工程应具备以下条件： 1. 符合法定建设程序、国家工程建设强制性标准和有关省地、节能、环保的规定，工程设计先进合理，并已获得本地区或本行业最高质量奖。 2. 工程项目已完成竣工验收备案，并经过一年使用没有发现质量缺陷和质量隐患。 3. 市政园林工程除符合本条1、2项条件外，其技术指标、经济效益及社会效益应达到本专业工程国内领先水平。 4. 申报单位应没有不符合诚信的行为。申报工程原则上应已列入省（部）级的建筑业新技术应用示范工程或绿色施工示范工程，并验收合格。 5. 积极采用新技术、新工艺、新材料、新设备，其中有一项国内领先水平的创新技术或采用“建筑业10项新技术”不少于6项

续表

项目	对城市轨道交通工程的要求
	对于已开展优质结构工程评选的地区和行业，申报工程须获得该地区或行业结构质量最高奖；尚未开展优质结构工程评选的地区、行业，对纳入创鲁班奖计划的工程应设专人负责，在施工过程中组织3至5名相关专业的专家，对其地基基础、主体结构施工进行不少于两次的中间质量检查，并有完备的检查记录和评价结论
	申报工程的主要承建单位，是指与申报工程的建设单位签订施工承包合同的独立法人单位。 1. 在工业建设项目中，应是承建主要生产设备和管线、仪器、仪表的安装单位或是承建主厂房和与生产相关的主要建筑物、构筑物的施工单位。 2. 在交通水利、市政园林工程中，应是承建主体工程或是工程主要部位的施工单位。 3. 在公共建筑和住宅工程中，应是承建主体结构的施工单位
申报条件	申报工程的主要参建单位，是指与承建单位签订分包合同的独立法人单位，其完成的建安工作量应占10%以上且超过3000万元
	两家以上建筑业企业联合承包一项工程，并签订联合承包合同的，可以联合申报鲁班奖。 1. 对于分标段发包的大型建设工程，两家以上建筑业企业分别与建设单位签订不同标段的施工承包合同，原则上每家建筑业企业完成的工作量均在20%以上，且不少于2亿元的，可作为承建单位共同申报。与建设单位签订分标段施工承包合同的建筑业企业，其完成的工作量不满足上述要求，但超过1亿元的，可申报参建单位。 2. 对于投资20亿元以上的超大型建设工程，可由建设单位牵头组织，由各施工总承包单位共同申报
	申报工程在建设过程中，发生过质量事故、较大以上生产安全事故以及在社会上造成恶劣影响事件的，不得申报鲁班奖
	申报工程由承建单位提出申请，主要参建单位的资料由承建单位统一汇总申报。 1. 地方建筑业企业通过所在省、自治区、直辖市建筑业协会申报；有关行业的建筑业企业通过该行业建设协会申报；有关单位系统的建筑业企业通过该单位申报。 2. 有关行业的建筑业企业申报非本专业工程的，其公共建筑和住宅工程应征求工程所在地的省、自治区、直辖市建筑业协会的意见，其他专业工程应征求相关行业建设协会的意见；地方建筑业企业申报专业工程的，应征求有关行业建设协会或行业主管部门的意见。 3. 受理申报的省、自治区、直辖市建筑业协会、有关行业建设协会和有关单位，应依据本办法对申报资料进行审查，在鲁班奖申报表中签署意见，加盖公章，并征求省级建设行政主管部门或行业主管部门的意见后，正式行文向中国建筑业协会推荐
申报和初审	申报资料的主要内容和要求如下： 1. 主要内容 1）申报工程、申报单位及相关单位的基本情况； 2）工程立项批复、承包合同及竣工验收备案等资料； 3）工程彩色数码照片20张及5分钟工程影像资料。 2. 要求 1）申报资料由申报单位通过“中国建筑业协会网”传送电子版，并提供鲁班奖申报表原件2份和书面申报资料1套； 2）鲁班奖申报表中需由相关单位签署意见的栏目，应写明对工程质量具体评价意见； 3）申报资料中提供的文件、证明材料和印章应清晰，容易辨认； 4）申报资料要准确、真实，如有变更应有相应的文字说明和变更文件； 5）工程影像资料的内容主要是施工特点、施工关键技术、施工过程控制、新技术推广应用等情况，要充分反映工程质量过程控制和隐蔽工程的检验情况

续表

项目	对城市轨道交通工程的要求
申报和初审	中国建筑业协会秘书处依据本办法规定的申报条件和要求对当年申报的工程进行初审，并将初审结果告知推荐单位
工程复查	中国建筑业协会组成若干复查组对通过初审的工程进行复查。 工程复查专家由建设行政主管部门、建筑业（建设）协会和中国建筑业协会直属会员企业按条件推荐，经中国建筑业协会遴选后组成鲁班奖工程复查专家库，每年根据需要从专家库中抽取。复查专家每年更换三分之一，原则上每位复查专家连续参加复查工作不超过三年
	工程复查的内容和要求： 1. 听取申报单位对工程施工和质量的情况介绍。 2. 听取建设、使用、设计、监理及质量监督单位对工程质量的评价意见。复查组与上述单位座谈时，受检单位的人员应当回避。 3. 查阅工程建设的前期文件、施工技术资料及竣工验收资料等。 4. 实地检查工程质量。复查组要求查看的工程内容和部位应予满足，不得以任何理由回避或拒绝。 5. 复查组对工程复查情况进行现场讲评。 6. 复查组向评审委员会提交复查报告。复查报告要对工程的整体质量状况做出“上好”、“好”、“较好”三类的评价，并提出“推荐”或“不推荐”的意见
工程评审	鲁班奖评审设立评审委员会，由 21 人组成。其中主任委员 1 人，副主任委员 2 至 4 人。评审委员须是具有高级技术职称，有丰富实践经验，并在业内有一定知名度的专家
	评审委员由建设行政主管部门、建筑业（建设）协会和中国建筑业协会直属会员企业按条件推荐，经中国建筑业协会遴选后组成鲁班奖工程评审专家库，中国建筑业协会每年根据需要从专家库中抽取。评审委员每年更换三分之一，原则上每位委员连任不超过三年
	评审委员会通过听取复查组汇报、观看工程录像、审查申报资料、质询评议，最终以投票方式评出入选鲁班奖工程，报会长会议审定后，在“中国建筑业协会网”或有关媒体上公示

江苏省优质工程奖“扬子杯”对于城市轨道交通专业的评选要求统计表　　表 2-3

项目	对城市轨道交通工程的要求
级别	江苏省优质工程奖“扬子杯”是江苏省建设工程质量最高奖
	在本省行政区域内申报国家级优质工程奖的项目，应首先获得扬子杯
评选原则	遵循公开、公正和质量第一、优中选优的原则，优先授予绿色建筑以及实施绿色施工、建筑产业现代化、有重要技术创新的项目
评审单位	省住房城乡建设厅负责扬子杯的评选管理工作。具体工作由省住房城乡建设厅扬子杯评选委员会负责
评选范围	省行政区域内完成竣工验收并交付使用一年以上的建设工程项目
	扬子杯每年评审一次，实行获奖项目总量控制。 当年建设工程项目获奖总量不得超过上一年度竣工验收建设工程项目数量的百分之一；专业工程项目获奖总量不得超过建设工程项目获奖总量的百分之五十
奖励对象	获奖项目，以及获奖项目建设单位责任人、施工单位项目经理、监理单位总监理工程师等主要参与人员

续表

项目	对城市轨道交通工程的要求
申报条件	1. 符合法律法规要求，符合工程建设程序。 2. 工程设计符合国家强制性标准和行业技术标准、规范；凡列入江苏省优秀勘察设计奖评选范围的房屋建筑、市政、园林等建设工程项目应获得省城乡建设系统优秀勘察设计以上奖励；交通、水利等建设工程项目应获得省（部）级及以上优秀勘察设计奖。 3. 工程施工工艺和技术措施先进合理，质量优良；交通、水利等行业项目应获得省（部）级行业优质工程奖。 4. 工程技术档案资料（含隐蔽工程部位的施工过程影像资料）完整。 5. 申报的工程在施工中未发生质量安全事故。 6. 申报企业没有因受到行政主管部门行政处理而被限制市场准入的情形
申报规模标准	1. 工程规模在一车站一区间以上的项目。 2. 工程造价≥2 亿元的换乘车站或区间。 3. 工程造价≥2 亿元的车辆段或停车场。 4. 建筑面积≥1 万m^2的控制中心。 5. 工程装饰装修、机电安装等单位可作为参建单位申报。 6. 建设、施工单位自愿申报扬子杯的，应当在规定期限内向项目所在地省辖市行政主管部门提出申请

2.1.2 创精品工程组织策划

1. 建立组织机构

组织保障是创精品工程的基础。创精品工程组织机构的建立，首先应强化建设单位首要责任，建设单位对创精品工程目标及工作要求进行分析、分解；其次建设单位根据轨道交通特点，从不同部门、不同阶段、不同专业，分别设置参建各方承担创精品工程的工作内容；最终制定切合本工程的创精品工程组织机构。

建设单位牵头制定所有参建单位共同参与、协作的创精品工程总体组织机构，成立以建设单位主要负责人、各参建单位主要负责人为组长，建设单位各职能部门、各参建项目部为组员的领导组织机构，明确领导机构人员与分工，对组织架构中各单位的工作职责与内容进行细化与分解，确保所有参建单位从工程开工到竣工全过程共同执行、落实创精品工程相关工作。

各参建单位应成立以项目负责人为第一责任人的项目部创精品工程组织机构，明确成员与分工，将工程创精品目标层层分解，编制项目部创精品工程策划与工作计划。

【例】某工程创精品工程组织机构设置如图 2-1、图 2-2 所示。

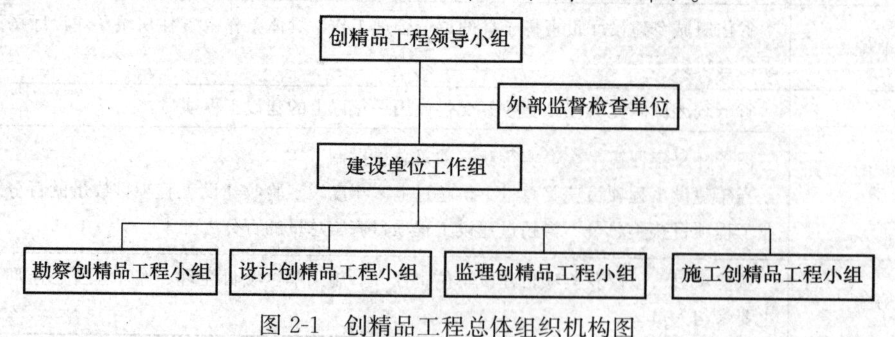

图 2-1 创精品工程总体组织机构图

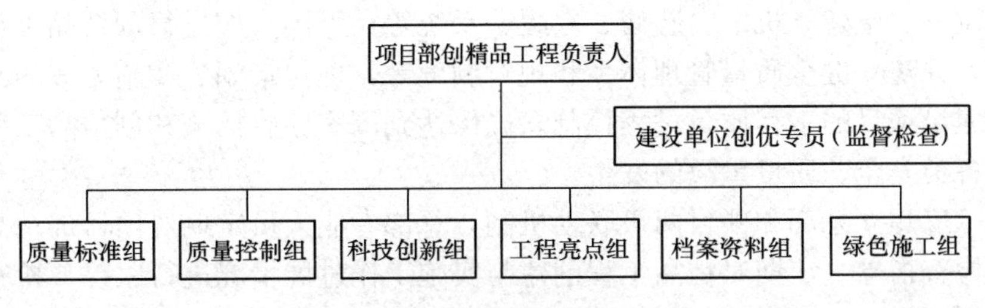

图 2-2　创精品工程各参建单位项目部组织机构图

2. 细化工作职责

（1）建设单位

建设单位负责牵头组织协调各单位统一开展精品工程创建和实施工作，组织各参建单位进行创精品工程策划，编制精品工程创建与实施策划及质量管理文件。对精品工程创建及实施总目标与计划进行分解，制定相应的节点计划与管理措施，明确职责。在实施过程中，负责设计、土建、装饰装修、机电安装、系统试运行和正式运行等过程的统一协调、指导、督促。

建设单位负责与地方政府部门、质量监督机构、省市质量管理协会（或建筑业协会）的沟通协调工作，组织办理工程合法性文件。建设过程中组织开展定期检查、评比和召开例会，持续推进创精品工程工作的开展。同时，组织、指导开展项目课题、工法、绿色环保、人文关怀、特色地铁、管理、专利等方面的研究，并力争获得省级以上荣誉。

建设单位应及时组织工程的竣工验收工作，建立项目文件及档案管理制度，组织收集、整理和归档项目建设文件。

（2）勘察单位

勘察单位应建立健全勘察工作质量管理机构、规章制度，编制创精品工程实施策划，并推动有效运转和落实。

勘察单位应负责勘察施工许可手续办理、勘察施工协调等工作，编制并提交完整、准确的勘察报告。负责安全文明施工、钻孔封孔、道路恢复、勘察交底、勘察技术答疑及回复、勘察验槽及后期服务等工作。

勘察单位应配合提交符合验收要求的相关材料，积极参加与勘察相关的验收工作，根据验收意见完成勘察配合工作。

（3）设计单位

设计单位在设计过程中确保工程设计先进、合理，争取获得省部级以上优秀设计荣誉。在设计过程中应当积极从设计角度出发，积极采用新技术、新工艺、新材料、新设备。

设计单位应当及时有效地进行图纸会审、设计交底，保证设计意图能够准确地传递给承包方。在创精品工程工作中，制定设计单位的质量监控策划，对设计文件实施过程进行检查指导和设计优化。

设计单位积极参加各项工程的竣工验收，在技术创新、技术鉴定方面提供支持。及时对工程重大风险源、技术难点、设计阶段重大成果进行汇总和提炼。

（4）施工单位

施工单位（含土建、机电、装修、水暖、系统等，下同）应进行创精品工程的策划和方案的实施，并建立健全质量管理体系和规章制度等，确保策划、实施方案的有效运行和落实。负责建设项目的工程质量过程控制，确保达到国家验收标准和创精品工程质量策划要求，杜绝各类安全、质量事故的发生。

施工单位应建立总部和项目两级联动机制，总部专业人员定期对项目部精品工程创建与实施进行检查指导。定期对精品工程创建与实施工作进展情况进行跟踪、检查核对，发现偏差及时纠正。

施工单位在施工过程中要积极推广和应用“四新”技术，在施工班组中组织质量创精品工程竞赛，夯实工程质量基础，并在施工过程中应当积极引进绿色施工理念，争取获得省部级以上绿色示范工程荣誉。

施工单位应认真归档相关工作记录资料和图片、视频等影像资料。主动接受、配合上级企业和有关监督部门的检查、指导。

（5）监理单位

监理单位应建立健全监理工作质量管理机构和规章制度，编制创精品工程实施策划，并推动有效运转和落实。积极协调工程的质量控制工作，及时有效履行监理职责；保证监理资料的完整性，协助施工单位收集有关资料。

监理单位应严格审核设计图纸，将设计文件中的“错、碰、漏”等现象，在施工前及时进行协调解决。督促、指导施工单位落实有关设计文件、标准规范、施工方案等，保证精品工程质量过程控制符合要求。

监理单位应定期向建设单位汇报有关设计、施工在质量控制和精品工程创建实施等方面存在的问题和合理化建议。

（6）监督单位

负责建设项目质量监督注册，巡查施工现场工程建设各方主体的质量行为及工程实体质量，核查参建人员的资格，监督工程竣工验收。

监督工程建设各方主体（包括建设单位、施工单位、材料设备供应单位、设计勘察单位和监理单位等）的质量行为是否符合国家法律及各项制度的规定；查处违法违规行为和质量事故。

监督检查工程实体的施工质量，尤其是地基基础、主体结构、专业设备安装等涉及结构安全和使用功能的施工质量；参与精品工程的检查评选。

2.1.3 制定工作计划

根据精品工程奖项评选要求，建设单位应牵头制定创精品工程总体计划，按照准备阶段、实施阶段、申报阶段分步制定节点计划与形象目标，明确每个阶段的工作内容与预期效果。

1. 准备阶段

准备阶段是创精品工程的启动阶段，此阶段应完成的主要工作包括但不限于：

（1）建设单位编制创精品工程总体实施方案，召开启动会议，正式启动创精品工程工作。

（2）建设单位选择符合创精品工程申报条件的参建单位参与创精品工程，将创精品工程方案、目标任务下达至各参建单位。各参建单位集团公司分管领导组织项目部开展动员和布置，全面启动创精品工程工作。

（3）各参建单位根据创精品工程总体实施方案分别编制项目部方案，方案中必须包括创精品工程目标、任务分解、创精品工程推进计划、创精品工程举措、资金保障等方面内容。项目部方案要经过参建单位集团公司相关部门审批，并报建设单位备案。

（4）建设单位牵头组织各参建单位编制科研、QC攻关、新技术应用等专项方案，在实施过程中严格执行。

（5）各参建单位根据技术、标准、人力、物资、施工机具、工艺、图纸深化、综合场地布置等方面内容，编制创精品工程专项方案，方案要经过参建单位集团公司相关部门审批，并报建设单位备案。

【例】无锡地铁创精品工程准备阶段如图 2-3 所示。

(*a*)

(*b*)

图 2-3　准备阶段活动照片

(*a*) 创精品工程总体策划工作部署会议；(*b*) 创精品工程机电专业专项策划

2. 实施阶段

实施阶段是创精品工程的重要阶段，此阶段应完成的主要工作包括但不限于：

（1）针对创精品工程的实施开展细部策划，从工艺工序、质量管理方面进一步明确创精品工程的标准与措施，细部策划应包含（不限于）以下七个方面：质量标准应用策划、质量控制策划、科技创新策划、工程亮点策划、档案资料管理策划、绿色施工策划、经费和激励机制策划等。

（2）各参建单位按照批准的项目部创精品工程方案稳步推进创精品工程工作，定期组织创精品工程活动，开展QC攻关，开展课题和工法研究，积极申报省市级奖项。

（3）建设单位定期对创精品工程实施情况开展检查。对质量、进度、安全控制措施，检验批、分部分项验收，半成品、成品保护等相关内容创精品工程专项检查。各参建单位依据检查结果，及时进行纠偏。

（4）建设单位每季度召开一次创精品工程总结推进会，组织开展科研、QC、工法、专利、绿色施工、优质结构、新技术等创新活动会议，并组织、落实各参建方积极申报相关荣誉；定期邀请国内外专家、媒体对创建工作进行检查指导和宣传。

（5）建设单位定期邀请国家级奖项评审专家对工程资料、工程实施情况等按照精品工程达标情况进行检查，修正创建过程中的问题和实施计划。

（6）建设单位每年召开创建年度总结和布置下一年工作。

（7）各参建单位应定时收集实施过程中的精品图片与影像资料，展现项目特点亮点。

（8）建设单位分阶段组织申报市、省级优质工程奖项，为申报国家级奖项提供基础。

（9）建设单位安排专人收集试运营期间的各项技术指标、参数、社会评价、第三方评价等创建资料。

【例】无锡地铁创精品工程实施阶段如图 2-4 所示。

(*a*)　(*b*)　(*c*)　(*d*)

图 2-4　实施阶段活动照片

（*a*）创精品工程实施专项检查活动；（*b*）专家指导创精品工程 QC 活动；

（*c*）、（*d*）国内专家指导创精品工程培训

3. 申报阶段

申报阶段是创精品工程的关键阶段，此阶段应完成的主要工作包括但不限于：

建设单位应协调、组织参建单位，对创建精品工程各个阶段的前期基础资料进行整理、汇总，结合奖项申报要求进行归档。影像资料要精心挑选，尤其是视频资料，要求专业人员编辑，能够保证画面清晰、连贯、美观。

资料申报包括网上资料申报、书面资料申报、影像资料申报 3 部分，必须按照精品工程申报的要求报送资料。“国家优质工程奖”、“中国建设工程鲁班奖（国家优质工程）”、“江苏省优质工程奖‘扬子杯’”等各种精品工程申报资料和要求都不尽相同，具体以各种奖项的评选办法和每次评选通知要求为准。资料报送完成后，邀请协会评审方（单位）进行复查工作，建设单位及其他参建单位要做好相应的迎检配合工作。

【例】某工程“国家优质工程奖”申报资料基本要求如下：

国家优质工程奖申报材料主要包括：①工程简介；②国家优质工程奖申报表；③证实性材料；④工程创新成果总结；⑤影像资料。

（1）工程简介

工程简介1份，由工程概述和工程照片组成。工程概述限800字以内。工程照片至少提供20张，其中全貌照片不少于3张，特殊部位照片不少于3张，并在每张照片下方标注标题。

（2）国家优质工程奖申报表

申报表一式两份，其中1份装订在证实性材料中。申报表可到中国施工企业管理协会网站（www.cacem.com.cn）下载。表格内容须用黑色四号仿宋（GB 2312）打印，并加盖公章。

（3）证实性材料

证实性材料1份，申报资料目录内容见表2-4。

申报资料目录 **表2-4**

一、国家优质工程申报表	
二、主申报单位资质	
三、工程可评（研）报告及批复	
	1 国家发展改革委关于×市轨道交通×号线工程可行性研究报告的批复
	2 ×省发展改革委关于报请审批×市轨道交通×号线工程可行性研究报告请示
	3 ×市轨道交通×号线工程可行性研究报告
四、工程立项文件	
	1 印发国家发展改革委关于审批×市城市快速轨道交通近期建设规划的请示的通知
	2 国家发展改革委关于审批×市城市快速轨道交通近期建设规划的请示
五、工程报建批复文件	
	1 ×地铁×号线工程建设工程规划许可证
	2 ×地铁×号线工程建筑工程施工许可证
	3 ×地铁×号线工程建设用地规划许可证
	4 关于×市城市快速轨道交通×号线工程建设用地预审意见的复函
	……
六、工程质量监督单位的工程质量评定文件	
	1 建设工程质量监督报告
	2 市政工程质量监督报告
七、工程专项竣工验收文件	
	1 建设工程规划核实合格证
	2 环境
	2.1 建设工程项目竣工环境保护调查验收报告
	2.2 关于×地铁×号线工程竣工环境保护验收意见的函
	3 消防验收合格证
	4 关于《×地铁×号线工程试运营前安全评价报告》备案的函

续表

	5 职业卫生
	5.1 关于×地铁×号线站台公共区域卫生学专项竣工验收备案的意见
	5.2 ×地铁×号线站台公共区域集中空调通风系统卫生学评价报告
	6 档案
	×地铁×号线项目档案专项验收意见
	7 人防设施验收资料
	×市民防局关于×地铁×号线工程人防专项竣工验收备案的意见
	8 防雷装置验收资料
	9 白蚁预防验收合格证明
八、工程竣工验收及备案文件	
	1 工程竣工验收文件
	1.1 ×市轨道交通×号线工程竣工验收报告等文件
	1.2 ×省交通运输厅关于×地铁×号线工程试运营基本条件评审的意见
	2 关于同意×地铁×号线竣工验收备案的批复
九、工程竣工决算书或审计报告	
	×市审计局关于地铁×号线工程概预算执行情况审计报告
十、无安全质量事故、无拖欠农民工工资证明文件	
十一、获奖证明材料	
	1 省部级优质工程奖
	2 省部级优秀设计奖
	3 科技进步证明（专利、科技成果、“四新”技术应用等）
	3.1 专利
	3.2 科技成果
	3.3 “四新”技术应用
	3.4 工法
十二、其他（合同、QC活动成果、绿色示范工地）	
	1 主申报单位，与建设单位签订的承包合同
	2 QC活动成果
	3 绿色示范工程

上述内容不得缺项，如有特殊原因，须附相关单位的说明。

（4）工程创新成果总结

创新成果总结1份，包括建设、咨询、设计、监理、施工、调试等与工程有关的管理、技术、质量、科技进步、节能环保等方面创新成果，限一万字以内。

（5）影像资料

影像资料具体要求详见第8.1节“文件和资料范围”相关内容。

国家优质工程奖申报材料前四部分内容要求独立装订成册，封皮采用250g铜版纸。工程简介内容用250g铜版纸彩色打印。装订尺寸为A4纸规格，平装、胶订。

2.1.4 突出策划重点

创精品工程是在符合设计和规范要求的前提下，做到好中选好，优中选优。首先要确保建筑全寿命使用周期内的可靠与安全；其次注重提高投资效益，节约资源和保护环境；最后通过提高设计能力和科技创新能力，不断提升工程质量。

1. 安全策划重点

(1) 工程设计阶段对工程安全进行专项设计，确保工程结构及设备设施安全经济，对工程建设的危险源进行逐一分析，制定措施，确保施工安全。

(2) 工程建设过程中不得发生安全生产事故以及在社会上造成恶劣影响的安全事件。

(3) 地铁新线试运营安全平稳，设备系统运行良好，列车运行兑现率、正点率、服务可靠度、故障率均符合规范要求，试运营期间不允许发生安全生产责任事故以及在社会上造成恶劣影响的其他事件。

(4) 完成建设资金使用策划，建设单位及时支付工程款，避免拖欠或者引起工程纠纷。

2. 质量策划重点

建设单位安全质量管理部门、工程管理部门、设计管理部门等职能管理部门，应根据不同阶段（勘察、设计、土建、安装装修、铺轨、系统、调试等）、不同专业（土建、设备、系统等），协调组织相关参建单位策划质量控制重点。质量控制重点包括但不限于：结构工程安全可靠、装饰工程美观协调、安装工程安全适用、资料管理完整真实四个方面内容。

(1) 结构工程质量从四个方面进行控制：①使用合格的材料、构配件、设备，在施工过程中严格控制，确保正确使用，保证工程的总体强度满足设计要求。②控制结构的平面和空间体系符合设计要求，保证工程结构稳定性符合设计要求。③严格控制结构的轴线、标高，确保结构的位置正确，保证结构的使用空间，保证使用功能符合设计意图。④严格控制构件的几何尺寸，使结构强度和自重得到控制，为装饰创造良好的施工条件。

(2) 装饰工程质量从四个方面进行控制：①完善装饰装修设计，进行多方案比较，从尺度、对称、对比、色差、环境等方面优化设计方案，提高装饰的完整性、协调性。②采购合格的、环保的装饰材料，严格进场验收，充分发挥材料的优良性质，进而提高装饰效果。③改进和完善装饰工程的大样和样板工作，使其能体现和完善设计意图及效果。④加强装修收尾的管理和成品保护，使工程达到安全、适用、美观、绿色的要求。

(3) 安装工程质量从四个方面进行控制：①系统及设备功能达到设计要求，并且运行状态安全稳定。②设备管道安装位置、标高正确，固定牢固可靠。③设备管道安装坡度、强度、严密性、朝向正确合理，保证使用功能、方便和安全。④接地、防护设施有效，达到标识清晰、使用安全、检修维护方便。在可能条件下，注意美观协调。

(4) 资料和数据反映工程质量的水平：要保证资料的有效性、完整性、真实性，资料组卷归档符合相关规范要求，并且便于查阅和检索；对工程全过程留存影像资料。

3. 绿色环保策划重点

突出建筑使用功能以及节能、节水、节地、节材和环境保护的可持续发展理念，在保证质量、安全等基本要求的前提下，通过科学管理和技术进步，最大限度地节约资源与减少对环境的负面影响。在施工过程中，采取环境保护措施减少水土流失，保护生态环境；控制施工期噪声、振动；进行综合减振和分级减振措施，将振动、噪声对环境的影响控制在国家规定的范围内。提倡绿色施工，严格控制施工过程中的声污染、光污染、空气污染，有效处理固体废弃物、污水，达到排放标准。

4. 技术创新策划重点

技术创新重点主要包括两方面，一是技术创新工作，技术创新工作主要结合工程本身特点，开展QC小组活动、科研课题和工法研究，强化新技术成果的转化和推广应用，积极应用新技术、新工艺、新材料、新设备，在解决城市轨道交通工程出现的复杂环境、复杂工况时，将传统的施工工艺与“四新”技术结合起来，开发新方法、新思路；二是信息化技术应用，将BIM技术、物联网、互联网＋监管、智能化等技术运用到城市轨道交通工程中。

【例】某城市轨道交通工程科技创新策划重点

某城市轨道交通工程依托科研、“四新”技术、工法、专利、QC等科技创新，解决如“盾构下穿建（构）筑物”、“电气、设备安全系统施工”、“地质软硬变化较大的处理”等工程重点、难点。

5. 档案资料策划重点

为切实保证创精品工程的整体性、有效性和一致性，必须做好档案资料管理策划。档案资料的收集和整理应确保其全面性、可追溯性、真实性、准确性。各种资料必须经过相应的人员审批和签认，要求签字齐全，字迹、盖章清晰。

参建单位应定时收集过程中的精品图片与影像资料，展现项目特点亮点，体现项目施工的精彩时刻，便于后期挑选。精品图片要求能够反映施工过程、工序质量、安全管理、实体外观等情况。除了施工图片外，还需要收集临建环境、宣传活动和职工文化生活方面的照片。影像资料应能体现工程关键工序、节点、验收等环节，同时反映相关新技术应用的情况。

2.2 细部策划

2.2.1 质量标准应用策划

创精品工程总体目标确定后，如创国家级奖项，应通过类似“创精品工程标准”的目标设立，提出高于国家或行业标准的技术参数及要求，形成本工程的质量标准应用策划书。创精品工程标准应是可量化的，应与质量方针保持一致。可量化包括定量或定性的目标要求，可包括感知的评价。

（1）各项技术指标均符合或高于国家标准、规范、规程和“工程建设标准强制性条文”的要求。

（2）地基基础与主体结构在全寿命周期安全稳定，可靠度满足设计要求。

（3）“质量标准应用策划书”应包含提升创精品工程验收标准、提升外观质量合格评定标准并高于国家标准的具体创精品工程标准的内容。

（4）定期（每月或每季）检查创精品工程标准的落实情况，进行动态管理。

（5）在内部检查、评定时对质量标准拟订的符合性及实现情况进行审核，审核结果可向综合管理系统输入，或自行存档备查。

（6）检查、评定时对质量标准的适宜性、充分性、有效性进行评审，纠正或补充正在实施的质量目标。

（7）一般情况下，未完工程应在每年年初调整或确认当期的质量标准。

【例】某工程创精品工程质量标准应用策划

以江苏某城市轨道交通工程“创精品工程策划”确定的“创精品工程验收标准提升方案”为例，在项目开工初期由建设单位组织参建单位结合线路实际，编制“土建工程：站内二次结构及附属工程创精品工程验收标准”，见表 2-5。

土建工程：站内二次结构及附属工程创精品工程验收标准 表 2-5

<table>
<tr><th rowspan="2">序号</th><th rowspan="2" colspan="3">控制项目</th><th colspan="2">允许偏差（mm）</th></tr>
<tr><th>国家标准</th><th>创精品工程标准</th></tr>
<tr><td>1</td><td>砌体垂直度</td><td colspan="2">全高≤10m</td><td>10</td><td>8</td></tr>
<tr><td>2</td><td>构造柱垂直度</td><td colspan="2">全高≤10m</td><td>15</td><td>10</td></tr>
<tr><td rowspan="2">3</td><td rowspan="2">填充墙垂直度</td><td colspan="2">层高>3m</td><td>10</td><td>8</td></tr>
<tr><td colspan="2">表面平整度</td><td>8</td><td>6</td></tr>
<tr><td rowspan="4">4</td><td rowspan="4">现浇结构模板安装</td><td rowspan="2">层高垂直度</td><td>≤6m</td><td>8</td><td>5</td></tr>
<tr><td>>6m</td><td>10</td><td>8</td></tr>
<tr><td rowspan="2">预留孔洞</td><td>中心线位移</td><td>10</td><td>8</td></tr>
<tr><td>尺寸</td><td>+10、0</td><td>+8、0</td></tr>
<tr><td>5</td><td>钢筋安装</td><td colspan="2">受力钢筋间距</td><td>±10</td><td>±8</td></tr>
<tr><td rowspan="5">6</td><td rowspan="5">现浇结构尺寸</td><td rowspan="2">层高垂直度</td><td>≤6m</td><td>10</td><td>8</td></tr>
<tr><td>>6m</td><td>12</td><td>10</td></tr>
<tr><td colspan="2">表面平整度</td><td>8</td><td>5</td></tr>
<tr><td colspan="2">预埋板中心线位置</td><td>10</td><td>8</td></tr>
<tr><td colspan="2">预留洞中心线位置</td><td>15</td><td>10</td></tr>
</table>

2.2.2 质量控制策划

在创精品工程创精品工程标准确定后，从工艺、工序、材料、设备、结构实体质量、功能和安全几个方面综合考虑，制定符合本工程的结构实体质量要求策划、施工前质量控制策划、质量样板引路策划等，以确保质量标准的实现。

1. 结构实体质量要求策划

城市轨道交通工程实体结构质量控制应遵循“三要素”：基础稳定、坚固耐久、不裂不渗。

“基础稳定”必须杜绝出现由地基基础引起的主体结构工程裂缝、倾斜及变形等情况；特别是应保证高架桥桩基工程质量，确保地基基础工程安全可靠；单桩承载力的检验、单桩强度试验、桩身质量检测等项目检验的数量及方法必须满足强制性条文的要求；建筑物应在施工和使用期间进行变形观测；室外回填土压实系数应满足设计规定。

"坚固耐久"的基本要求是梁、板、柱截面尺寸准确、节点方正；主体结构无影响结构安全的缺陷；钢筋工程保护层、间距、接头等隐蔽工程质量可靠。

"不裂不渗"则要求混凝土结构工程的质量做到"内实外光、内坚外美"；密实整洁，面层平整；棱角整齐平直，梁柱节点、墙板交角、线、面顺直清晰，起拱线、面平顺；无蜂窝、麻面、掉皮、孔洞；无漏浆、跑模、胀模、错台、烂根、裂缝。施工缝结合严密平整、无夹杂物、无冷缝、无砂浆隔离层。结构面层无气泡或轻微分散气泡。另外，积极应用抗裂防渗科技成果，在施工中充分体现管理水平、科技进步及工艺创新。

2. 施工前质量控制策划

在工程施工前应进行工程质量控制策划，为实现优质工程提供依据，施工前从质量保证点（原材料、成品和半成品等控制）、质量校核点（工程质量验收控制）、质量控制点（安全及功能项目控制）、隐蔽工程追溯点（对工程中所有隐蔽项目的控制），以及设计图纸等方面进行控制策划：

（1）设计图纸：深化设计图、节点图或大样图。

（2）质量保证点：控制对工程质量起至关重要作用的原材料、半成品或成品构件等的质量、采购及验收。

（3）质量校核点：明确工程项目验收批的划分、验收的内容、验证的方法等，明确质量要求高于国家规范。

（4）质量控制点：针对涉及工程安全及功能检测项目的控制而编制。既是工程竣工交付后可追溯的依据，也是对工程进行检查验收、管理、使用的依据。施工前对图纸涉及的质量控制点的施工工艺应明确操作方法、要点和难点、对操作者的技能要求、检验方法，且应提出对特殊操作工具的要求等内容。

（5）隐蔽工程追溯点：针对工程所涉及的全部隐蔽工程项目的控制而编制。优质工程要求是"内坚外美"的工程，工程的"内坚"则被隐蔽不能直观地看出，隐蔽工程验收是工程内在质量真实的反映，也是工程竣工交付后可追溯的依据。

3. 质量样板引路策划

依据制定的质量标准应用策划为目标，通过质量样板引路策划，做到每道工序施工前实体样板先行，利用实物交底指导现场施工，如图 2-5 所示。

4. 施工过程中的深化设计策划

深化设计是根据现有的施工图结合创建精品工程策划要求进行的。为实现过程精品和工程精品，在施工图纸给定的结构框架下，依据工程策划有针对性地绘制施工装配图纸、加工尺寸和节点构造，直接用以指导加工和生产，通过深化设计不仅有利于提高工程质量，而且为顺利施工创造条件，同时还可以有效避免设计中的"错、漏、碰、缺"。

在项目深化设计实施过程中，应根据工程特点采用不同的方法，并做好以下工作：

（1）理清主体与二次结构连接方法、主体结构与装饰工程、装修工程连接、预留预埋、细部构造、节点处理等。

（2）找出工程哪些部位及分项工程可以设计出更加图样新颖、造型独特、美观大方并符合人们传统审美感的方案，以塑造亮点。

（3）找出工程哪些部位、分项工程上有难点，需采取的应对措施；哪些部位、分项工程上可以创新、应用新技术，并通过深化设计把难点塑造成亮点。

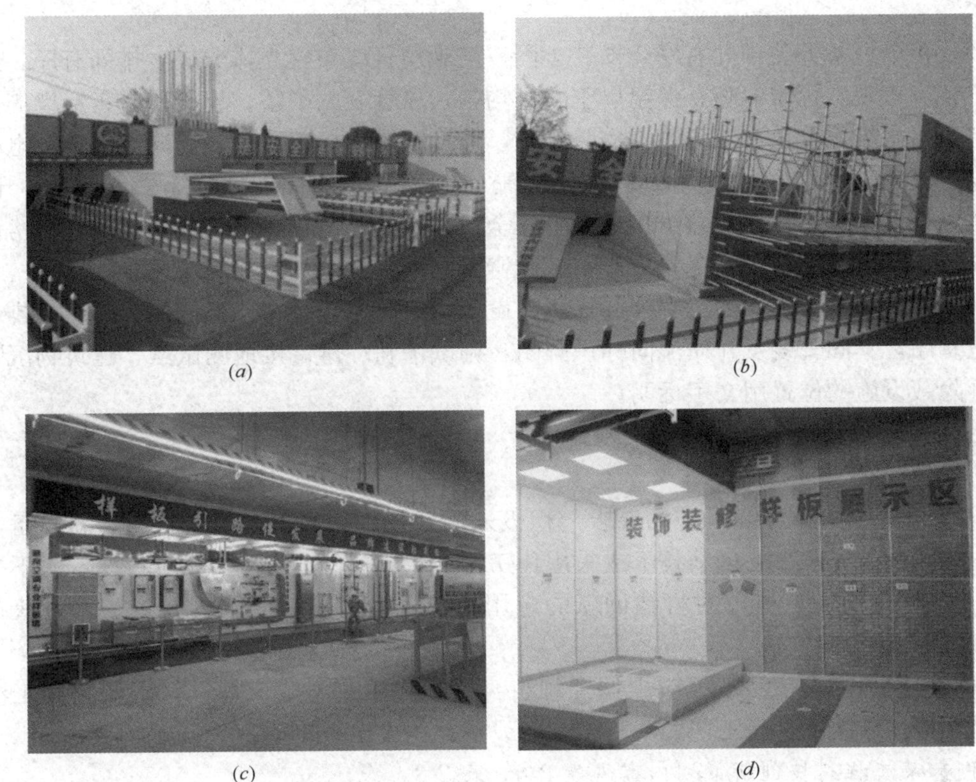

(*a*)　(*b*)　(*c*)　(*d*)

图 2-5　样板引路照片

（*a*）车站梁板柱节点样板引路照片；（*b*）脚手架搭设样板引路照片；
（*c*）车站机电安装样板引路照片；（*d*）车站装饰装修样板引路照片

（4）设备安装工程施工前，综合各种管道（线、槽）布置、走向，支架及吊杆等的安装位置，对照明灯具、风口、消防探头点位置等进行综合考虑，对称设计，规律性安排。

（5）使简易转化为精致、使不协调转化为协调。在不同形状平面相交时，容易出现地面和吊顶布局的不协调，这种不协调可用分割空间等手法进行处理，转化为相互协调。

5. 工艺、材料、施工设备管理策划

优质工程必须有先进的工艺并对其进行科学的组织，每个分项工程都要有工法或编制作业指导书，在工法或作业指导书中确定具体的质量标准、工艺参数，质量标准应以规范为基础，以高质量水平为对比，提出更高的要求。

倡导使用环保、节能的优质材料。对工程中规格异型的材料提前策划、定制加工，以避免施工现场切割加工，提升加工质量。

针对工程施工组织及工序工艺要求，事先应策划选择适宜的施工设备、工具，优选设备参数，确保设备先进并满足施工及工艺的要求。

6. 实体结构观感体验策划

在确保满足功能和安全的前提下，通过策划以下几个方面实现实体结构观感优美：

（1）管道安装牢固、横平竖直；器具安装使用方便，易于管理维修；标识清晰、正确，安全保护措施完善；单机调试技术指标符合要求，系统联动调试动作协调、正确、无异常。

（2）机电设备安装排列有序，安装牢固、美观。管线布置立体分层、排列有序，连接牢固，整齐美观，标识清晰；保温层密实、均匀，风管表面平整、连接严密；穿墙周边封堵严密，给水排水管道、消防管道安装顺直，坡度正确，标识清楚，焊缝饱满；配电柜排列整齐，安装牢固、美观；器具布置规范有序，导线压接牢固，分色统一、正确；开关、插座位置合理，标高一致；防雷接地系统安全可靠。电梯运行平稳，平层准确，机房内接地安全可靠。建筑防雷设施完备，避雷带和避雷网设置规范，接地焊接可靠。

（3）标识规范、鲜明。所有公共场所、设备间与固定建筑物标识规范、鲜明；排管布线规范有序，不同管线及介质流向标识鲜明，调试精确；避雷接地测试点、建筑物沉降观测点等隐蔽设施的位置用文字标明。

2.2.3 科技创新策划

"鲁班奖"对科技创新的应用要求：积极采用新技术、新工艺、新材料、新设备，其中有一项国内领先水平的创新技术或采用住房城乡建设部"建筑业10项新技术"不少于6项。"国家优质工程奖"对科技创新的应用要求：达到同时期国内先进水平，获得省（部）级科技进步奖。

创城市轨道交通精品工程应根据工程自身特点，策划QC攻关、科研课题和工法研究，推广应用新技术、新工艺、新材料、新设备，积极申报奖项。

【例】某工程科技创新策划内容见表2-6～表2-8。

创精品工程QC攻关课题 **表2-6**

序号	QC课题名称	完成单位	完成时间
1	某地××站超深厚砂层地连墙施工混凝土灌注充盈系数控制		
2	地下连续墙成槽质量控制		
3	高水位深基坑防突涌控制		

……

创精品工程科研课题 **表2-7**

序号	科研课题名称	完成单位	完成时间
1	基坑开挖钢支撑轴力自动伺服系统设计及自动化监测技术		
2	富水软弱粉细砂地层基坑施工及地面与邻近建筑物沉降变形特性与控制技术		
3	软土地层穿越车站基坑围护结构障碍物（锚索）处理技术		

……

"建筑业10项新技术应用"计划 **表2-8**

序号	"建筑业10项新技术应用"名称	完成单位	完成时间
1	SMW工法桩施工技术		

续表

序号	"建筑业10项新技术"应用名称	完成单位	完成时间
2	大直径钢筋直螺纹连接技术		
3	灌注桩后注浆技术		
	……		

2.2.4　工程亮点策划

一个工程某一方面某一部位能具体体现该工程优良品质的具体特点称之为该工程的亮点。亮点不能狭隘地理解为"好看"，除了工艺亮点外，工程的亮点还应有先进技术指标的亮点、施工技术创新的亮点、节能减排的亮点等。工程亮点策划要求包括：

（1）亮点的策划应在施工组织设计阶段完成。

（2）亮点的策划要做到突出主体，注重细节，体现差异，坚持创新。

（3）亮点的策划要具有可操作性和可控制性，策划要精确到细节。

【例】某城市轨道交通工程通过深化设计将难点变为亮点

某城市轨道交通工程施工环境非常复杂，紧邻铁路站、穿越铁路站和地铁线，施工和建筑物保护难度很大，施工中采用桩基托换、微振动爆破等技术，安全优质完成施工，并获科技进步奖，成为工程的亮点。该工程荣获"鲁班奖"。

2.2.5　档案资料管理策划

"鲁班奖"对档案资料非常重视，复查资料包括：工程前期资料、施工过程资料、第三方验收资料、监理资料等。工程实施前，建设单位要协调参建各方做好档案资料管理策划，一是基础档案资料确保其全面性、可追溯性、真实性、准确性。根据申报奖项的档案资料要求，编制资料清单，明确资料审批流程与责任人，各种资料必须经过规定人员审批和签认，要求签字齐全，字迹、盖章清晰；二是参建单位安排专人定时收集过程中的精品图片与影像资料，建立数据库，便于后期挑选。精品图片要求能够反映施工过程、工序质量、安全管理、实体外观等情况，展现项目特点亮点。除了施工图片外，还需要收集临建环境、宣传活动和职工文化生活方面的照片。影像资料应能体现工程关键工序、节点、验收等环节，同时反映新技术应用相关的影像资料。

2.2.6　绿色施工策划

城市轨道交通精品工程要突出"绿色施工"的理念，在项目开工之初，根据本工程周边环境、工程特点、地质情况，并结合"四节一环保"的内容，制定绿色施工方案，在建设过程中争取获得省部级建筑业绿色施工示范工程荣誉，为申报国优工程创造条件。

【例】某工程绿色施工策划

该工程通过以下几个方面实现"四节一环保"：

通过建筑混凝土余料利用、建筑垃圾回收利用、可拆卸围挡重复利用等措施进行节材；

通过使用喷淋设施、自动洗车池、节水水龙头等措施进行节水；

通过使用空气能热水器、节能灯、具有绿色环保节能标识的用电器等措施进行节能；

通过合理布置施工现场临时设施，优化施工场地布置，使用可移动板房、厕所等措施进行节地；

通过道路两侧绿化全覆盖、垃圾分类、垃圾外运防尘等措施进行环境保护。工程装饰材料采用具有“绿色建筑选用产品”证明商标的产品，对室内进行甲醛、苯、氨、氡、总挥发性有机物等环境检测一次合格。

2.2.7 经费和激励机制策划

经费保障策划方面，建设单位可以在招标合同内明确各参建单位创精品工程工作内容，按参建单位创精品工程工作内容增加创精品工程经费，或采取其他方式落实创精品工程经费。创精品工程经费主要包括：科研项目实施、论文发表、专利申请、工法评审、奖项申报等成果的相关费用，培训学习、专家咨询等活动费用，及其他创精品工程推进工作必要的费用。

创精品工程奖励、激励机制策划，是指通过制定制度和办法，建立考核机制，明确奖罚措施。建设单位要在不同阶段制定工作内容和完成时间节点，将各个阶段的创精品工程目标任务下达至各参建单位，再进行检查、考核，对参建单位创精品工程工作的情况进行奖惩。

第3章　设　计　先　进

“设计先进”是指在城市轨道交通工程中充分体现设计的先进性和合理性。以“适用、经济、绿色、美观”为原则，将城市轨道交通工程设计的先进性、功能性、便捷性、一体性理念融入设计方案、设计功能、设计构造、设计材料等方面，贯彻落实，从设计源头打造精品工程。为满足城市轨道交通工程的设计总体要求，并赋予建筑鲜明的时代感、艺术性和前瞻性，以模块化、装配化、标准化等为手段，重点关注设计方案创意性、设计以人为本的功能性、设计构造和节点设计细节性、设计材料耐久性等；结构设计应能够体现当代的科技水平和施工水平；功能设计应保证全寿命周期安全和功能。

3.1　设计总体要求

3.1.1　设计的安全性

1. 全过程风险设计

设计的安全性是评价精品工程的重要指标。城市轨道交通地下工程一般位于城市密集区，地下工程结构复杂，施工难度大，潜在建设风险种类多，风险损失大。城市轨道交通地下工程包括车站基坑、区间隧道、联络通道、风井及附属地下设施等。

作为工程建设的龙头，设计者应熟悉风险管理的内容和流程，了解风险设计的方法，应从规划、可行性研究、勘察设计、施工直至竣工验收并交付使用，实施全过程的建设风险设计，保障工程建设过程中的安全与质量，减少城市轨道交通地下工程建设风险的发生，避免或降低发生严重的人员伤亡、经济损失和恶劣的社会影响。风险设计程序及管理流程如图 3-1 和图 3-2 所示。

2. 先进的重大风险处置措施

(1) 盾构钢套筒接收技术

钢套筒是一种直径比盾构略大、长度比盾构略长的圆筒状钢结构，一端开口、另一端封闭，开口端与洞门预埋钢环相连接，形成一个整体密闭的容器，并在钢套筒内灌入填充物，使得盾构在整个进洞过程中始终处于内外土压平衡的状态，从理论上保证水土不会流失，最大限度地减少盾构进洞过程中对周边环境的影响。

国内城市轨道交通工程应用盾构区间端头采用钢套筒接收的实例逐年递增，工艺日趋成熟。钢套筒接收工艺如图 3-3 所示，该工艺具备一些突出优势，能解决以下问题：

1) 因端头环境、管迁、埋深以及工期等问题，无法进行地表加固条件或无法满足加固需求时，可在端头采用钢套筒接收工艺；

2) 端头周边环境要求严格，采用传统地层加固后，风险较大不愿接受，可采取钢套筒接收工艺降低工程风险；

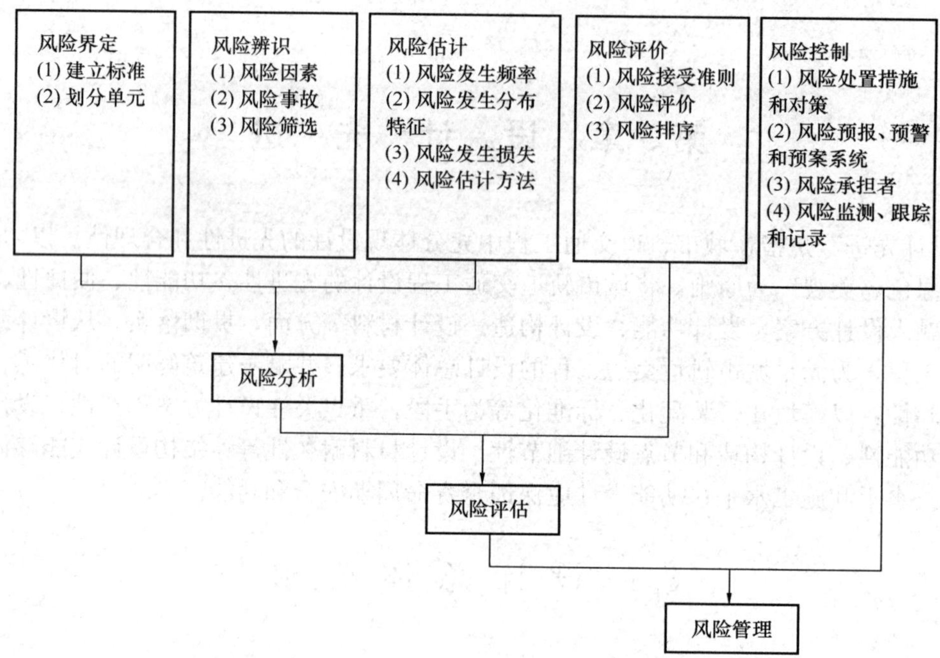

图 3-1 风险设计程序

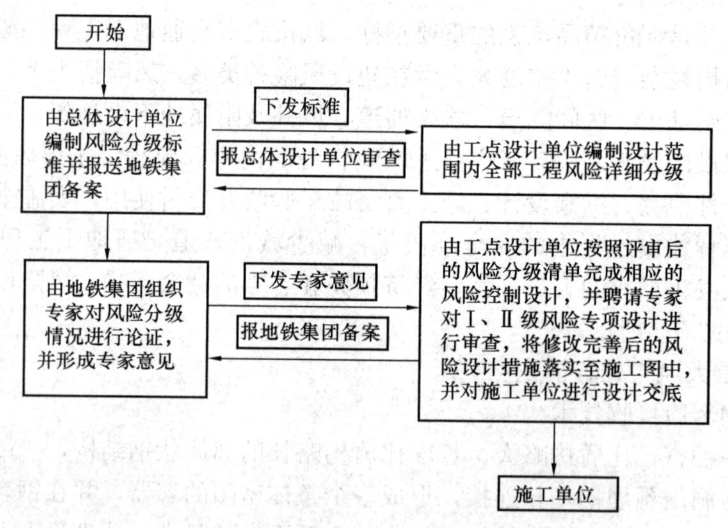

图 3-2 施工图设计阶段风险管理流程

3）加固效果差，无法有效止水时，采取钢套筒接收工艺弥补。

在设计阶段，应充分现场踏勘、熟悉端头相关范围内的管线、建（构）筑物，合理选择盾构进、出洞安全措施，综合评判，科学选用盾构钢套筒接收技术。

（2）钢支撑轴力伺服系统

钢支撑轴力伺服系统是一套应用于深基坑钢支撑上，通过对钢支撑轴力进行监测并根据设计应力值自动增加或减少轴力的系统。对于基坑周边环境复杂、地质条件较差，对地

图 3-3　钢套筒接收工艺

面沉降及基坑变形要求较高的基坑工程，采用钢支撑轴力伺服系统，可以有效地控制钢支撑的轴力，减少围护结构的侧移和地面沉降，如图 3-4 所示。

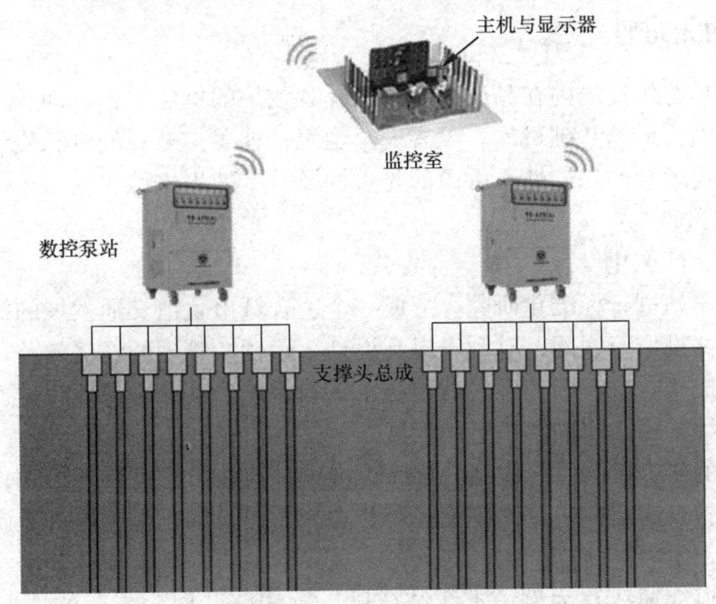

图 3-4　钢支撑轴力伺服系统

（3）克泥效技术

克泥效是由合成钙基黏土矿物、纤维素衍生剂、胶体稳定剂和分散剂构成。克泥效工法是将高浓度的泥水材料与塑强调整剂（即水玻璃）两种液体分别以配管压送到指定位置，将这两种液体以适当比例混合成高黏度塑性胶化体后，再通过径向孔注入的一种新型工法。混合后即刻形成的流动塑性胶化体不易受水稀释，且其黏性也不随时间而变化，是一种不会硬化的可塑性胶化体（可以进行软硬调整）。

在盾构机掘进的同时，采取向前盾、中盾上部径向孔注入克泥效的方式对盾体以外的空隙进行及时的填充，防止上部地层的沉降，同时形成隔水环箍，避免水土流失。

对于盾构下穿沉降敏感的建（构）筑物，常规采用的渣土改良、控制出土量、管片壁后同步注浆、二次注浆等无法控制前盾和中盾的空隙，而合理采用克泥效技术则可以较好地解决这个问题，提高盾构掘进的安全性，如图 3-5 所示。

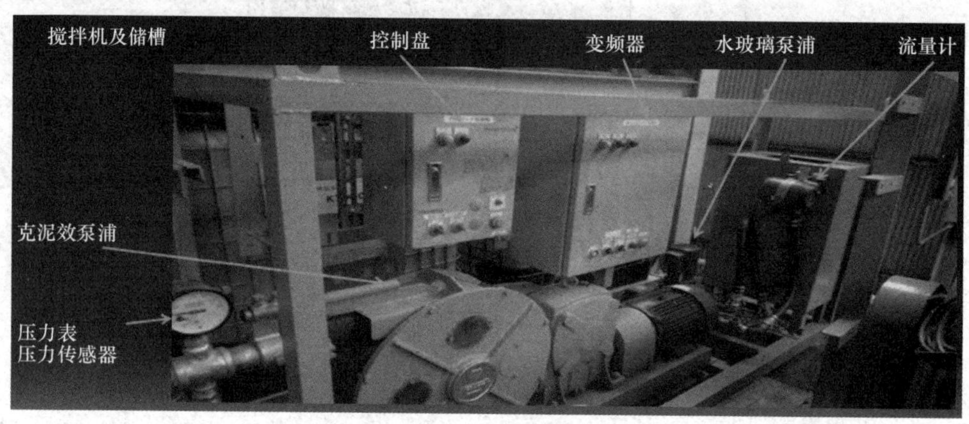

图 3-5　克泥效设备

3.1.2　设计的先进性

精品工程是具有优良的内在品质和精致的外观效果的单位工程，即所谓内坚外美。内坚：结构质量坚固，地基基础可靠，没有安全隐患；外美：外观的观感质量好，给人以美的享受。具体体现理念的先进性、手段的先进性及技术的先进性。

1. 理念的先进性

（1）模块化、标准化设计

对全线网的车站进行标准化研究，形成一个适合城市轨道交通发展的标准化模式，经运营实践验证后并推广至线网，有利于提高设计、运营、管理的经济效益，有利于推广适用的新技术、新成果，有利于建设较高服务水平的绿色公共交通环境，进而保证轨道交通的可持续发展，维护城市当前和长远的发展。

车站标准化的研究范围主要包括公共区标准设计及设备管理用房模块化设计。通过对公共区标准化、管理用房模块化的规模控制和功能布局、细化运营服务设施的配置标准等一系列专题研究，实现车站标准化。

以某城市轨道交通线路为例，本线结合已运营线路“回头看”的情况，根据运营需求，对车站公共区及功能用房进行梳理，通过优化布局、功能整合、减少冗备等措施，优化车站规模，确定标准化设计，如图 3-6、图 3-7 所示。

（2）装配式技术的应用

1）装配式地下车站

《中华人民共和国国民经济和社会发展第十三个五年（2016－2020 年）规划纲要》：

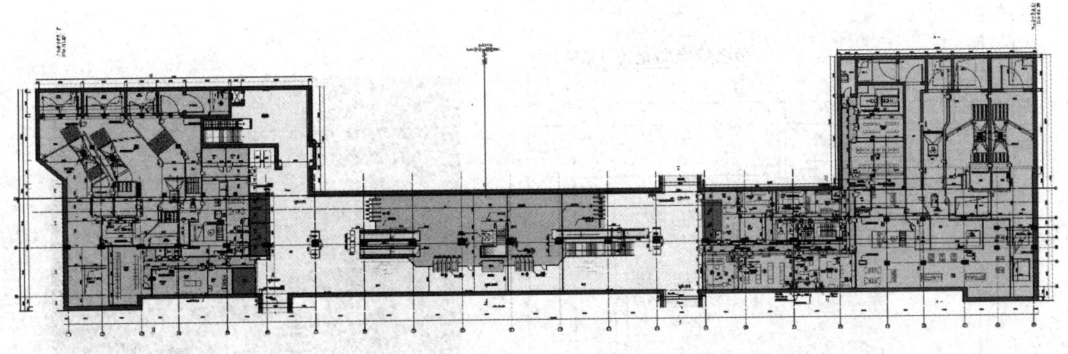

图 3-6　标准站降压所站厅层平面

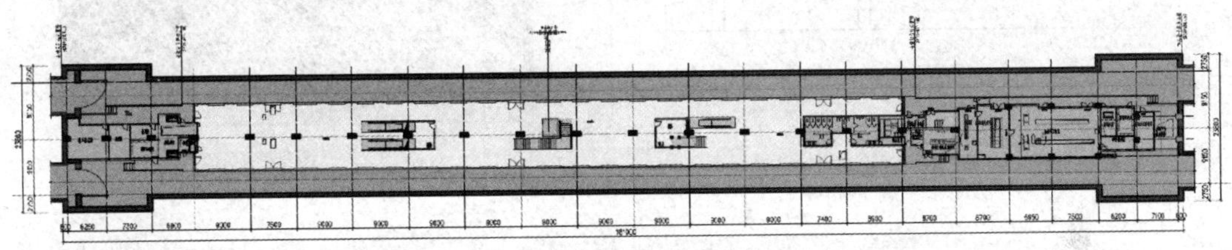

图 3-7　标准站降压所站台层平面

发展适用、经济、绿色、美观建筑，提高建筑技术水平、安全标准和工程质量，推广装配式建筑和钢结构建筑。应大力开展装配式地下车站研究，攻克防水技术难点和相关装备研发，如图 3-8～图 3-11 所示。

2）装配式出入口雨篷、室外设备围栏

一条地铁线的车站出入口和冷却塔围栏除特殊条件限制外均为标准化设计，对于这种统一的建（构）筑物造型可从材料选型、模数、结构构件等方面进行深入设计，使之施作可装配化。

以某线为例：

① 车站标准出入口

车站标准出入口采用简洁造型，以钢结构为骨，玻璃为立面，在设计思路上力求实施方便，可装配，如图 3-12 所示。

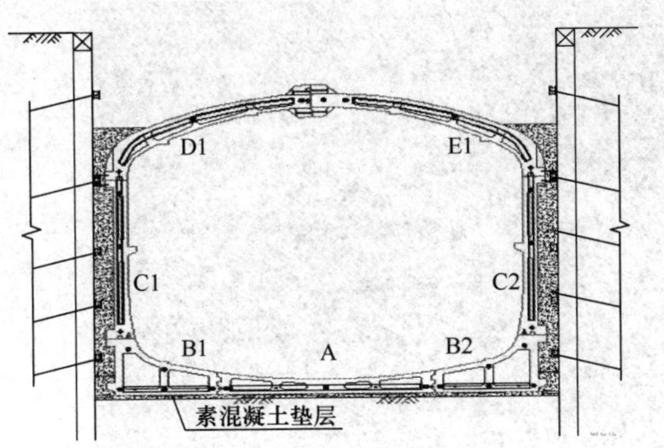

图 3-8　装配式车站断面一

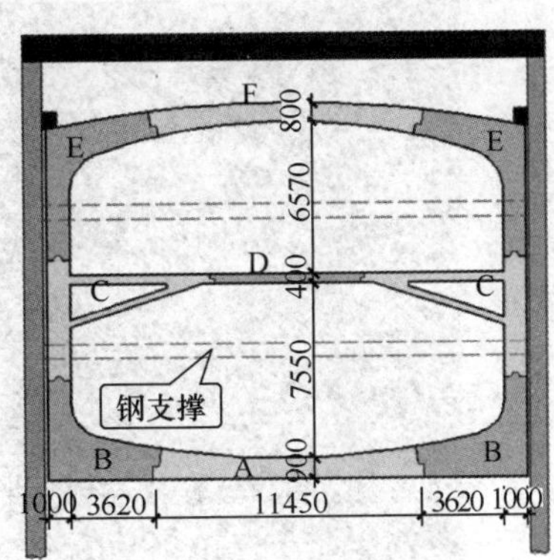

图 3-9　装配式车站断面二

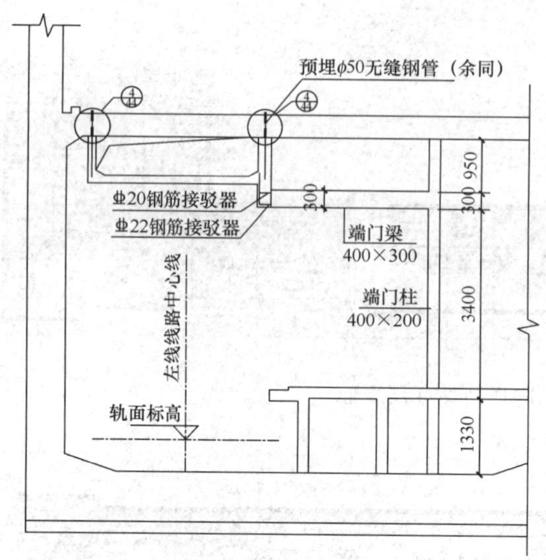

图 3-10 装配式轨顶风道

图 3-11 装配式出入口

图 3-12 装配式车站断面

结构体系，如图 3-13 所示，设计为 4 立柱+4 主梁+2 次横梁+2 斜撑，前 2 立柱柱

图 3-13 结构体系示意图

脚刚接（固定铰支座），后 2 立柱柱脚铰接＋斜撑（拉杆）。各结构构件在工厂加工制作，现场仅进行拼装施工，结构构件采用高强度螺栓连接，如图 3-14 所示；结构构件表面涂装工序为：工厂防锈→工厂涂装(喷漆)→现场补漆。

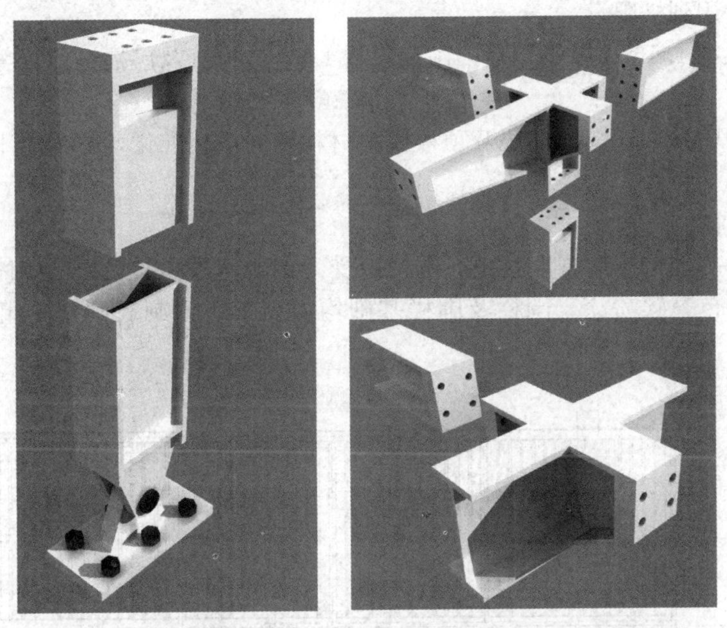

图 3-14　结构构件拼装节点图

顶板模块采用铝锌合金钢板直立锁边屋面板结构体系，屋面板与屋面通长，杜绝搭接缝，从根本上杜绝了传统螺钉穿透固定方式带来的漏水隐患，且外观整体性和观感性增强。

铝锌合金钢板直立锁边屋面板结构体系主要由直立锁边屋面板、固定支座、拔热铝箱、玻璃丝棉或挤塑泡沫板、无纺布、压型冲孔彩钢板和棱条组成，如图 3-15 所示。板肋小边上的特制凹槽在咬边后形成的空腔扩大了板肋的隙缝，防止毛细现象的发生，阻绝

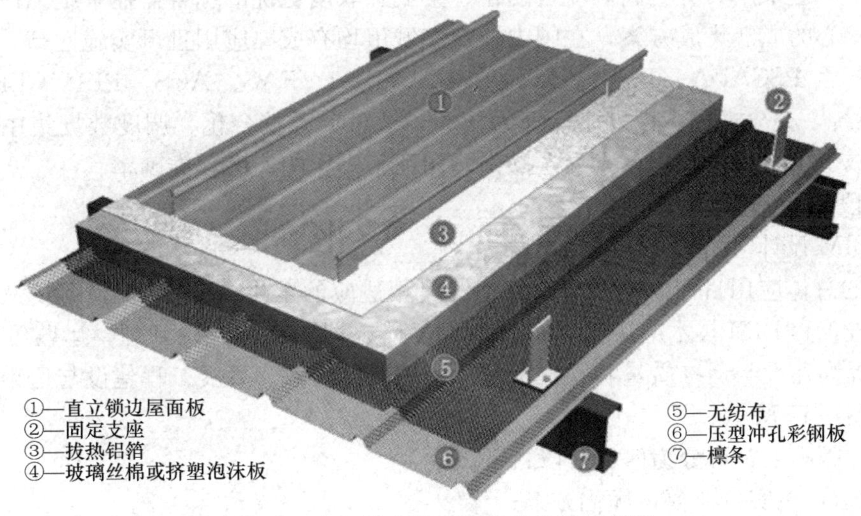

图 3-15　直立锁边屋面板结构体系示意图

水分通过毛细作用进入室内，以更好地实现屋面的防水功能。

外围护模块采用点抓式玻璃幕墙系统，选型材料为10＋1.52PVB＋10夹胶钢化玻璃。玻璃面板仅通过几点连接到支撑结构上，几乎无遮挡，透过玻璃视线达到最佳、最远，将玻璃的透明性运用到极限。

顶板模块采用1.5mm厚铝单板，吊顶设置LED方板灯及广播、监控等设备，导向结合门头设计。

屋面板结构体系、外围护模块及顶板模块材料切分均标准化，材料由工厂生产，直接可现场组装。

② 冷却塔围栏

冷却塔围栏基础采用预制混凝土，围栏由受力钢架体系和非受力格栅体系组成，且均在表面进行深灰色氟碳喷涂。围栏及围栏基础均可在工厂预制后到现场组装，如图3-16所示。

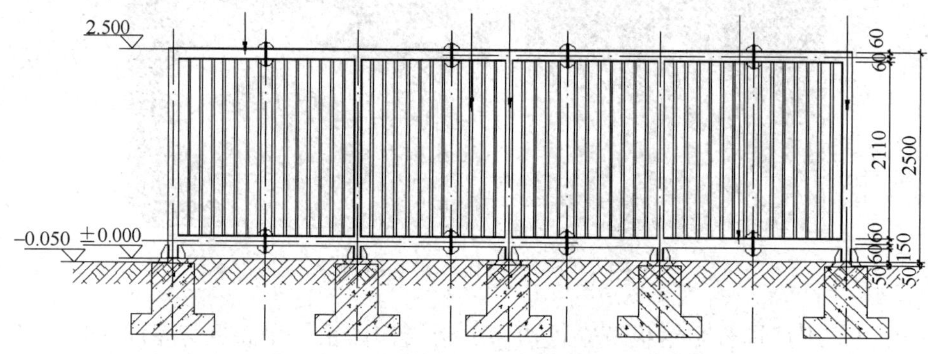

图3-16　装配式室外设备围栏示意图

围栏基础与受力钢架体系通过高强度螺栓连接后浇筑C30混凝土。

（3）深度集成的综合监控系统的应用

随着城市轨道交通运营水平的不断提高，针对系统用户需求、调度自动化水平的要求也越来越高，应采用具有更高调度自动化、集成互联度更优的综合监控系统。该系统采用以环调为核心的成熟集成方案，在国内外众多城市均有成熟应用且可实施性高。系统主要集成互联了PSCADA、BAS、CCTV、PA、PSD、FAS、ACS、PIS、CLK、ATS、ALM等系统，充分做到了以安全保证为核心，信息资源整合化、调度数据集中化，并最大限度地减少手工操作，避免人为误操作，保证了操作的速度和准确率。

2. 手段的先进性

（1）BIM设计

BIM的总体应用目标为建立与信息化发展相适应的全生命期BIM应用技术体系，全面深入推进工程BIM技术应用，切实服务于工程规划设计、建设管理、运营维保三大业务板块，提高建设与运维质量和管理水平。利用信息技术，开展工程建设与运维管理流程优化，如图3-17所示。

在设计版本上，可分为四个阶段：

1）周边环境实景建模，优化方案；

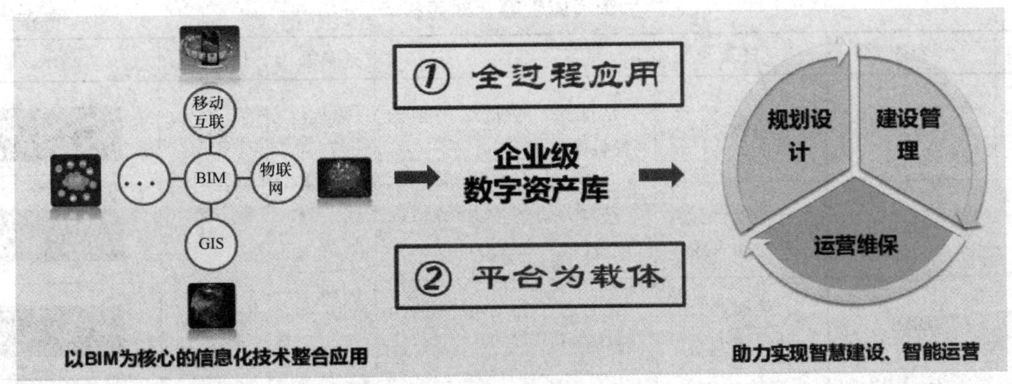

图 3-17　BIM 应用技术体系

2）机电专业三维协同，提高质量，节约工期；

3）可视化方案交底，沉浸式场景体验，辅助决策；

4）全信息模型传递共享，服务施工及运维。

目前多个城市的地铁线已实现应用 BIM 技术进行车站建模、核实管线碰撞等工作，更有部分城市选用特色地铁站点进行 BIM 全过程正向设计。

通过协同工作平台，设计人员在同一个环境下使用同一套标准完成同一个设计项目模型。在项目设计过程中，允许各专业、各角色、各岗位设计人员并行工作，沟通及时准确，信息模型数据实时更新，体现了 BIM 设计的协同性、可视性、参数化、模拟性、可出图等优势，设计效率得到迅速提升，如图 3-18 所示。

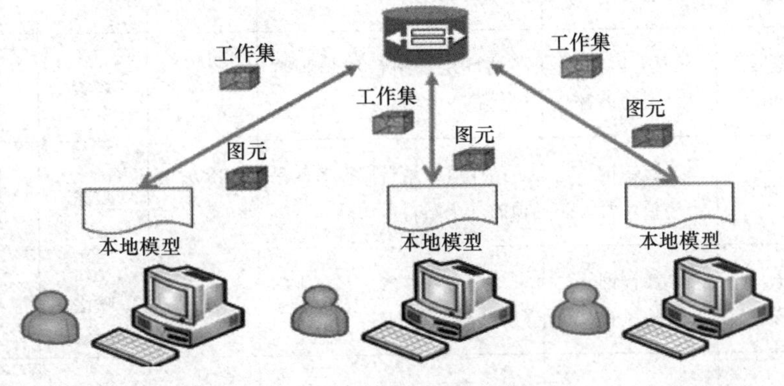

图 3-18　BIM 协同工作平台

（2）管线及设备区精细化设计

地下车站涉及机电专业繁多，管线布置错综复杂。以某车站为例，车站采用“色彩车站”的总体理念，充分结合现有装修方案，全方位、多角度展示地铁车站。尝试用色彩来细分各区域房间、各专业、各功能管线，使空间变得有趣而高效。同时，为减少在检修过程中寻找问题管线而耗费的人力与时间，所以选择以颜色作为切入点，可以快速区分不同管线的属性，方便维护及检修。

1）管线

管线属性颜色对照见表 3-1。

管线属性颜色对照表 **表 3-1**

类型	专业	材质	部位	颜色	上色工艺	色卡
桥架	动力照明	热镀锌	站厅层、站台层吊顶内（设备区）	深蓝色 2755C	烤漆	2755C
线槽	FAS	热镀锌（外涂防火漆）	站厅层、站台层吊顶内（设备区）	浅蓝色 2715C	烤漆	2715C
	BAS	热镀锌（外涂防火漆）	站厅层、站台层吊顶内（设备区）		烤漆	2715C
	通信、PIS、OA、公安通信（共用）	热镀锌	站厅层、站台层吊顶内（设备区）	驼色 4645C	烤漆	4645C
	安全门系统	热镀锌	站台层吊顶内（设备区）		烤漆	4645C
	信号	热镀锌	站厅层、站台层吊顶内（设备区）		烤漆	4645C
风管	大系统送风系统	复合风管（外层为镀锌）	站厅层、站台层吊顶内（全站）	冷灰 5C	烤漆	Cool Gray 5C
	大系统回排风、排烟管	复合风管（外层为镀锌）	站厅层、站台层吊顶内（全站）		烤漆	Cool Gray 5C
	小系统送回风管（空调）	复合风管（外层为镀锌）	站厅层、站台层吊顶内（全站）	冷灰 5C	烤漆	Cool Gray 5C
	小系统通风管	镀锌钢板风管	站厅层、站台层设备区吊顶内（全站）		喷涂	Cool Gray 5C
	小系统排烟管	镀锌钢板风管	站厅层、站台层吊顶内（全站）		喷涂	Cool Gray 5C
管材	ACS	镀锌钢管	站厅层、站台层吊顶内（设备区）	冷灰 1C	喷涂	Cool Gray 1C
	FAS	镀锌钢管，外涂防火涂料	站厅层、站台层吊顶内（设备区）	冷灰 1C	喷涂	Cool Gray 1C
	冷冻水管（供水）	镀锌无缝钢管（保温外加铝合金板）	冷水机房	深蓝色 2755C	喷涂	2755C
	冷冻水管（回水）	镀锌无缝钢管（保温外加铝合金板）	冷水机房	浅蓝色 2715C		2715C

续表

类型	专业	材质	部位	颜色	上色工艺	色卡
管材	冷却水管（供水）	镀锌钢管	冷水机房	浅橙 1485C	喷涂	1485C
管材	冷却水管（回水）	镀锌钢管	冷水机房	深橙 021C	喷涂	Orange 021C
管材	喷淋水管	镀锌钢管	站厅层、站台层公共区吊顶内（全站）	红色 032C	喷涂	Red 032C
管材	消火栓给水管	热镀锌钢管	站厅层、站台层吊顶内（全站）	红色 032C	喷涂	Red 032C
管材	生活给水管	衬塑钢管（外层为热镀锌）	站厅层、站台层吊顶内（全站）	绿色 Green C	喷涂	Green C
管材	生活污水管（重力）	UPVC 管	站厅层、站台层（全站）	黄色 012C	有色管材	Yellow 012C
管材	压力污水管	涂塑钢管	站厅层、站台层（全站）	黄色 012C	喷涂	Yellow 012C
管材	废水管（重力）	UPVC 管	轨行区外侧（全站）	青色 307C	有色管材	307C
管材	压力废水管	涂塑钢管	站厅层、站台层（全站）	青色 307C	喷涂	307C
管材	通气管	内外涂塑钢管	站厅层、站台层（全站）	黄色 012C	喷涂	Yellow 012C
管材	气体灭火供气管	热镀锌钢管	站厅层、站台层（全站）	红色 032C	喷涂	Red 032C
管材	支吊架		站厅层、站台层（全站）	冷灰 5C	烤漆	Cool Gray 5C

2）设备用房区

设备不同功能房间属性颜色对照见表 3-2。

设备不同功能房间属性颜色对照表 **表 3-2**

房间	顶面	地面	墙面	其他	色卡
泵房类设备房间（环控机房、冷水机房、消防泵房、污水泵房、废水泵房）	—	水泥基自流平（浅蓝色 2715C）	水泥砂浆墙面（浅灰色 400C）	警示标线：黄黑色；基础：灰色；踢脚：同地面颜色上翻 100mm 高	400C 2715C
强电类设备房间（变电所控制室、0.4kV 开关柜室、高压开关柜室、检修兼储藏室、整流变压器室、照明配电室、环控电控室）	—	水泥基自流平（深绿色 336C）	乳胶漆（白色）	警示标线：黄黑色；踢脚：地砖踢脚板	336C
商用通信设备室	—	水泥基自流平（深绿色 336C）	乳胶漆（白色）	踢脚：地砖踢脚板	336C
弱电类设备房间（警用通信设备室、UPS 电源室、信号设备室及电源室、弱电设备室［通信、ISCS、AFC］、弱电配线间、站台门设备及控制室）	—	PVC 面静电地板（白色）	乳胶漆（白色）	设备机柜箱体：原色 踢脚：不锈钢踢脚板	
走道、设备区楼梯间	—	地砖（灰色 402C）	乳胶漆（白色）	踢脚：地砖踢脚板	402C
有人地砖类房间（交接班室，票务管理室，男、女更衣室，信号工区，工务工区，供电工区，乘务换乘室，清扫间，站务间）	针孔铝合金方板	地砖（米黄色 1205C）	乳胶漆（白色）	踢脚：地砖踢脚板	1205C
有人架空地板类房间（车控＋站长室、警务室、装备间）	针孔铝合金方板	陶瓷面静电地板（暖黄色 123C）	乳胶漆（白色）	踢脚：不锈钢踢脚板	123C
备品间（信号备品间、杂物备品间、广告备品间）	—	地砖（米黄色 1205C）	乳胶漆（白色）	踢脚：地砖踢脚板	1205C
男、女卫生间（设备区）	针孔铝合金方板	防滑地砖（深灰色 405C）	墙砖（深灰色 405C）	隔断：豆绿色	405C

续表

房间	顶面	地面	墙面	其他	色卡
保洁间	—	防滑地砖（深灰色 405C）	乳胶漆（白色）	踢脚：地砖踢脚板	405C
强、弱电间（井）	—	水泥基自流平（深绿色 336C）	水泥砂浆墙面（浅灰色 400C）	—	336C 400C
自动灭火设备室	—	水泥基自流平（浅蓝色 2715C）	水泥砂浆墙面（浅灰色 400C）	踢脚：地砖踢脚板	2715C 400C
活塞风道、新风道	—	地砖（灰色 402C）	—	—	402C

3. 技术的先进性

（1）预埋槽道及预埋套筒＋外置槽道技术

预埋槽道由一条 C 型槽钢和布置在槽钢背面的锚钉组成，槽钢内使用泡沫填充物或条形填充物能够防止混凝土进入槽钢内，槽道预埋在混凝土中，表面与混凝土面齐平，预埋滑槽与构件采用专用配套 T 型螺栓连接，既紧固方便，还可任意调节，方便快捷。盾构预埋滑槽隧道示例如图 3-19 所示。

与传统的植筋或者打膨胀螺栓相比，采用预埋槽道的技术优点有：

1）真正实现精细化设计和精细化施工，使设计和施工水平极大提升；

2）可大大提高后期设备安装功效，初步估计，可节约设备安装工期至少 3 个月；

3）对隧道混凝土结构没有任何损伤，可延长使用寿命；

4）可大大改善后期设备安装的施工环境；

5）可以把所有系统安装都集成固定在槽道上；

6）超强抗腐蚀，可满足地铁 100 年正常运营的耐久性要求；

7）运营期任意增加、更换设备方便，无需打孔。

图 3-19　盾构预埋滑槽隧道

预埋套筒＋外置槽道技术可以解决盾构管片预埋槽道不可更换及全环预埋等问题，外置槽道

图 3-20　盾构预埋套筒＋外置槽道隧道

技术不仅能满足机电设备安装的各项要求，且安装方法简单易行，在隧道内可更换和分段安装。可以避免盾构管片预埋槽道技术上存在的浪费问题，有较好的经济价值。盾构预埋套筒＋外置槽道隧道示例如图 3-20 所示。

（2）机械法联络通道

目前各地地铁隧道联络通道设计施工现状：

软土地区联络通道（兼泵站）采用冻结法加固、矿山法施工，施工风险大、工程造价高，后期融沉沉降量大，持续时间长。传统的联络通道施工工法如图 3-21 所示。

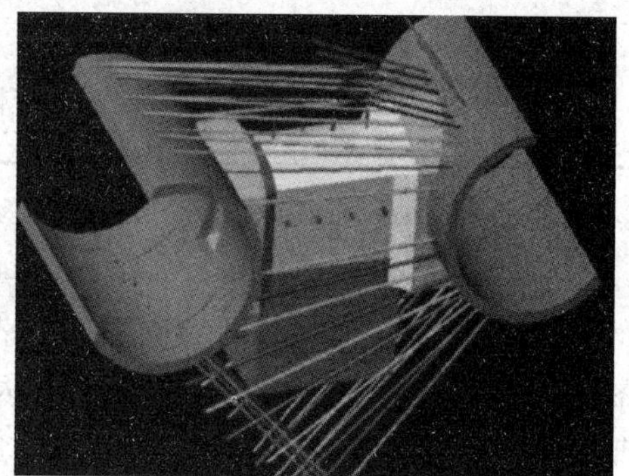

图 3-21　传统的联络通道施工工法

机械法联络通道：

利用轨道下方道床及隧道结构空间作为废水泵房，取消联络通道下方泵站，减小联络通道施工及后期运营风险，采用机械法实施联络通道。机械法联络通道具有微加固、全封闭、强支护、集约化特点。顶管法联络通道示例如图 3-22 所示。

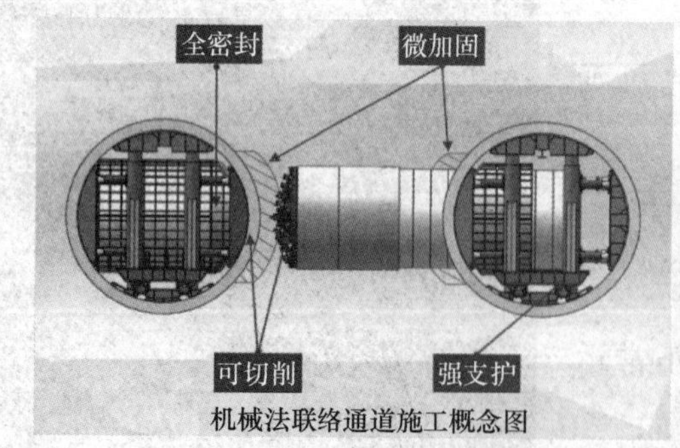

图 3-22　顶管法联络通道

（3）类矩形盾构技术

轨道交通大部分区段穿越城市核心区，两侧道路狭窄，交通繁忙。为有效破解城市核心区轨道交通建设难题，推动城市地下空间的集约化利用，减小盾构施工对周边环境的影响，宁波轨道交通在全国率先提出了研发类矩形盾构的设想，并联合上海隧道工程有限公司于 2015 年 9 月顺利研制完成了“阳明号”类矩形盾构机，比常规圆形隧道节约了 35％的地下空间。类矩形盾构技术施工示例如图 3-23 所示。

图 3-23　类矩形盾构技术

（4）RPC 活性粉末混凝土疏散平台

活性粉末混凝土是一种高强度、高韧性、高耐久、体积稳定性良好的新型材料，与常规采用的钢支架＋预制混凝土板相比，RPC 应用在工程结构中，可以解决普通混凝土构件抗拉强度低、脆性大、体积稳定性不良等问题，同时相同荷载作用下板重量可以减轻 66％以上，方便隧道内安装，提高工作效率。在隧道内安装的 RPC 疏散平台示例如图 3-24 所示。

图 3-24　RPC 疏散平台

（5）引入吸气式感烟探测器和感温光纤探测技术

停车场车辆日常停放和各类检修车库的停车部位空间较高，传统的典型探测器已经无法满足本区域的火灾探测需求，国内各城市的轨道交通在本区往往采用传统的红外光束探测系统，如图 3-25 所示，但由于高大区域不利于设备的检修，特别是车辆频繁进出引起的振动导致误报率较高，受到很多运营部门的诟病。

随着火灾探测技术的发展，在北京等城市陆续引进了吸气式感烟探测器的设置方案，其较好地解决了误报及检修问题，取得了较多好评，综合考虑在停车场停放车辆的库房以及车站设备区走廊采用设置吸气式感烟探测器的方案。如图 3-26 所示为一种“极早期吸气式感烟探测器”，能够在火灾前期温度稍微提升时，利用空气中的微颗粒变化，在极早期判断火灾情况的发生。

图 3-25 传统的红外光束探测系统

图 3-26 极早期吸气式感烟探测器

（6）喷涂持粘型防水材料

地下工程中，防水设计是重要的一环，目前主要采用卷材防水设计，但是该种防水设计存在着以下劣势：

1）搭接缝为防水薄弱环节，存在渗漏隐患；

2）无自我修复能力，在施工回填或者交叉作业时，如遭到破坏，容易存在渗漏隐患；

3）卷材防水无法达到密贴式防水设计的要求，容易空鼓进而产生窜水，导致整个防水层失效。

针对这种现状，采用喷涂速凝＋持粘的新型防水设计可有效解决，具体做法主要采用两种水性防水涂料：A 外侧迎水面采用 1.5 厚 BH-508 喷涂橡胶沥青防水涂料（简称喷涂速凝）＋B 内侧紧贴结构面设置 1.5 厚水性喷涂持粘高分子涂料（简称水性持粘）。

新型防水设计具有如下优势：

1）常温下喷涂法施工，固化成膜，对基面要求较低，可在潮湿基面作业，施工简便，实现无缝连接，尤为适用形状复杂或异形结构部位（如桩头、格构柱、钢筋预留部位等）；

2）产品环保安全，不含挥发性有机物，适用密闭空间；涂层耐热、耐酸碱、耐老化性能优越，固化成膜后具有出众的断裂伸长率和弹性恢复率；

3）常温下直接喷涂，可在潮湿基面施工；

4）施工完成后可与空气长期接触，不固化，不溶于水，粘结强度高，能适应复杂施工作业面；

5）产品可保持黏稠胶质状态，具有自愈合、拉伸力强、耐老化、可与多种卷材复合使用的优点，低温不断裂、高温不流淌；环保安全，无毒害。

新型防水设计大样及施工现场图片如图 3-27～图 3-30 所示。

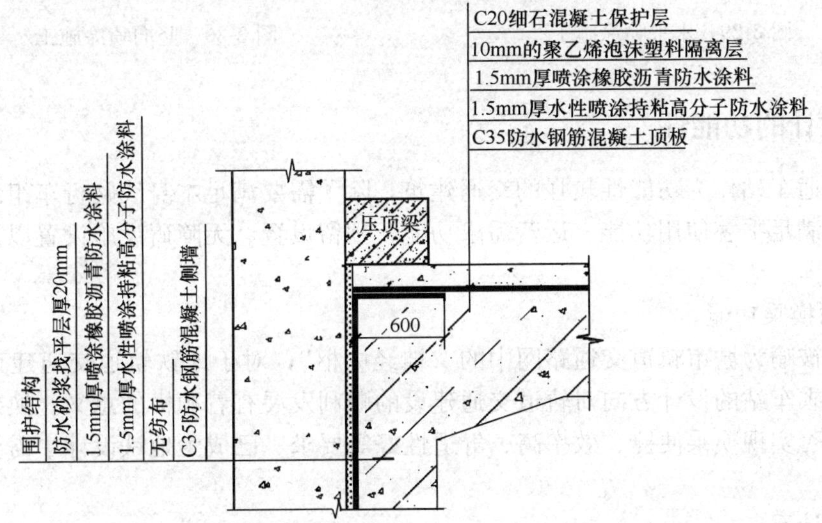

图 3-27　顶板与侧墙节点防水

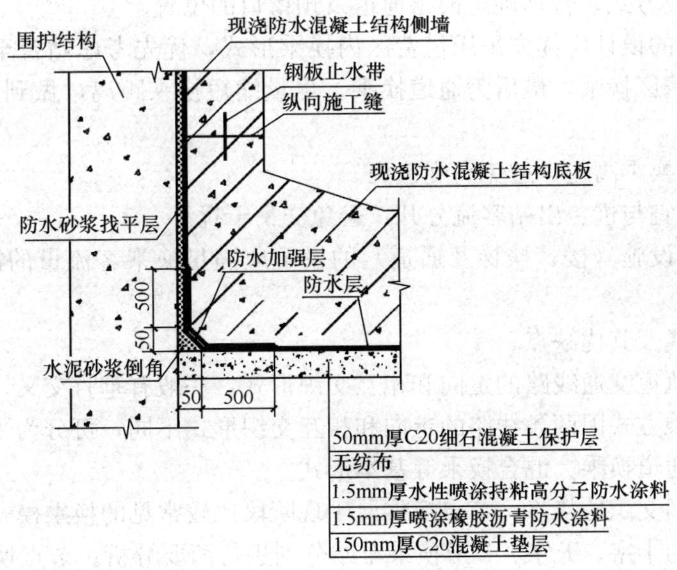

图 3-28　底板与侧墙节点防水

图 3-29 水平喷涂施工

图 3-30 竖向喷涂施工

3.1.3 设计的功能性

轨道交通车站作为功能性较强的交通建筑，除了需要满足本身线路行车组织、换乘等功能外还要满足乘客使用功能、运营需求功能、预留设置、无障碍设施设置以及车站节能等需求。

1. 车站换乘功能

换乘站被喻为城市轨道交通路网中的“神经中枢”，对于地铁轨道交通建设来说，提前总结出换乘车站的设计方向对轨道交通建设的顺利发展有着积极的意义。换乘站设计是否合理，能否实现换乘便捷、效率高、舒适性好等要求，已成为地铁设计中需要解决的关键问题。

（1）设计重点

1）车站规划时应周密考虑选择换乘方式及换乘形式，换乘形式的确定必须遵循规划路网的走向及敷设方式，合理确定换乘通道及预留口的位置。

2）车站换乘的设计应优先采用付费区内换乘形式，优先考虑站台至站台的换乘，其次为站厅内的付费区换乘，最后为通道换乘。尽量缩短换乘距离，做到路线明确、简捷，方便乘客。

3）尽量减少换乘高差，避免高度损失。

4）换乘客流宜与进、出站客流分开，避免交叉干扰。

5）车站换乘设施（楼、扶梯及通道）的设置应满足换乘客流量的需要。宜留有改、扩建的余地。

（2）设计形式及其优缺点

两条相交的轨道交通线路的走向和相互交织形式，一般有垂直交叉、斜交、平行交织等多种形式。换乘方式因两条线路的走向和相互交织形式不同，可分为平行换乘、结点换乘、站厅换乘、通道换乘、混合换乘等基本形式。

由于地铁线网交织的特点，节点换乘属于现阶段比较常见的换乘模式。下面针对节点换乘的几个典型的十字、T 字、L 形换乘车站分别进行简要分析。节点换乘形式优缺点比选见表 3-3。

节点换乘形式比选表　　表 3-3

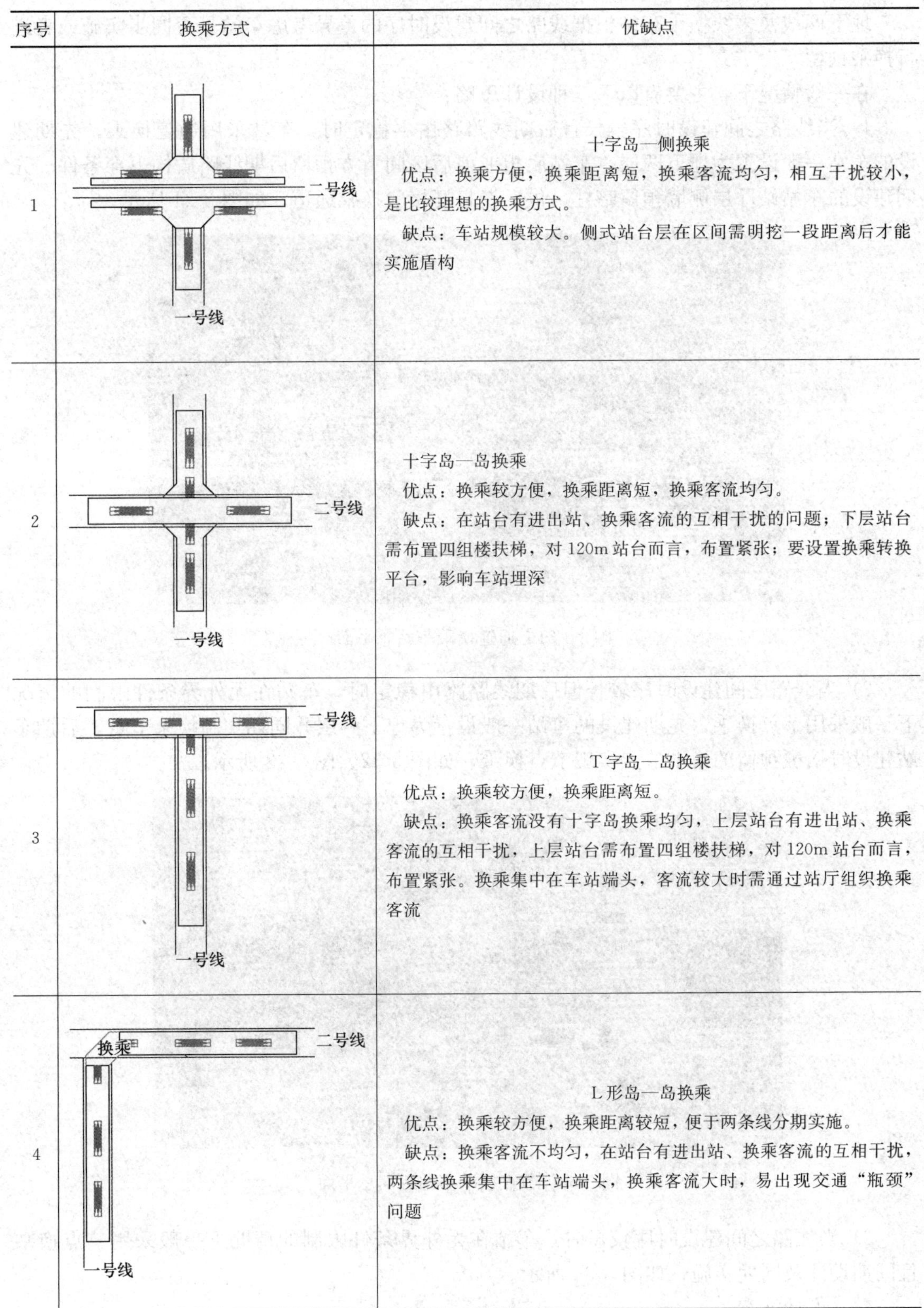

序号	换乘方式	优缺点
1		十字岛—侧换乘 优点：换乘方便，换乘距离短，换乘客流均匀，相互干扰较小，是比较理想的换乘方式。 缺点：车站规模较大。侧式站台层在区间需明挖一段距离后才能实施盾构
2		十字岛—岛换乘 优点：换乘较方便，换乘距离短，换乘客流均匀。 缺点：在站台有进出站、换乘客流的互相干扰的问题；下层站台需布置四组楼扶梯，对 120m 站台而言，布置紧张；要设置换乘转换平台，影响车站埋深
3		T 字岛—岛换乘 优点：换乘较方便，换乘距离短。 缺点：换乘客流没有十字岛换乘均匀，上层站台有进出站、换乘客流的互相干扰，上层站台需布置四组楼扶梯，对 120m 站台而言，布置紧张。换乘集中在车站端头，客流较大时需通过站厅组织换乘客流
4		L 形岛—岛换乘 优点：换乘较方便，换乘距离较短，便于两条线分期实施。 缺点：换乘客流不均匀，在站台有进出站、换乘客流的互相干扰，两条线换乘集中在车站端头，换乘客流大时，易出现交通“瓶颈”问题

(3) 换乘节点的实施与预留

地下两线及多线换乘车站根据线路之间建设时序的差异考虑车站是否同步实施或者进行换乘预留。

在一般情况下，主要有以下三种设计思路：

1）当线路之间建设时序较长且后期线路路由不稳定时，车站采用通道换乘，先期建设的车站一般设置为地下两层，车站底板或前后区间下方预留后期线路盾构下穿条件。先期建设的车站站厅层侧墙预留暗柱，供后期打开接驳换乘通道，如图 3-31 所示。

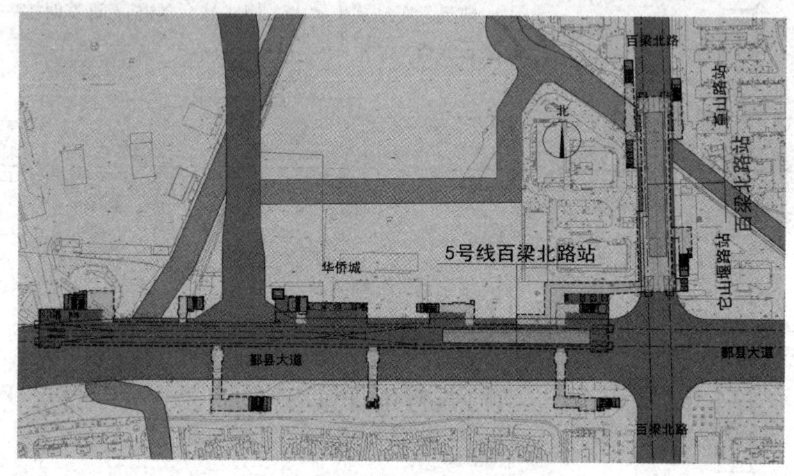

图 3-31　通道换乘车站总平面

2）当线路之间建设时序较长但后期线路路由稳定时，车站在无外界条件限制的情况下一般采用节点换乘，先期建设的车站一般设置为地下两层并同期实施换乘节点，后期车站建设时接驳预留的换乘节点实现节点换乘，如图 3-32、图 3-33 所示。

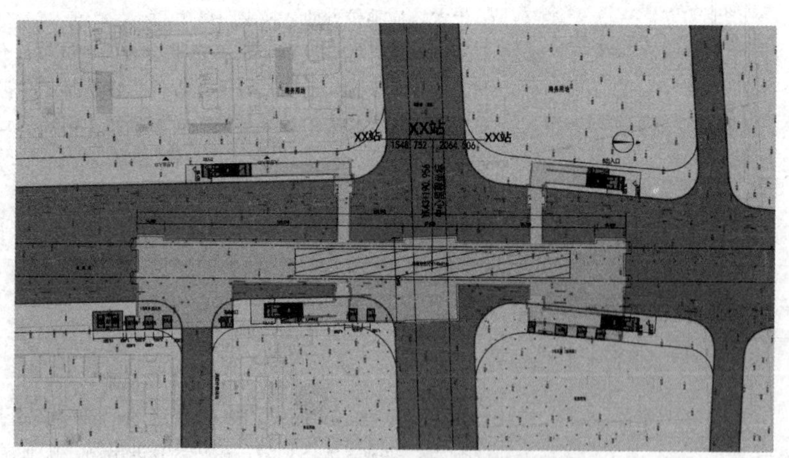

图 3-32　节点换乘车站近期总平面

3）当线路之间建设时序较短时，车站在无外界条件限制的情况下一般采用节点换乘且同期设计及同期实施，如图 3-34 所示。

(4) 设计方案

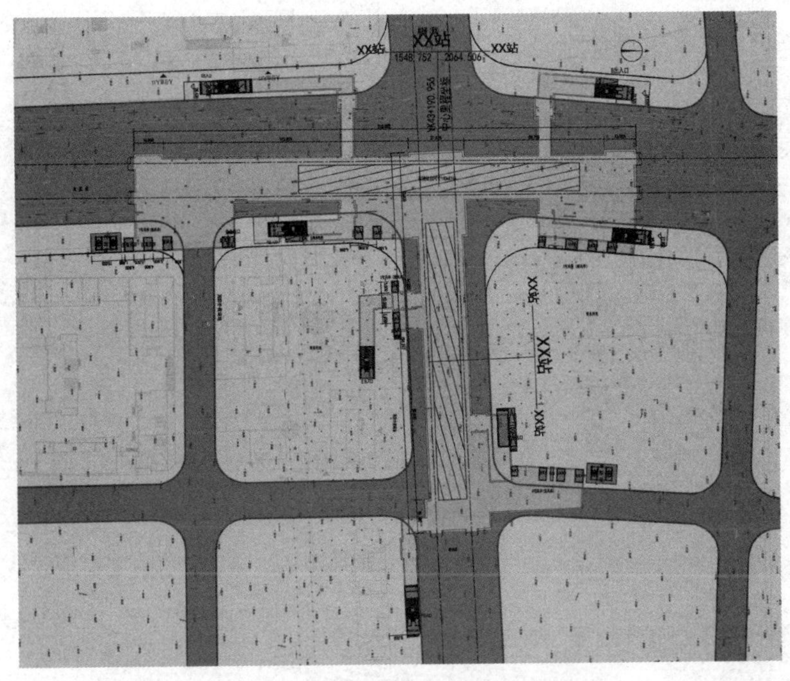

图 3-33　节点换乘车站远期总平面

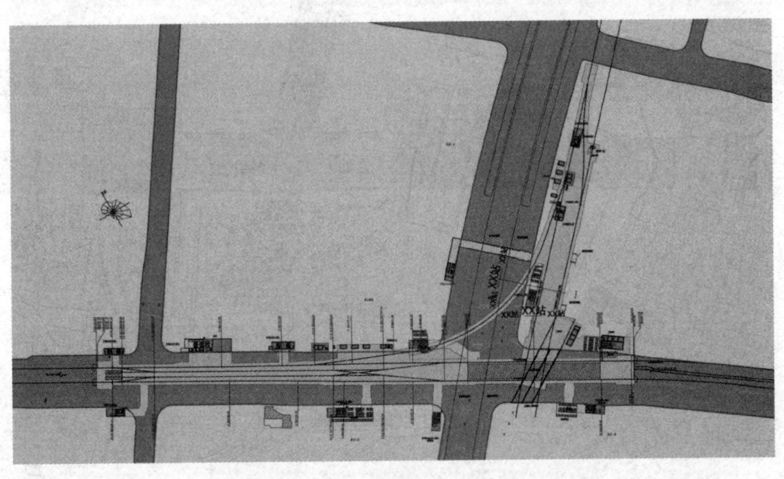

图 3-34　节点换乘车站总平面

以某站为例：

1）车站概况

本站是国内首次采用地下两层十字岛—侧换乘的地铁车站，为二、四号线的换乘站。在负一层的二号线为地下一层浅埋侧式站台车站，负二层的四号线为地下两层岛式站台，两线十字相交，如图 3-35～图 3-37 所示。

2）换乘设计分析

车站为地下两层车站，地下一层为二、四号线站厅层及二号线站台层，在二号线轨道两侧分别设置付费区，过街客流通过西侧扶梯过轨，实现非付费区过街功能；地下二层为

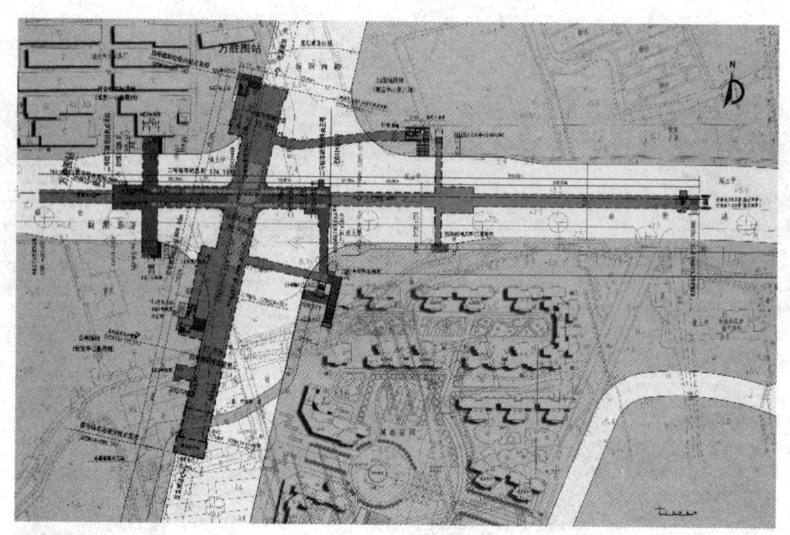

图 3-35　总平面图

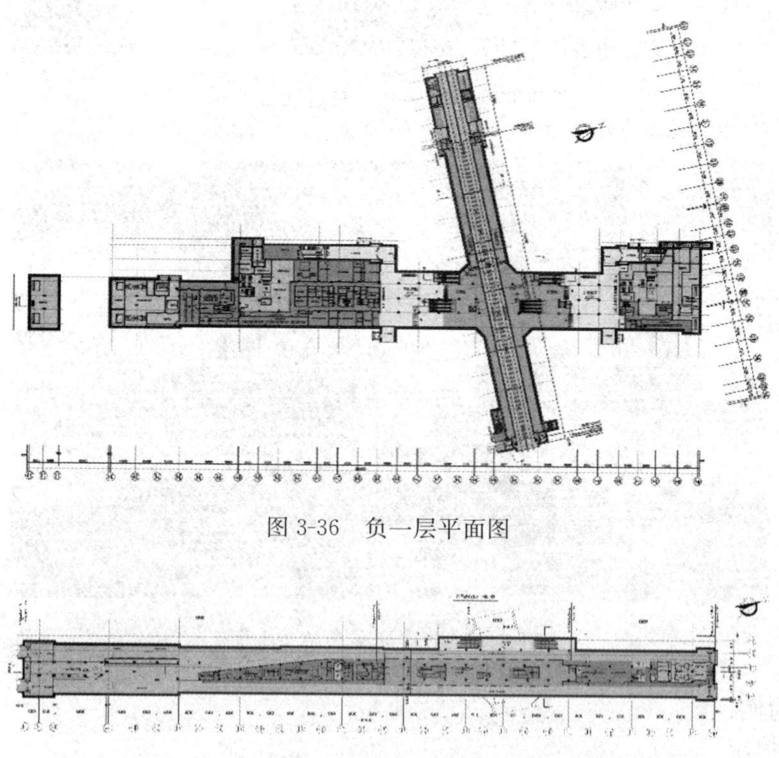

图 3-36　负一层平面图

图 3-37　负二层平面图

四号线站台层。本站采用上侧下岛十字换乘方案，流线分析如图 3-38 所示。具体客流组织如下：

进站客流：乘客由负一层南、北站厅进入二、四号线公共付费区，乘坐二号线的乘客直接进入二号线站台乘车或通过中部扶梯过轨后到达对面侧式站台乘车；乘坐四号线的乘客通过付费区中部下行楼扶梯进入四号线站台乘车。

出站客流：二号线乘客下车后直接由负一层两侧出闸机出站；四号线乘客通过四号线站台两侧上行扶梯上行至二、四号线站厅层后出站。

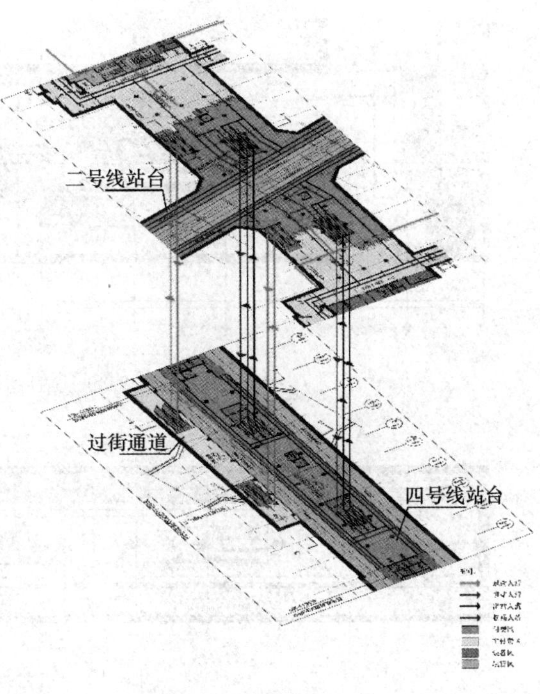

图 3-38　流线分析图

换乘客流（二号线换乘四号线）：乘客从二号线南、北两侧站台下车～通过二号线站台（二、四号线站厅层）两侧下行扶梯进入四号线站台层。

换乘客流（四号线换乘二号线）：乘客下车到达四号线站台层～通过站台两侧上行扶梯上行进入二号线南站台或二号线北站台。

3）车站特点

本站采用地下两层十字岛—侧换乘模式。车站埋深浅、规模小，换乘距离短，由于负一层采用侧式站台设计，有两个换乘点，有利于换乘客流组织。所有的流线均能实现扶梯上下，服务水平较高。

2. 乘客使用功能

车站内乘客所在活动区域应满足乘客相关的使用要求。车站内部公共区是满足乘客乘降、换乘和候车的场所，公共区设计直接决定着车站的乘客服务水平。

（1）设计重点

1）公共区客流组织：售检票机、进出站闸机、安检机等设备应匹配进出站流线布置，避免客流交叉，并辅以导向引导，以达到乘客安全、快速进出站的需求。

2）公共区柱网布置：宜采用大跨度柱网布置形式，特别是双柱车站的柱网布置应与屏蔽门的模数相对应，以达到良好的空间效果。

3）公共区楼扶梯布置：

① 公共区两侧楼扶梯应对称布置且扶梯下工作点尽量等分公共区站台长度，以达到乘客站台层疏散距离相对均衡的目的。

② 公共区两侧应均设上行扶梯，有条件的情况下宜均设上下行扶梯。

③ 公共区中心里程宜考虑折跑楼梯满足疏散要求，也可使两侧扶梯数量增加。

4）公共区应考虑无障碍设施设备的布置，中心里程处应设置无障碍电梯。

5）公共区两侧可适当考虑商铺、银行等服务设施，以方便乘客。

（2）设计方案

以某站为例，其站厅层、站台层公共区设计方案如图 3-39、图 3-40 所示。

1）公共区柱跨 9m，非付费区每侧各设置两个出入口与地面衔接；

2）付费区设置“双扶＋电梯及折跑楼梯＋一扶一楼”的形式；

3）站厅非付费区设置小商铺，方便乘客。

3. 运营需求功能

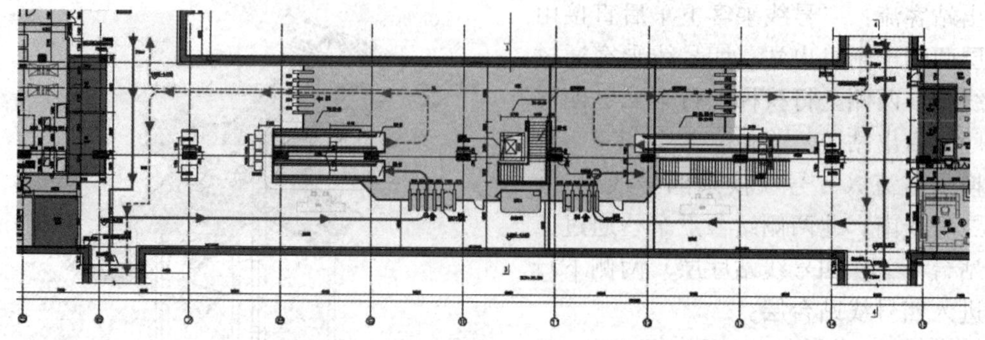

图 3-39　站厅层公共区平面

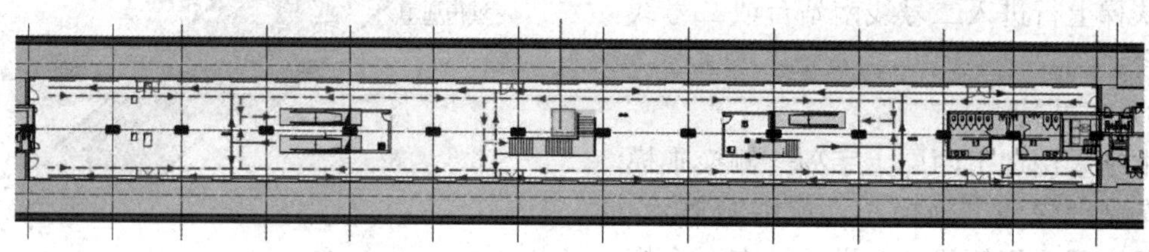

图 3-40　站台层公共区平面

运营需求功能主要是指站点设备用房设置需要满足运营需求。设备区的房间组成基本一致，根据运营需求模块化后可有效控制车站规模，提高设计效率，缩短设计周期和降低设计成本，也可方便运营管理以及降低车站运营能耗。

（1）设计重点

1）主要设备管理用房应设置于同一端，另一端只设置必要的设备用房；

2）为方便管理、管线布置等，同类型的房间应集中布置；

3）变电及弱电用房应分开布设；

4）有水房间不应设置于电房上方。

（2）设计方案

标准站设备区布置如图 3-41 所示，标准站站台层设备区布置如图 3-42 所示。

设备管理用房划分为 3 个区域，1 区：需 24h 空调的强、弱电用房；2 区：需 24h 空

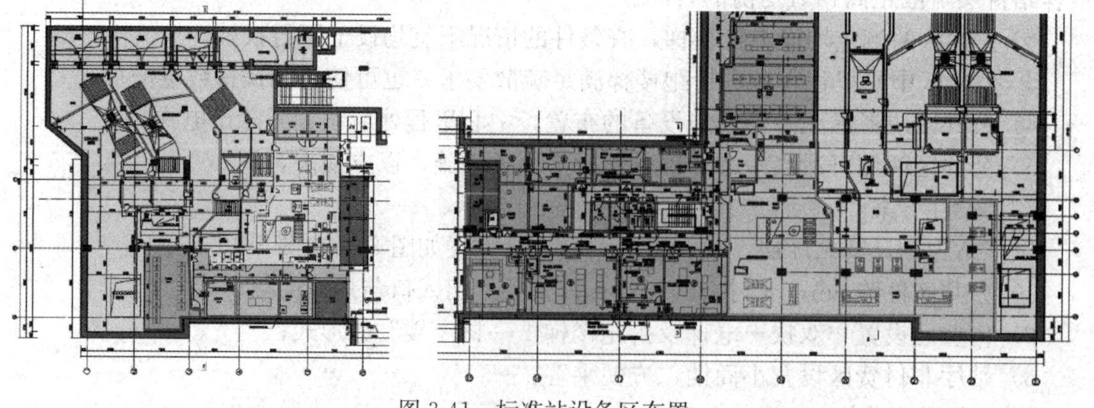

图 3-41　标准站设备区布置

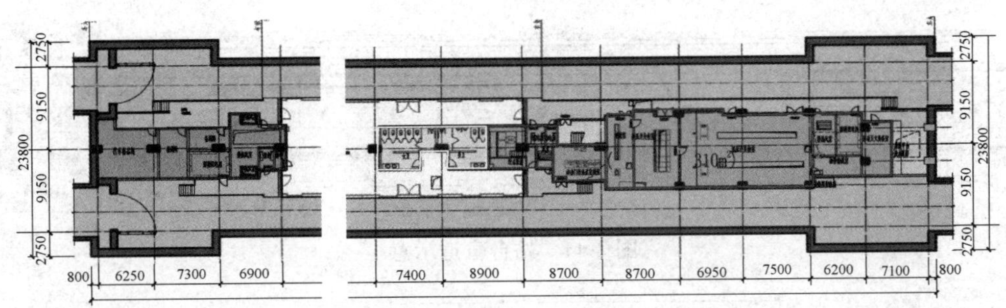

图 3-42　标准站站台层设备区布置

调用房＋需通风的房间；3 区：需通风的房间＋非 24h 管理用房。同一功能、同一系统的房间尽量集中布置。

4. 无障碍设施设置

就地铁无障碍设计而言，其意义就是从设计中保证残障人士等弱势群体在交通空间中到出入口直至地面的无障碍通道及必要设备，使他们能自由进出地铁内部空间，确保残疾人和健全人享有同等权利。

轨道交通站点无障碍设计内容主要包括无障碍卫生间、盲道、无障碍标识、无障碍电梯、轮椅坡道等。

(1) 设计重点

1) 地面出入口应至少有一处设置无障碍电梯，无障碍电梯候梯平台处应设置轮椅坡道；

2) 无障碍电梯、栏杆扶手应设置盲文提示；

3) 站内应设置盲道，盲道应与市政盲道接驳；

4) 站厅至站台应设置无障碍电梯通达。

(2) 设计方案

以某站为例，盲道从市政道路引入至通道进站厅到站台，最后候车上车；残障人士通过地面无障碍电梯进入，随后通过站厅无障碍电梯进入站台候车上车，如图 3-43～图 3-45 所示。

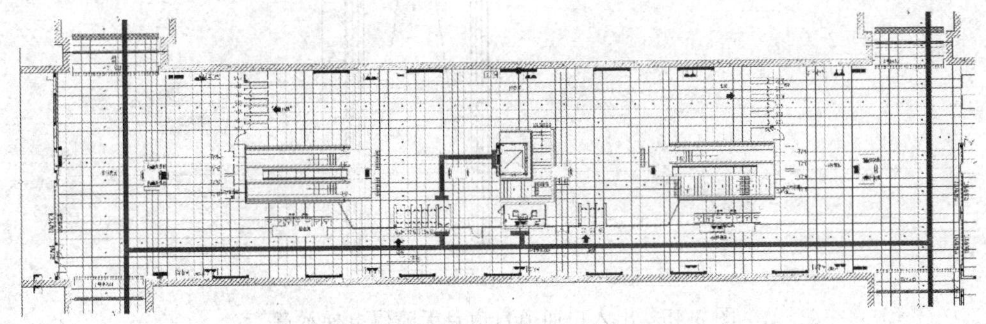

图 3-43　站厅盲道示意

5. 导向

地铁的导向设计是完善地铁建设的重要组成部分，有效规范的公共交通导向标识系统

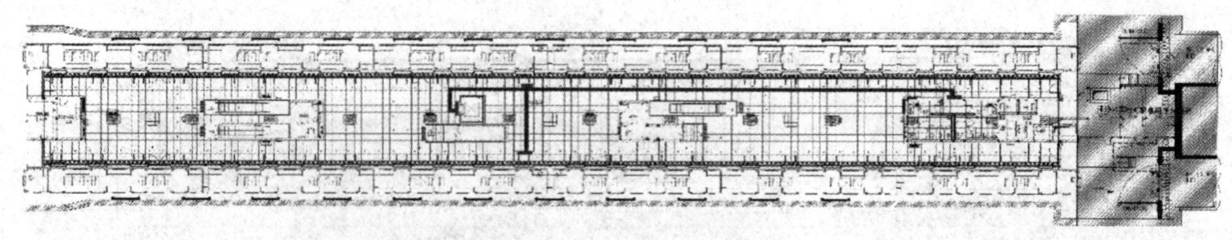

图 3-44 站台盲道示意

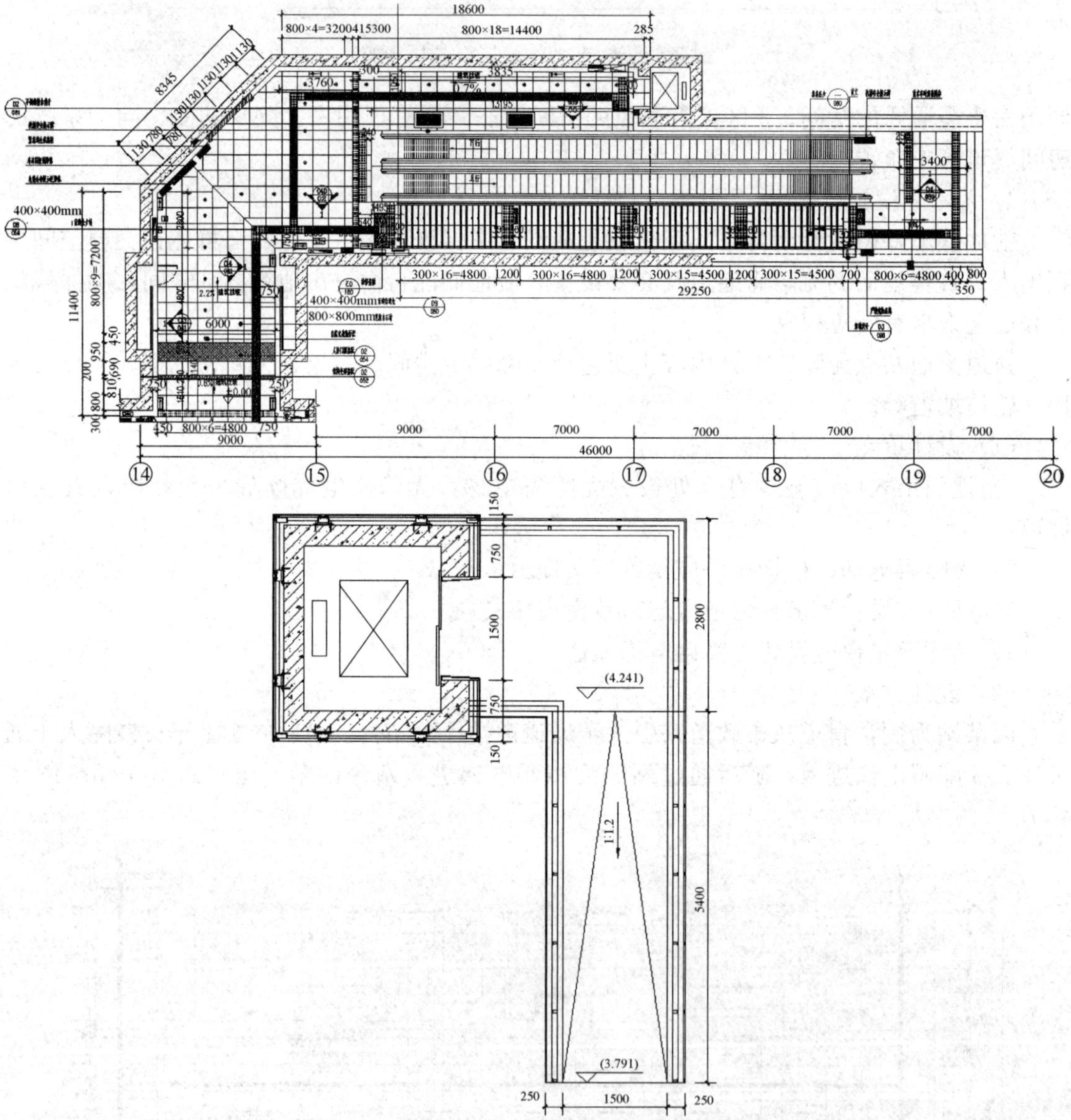

图 3-45 出入口通道盲道及无障碍电梯示意

是现代交通疏导的灵魂，因此，地铁站内交通标识导向系统的设计与安装也不能轻视，它能够最大限度地减少乘客无效停留时间，对轨道交通功能的发挥具有非常重要的作用，同时它也是城市文化的重要组成部分。

（1）设计重点

1）综合考虑车站内部人流状况，方便乘客乘车及出站，确保人流畅通；

2）明确表示站外有关咨询（如：公交接驳、街区图等），方便乘客正确出站；

3）避免由于车站内空间的复杂造成乘客错误换乘的现象；

4）根据车站出入口和街区的具体形式布置站外标识牌，方便乘客正确辨识地铁站的方向。

（2）设计方案

以某线为例，标识牌版面内容中的信息不超过五种，根据不同用途进行合理组合，各类标识牌的版面中主要有标识符号、箭头、中英文说明、综合信息示意图、图示色彩，如图 3-46～图 3-50 所示。

图 3-46　标识符号

图 3-47　箭头

图 3-48　中英文说明

标志牌版面根据以上五种信息组合形成不同的导向功能标识。

1）站外标识牌

设置在站外方圆 500m 范围内主要街道两侧，用于指示地铁车站的位置并说明离地铁站的距离，如图 3-51 所示。

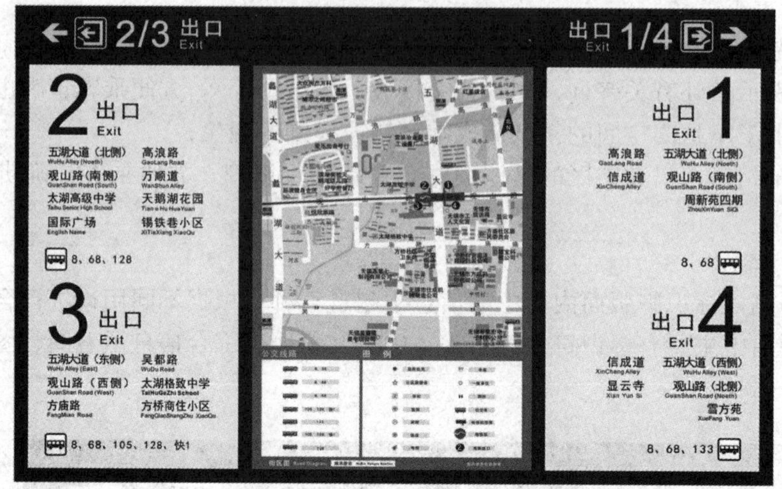

图 3-49 综合信息示意图

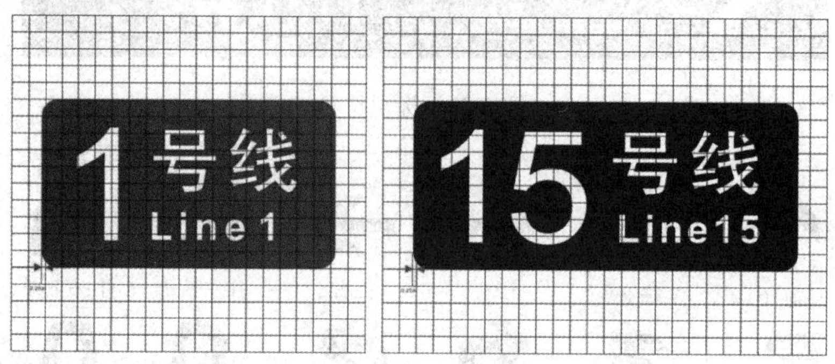

图 3-50 图示色彩

图 3-51 站外标志牌

2）地徽

设置在站外方圆 500m 范围内主要街道两侧，用于指示地铁车站的位置并说明离地铁站的距离，如图 3-52 所示。

图 3-52　地徽

3）功能性标识牌

用于站内各种功能指引、信息咨询、安全警告等标识，如图 3-53～图 3-55 所示。

图 3-53　功能指引

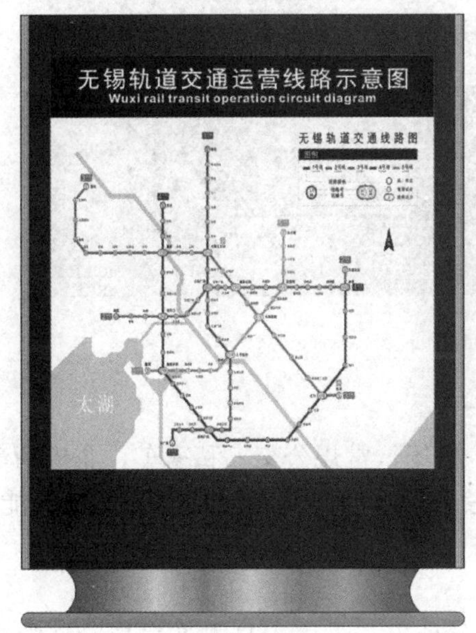

图 3-54　线路信息咨询

图 3-55　禁止警告

3.1.4 设计的便捷性

设计的便捷性主要基于对地铁人性化的考虑，对站点选择、换乘条件、站内电扶梯设置、站外交通接驳等方面着手设计会为今后运营带来意想不到的客户体验。

1. 站点选择

地铁车站的服务范围在周边 1km 左右，故站点的选择直接影响到周边乘客出行的便捷性。

（1）站点选择的原则

1）站点选择的重要依据为客流预测，站点在考虑合理的站间距和线路走向因素外，往往设置于客流集中的地方；另外分向客流预测也是车站出入口设置及朝向的一个重要依据。

2）站点宜考虑跨路口布置，以利于客流吸引及方便乘客过街。

3）站点选择应与城市规划相结合，促进地块规划建设，优先考虑与周边地块的接驳。

（2）设计方案

以某站为例，站位跨路口，车站设置通道与地块建筑地下室接驳，方便地块客流出行。总平面如图 3-56 所示。

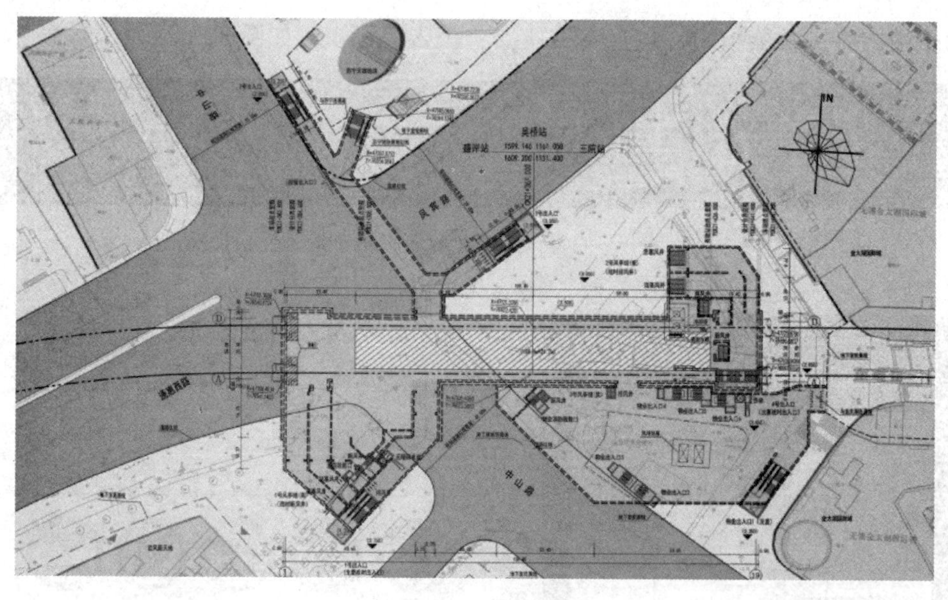

图 3-56 总平面图

2. 多种公共交通间的换乘便捷性

多种公共交通主要是指火车站、汽车客运站、机场、常规公交、私家车、非机动车等交通工具，地铁与多种公共交通间的换乘应优先考虑乘客的便捷性以达到降低出行能耗、实现公共交通一体化的目的。

（1）设计原则

1）优化出行结构。公共交通出行在城市居民各种出行方式中具有低能耗、高效率的优点，因此换乘协调关键就是提高城市公共交通出行比例。为此要充分发挥轨道交通与常规公交各自优势：即轨道交通承担主干客流运输的功能；常规公交要承担城市支线客流的运输和轨道交通客流集散的功能，同时轨道交通辐射不到的地方要加密常规公交运输，实现两者在功能、空间上的互补。

2）节约城市成本。合理选择公共交通工具组合，对压缩城市运行成本起重要作用，同时由于交通与环境有着密切关系，城市公共交通发展，不仅可以节约成本还能改善城市环境。

3）坚持以人为本。基于城市公共交通服务性质，就必须从以人为本的角度出发，以人的需求为核心，做到轨道交通与其他方式的一体化设计，力争实现无缝换乘，换乘便捷，实现城市公共交通与城市发展同步。

（2）设计方案

1）地铁与高铁站之间的换乘：

以某城市高铁站为例，在原先开通运营时，高铁出站至换乘地铁需要先出站再安检，但高铁进站其实已经过安检，两次安检相对繁琐且无必要。后经过高铁站地铁站点通道设计改造，完成高铁换地铁免安检进站，提高了进站效率，满足了人性化需求，如图 3-57 所示。

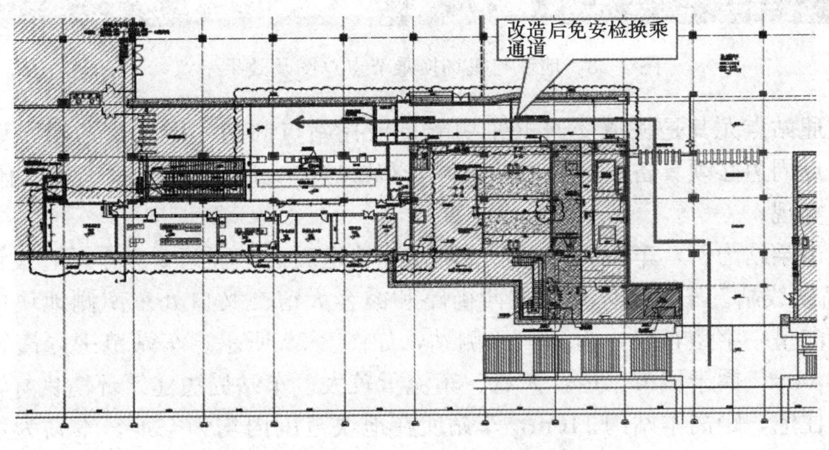

图 3-57　某城市高铁站免安检通道示意

2）地铁与机场航站楼之间的换乘：

以某城市机场为例，机场先期运营，在机场设计及建设时未考虑地铁接驳等问题。现地铁设计时考虑通过地铁出入口接驳机场航站楼国际出发厅及到达厅室外平台，换乘流线顺直便捷。另外，作为城市门户，地铁与机场的换乘节点处做下沉广场并结合钢结构雨棚作整体美观性考虑，如图 3-58 所示。

3. 站外交通接驳

现代化公共交通体系是一种多平面、多层次的立体化客运交通体系。交通衔接设施是连接城市各功能分区、实现交通方式和线路转换的功能体，为客运系统子系统之间的有机衔接、协调、连续运转提供了有利的条件。结合城市轨道交通建设进行交通衔接的设置可以推动其影响区域内的房地产业、金融业、商业等的发展，加大城市土地开发强度，为城市土地的合理开发创造有利条件，并对城市土地功能布局产生深远的影响。

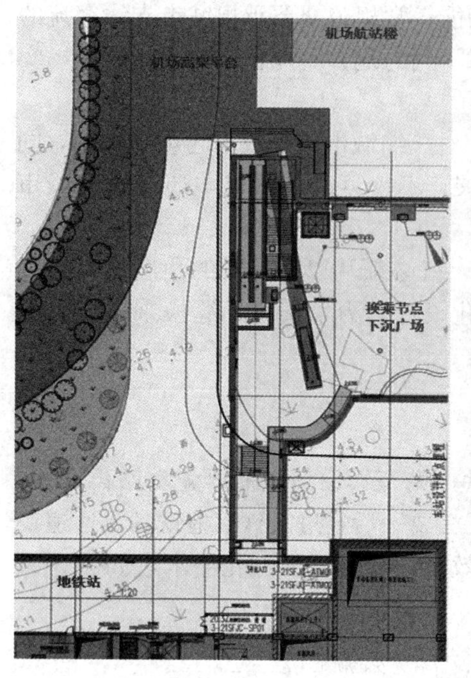

图 3-58　地铁与机场换乘节点总图及效果示意

轨道交通站点尤其是轨道交通枢纽功能是依托站点周边一定的交通衔接设施来实现的，因此站点周边必须具备一定的用地条件来布置这些交通衔接设施，才能确保车站交通转换功能的实现。

以某城市某站为例，车站为无锡至江阴城际轨道交通工程第 9 座车站，设计为地上二层 10m 双岛四线站。车站主体布置在西街路和霞客大道交叉口处东南侧地块内，沿徐霞客大道南北向呈一字型布置，为高架路侧站，如图 3-59 所示。车站范围内霞客大道规划道路红线宽 44m，属于城市干道，人流、车流量较大。车站周边建筑环境良好，车站北侧为西亭家园住宅，距离本站约 110m，车站所在地块范围内均为空地。本站为双岛四线车

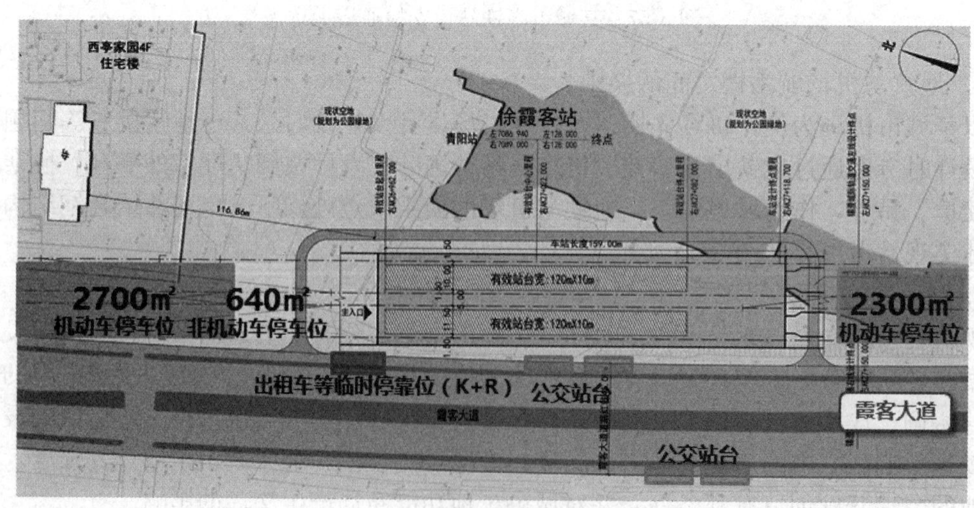

图 3-59　本站站外交通接驳设置

站，本线与预留远期线换乘，同步实施。周边客流以居住、工厂客流为主。站点周边现状交通设施较为匮乏，500m 范围内仅有一路公交停靠站，现状尚无公共自行车点位。

根据本站周边的交通特征分析，提出以下调整建议：

步行：形成安全、快捷、舒适的步行系统。轨道与周边地块形成直接联系，主要通过过街人行横道加强与周边地块的步行联系。

非机动车：满足需求，同时结合轨道出入口设置公共自行车，引导居民交通出行方式的选择。

公共交通：通过增加公交首末站以及停靠站公交线路数，来满足接驳轨道的常规公交客流供给。

的士站：解决地铁客流及停靠需求。

3.1.5　设计的一体性

轨道交通是一项涉及专业多、系统复杂、技术难度大的系统工程，需要各专业、各系统的相互配合。为了使轨道交通工程各子系统能紧密结合，有效联系，达到安全、可靠、经济、合理，有效地发挥各个系统的功能，在设计初期就必须保持设计的一体性，这也是地铁各功能之间衔接、能力平衡以及各专业之间协调、景观效果的重要保证。

1. 开展综合总图设计

仅从站点地面四小件与市政工程设计上来说，就有建筑、市政、景观、机电四大类专业共 32 小项存在设计接口，如图 3-60 所示。

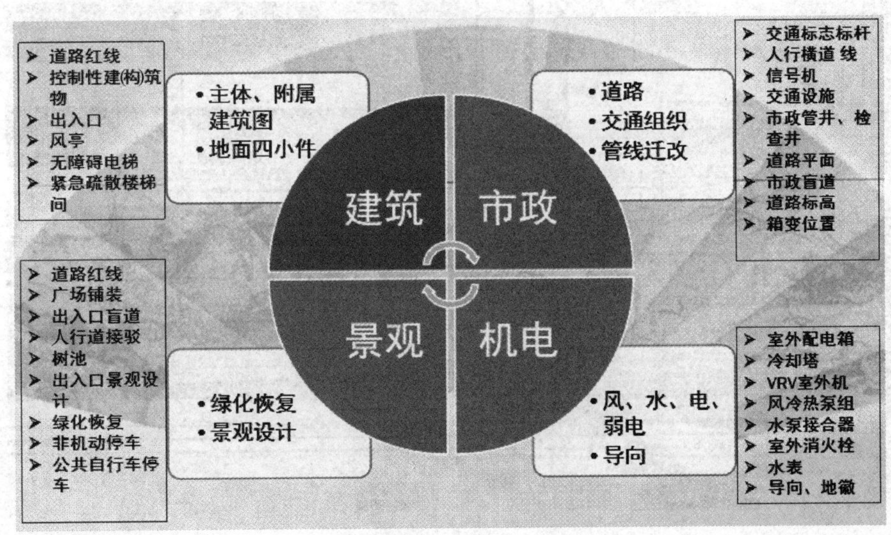

图 3-60　专业接口关系图

因为涉及专业多，设计接口多，各专业单独出图即使在有接口专业会签的情况也会频繁出现设计遗漏或不一致等问题。为了解决问题，轨道交通引入综合总图设计，将设计接口归置于一套图纸中，如图 3-61 所示。

综合总图由各专业总平面图（建筑 1 张，市政 3 张，景观 2 张）及细部节点做法图组成。

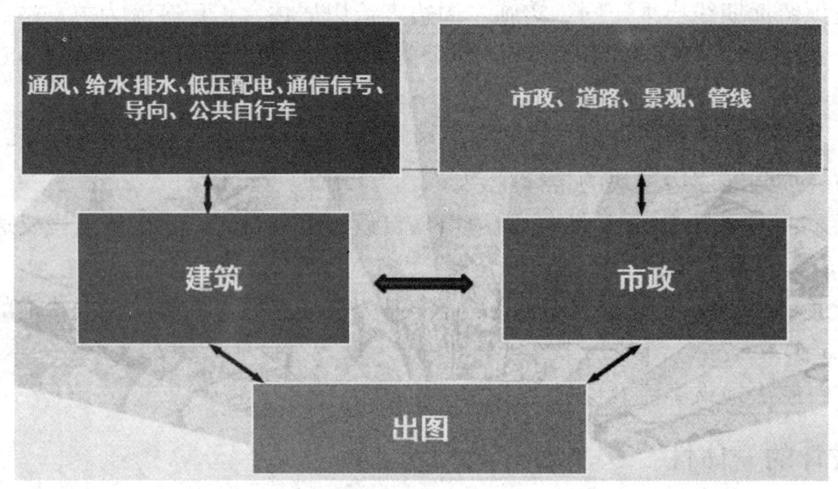

图 3-61　专业接口流程图

（1）建筑总图

目的：出地面建筑元素与规划道路红线及周边控制性建构筑物的关系。

内容：建筑总图重点表达出入口、风亭、冷却塔、无障碍电梯、管井、消火栓、水泵接合器、导向地徽等出地面建（构）筑物的尺寸、标高信息、周边控制性建（构）筑物及控制距离，如图 3-62 所示。

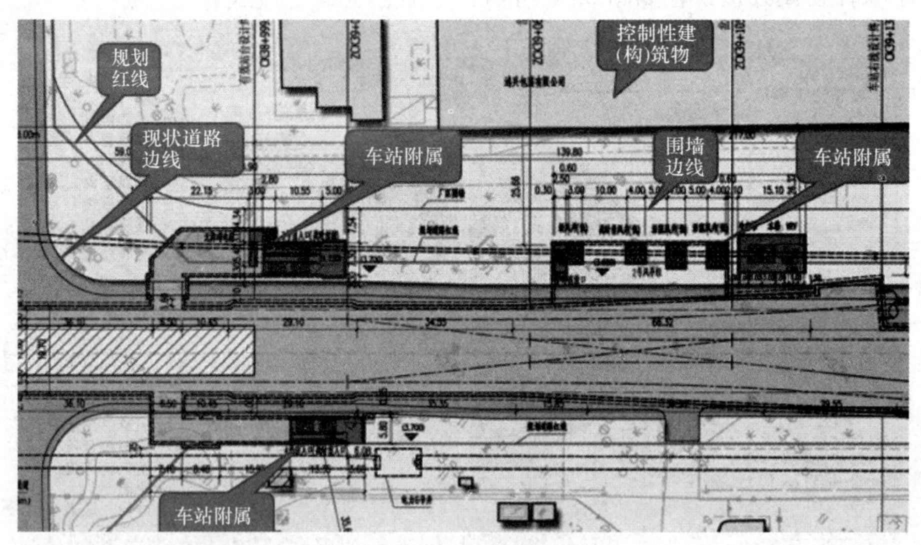

图 3-62　车站建筑总图

（2）道路总图

目的：明确道路设计边界和范围；道路与车站及周边地块平面位置关系协调；道路无障碍系统与车站无缝衔接；车站出入口标高与景观及道路人行道标高匹配；路灯杆位置与出地面各元素不冲突且位置协调。

内容：边界条件（道路规划红线及实际实施边线）；道路与车站相对位置关系；路灯杆位置；无障碍坡道、盲道位置；车站出入口处人行道外侧标高，如图 3-63 所示。

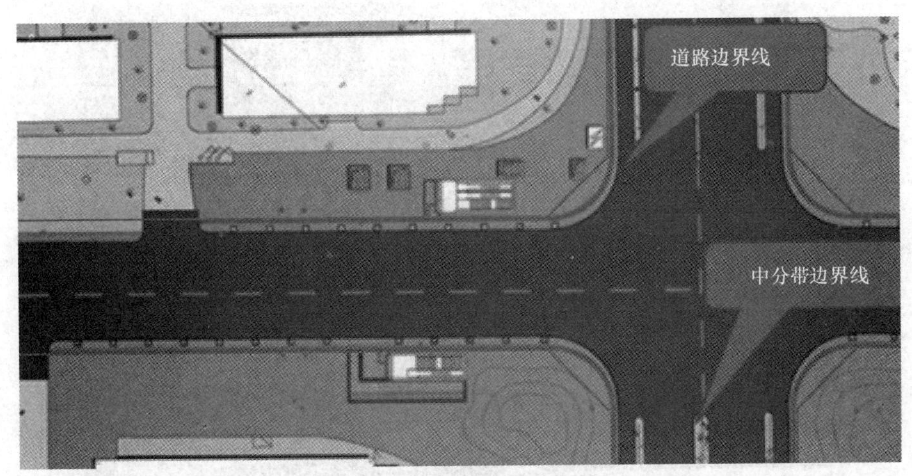

图 3-63　车站周边道路总图

（3）交通总图

目的：交通标线与道路设计匹配；校核各交通标志杆及设施的位置与出地面各元素平面位置关系协调且不冲突；确保公交站台位置与地铁一体化换乘相匹配。

内容：交通标线；交通标志及监控设施位置；站点导向路引位置；公交站台位置，如图 3-64 所示。

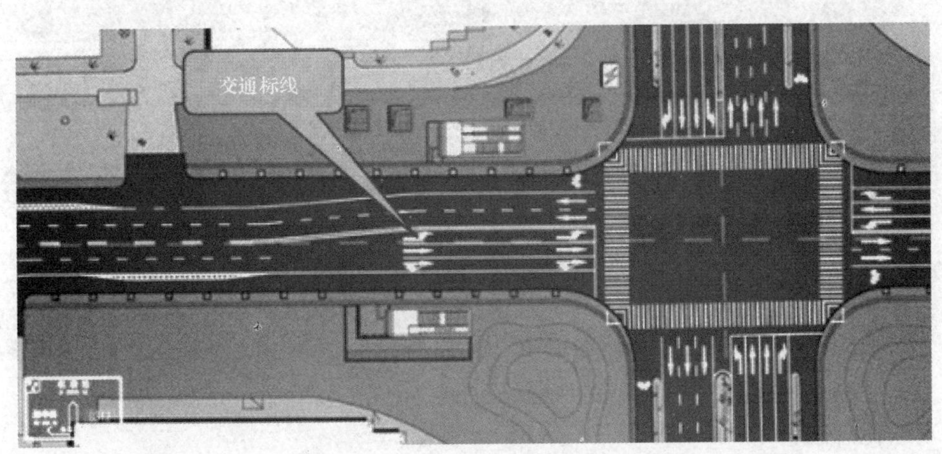

图 3-64　车站周边交通总图

（4）管线总图

目的：校核市政管线表、井与出地面各元素平面位置关系协调且不冲突；校核车站管线接口与市政管线是否衔接合理；确保车站管线接口表、井与出入口出地面各元素及景观各元素平面位置关系协调且不冲突。

内容：道路上各市政管线的表、井位置；车站管线接口的各管线表、井位置，如图 3-65 所示。

（5）景观总图

目的：重点景观元素与规划道路红线及周边控制性建（构）筑物的关系。

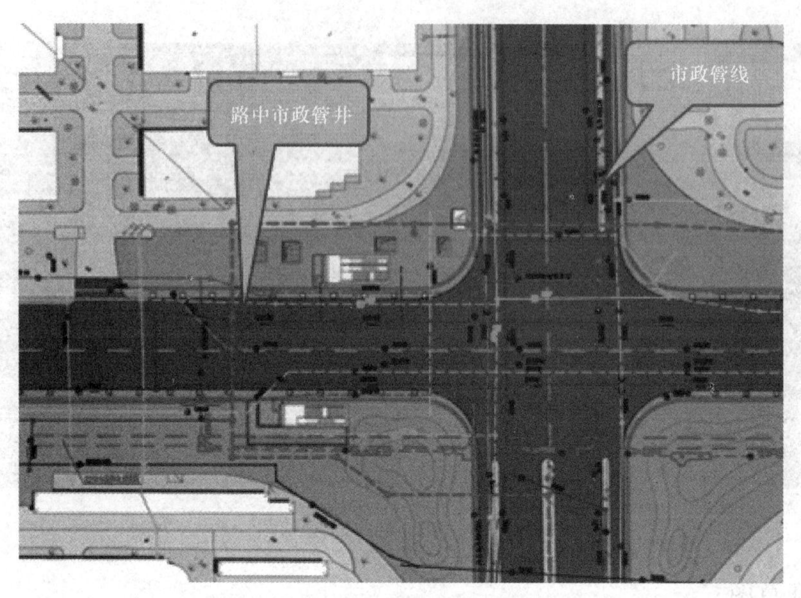

图 3-65　车站周边管线总图

内容：重点表达出入口疏散铺装、非机动车停车场、行道树树池、景观小品、景观照明、无障碍设施、绿地、水池景观元素和绿化恢复范围，如图 3-66 所示。

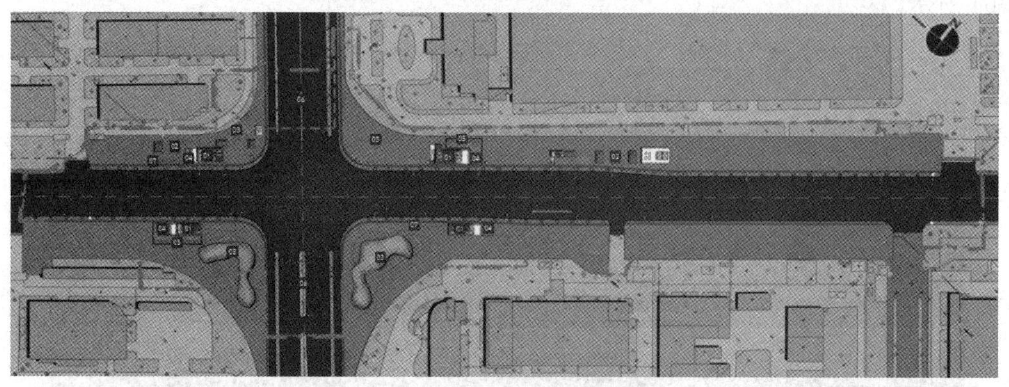
图 3-66　车站景观总图

（6）绿化总图

目的：明确绿化恢复、景观广场的实施范围；重点表达景观绿化范围内的植物品种、形式，乔木与灌木的分布形式。

内容：重点表达景观绿化范围内的植物品种、形式，乔木与灌木的分布形式，如图 3-67所示。

2. 关于交通枢纽站的一体化设计

交通枢纽站往往是集多种交通方式于一体的重点交通工程，故此交通枢纽的一体化设计尤为重要。以国内某城市的交通枢纽站为例，本站是上海铁路局下辖连接 8 条高等级铁路的国家铁道枢纽站，是集铁路客运、城市轨道、长途汽车、常规公交、出租车以及小汽车等多种交通方式于一体的特大型综合交通枢纽。枢纽总建筑面积达 66.7 万 m^2，如图 3-68、图 3-69 所示。

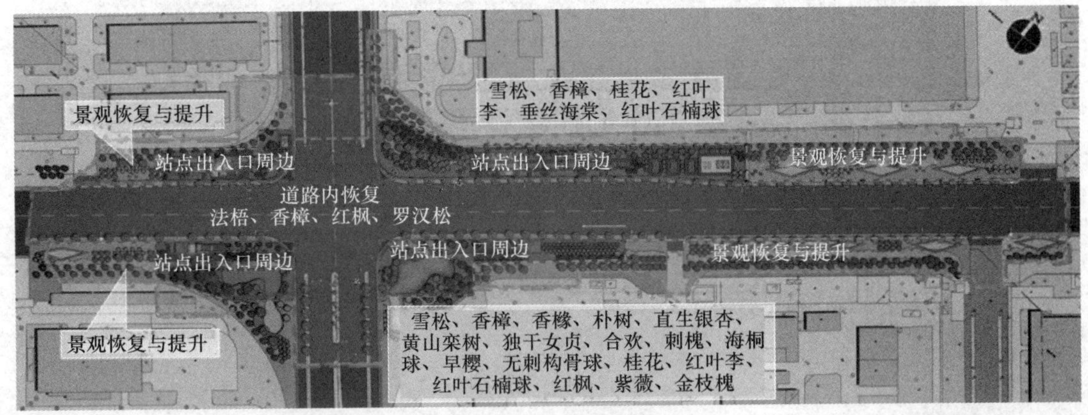

图 3-67　车站绿化总图

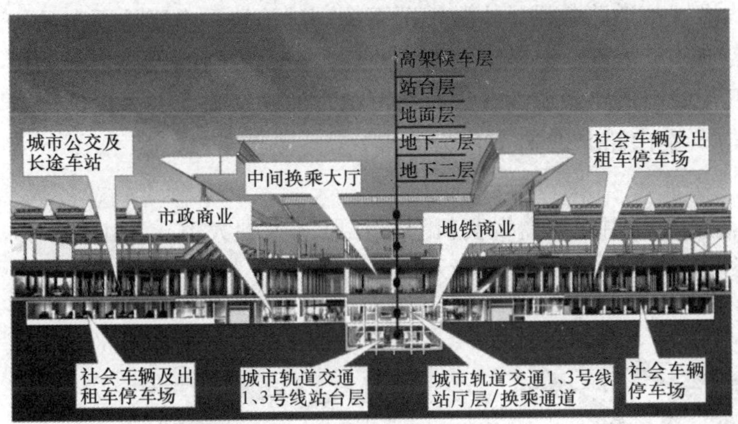

图 3-68　枢纽剖面图

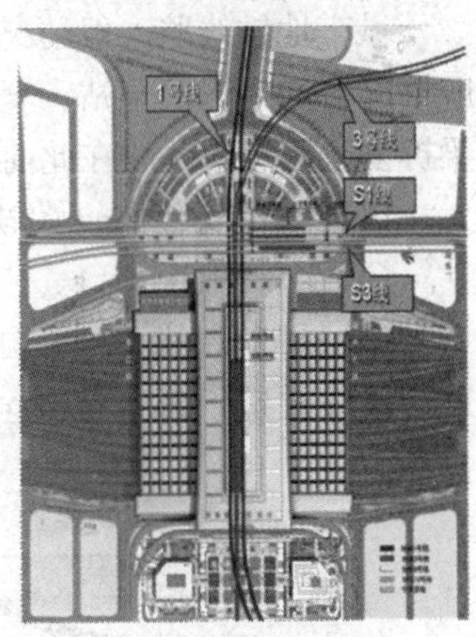

图 3-69　线路示意

枢纽换乘遵循“以人为本、公交优先、分区组织、分层布设”的原则，主要是通过地面层和地下一层的换乘厅实现各种交通的换乘。其中城市轨道交通与除国铁以外的交通工具换乘的旅客可以在地下一层（与轨道交通站厅层同层）进行直接换乘联系，立体穿越小循环道路，实现了人车分离，如图3-70、图 3-71 所示。

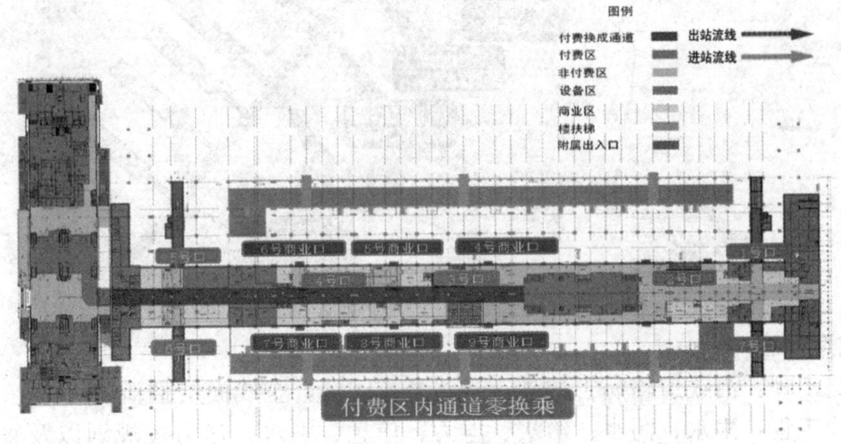

图 3-70　站厅层平面图

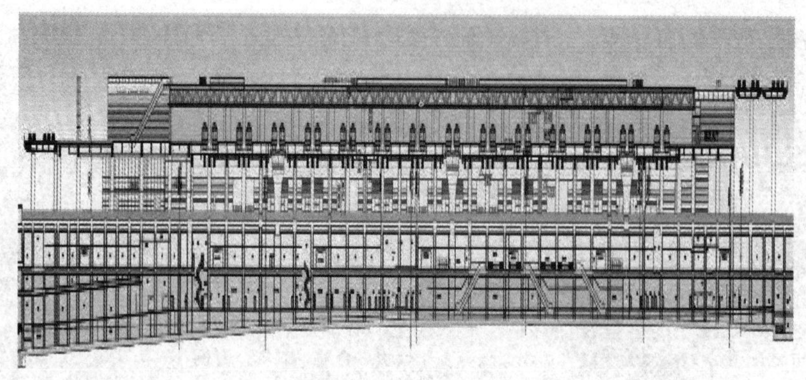

图 3-71　剖面图

3. 地铁沿线城市道路系统的一体化升级改造设计

城市地铁线路一般情况下均沿城市道路敷设，少数情况下会穿越地块。由于地下车站一般情况下均为明挖车站，车站实施涉及上方道路破坏、管线改迁、交通设施的破坏、沿路桥梁拆复建等工程，故在此前提下，城市道路系统的升级改造可结合地铁实施做一体化设计。

以某城市长江路（太湖大道～泰山路）改造工程为例：

（1）项目概况

该城市地铁线下穿长江路，正好利用地铁建设契机对长江路（太湖大道～泰山路）段进行设计改造，改造范围全长约 2.9km，如图 3-72 所示。

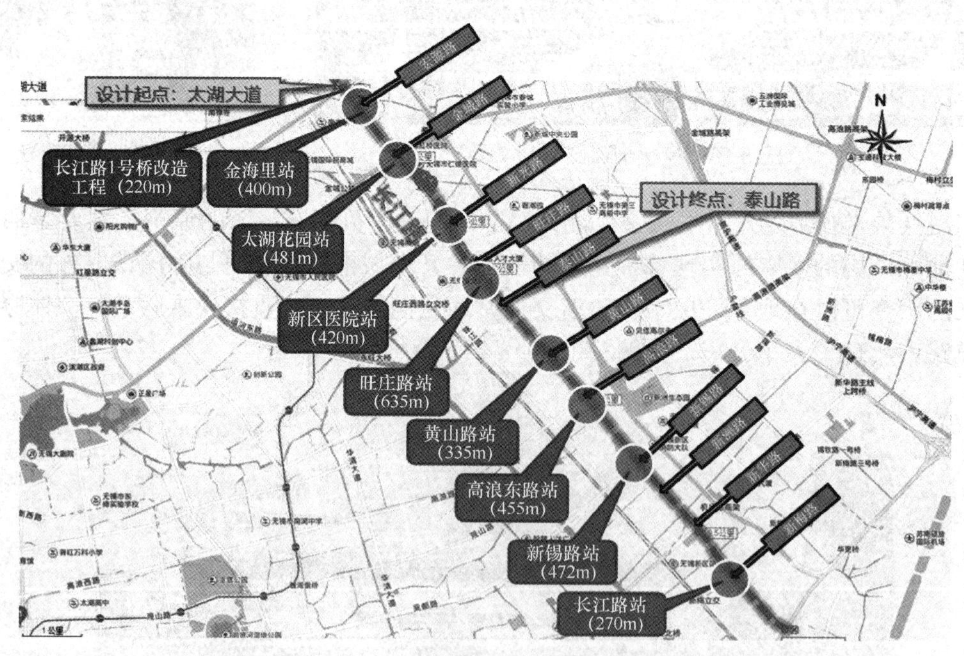

图 3-72　长江路改造范围示意图

（2）改造内容

1）道路工程：沿线道路病害处理，管线开挖回填，全线面层翻新。

2）管线工程：雨水、污水、给水、电力、信息、中水、热力按规划以及管养单位意见对规模进行扩建或翻建。

3）桥梁工程：桥道新建，部分老桥桥面系改造，管架桥，以及由于规划水系调整增加的箱涵改造等。

4）交通工程：全线交通设施更新、交通监控升级改造。

5）照明工程：中分带路灯利用，两侧照明新建。

6）景观工程：河道岸线综合整治。

（3）改造方案设计

1）道路改造，如图 3-73～图 3-77 所示。

① 不突破道路红线；

② 道路和桥面改造设计结合考虑；

③ 沿线道路涉及管线开挖范围进行回填，其余范围做病害处理，表面层统一翻新。

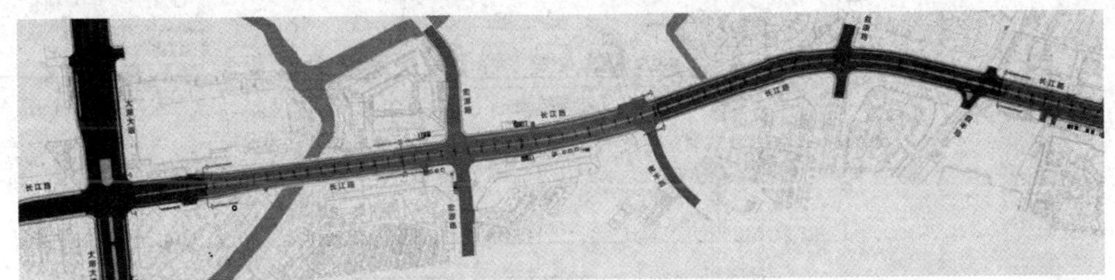

图 3-73　长江路改造范围总图

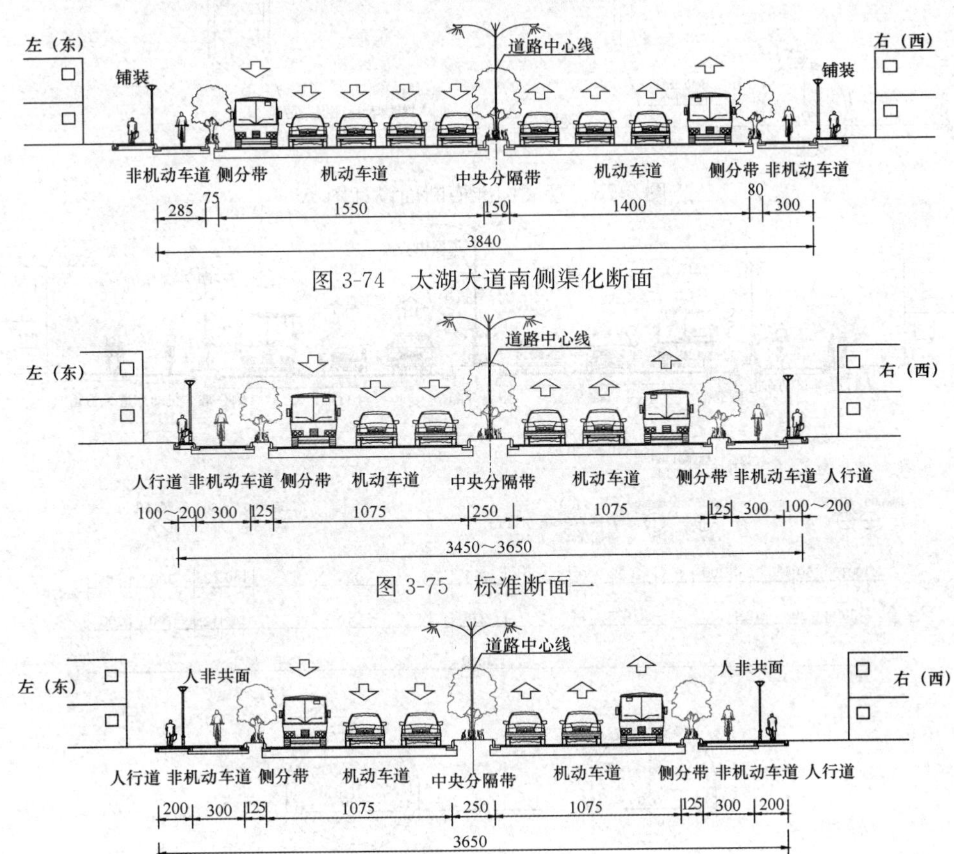

图 3-74　太湖大道南侧渠化断面

图 3-75　标准断面一

图 3-76　标准断面二

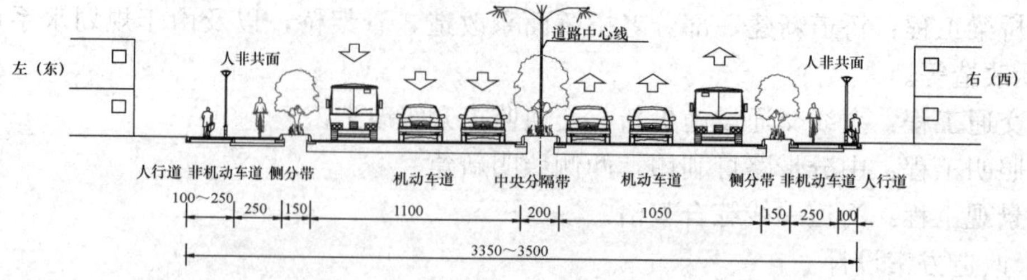

图 3-77　标准断面三

2）管线改造，如图 3-78、图 3-79 所示。

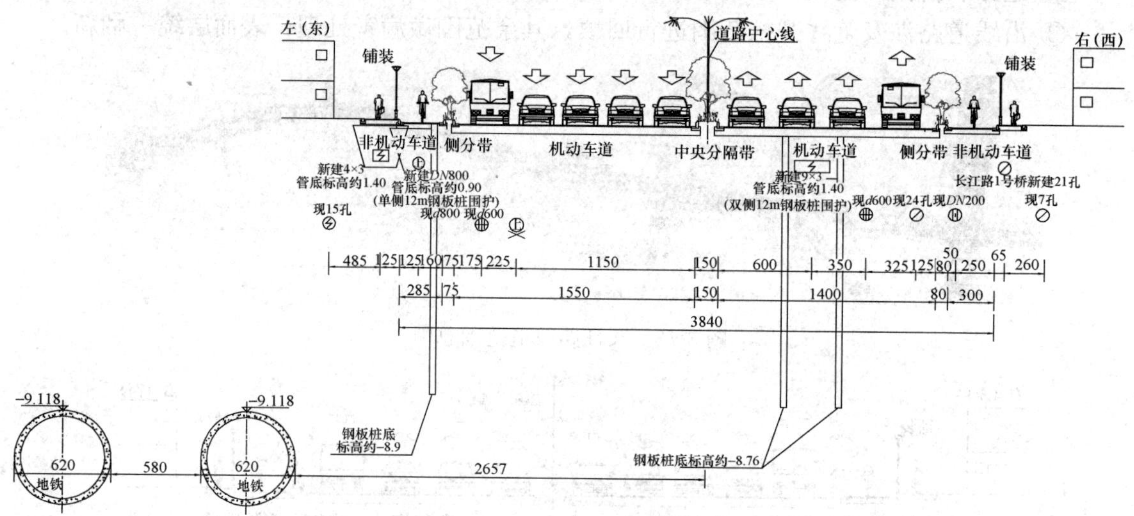

图 3-78　管线标准横断面设计图 A

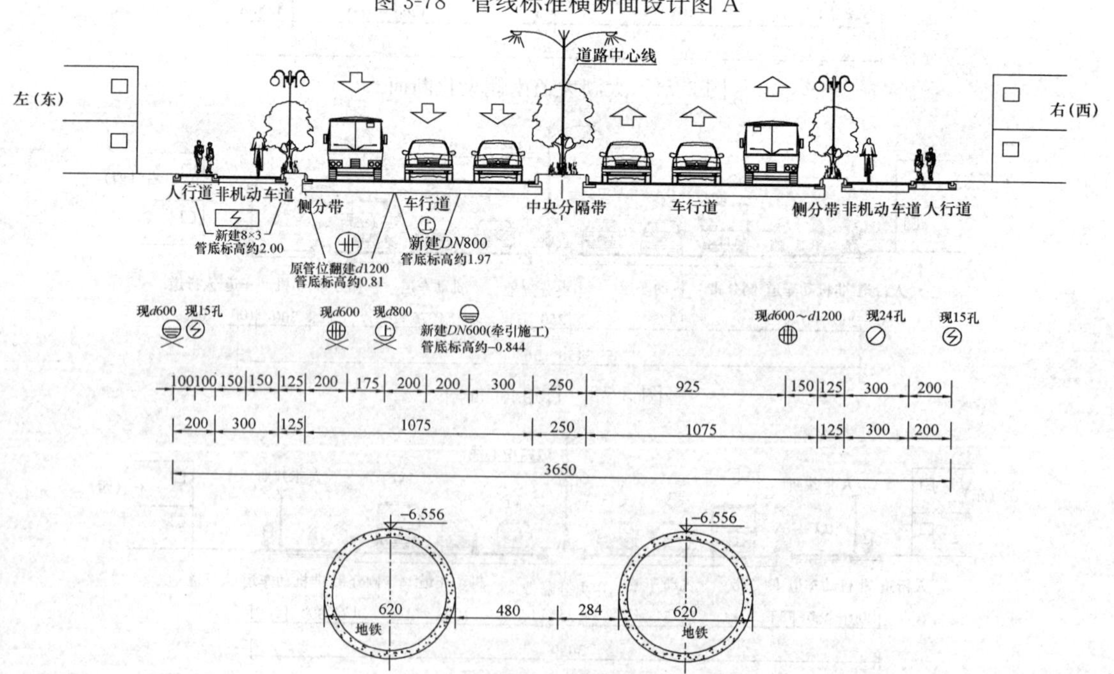

图 3-79　管线标准横断面设计图 B

① 雨水根据规划以及重现期复核计算，结合养护意见，提出改造方案；

② 污水、电力、燃气结合规划以及产权单位意见，提出改造方案；

③ 给水管结合产权单位意见，置换老化管道；

④ 其余管线仅涉及桥梁实施影响范围的迁改。

4. 站内功能空间的一体化设计

(1) 票亭一体化设计

票亭作为地铁运营的终端载体之一，一体化设计也作为研究的专题之一。

以某城市票亭一体化设计为例：

1) 外观一体化

设计将原有局限的乘客显示屏大胆地嵌入了吧台的沿口，增加了屏幕信息辨识度。设计的造型更是打破了原有一贯的“平淡”化，既不失规整度，又别具一格。这样有效地保护了票亭内工作的隐私性，而且内部的办公桌设计成了U形，使得有限空间得到了最大化的利用。

高低台面的设计，使其空间有主从和重点。再通过两边对称的手法，达到均衡和稳定。这样的重点和中心衬托，使得票亭成为关系分明的有机统一整体，如图3-80所示。

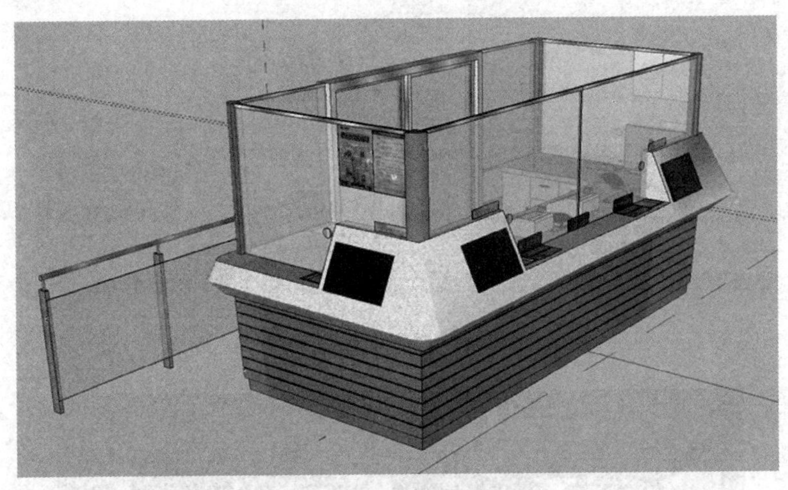

图3-80 票亭外观效果图

2) 设备一体化

对讲系统采用嵌入式设计，桌面下方设置抽屉和柜门相结合的方式，合理地将设备进行了重新规划，设备的线路采用暗藏式走线，这样使原来局限的桌面及立面干净、利落、整洁，如图3-81所示。

3) 标贴一体化

将标贴重新设计、规整，使其美观，如图3-82所示。

(2) 车控室一体化设计

车控室一体化设计效果如图3-83所示，设计要点如下：

1) 统一布局，优化空间：通过ISCS专业统一布置、合理规划，可以更有效地定位设备安装位置，从设计层面避免设备“打架”的问题，从而优化房间的使用。

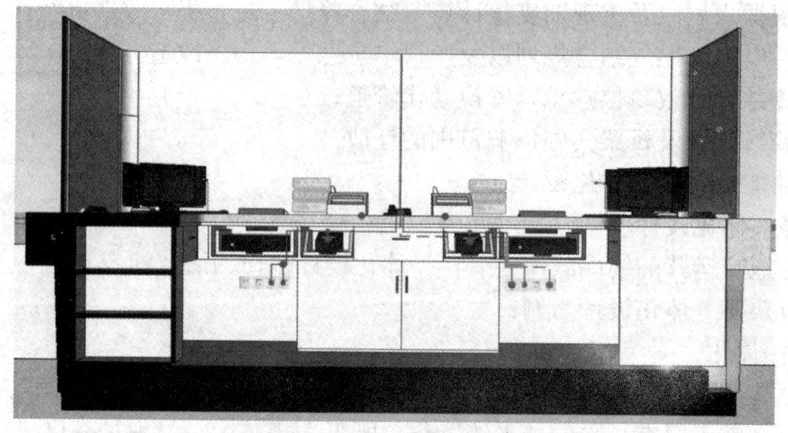

图 3-81　票亭内部立面效果图

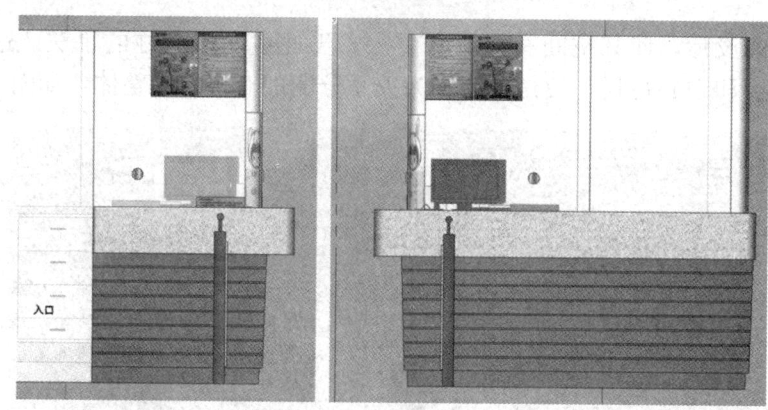

图 3-82　票亭内标识示意

图 3-83　车控室一体化设计效果图

2）管线隐蔽，整齐美观：通过一体化设计，各专业的管线分别从吊顶上方、静电地板下及检修空间等区域进入箱柜内，在车站控制室工作区域墙面上无明管明线；同时车站控制室内的箱柜采用统一规格布置，使房间凸显整齐美观的效果。

（3）交接班室一体化设计

为提升运营人员使用的舒适性、提高房间空间利用率及方便保洁维护，车站交接班室做一体化设计。

房间增设储物柜、茶水柜、镶嵌柜、会议用投影仪及幕布、宣传板、网络接口，与原有的冰箱、会议桌椅等整合，吊顶灯具及风口根据柜体及会议桌位置调整，如图 3-84 所示。

图 3-84　交接班室一体化设计效果图

3.1.6　设计的美观性

地铁在城市规划中不仅作为一个城市的交通运输工具，还是城市中的一道非常亮丽的风景线，地铁建设的风格彰显出了城市的基本形象以及城市的文化传承。地铁设计在满足功能需求的同时，对凸显设计时代性、艺术性的需求也与日俱增，在地域文化、空间设计等方面也作出了很多的探索和思考。

1. 地域文化

地铁的建筑设计作为一个城市创新进步的标志，独特的建筑设计标志不只是城市创新进步的象征，并且还是城市最实质的风格以及人文文化的传承，这样的建筑设计还代表着一个城市文明创新改革的基本进度。地铁建筑设计中的地域特色，不仅仅包含了一个城市中自然生态环境以及人文文化精神，并且还是针对一个城市地域风格特色的象征，这种独有的城市建设风格，可以进一步地彰显一个城市不断发展的具体情况，体现城市文化底蕴以及自然生态环境彼此之间相互适应的特征。故此，地域文化的元素被越来越多地引入和结合到了现在的地铁设计中。

不同的地域有不同的文化，不同的文化造就不同的审美情趣、生活方式。在地铁站点中，设计往往通过装修造型、文化墙等形式来反映地域文化，营造艺术效果。

以某城市为例，成片的低矮红砖瓦房与铁路运输相关的厂房和仓储物流是城市老旧面貌的影像。随着城市改造工程的推进，服役了六十多年的铁路也光荣退休，铁轨作为工业遗迹被保护，成为重要文化景点。在该城市的地铁站点设计中，将红砖、铁轨这一显著的地域特征应用到地铁的空间装修设计中，作为城市记忆的传承，如图 3-85、图 3-86 所示。

图 3-85　车站站厅层公共区人视效果图

图 3-86　车站站台层公共区人视效果图

2. 空间设计

城市地铁站点空间不仅仅是一个简单人流交换的空间，更应该是营造艺术美感的空间。地铁空间效果的营造、色彩色调的选用以及空间内部装修细节的处理等均是地铁设计所需考虑的要素。

(1) 空间效果的营造

地铁站点空间效果的营造主要靠站点内公共区土建柱网、各设备设施等布置的有效集成。以某城市地铁站点为例，为了营造更开阔的视觉效果，车站公共区采用无柱形式，如图 3-87 所示。

(2) 色调色彩的选用

为匹配空间效果的营造，在站点设计中色调色彩的选用也是不可或缺的一部分。以某城市地铁特色站点为例，车站顶棚采用黑色，地面采用黑色和灰色作为基色调，柱面和墙面辅以水墨效果，营造出强烈的视觉效果，如图 3-88、图 3-89 所示。

(3) 裸装设计

装修设计中裸装因可取消吊顶、侧面装饰板等构件，外露规整布置的管线、原始结构等部件以达到彰显视觉张力及释放空间的效果越来越受设计的青睐。

图 3-87　车站公共区采用无柱形式营造空间效果

图 3-88　车站站厅层公共区效果

图 3-89　车站站台层公共区效果

裸装设计要点：

1）管线要求：站内所有大管小线均纳入管线综合设计，统一规划路由，设计精细到管线固定方案、材质、选用颜色、颜色喷涂工艺等，直至接入设备终端。

2）吊架要求：所有吊架采用成品支吊架，支吊架颜色尽量匹配土建基面喷涂颜色（另有装修指定颜色除外）。

3）终端设备要求：终端设备均统一规划，尽量结合支吊架设置，力求规整统一。

4）土建基面要求：结构板底面打磨光滑、平整，按装修要求进行颜色喷涂。

设计方案（以某城市特色站为例）如图 3-90 所示。

图 3-90　车站站厅层公共区裸装设计效果

车站裸装：车站顶棚管线统一规划路由并进行色彩设计，采用支吊架悬挂，顶面结构和支吊架作深灰处理。

设备末端在成品支吊架上吊装，灯具单独设置桥架，设备吊挂系统颜色和顶面保持一致。

（4）空间内部装修细节的处理

空间内部装修细节的处理主要包括装修材料（如顶棚、墙地面材料）的对缝处理、管线设置具有设计性等。

3.2　技 术 精 细 化

3.2.1　车站精细化设计管理

1. 建筑精细化设计管理

（1）目标

车站设计应本着“以人为本，乘坐安全、经济适用、简约美观”的原则，综合协调好车站的系统功能要求，通过精细化设计管理，做好精品工程，为乘客提供适宜的乘车环境。

（2）手段

通过总结过去线路经验和具体研究不断完善和细化设计方案。

（3）内容

1）设备用房设计优化

存在问题：既有线部分设备用房存在布局可优化、冗备较多等情况，如图 3-91、图 3-93、图 3-95 所示。

解决措施：功能整合、减少冗备、优化布局，如图 3-92、图 3-94、图 3-96 所示。

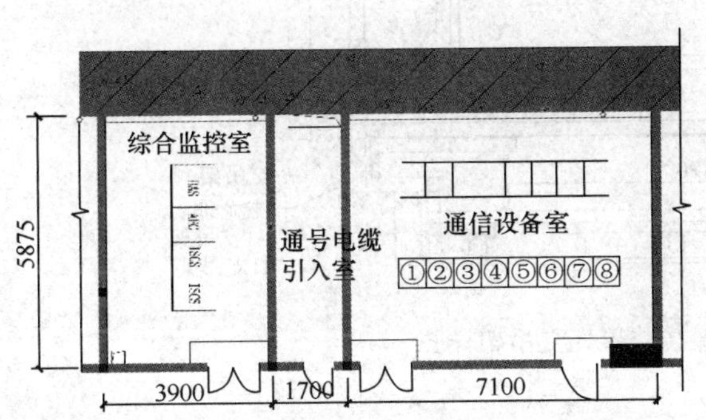

图 3-91　原设备用房布置平面图

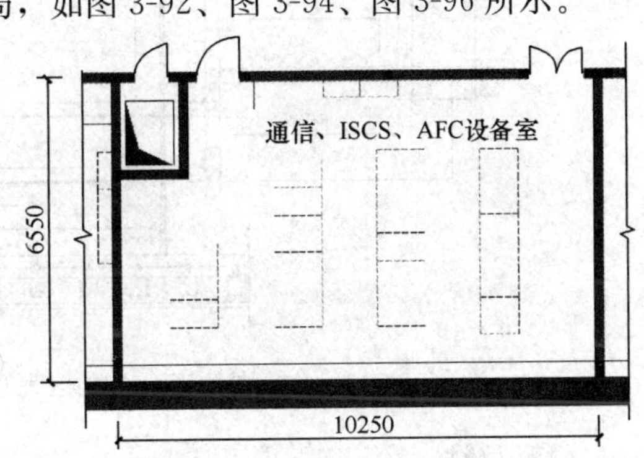

图 3-92　优化后设备用房布置图

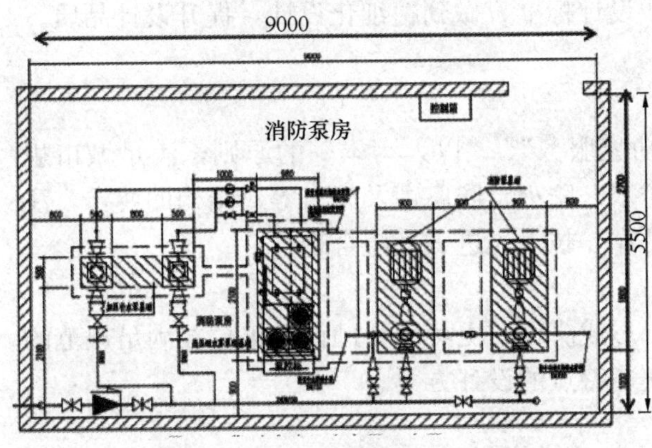

图 3-93　原消防泵房布置平面图

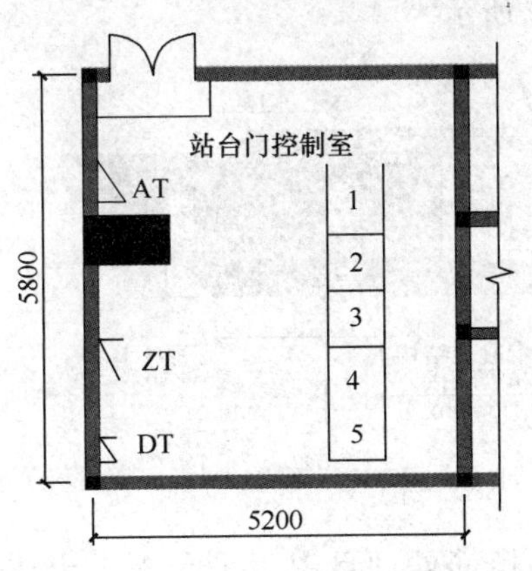

图 3-94　优化后消防泵房布置图

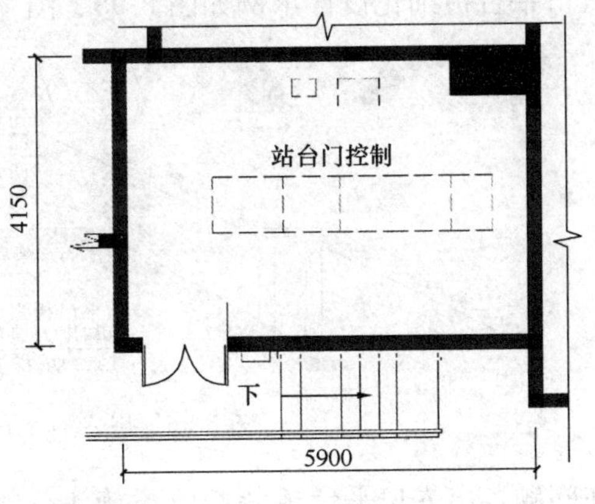

图 3-95　原站台门控制室布置平面图　　图 3-96　优化后站台门控制室布置图

2）公共区吊顶支吊架与管线支吊架整合设计

存在问题：公共区吊顶为半裸装，吊顶和管线支吊架单独设置影响美观。

解决措施：优化吊顶和管线支吊架悬吊方案，整合设计，如图 3-97 所示。

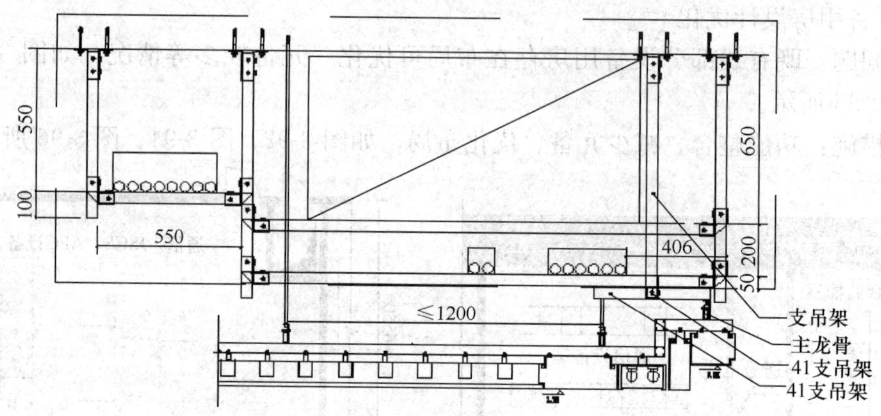

图 3-97　公共区吊顶裸装交界处支吊架详图

（4）总结

坚持以问题为导向，开展既有线路及周边城市线路存在问题梳理及回头看总结，提炼和提升细节设计，完善接口设计，形成全线设计标准，做到精细化设计，提升设计品质。

2. 结构精细化设计管理

（1）目标

地下铁道的结构设计应遵照“结构为功能服务”、“以人为本”的原则，满足城市规划、行车运营、环境保护、抗震、防护、防水、防火、防腐蚀及施工等对结构的要求，注重节约用地、节约能源，同时做到安全、可靠、技术先进、经济合理。

（2）手段

总结经验，提炼标准，内部充分讨论，形成决议，更好地帮助设计单位在满足规范的前提下设计出更人性化、更符合城市轨道交通特点的设计方案。

（3）内容

1）细化出入口平台板设置

出入口平台板细化设计示例如图 3-98、图 3-99 所示。

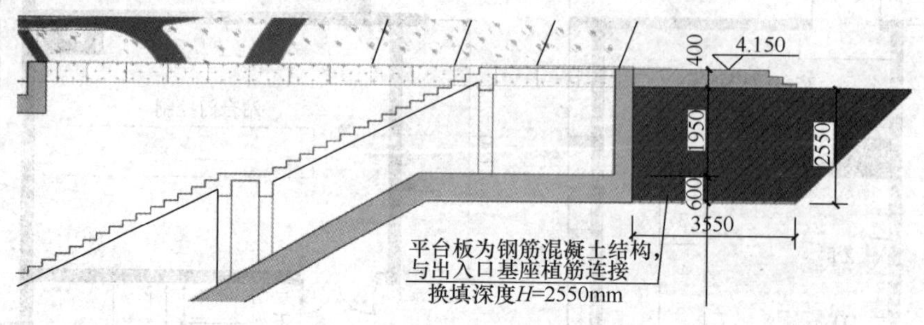

图 3-98　出入口平台板剖面示意

存在问题：出入口平台板装修阶段施工，需要植筋处理且由于平台板下土体回填量小，人工压实又困难，容易造成平台板与接口处形成裂缝。

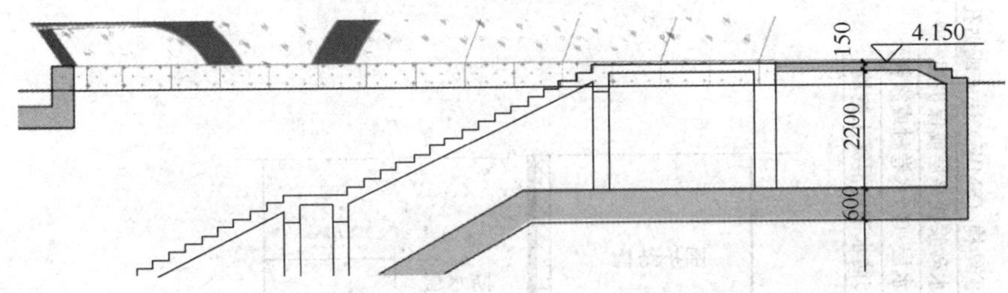

图 3-99　出入口平台板剖面优化示意

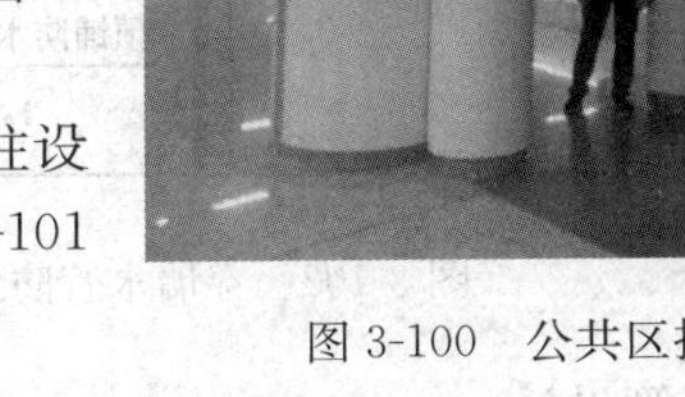

图 3-100　公共区折跑楼梯现场照片

解决措施：全线统一做法，出入口平台板下设结构箱体，与土建同期施工，避免土体换填及压实质量不好，形成接口处的裂缝，影响使用和美观。

2）优化折跑楼梯梯柱布置

存在问题：公共区折跑楼梯下站台层梯柱过多，影响通行效果和美观，如图 3-100 所示。

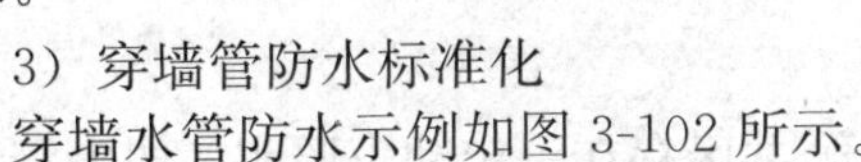

解决措施：统一取消框架柱边梯柱设置，优化采用悬挑梁方案，如图 3-101 所示。

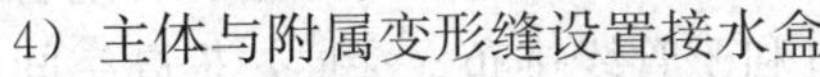

3）穿墙管防水标准化

穿墙水管防水示例如图 3-102 所示。

4）主体与附属变形缝设置接水盒

在车站主体与附属变形缝和施工缝处设置接水盒，如图 3-103 所示，并通过增加排水立管将渗漏水有组织地排走。

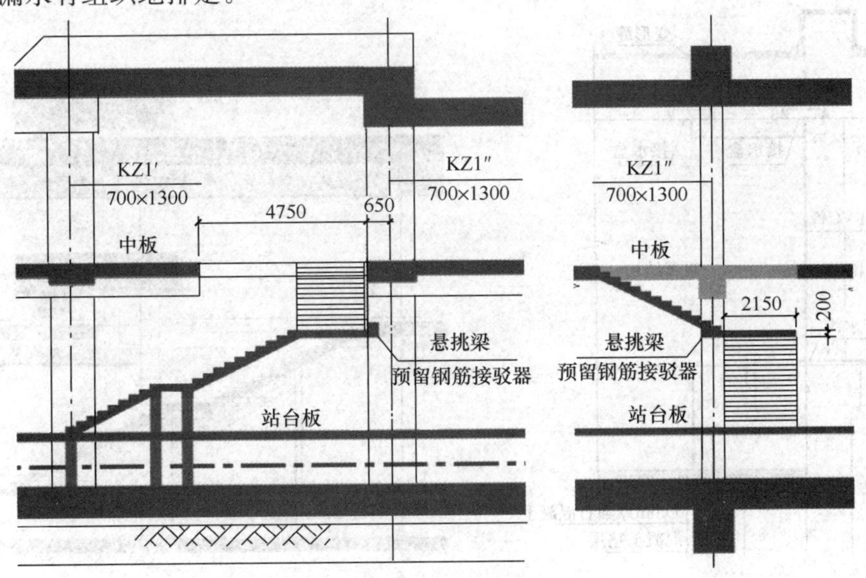

图 3-101　公共区折跑楼梯优化图

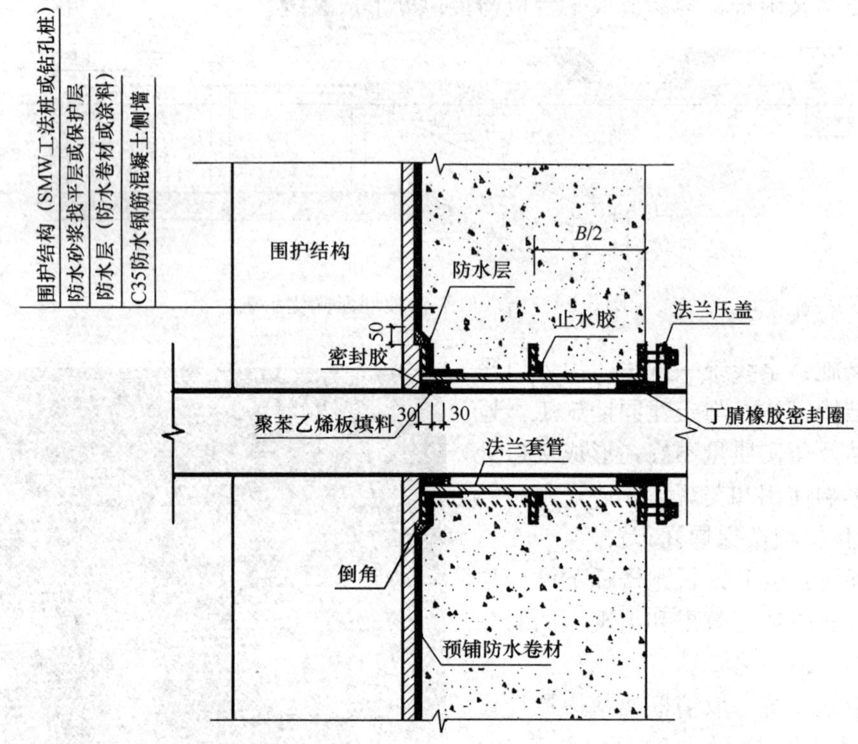

图 3-102　穿墙水管防水示例

5）车站纵梁预埋套管设计

由于车站层高相对紧张，综合考虑管线排布，公共区存在一定动力照明、弱电管线横穿公共区，在公共区梁上间隔一定距离预埋套管，有利于管线排布、穿插，提高空间利用率。预埋套管示例如图 3-104 所示。

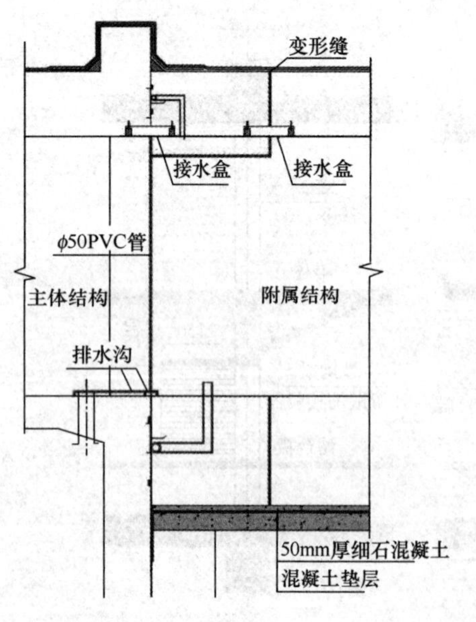

图 3-103　接水盒示例

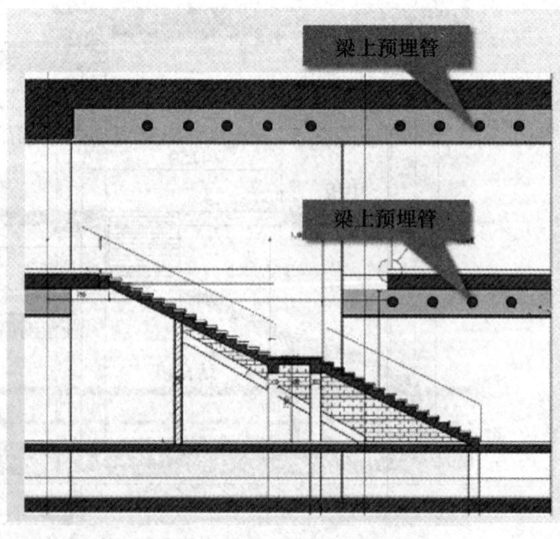

图 3-104　预埋套管示例

6）细化孔洞周边预埋件做法

站厅、站台孔洞周边预埋钢板，钢板上焊接角钢，装修施工混凝土垫层可提供支模作用。预埋钢板，为二次装修栏杆提供焊接点，避免大面积植筋，如图 3-105、图 3-106 所示。

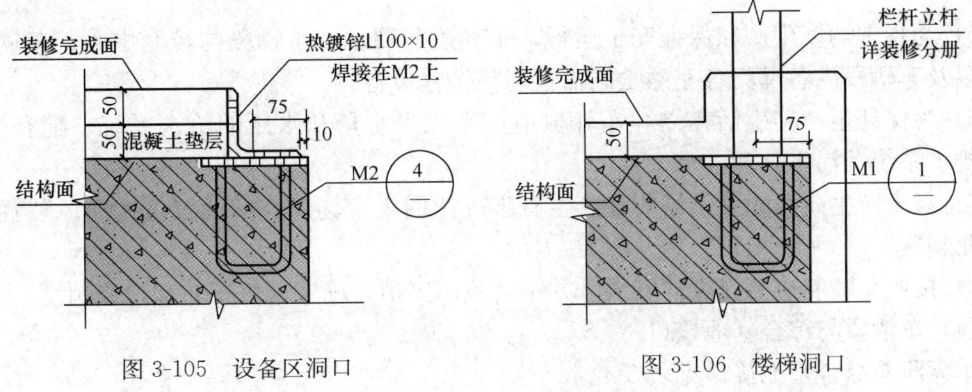

图 3-105　设备区洞口　　　图 3-106　楼梯洞口

（4）总结

坚持以问题为导向，开展既有线路及周边城市线路存在问题梳理及回头看总结，提炼和提升细节设计，完善接口设计，形成全线设计标准，做到精细化设计，提升设计品质。

3.2.2　车辆段、控制中心精细化设计

1. 车辆段精细化设计

（1）系统组成

车辆段与综合基地是地铁系统的一个重要组成部分，它由车辆段、综合维修中心、物资总库三个部分组成。是本线各系统包括车辆在内的各项设备、设施的维修保养和材料、器材的管理供应基地。

（2）系统功能

1）承担本线车辆的停车、列检、双周检、季检、清扫、洗刷任务；

2）承担本线车辆的定修、临修任务；

3）承担本线列车的乘务工作；

4）承担本线运用列车的事故救援工作；

5）承担本线轨道、道床、隧道、车站等建筑物及构筑物的运用维护和检修任务；

6）承担本线机电设备、供电设备、通信信号设备、给水排水及消防设备、控制系统设备的运用维护和检修任务；

7）承担本线车辆段、综合维修中心及其他部门运营和检修所需各类材料、设备、备品备件、劳保用品的采购、储备、保管和供应工作。在地铁建设期间，还可用于各类设备及建设物资的临时存放。

（3）系统接口

1）车辆段应有通畅的出入段线路。

2）为满足车辆运用和检修以及综合基地的作业要求，车辆段设有运用库、检修库、综合楼等生产和生活房屋。

3）车辆段内需设置牵引降压混合变电所，为列车和生产设备及生活设施提供动力。

4）车辆段内需设置信号楼，对列车出入段进行调度，保证列车在车辆段内的安全运行。

5）为指挥调度生产和保证安全运行，车辆段与列车、车辆段与控制中心、车辆段与车站以及车辆段内各部门各车站之间需设通信传输设备。

6）为保证生产和生活需要，车辆段应配有充足水量和水压的给水系统，配有生产、生活排水系统及污水处理。

7）对于产生高温的生产场所和产生有害气体的生产场所，应设置机械通风装置和空气净化装置。

8）按照车辆制造商提供的资料，并结合我国国情，确定检修工艺和检修制度。

（4）车辆段与综合基地接口

车辆段与综合基地接口见表 3-4。

车辆段与综合基地接口 **表 3-4**

接口名称	接口要求	执行专业	接口处理
城市规划线网规划城市水	1. 段址的用地规划和所在地区城市规划要求 2. 段址的地形、地貌和地质条件 3. 段址及其相关的水文和气象条件 4. 段址及其相关的地下管线资料 5. 段址的城市给水和排水条件 6. 车辆段给水接管点 7. 段址附近污水处理条件 8. 段址周围道路规划 9. 与地面铁路连接	城市规划线网规划城市水	调查了解规划情况，收集段址的地形地貌、水文气象、地下管线以及与城市道路、给水排水及消防、地面铁路的接驳条件
线路	1. 出入段线接轨点及接轨方式 2. 出入段线轨道技术条件与全线轨道的标准相协调 3. 出入段线与接轨站土建工程分界	线路	专业互提资料
地质	地质初勘、详勘报告	地质	专业互提资料
行车运营	1. 全线运用列车数、列车运行交路图 2. 日列车走行公里、旅行速度 3. 全日列车运行图	行车运营	专业互提资料
车辆	1. 车辆检修周期及各修程检修范围 2. 车辆主要零部件在各级修程中的检修范围 3. 车辆主要技术参数 4. 车辆主要零部件构造图 5. 车辆易损件清单 6. 车辆日常保养、维修范围	车辆	专业互提资料

续表

接口名称	接口要求	执行专业	接口处理
牵引供电	1. 工艺总平面布置 2. 车辆段电化范围 3. 牵引降压混合变电所房屋、风水电、预留孔洞及预埋件资料 4. 供电车间房屋、风水电、预埋件和沟槽管洞资料 5. 供电电缆沟（井）的土建及排水设计 6. 站场总平面 7. 接触网系统在车辆段范围内杆位、预埋件位置及预留孔洞 8. 建筑总平面布置 9. 提供室外管线布置图并协调综合管线布置	牵引供电	专业互提资料
通信	1. 工艺总平面布置 2. 车辆段及综合基地各专业对通信的要求 3. 通信房屋设置要求及风水电资料 4. 通信专业沟槽管洞及预埋件资料 5. 车辆段站场平面布置图 6. 出入段线平、纵断面图 7. 车辆段电化范围 8. 提供室外管线布置图并协调综合管线布置	通信	专业互提资料
信号	1. 工艺总平面布置 2. 信号房屋设置要求及风水电资料 3. 信号专业沟槽管洞及预埋件资料 4. 车辆段站场平面布置图 5. 出入段线平、纵断面图 6. 车辆段及综合基地道岔类型表、道岔轨道配轨表、警冲标位置 7. 车辆段电化范围 8. 提供室外管线布置图并协调综合管线布置	信号	专业互提资料
轨道	1. 工艺总平面布置 2. 车辆段及综合基地范围内配轨设计、道岔、扣件设计 3. 整体道床及过渡段 4. 检查坑轨道扣件及安装 5. 库内外平过道 6. 库内外车挡 7. 线路标志 8. 轨道维修、养护 9. 杂散电流防护 10. 轨道电路 11. 提供室外管线布置图并协调综合管线布置	轨道	专业互提资料
限界	1. 建筑总图 2. 车辆段限界图	限界	专业互提资料

2. 控制中心精细化设计

(1) 系统组成

控制中心是地铁运营管理的中枢，集运行、管理、维护为一体，对列车运行、电力供应、车站设备、火灾自动报警、票务管理等实行全面监控、管理、调度指挥、建立信息互通和交流的通信构架，同时也是紧急事件处理中心。控制中心应包括工艺设计和房屋建筑设计两部分。

(2) 控制中心设计

1) 控制中心的总工艺布置和中央控制室的布置，均以行车为主的原则进行，要充分体现以人为本，为运输和管理服务的主导思想。

2) 控制中心应包括中央控制室和有关系统的技术设备用房及辅助机电设备用房及相关系统的维护、办公及生活配套等用房。

3) 控制中心将行车指挥（信号系统）、供电、环境与设备监控、火灾自动报警各系统的调度台集中于中央控制室，以行车调度指挥为主，按集中调度，统一指挥的原则进行布置。各调度台、模拟屏的工艺布置应符合人类工程学的诸要素。

4) 通过计算机网络技术、通信技术及控制技术、网络集成技术，实现资源共享，信息互通，提高自动化水平，为正常运营时行车调度人员和灾害发生时救灾调度人员及时有效地收集各种信息与综合协调处理这些信息，提高行车与救灾调度工作的效率提供了有力的保证。

(3) 控制中心接口

控制中心接口见表 3-5。

控制中心接口 **表 3-5**

接口要求	执行专业	接口处理
用电要求	控制中心	互提资料
接口要求	外部电源	互提资料、协商
用水要求	控制中心	互提资料
接口要求	城市水	互提资料、协商
设备用房及电缆沟、槽、管、洞的位置	降压所	互提资料
电缆沟、槽、管、洞的位置和尺寸	动力照明	互提资料
照明标准及工艺要求	控制中心	互提资料、协商
电缆沟、槽、管、洞的位置和尺寸	SCADA	互提资料、协商
设备用房面积及环境要求，消防措施	SCADA	互提资料、协商
通信设备用房及沟槽管洞等的要求	通信	互提资料
控制中心建筑平面布置图	控制中心	互提资料、协商
控制中心控制室设备布置图	控制中心	互提资料、协商、会签
信号设备用房及沟槽管洞等的要求	信号	互提资料
用房及沟槽管洞等的要求	AFC	互提资料

续表

接口要求	执行专业	接口处理
消防控制室用房面积需求	FAS	互提资料
消防控制室内 FAS 设备安装预留位置	控制中心	互提资料
控制中心 BAS 用房面积及设备布置要求	BAS	互提资料
控制中心提供建筑面积	控制中心	互提资料
自动化集成系统提供控制信息	自动化集成	互提资料、协商
控制中心各楼层建筑平、立、剖面图（CAD）	控制中心	互提资料
设备用房及环境要求，消防措施	门禁	互提资料、协商
设备用房及环境要求，消防措施	通风	互提资料
设备用房及环境要求，消防措施	空调	互提资料
设备用房及环境要求，消防措施	站台门	互提资料
设备用房及环境要求，消防措施	电扶梯	互提资料
设备用房面积及环境要求，消防措施	给水排水	互提资料
提出消防的要求	消防	互提资料
行政区划及运营管理模式、定员表	行车运营	互提资料

3.2.3 供电系统精细化设计

（1）目标

供电系统应满足可靠性、灵活性与经济性的基本要求，接线应简单，满足运营管理及维护方便的要求。

供电系统遵循轨道交通供电网络规划，采用集中供电方式，设计时应根据线路走向、站位分布和沿线电力系统电源分布情况，合理确定供电系统接线。

供电系统接线方案设计时，应考虑利用既有线路的供电预留容量，同时还应综合考虑向其他相邻的发展线路预留供电条件，为轨道交通线网供电网络的形成创造条件。

（2）手段

供电系统的功能是向地铁各机电设备系统提供安全、可靠、优质的电力供应，满足各系统的用电要求，具体功能为：

1）接受并分配电能的功能：通过高压通道将电力系统 110kV 高压交流电源引入主变电所，然后由主变电所将引入的 110kV 高压交流电源降压成地铁供电系统使用的 35kV 交流电，再通过地铁中压网络将电能分配到每一个车站和车辆段内的牵引变电所和降压变电所。

2）降压整流及输送直流电能的功能：通过牵引变电所对主变电所引来的 35kV 交流电进行降压整流，使之变成 1500V 直流电，再将 1500V 直流电通过沿线架设的牵引网不间断地供给运行中的电动列车，以保证电动列车的安全、可靠、快速运行，准时地输送旅客。

3）降压及动力配电的功能：通过降压变电所将 35kV 交流电降压成 380/220V 交流电，向车站和区间隧道的各种动力、照明设备供电，保证各种车站设备的正常运行，给乘客提供一个安全舒适的乘车环境。

（3）内容

1）供电系统运行方式

① 正常运行方式

供电电源正常送电，每个主变电所的两台主变分列运行，主变电所承担各自供电分区内的供电负荷，35kV 环网分段开关断开。

继电保护和安全自动装置处于良好状态，出现故障时能确保系统进入故障运行方式，保证主要设备（一、二级负荷）的不间断供电。

② 故障运行方式

供电系统外部发生一般电气故障，如一路外部电源故障，通过闭合主变电所内桥开关或闭合主变电所 35kV 母联开关，来保证对用户的不间断供电。

供电系统外部发生严重电气故障，如二路外部电源故障，通过改变运行方式来保证重要用电设备的供电以维持地铁的运营。

供电系统内部发生一处电气故障，如一条电缆故障或一台变压器故障退出运行时，通过闭合变电所 35kV 母联开关，保证所有或部分用电设备的正常运行。供电系统内部发生两处电气故障，通过改变运行方式，保证重要用电设备正常运行。

③ 检修运行方式

供电设备按计划进行检修和维护，当部分供电设备停运检修时，通过改变系统的运行方式来满足各类用户的正常用电要求。

④ 灾害情况下的运行方式

供电系统外部发生严重灾害，如地铁车站发生火灾，应根据火灾地点的情况，尽快将灾害现场与消防无关的供电回路停电，同时保证消防设施工作以及现场人员疏散所需的电源。

供电系统内部发生严重灾害，如供电线路发生火灾，应立即将事故部分停电及隔离，以避免事故扩大，减小事故影响范围。

2）主变电所设计原则

规划城市轨道交通供电系统主变电所能够保证向轨道交通的各用电设备安全可靠供电。

在满足供电要求的前提下，要充分结合外部电源的分布条件，以节省外部电源的投资。

规划主变电所分布时，应考虑供电负荷的合理分配，同时以整体线网观念布局设置，便于主变电所资源共享。

每座主变电所需由地区变电站提供两回独立供电线路，保证供电可靠性和供电质量。

一座主变电所共享线路规模不应超过 3 条线路。

供电系统中压网络的电压损失不宜超过 5%。

当一座主变解列退出时，支援供电的主变能够满足该线路远期一、二级用电负荷的需求。

主变电所用地一般控制在 2500～3000m²，同时考虑电缆廊道和设备运输通道。

选址应符合城市总体规划用地布局要求、便于进出线、避开易燃易爆区和严重污秽区等。

选址尽量与轨道交通线网的车辆段或停车场合建，减少征地面积，便于运营管理。

选址应尽量避免设在建筑物密集的中心城区，减少拆迁，便于落实站址。

（4）接口管理

供电系统与其他系统接口见表 3-6。

供电系统与其他系统接口清单 **表 3-6**

序号	接口专业分类	接口编号	备注
1	DL. ZB	DL. ZB. 1	供电系统与主变电所设备的接口
2	DL. GD	DL. GD. 1 DL. GD. 2 DL. GD. 3 DL. GD. 4 DL. GD. 5 DL. GD. 6	供电系统与轨道的接口
3	BDDL. PD	BDDL. PD. 1 BDDL. PD. 2 BDDL. PD. 3 BDDL. PD. 4	变电所供电系统与车站动力照明系统的接口
4	BDDL. FA	BDDL. FA. 1	变电所供电系统与 FAS 系统的接口
5	SADL. JK	SADL. JK. 1 DL. JK. 2	电力监控系统供电系统与综合监控系统的接口
6	DL. TXDJ	SADL. TX. 1 ZDDL. TX. 2 JDDL. TX. 3 DJDL. TX. 4	电能计量管理系统（DJ）与通信（TX）的接口
7	BD. PD	BD. PD. 1 BD. PD. 2 BD. PD. 3	商业跟随所（BD）与动力照明（PD）的接口
8	BD. FA	BD. FA. 1	商业跟随所（BD）与火灾自动报警系统（FA）的接口
9	DL. CL	DL. CL. 1	接触轨供电系统（DL）与车辆（CL）的接口
10	DL. CD	DL. CD. 1 DL. CD. 2 DL. CD. 3 DL. CD. 4	供电系统（DL）与场段（CD）的接口

3.2.4 弱电系统精细化设计

1. 通信系统

(1) 目标

通信系统是城市轨道交通运营指挥、企业管理、服务乘客和传递各种信息的网络平台，它是一个安全可靠、先进实用、经济合理、扩充方便、维护简单，并能传递语言、文字、数据、图像等各种信息的综合业务数字通信网。通信系统在正常情况下应保证列车安全高效运营、为乘客提供高质量的出行服务；异常情况下能迅速转变为防灾救援和事故处理的指挥通信系统。

(2) 内容

通信系统包含专用通信系统、警用通信系统和商用通信系统。

专用通信系统主要包含传输系统、无线通信系统、公务电话系统、专用电话系统、视频监控系统、广播系统、时钟系统、乘客信息系统、集中告警系统、办公自动化系统等。

警用通信系统主要包含警用传输系统、警用视频监控系统、警用集群无线通信系统、警用计算机网络、警用有线电话等。

商用通信系统主要包含商用传输系统、移动电话引入、集中监测告警、通信线路等。

(3) 接口管理

通信系统与其他系统接口见表 3-7。

通信系统与其他系统接口清单 表 3-7

序号	接口专业分类	接口编号	功能说明
1	TX. 专用无线	TX. 专用无线 1	通信提供专用无线传输通道
2		TX. 专用无线 2	通信提供专用无线传输通道
3		TX. 专用无线 3	通信公务电话系统与无线的接口
4		TX. 专用无线 4	通信对专用无线集中录音
5		TX. 专用无线 5	通信提供专用无线时钟信息
6		TX. 专用无线 6	通信提供专用无线集中告警
7	TX. ISCS	TX. ISCS. 1	通信提供 ISCS 时钟信息
8		TX. ISCS. 2	集中告警系统提供各子系统告警信息
9	TX. PIS	TX. PIS. 1	通信提供 PIS 传输通道
10		TX. PIS. 2	PIS 提供告警信息
11	TX. CCTV	TX. CCTV. 1	通信提供 CCTV 传输通道
12		TX. CCTV. 2	CCTV 提供告警信息
13	TX. UPS	TX. UPS 1	综合电源提供通信电源
		TX. UPS 2	通信提供电源集中监控传输通道
		TX. UPS 3	通信提供电源网管时钟信息
		TX. UPS 4	通信提供电源集中告警
14	TX. PD	TX. PD	配电提供通信接地

续表

序号	接口专业分类	接口编号	功能说明
15	TX. XH	TX. XH. 1	通信提供信号传输通道
16		TX. XH. 2	通信提供信号时钟信息
17	TX. AFC	TX. AFC. 1	通信提供 AFC 传输通道
18	TX. 车辆段/停车场安防	TX. 车辆段/停车场安防	通信提供车辆段/停车场安防传输通道
19	TX. 电能计量系统	TX. 电能计量系统	通信提供电能计量系统的传输通道
20	TX. 杂散电流监测	TX. 杂散电流监测	通信提供杂散电流监测的传输通道
21	TX. 可视化接地	TX. 可视化接地	通信提供可视化接地的传输通道
22	TX. ACS	TX. ACS	通信提供门禁时钟信息
23	TX. LTE	TX. LTE	通信提供 OCC 至车辆段传输通道
24	TX. 变电所综合自动化	TX. 变电所综合自动化	通信时钟系统为变电所综合自动化提供时钟信息
25	PA. ISCS	PA. . ISCS. 1	与综合监控系统的接口 1
26		PA. . ISCS. 2	与综合监控系统的接口 2
27	PA. PD	PA. PD. 1	与动力和照明系统的接口 1
28	PA. PIS	PA. PIS. 1	与乘客信息系统接口 1
29	PA. FAS	PA. FAS. 1	与火灾自动灭火系统接口 1

2. 信号系统

(1) 目标

ATS 子系统的主要功能是编制、管理列车运行计划，实现对全线列车的自动监控和列车运行的自动管理。

ATP 子系统是保证行车安全的基本设备，必须满足故障—安全原则。

ATO 子系统是列车运行自动控制设备，在 ATP 子系统的安全防护下实现列车自动驾驶，ATO 对提高列车运行效率、完成运行自动调整、改善司机劳动条件、实现列车经济运行等方面具有重要作用。

联锁设备是实现道岔、信号机、轨道区段间的正确联锁关系及进路控制的安全设备，是确保行车安全的基础设备，必须符合故障—安全原则及应有必要的设备冗余。

(2) 内容

信号系统由正线信号系统及车辆段信号系统组成，其核心是列车自动控制系统（ATC），其由列车自动防护子系统（ATP）（包括计算机联锁系统）、列车自动驾驶子系统（ATO）和列车自动监控子系统（ATS）组成，各子系统之间相互渗透，实现地面控制与车上控制结合，构成一个以安全设备为基础，集行车指挥、运行调整以及列车驾驶自动化等功能为一体的列车自动控制系统。

正线信号系统采用基于无线扩频通信传输方式的移动闭塞列车自动控制系统，即 CBTC－RF，并配备点式 ATP 通信的降级运行模式。车辆段列控系统采用具有多重冗余结构的国产计算机联锁系统，并配置国产微机监测设备。车辆段不纳入正线 ATS 子系统控制，但具有在控制中心对其作业监督的功能。车辆段轨道空闲/占用检测设备采用 50Hz 单轨条相敏轨道电路，计轴作为备选方案。

（3）接口管理

信号系统与其他系统接口见表 3-8。

信号系统与其他系统接口清单 **表 3-8**

序号	接口专业分类	接口编号	功能说明
1	XH. RS	XH. RS	信号与车辆接口
2	XH. TH	XH. TX. 1	信号与专用通信接口
3		XH. TX. 2	信号与无线通信接口
4		XH. TX. 3	信号与时钟接口
5	XH. ISCS	XH. ISCS. 1	信号与综合监控接口
6		XH. ISCS. 2	信号与 IBP 盘接口
7	XH. DP	XH. DP	信号与大屏幕接口
8	XH. PIS	XH. PIS	信号与乘客信息接口
9	XH. PA	XH. PA	信号与广播接口
10	XH. PSD	XH. PSD	信号与站台门接口
11	XH. FG	XH. FG	信号与防淹门接口
12	XH. TCC	XH. TCC	信号与 TCC 接口
13	XH. XXWL	XH. XXWL	信号与信息网络接口
14	TX. 杂散电流监测	TX. 杂散电流监测	通信提供杂散电流监测的传输通道

3.3 深化设计及外部接口管理

3.3.1 重视二次深化设计管理

深化设计是指根据合同约定，专业单位根据实际生产施工需要，结合目前市场情况，对设计招标图纸、技术文件中的要求进行细化、落实。进一步完善设备、材料功能参数及性能指标，明确技术接口、接口提资、细部节点等工作要求。深化设计原则上不能改变原设计，不能进行设计方案的调整。深化设计内容及成果见表 3-9。

深化设计内容 **表 3-9**

项目	深化设计主要内容
钢结构	1. 构件细部、重量表、材质、构件编号、焊缝、坡口标记、连接细部以及锁扣、油漆的喷涂部位等。 2. 螺栓统计表、螺栓标记、螺栓直径、螺栓等级、栓钉统计表、栓钉规格尺寸。 3. 轴线及轴线相对应的位置，构件的编号（简单易记、与吊装施工顺序尽量相符）和方向标记清楚显目。 4. 安装和加工所必须具有的尺寸。 5. 图纸标题、编号、版本、出图日期。 6. 图纸尺寸比例协调、统一。 7. 深化设计说明（施工需注意的事项、使用的材质、焊缝的等级要求，不能在设计说明里具体说明的，需在构件图进行说明），图纸的图框要求。 8. 钢结构的制作工艺流程、节段的划分方案、安装（焊接、铆接）方式、节点的安装大样。 9. 节点大样的受力计算、各个安装节点的受力计算

续表

项目	深化设计主要内容
玻璃幕墙	1. 完整的施工深化图图纸，包含目录、说明、平面图、立面图、剖面图、大样图、节点详图、龙骨和埋件布置图以及型材模图等。 2. 幕墙、门窗及雨棚节点计算，整体荷载计算，连接构件受力计算，节能计算等，并出具完整计算书。 3. 幕墙、门窗及雨棚构件的制作工艺流程，节段的划分方案，安装方式，施工注意事项等
联络通道	专项设计。冻结法加固的安全性、详细设计参数、融沉注浆的详细参数等由有专项设计和施工资质的单位负责
VRV 系统	1. 冷量的确定：设计制冷量一般根据计算制冷量×一定经验系数；测量冷媒管路长度衰减及计算制冷量得到实际需要制冷量。 2. 进行设备选型：如计算实际需要制冷量有 3.2kW，但设备型号只有 3.4kW 的，只能选 3.4kW。 3. 管路路径的确定：结合综合管线、现场查看及现场预留情况，确定管路的最优路径。 4. 系统的重新划分调整（可能调整）：如 1、2、3 房间为一套系统，4、5 房间为一套系统；可能根据设备选型、冷媒的长度，为使得效率更优，有可能 1、2 房间为一套系统，3、4、5 房间为一套系统更合理。 5. 平面位置的调整：如有利于气流组织或内机下面有设备等情况
综合支吊架	1. 二维综合管线不体现支架的位置、布点、形式，深化设计列出各个支架的详细剖面图，结构大小、形式。 2. 根据实测实量、检修空间、方便施工、管线碰撞，对管线的位置进行局部调整，调整的量一般不大
污水处理系统	1. 根据厂家设备的特点，对设备在建筑中的所需空间、设备之间的连接管道、设备与室外处理池的管道、设备基础大样图等进行调整和细化。 2. 优化设备相关专业接口：确定控制箱位置等与其他专业的接口形式及位置
虹吸雨水系统	1. 根据设计院图纸对虹吸雨水系统进行核算、细化。 2. 节点图：补充雨水斗安装大样图、管道连接节点图等。 3. 根据公司产品特点计算系统水力计算表，每个雨水斗、每段管子的排水量均应有排水能力标注
厨房设备	不需要深化设计
钢结构屋面	1. 屋面荷载计算书。 2. 屋面设计说明，目录，平、立、剖面图，标准节点及大样节点图，屋面通用配件图，防坠落、防雷以及挡雪装置节点图。 3. 屋面上人孔、检修口节点图
雨水回用	1. 根据设计院要求的工艺流程图，完善设备大样图、安装节点大样图等相关技术图纸。 2. 根据产品特点提出用电需求。 3. 与设计院确认相关接口

续表

项目	深化设计主要内容
智能照明	1. 智能照明系统主要应用于运用库、洗车库、工程车棚等需要使用顶棚照明的库房，以及室外路灯照明。运用库主出入口、DCC需设置就地控制面板；洗车库控制室、洗车库员工出入口需设置控制面板；室外照明路灯照明的控制面板设置于主门卫控制室内。 2. 智能照明详细的系统图，应能详细表达整个系统的构成。 3. 标注主机、模块、线缆等相关设备及材料的型号。 4. 智能照明系统的平面图深化设计深度应满足施工要求
立体仓库	1. 立体仓库钢结构货架深化设计：在保证货架总高度、货位数基本不变的情况下，单元货格空间（高度）尽量增大。 2. 立体仓库设备与给水排水喷漆系统安装接口深化设计：对既有设计方案仅预留的喷漆系统安装空间，安装节点、接口需深化设计
太阳能热水器	1. 根据设计院图纸优化太阳能系统屋面布置图、细化之间的连接管线图、设备基础大样图，细化并列出所有设备及泵组的相关技术参数。 2. 补充图纸：补充设备安装大样图，设备节点大样图。 3. 与设计院确认设备相关专业接口：确定与其他专业例如给水排水专业、低压配电专业等相关专业的接口位置。 4. 补充系统用电需求

3.3.2 外部接口协调管理的流程与界面

（1）目标

城市轨道交通工程是一项系统复杂、专业接口多的系统工程，为了使各个子系统能够紧密结合，达到整个轨道交通系统运营安全可靠并降低工程投资和运营成本的目的，必须对各个系统的接口问题进行认真研究，指导设计、协调接口及相互配合以加强管理。

（2）手段

梳理接口表，接口要求及接口处理方案。

（3）内容

1）轨道交通施工期间的地面交通疏解；

2）地铁范围交通流量；

3）城市给水系统接入地铁的位置；

4）地铁污水、废水排出与城市污水、废水系统的接入位置；

5）外部电源引入位置、方式、工艺要求；

6）既有桥梁对轨道交通的要求与限制；

7）城市规划对轨道交通车站的位置，风亭、出入口设置的要求，车站的总平面布置与城市规划的关系；

8）车辆基地对周围环境的影响，出入线的方式对周围交通的影响，车辆基地的总平面布置必须符合城市规划的要求；

9）主变电所的选址，与主供电系统、轨道交通的连接方式，对周围环境的影响和要求。

10）轨道交通项目主要外部接口见表 3-10。

轨道交通项目主要外部接口内容表 **表 3-10**

接口内容	政府机关	职能
审批文件项目建议书及批文附件，与项目有关的纪要和公文，可行性研究报告批复意见，环评报告。土地使用与城市规划城市建设规划，轨道交通线网规划，城市道路规划红线；江河蓝线，洪水位；城市园林绿地；轨道交通的地面建筑（车站、出入口、风亭）、车辆基地的位置确定及用地，沿线地面建筑及基础资料，工程施工用地，弃土场地等用地规划落实，土地利用分布形态及发展限制。国家及地方有关建设法规	规划局、国土资源局、发展改革委、档案局、住房城乡建设委员会	工程周围条件分析，工程线路、土建方案设计，商业开发的影响及效益分析，办理开工手续
文物保护：重点文物及保护建筑。房屋拆迁：红线范围内的建筑物拆迁	文化局、民政局、房管局	沿线文物及重要保护性建筑物保护，各类不同用途房屋（含学校等文化设施）的拆迁审批，残障人士设施的设置要求等
城市交通：车站位置的设置，与公交客流的驳接方案；破坏道路的工程地段，施工期的道路交通组织（通行、封闭、分流、导流），施工运输车辆通行路线的路段和时段等	交通局、公安交警	建设期和运营期的交通组织
城市道路：高架桥桥墩与城市道路的横断面的空间分配；道路净空控制高度	规划局、国土资源局、公路局、城建档案馆	与城市道路的空间关系协调及确定
城市供电：城市供电电源（变电站）分布和供电条件；地下电缆、地面高压线等级及其走廊位置，安全控制距离和控制高程。气象资料；雷电资料；城市电网资料；主变电所规划要求	规划局、气象局、供电部门	供电系统方案设计、主变设置、气象参数资料
城市供水、排水、供气：城市水源（水厂、水压、水质）；给水管、排水管接入条件；地下管线	规划局，自来水、污水、燃气等的产权单位	本工程管线的布置和协调工程涉及的市政管线的拆迁改移
城市电信：市电话、地下电缆，市无线电管委会的规定条件	规划局、电信部门	本工程管线的布置和协调工程涉及的市政管线的拆迁改移
城市环境、景观城市道路不同地段的本底噪声和环保标准；车站的造型和体量，与周边环境景观协调；敏感地段的性质和特殊要求	环境保护局、规划局、国土资源局、住房城乡建设委员会	环境影响评估，地面的外观设计，制定工程的减振降噪措施
城市人防：人防通道建设现状和规划；对地铁的人防功能定位和设施要求	人防办公室	人防设防标准
城市消防、公安管理：参与对地铁消防和救援的要求和沿线公共公安管理要求	公安局、消防局	工程消防设计和车站公共安全管理设计

续表

接口内容	政府机关	职能
地质、地震灾害：根据地质、地震灾害报告提出的防治措施	地质局、地震局	工程抗震设计
铁路：接轨条件；跨越铁路净空高度控制条件。航运：航运码头、江河通航要求	交通局、航道局、水利局、铁路局	与铁路、江河码头等的关系协调
其他	发展改革委、财政局、住房城乡建设委员会、审计局、质量技术监督局、统计局、档案局	城市经济发展情况、工程建设中的有关手续、设备进出口及工程质量检查监督、工程建设档案管理等

第4章 结 构 可 靠

“结构可靠”是指城市轨道交通工程基础安全可靠，变形稳定；结构工程坚固耐久，内实外光、内坚外美，无结构性裂缝和渗漏。“结构可靠”是城市轨道交通工程安全性、功能性的重要保证，是创精品工程的基础与前提。

本章所述“通用工程”是将不同分部、不同分项工程中重复出现的工作内容集中编写，以避免在本书不同章节出现雷同或近似描述。虽然在具体专业上存在着一定的差异，但仍然可以通过个中示例，来显示创建城市轨道交通精品工程的基本要求和工作方法。本章内容包括：钢筋工程、模板工程、混凝土工程、防水工程、“四缝一沟”工程、盾构区间、钢结构、站场路基、轨道工程等。

4.1 通 用 工 程

本节主要介绍的是土建施工过程中的钢筋工程、模板工程、混凝土工程以及防水工程，在各个工程项目中均有此四项施工内容，其工程量大，施工环境也较复杂多变，也直接决定了工程结构施工质量，关乎工程使用的安全和可靠性。通过本节明确标准化的操作要求及控制目标，提升钢筋工程、模板工程、混凝土工程以及防水工程各环节施工质量，从而保证工程结构质量。

4.1.1 钢筋工程

钢筋的储存、运输、加工、安装应满足耐久性混凝土施工和设计要求。从事钢筋加工和焊（连）接的操作工人必须经考试合格，持证上岗。钢筋宜在钢筋加工厂加工成型后运至现场安装。

1. 钢筋直螺纹接头施工

钢筋接头应尽量设置在受力较小处，应避开结构受力较大的关键部位。钢筋连接宜采用直螺纹连接。

【策划目标】

（1）“加工精细”：直螺纹连接加工要求高，要求加工的半成品钢筋端头平整，螺纹外径标准，牙形、螺距一致。

（2）“保护到位”：直螺纹半成品须做好半成品保护，每根接驳器丝牙都须加保护帽。

（3）“安装规范”：直螺纹安装要到位，套筒内丝头顶紧，外露丝牙不得大于一丝。

【操作方法】

（1）“加工精细”：直螺纹加工套丝前，钢筋应先除锈，采用电动锯床将钢筋端部切割平整，且保证端面垂直于钢筋轴线。加工钢筋螺纹的形式、螺距、螺纹外径等必须与连接套筒的牙形、螺距一致，且经配套的量规检验合格。

用专用的检验工具检查直螺纹丝头的有效长度及螺纹中径，如有不符合加工质量要求的丝头必须切断重新加工；对加工好的直螺纹丝头，按10％进行外观检查；合格率不得小于95％，合格后方可使用。

（2）“保护到位”：加工好的钢筋端部螺纹套上塑料保护套，以免损坏螺纹或被污物污染。

（3）“安装规范”：安装时，应对准轴线将钢筋拧入套筒，采用专用的管钳扳手将套筒拧紧，使两个丝头在套筒中央位置相互顶紧。对检验合格的接头进行标识。

【示例照片】

图4-1　钢筋接头切割

图4-2　钢筋接头端部打磨

图4-3　钢筋机械连接丝牙检测

图4-4　钢筋端部套上塑料保护套（一）

图4-5　钢筋端部套上塑料保护套（二）

图4-6　直螺纹套筒连接接头

【效果点评】

(1) 图 4-1、图 4-2 中钢筋接头切割、端部打磨处理到位，对下一步钢筋连接效果起到决定性作用。

(2) 图 4-3 中钢筋接头通规检查，对产品是否合格提前检查，对下一步钢筋连接效果起到决定性作用。

(3) 图 4-4、图 4-5 中钢筋端部全部采用保护帽进行保护，防止过程中碰撞丝牙，确保钢筋使用时完好。

(4) 图 4-6 中钢筋连接完成后，接头相互错开，接头位置统一直线。

2. 钢筋间距控制

钢筋间距控制的目的是控制钢筋混凝土配筋率，保证钢筋混凝土具有足够的强度和耐久性。

【策划目标】

通过良好的钢筋间距控制，保证混凝土内钢筋数量满足设计要求，确保混凝土构件具有可靠的使用性能。

(1)"平面清晰"：平面钢筋绑扎要求横平竖直，规范施工。

(2)"立面整齐"：立面钢筋要整齐划一，位置准确。

【操作方法】

(1)"平面清晰"：即板筋（平面钢筋）绑扎应满足图纸设计要求，平面钢筋在施工前要提前画好线，方便后期钢筋绑扎，避免过程中出现人为的钢筋偏差。

(2)"立面整齐"：即墙柱钢筋（立面钢筋）绑扎应符合下列要求：

墙柱钢筋定位不少于 3 道定位钢筋，根部 2 道，第 1 道定位箍筋设置在距预完成的混凝土上表面约 50mm，2 道底筋分隔措施得当，间距不小于钢筋直径且不得小于 25mm。侧墙钢筋排距（层距）根据墙体厚度、保护层厚度进行控制，通过设置保护层垫块、内支撑钢筋保证钢筋排距（层距）。

梁、板绑扎成型后，在通道部位应铺设跳板，以避免后续工序施工人员踩踏或重物堆置造成钢筋弯曲变形。

【示例照片】

图 4-7　板筋绑扎前画线定位

图 4-8　墙柱钢筋定位

图 4-9　墙钢筋梯子筋定位

图 4-10　侧墙钢筋定位（一）

图 4-11　侧墙钢筋定位（二）

图 4-12　侧墙钢筋排距（层距）控制

【效果点评】

（1）图 4-7 中板筋绑扎前在底模上画线，确定钢筋设置位置。绑扎后的钢筋间距位置宜按偏差不大于 10mm 控制。

（2）图 4-8 中墙柱钢筋定位不少于 3 道定位钢筋，梁主筋与腰筋拉钩全数绑扎，两排底筋分隔得当，间距不小于钢筋直径且不得小于 25mm。

（3）图 4-9～图 4-11 中墙钢筋采用定位器将钢筋间距控制好，绑扎后的钢筋间距位置宜按偏差不大于 10mm 控制。

（4）图 4-12 为侧墙钢筋排距（层距）控制，其控制应根据墙体厚度、保护层厚度确定。

3. 保护层厚度控制

保护层最小厚度指混凝土表面到最外层钢筋公称直径外边缘之间的最小距离。保护层最小厚度的规定是为了使混凝土结构构件满足耐久性和对受力钢筋有效锚固的要求。

钢筋作为整个建筑物的骨架，其位置的准确程度直接关系到结构的受力状态和安全性。混凝土保护层在设计值范围内厚度越大，构件的受力钢筋粘结锚固性能、耐久性和防火性能越好。但是，过大的保护层厚度会使构件受力后产生的裂缝宽度过大，就会影响其使用性能，过大的保护层厚度亦会造成经济上的浪费。而钢筋保护层偏小会受到外界潮湿环境或水害影响而锈蚀，严重时可能导致结构失稳破坏。

【策划目标】

（1）“定位准确”：通过对钢筋保护层厚度的控制，以降低或延缓潮湿环境或水害对钢筋骨架的影响，保证建筑物更具耐久性。

（2）“厚度合规”：混凝土表面光滑无裂纹，最外层钢筋到混凝土表面厚度须定位好，保证成型的结构美观合规。

【操作方法】

（1）“定位准确”：钢筋连接接头质量和接头位置、同截面数量应符合相关规范、规程要求和基本规定。保护层根据工程环境不同要求不同，一般地铁工程板迎土面保护层50mm，背土侧45mm，侧墙迎土面保护层50mm，背土侧45mm，柱、梁保护层50mm，楼梯等内部结构45mm。梁、柱、板纵向受力钢筋保护层大于50mm时，应设置防裂、防剥落钢筋网片，且网片保护层厚度不小于25mm。

（2）“厚度合规”：保护层通常采用垫块+垫筋形式控制，确保垫块与垫筋的连接方式牢固可靠，垫块间距30cm，垫筋间距1.5m。

【示例照片】

图4-13 垫块和垫筋布置示意图

图4-14 钢筋保护层垫块

图4-15 钢筋马凳支垫

图4-16 侧墙上层保护层控制

【效果点评】

（1）图4-13中严格控制垫块间距和间距位置，以保证顶板钢筋保护层厚度满足设计要求。

（2）图4-14中侧墙钢筋采用长条垫块，加大垫块与模板的接触面，有效控制每组钢筋的保护层控制。

（3）图4-15中钢筋落入马凳凹槽内，马凳腿与下部钢筋无干涉。绑扎丝头向内扣入，避免扎丝丝头外露形成锈蚀通道。

（4）图 4-16 中侧墙上层钢筋保护层用模具固定，既保证了钢筋间距又确保了钢筋的保护层，为下一道工序做好了准备。

4.1.2 模板工程

模板是混凝土结构构件施工的重要工具，模板的施工质量直接关系到混凝土结构构件的质量。目前现浇混凝土结构所用模板技术已迅速向多体化、体系化方向发展，已形成了组合式、工具式、永久式等模板体系。三角背撑＋大钢模模板体系、盘扣架＋胶合板模板体系由于其具有施工机械化程度高、施工速度快、拆模后混凝土表观质量好等优点目前在地铁施工中得到较为广泛的应用。

1. 模板要求

本节模板内容主要包括大钢模及胶合模板两部分，对模板的平整度、垂直度、光洁度等方面提出要求。

【策划目标】

（1）“光洁平整”：模板表面清理干净并保持平整，模板垂直无凹凸。

（2）“涂刷均匀”：模板检查完毕需涂刷隔离剂，涂料涂刷均匀，无漏涂。

（3）“线形规则”：模板加工保持切割面线形平直，防止拼缝处漏浆。

【操作方法】

（1）“光洁平整”：模板每次使用前都要对大模板上的锈迹以及砂浆进行全面的清理，用打磨机把铁锈打磨掉，棉纱擦净。模板上的砂浆及两块模板搭接处，用扁铲清除干净。使用过程及堆放过程禁止碰撞，以防变形。

（2）“涂刷均匀”：模板清理干净需要涂刷隔离剂，钢模采用油性隔离剂，木模采用水性隔离剂。隔离剂涂刷均匀，不漏涂，涂刷时，伴随用棉丝擦掉浮油，防止出现留坠现象，经雨雪后应重新涂刷一遍。

（3）“线形规则”：模板加工前应对模板进行检查，确保模板无翘曲、破损，检查合格后根据结构构件尺寸对模板进行切割加工，加工前对切割位置弹线，确保加工准确。

【示例照片】

图 4-17 钢模精心打磨处理

图 4-18　隔离剂涂刷均匀

图 4-19　模板线形平直

【效果点评】

（1）图 4-17 中钢模每次安装前精心打磨处理，未经打磨的一面与已经打磨处理好的一面形成鲜明的对比，模板的平整光洁将直接影响混凝土的外观质量。

（2）图 4-18 中木模板采用水性隔离剂，钢模板采用油性隔离剂，隔离剂涂刷均匀，涂刷完后的模板表面保护到位，整个模板表面干净光洁。

（3）图 4-19 是模板拼装完的效果，在实施中模板各边材料需加工切割平整，组装完成的模板整体效果可达到横平竖直、提升观感、棱角分明的目的。

2. 立模要求

本节模板内容主要对模板安装的位置是否准确、牢固，模板拼装接缝是否整齐，模板支架的整体稳定性是否良好等内容进行描述。

【策划目标】

（1）“位置准确”：标出模板控制线、标高等，便于模板的安装和校正。

（2）“对缝良好”：对缝良好、缝宽控制一致，纵横缝在一条直线上。

（3）“体系稳固”：底面平整坚实，配件装插牢固，体系整体稳定。

【操作方法】

（1）“位置准确”：首先进行中心线和边角位置的放线；然后根据施工图用墨线弹出模板的内外边线和外侧控制线，以便于模板的安装和校正；用水准仪将构筑物的水平标高根据实际标高要求，直接引测到模板安装位置。

（2）“对缝良好”：模板组装过程中，要求粗活细做，严禁随意变动模板设计，确保混凝土表面的模板痕迹呈规律性排列（对缝整齐）。竖向模板安装时底部空隙采用海绵条或水泥砂浆堵严，防止漏浆。

（3）“体系稳固”：模板按配板设计循序拼装，以保证模板体系的整体稳定。配件必须装插牢固，支柱和斜撑下的支承面应平整垫实，要有足够的受压面积；采用大模板施工时，要核对大模板型号，采用醒目字体注明编号，安装时对号入座。

【示例照片】

图 4-20　柱平面控制线

图 4-21　框架柱定位筋

图 4-22　模板拼缝

图 4-23　顶板侧墙拼缝整齐效果

图 4-24　钢模根部外侧砂浆封堵

图 4-25　墙柱根部粘贴海绵条

图 4-26　侧液压大模板台车

图 4-27　三角背撑＋大钢模模板体系

【效果点评】

(1) 图 4-20、图 4-21，标明轴线、柱边线、模板安装控制线，施工中对轴线喷漆标识；同时采用定位筋确保竖向模板的垂直度与钢筋保护层厚度。

(2) 图 4-22～图 4-25 中模板拼缝整齐划一，混凝土表面的模板痕迹排列整齐；在竖向模板根部外侧封堵水泥砂浆或粘贴海绵条，可有效防止漏浆。

(3) 图 4-26、图 4-27 采用了单侧液压大模板台车及三角背撑＋大钢模模板体系，均采用拼装式，安装及拆卸简易、便捷，突出了节能、环保、快速、高效及自动化作业等特点。

4.1.3 混凝土工程

地铁明挖车站主体工程混凝土采用泵送法浇筑。混凝土振、摊、铺之间要协调一致，人员、设备、后配套应满足施工现场要求，严格把关混凝土原材料质量，控制混凝土坍落度、和易性等性能参数。

1. 混凝土内在质量

混凝土内在质量主要在混凝土配合比、坍落度，大体积混凝土浇筑过程振捣，混凝土养护等几个方面加强控制。

【策划目标】

(1)"原材合规，输送及时"：原材料合格，运输过程不离析、不分层，供应及时，和易性、坍落度符合设计要求。

(2)"分层浇筑，振捣充分"：混凝土分区、分层连续浇筑，振捣密实。

(3)"养护到位，强度达标"：薄膜覆盖养护或喷洒专用养护液，养护时间及混凝土强度满足设计要求。

【操作方法】

(1)"原材合规，输送及时"：混凝土配合比宜遵循低用水量、低水泥用量、适当水胶比、最大堆积密度的原则。混凝土制备前进行施工配合比实验。各原材满足以下要求：

1) 水泥宜采用强度等级不低于 42.5 级的通用硅酸盐水泥。硅酸盐水泥和普通硅酸盐水泥的比表面积不宜大于 $350m^2/kg$，矿渣硅酸盐水泥、火山灰质硅酸盐水泥和粉煤灰硅酸盐水泥以筛余表示，$80\mu m$ 方孔筛筛余不大于 10%或 $45\mu m$ 方孔筛筛余不大于 30%。水泥其他性能指标及应用要点应符合现行国家标准《通用硅酸盐水泥》GB 175 的规定。

2) 粉煤灰指标不宜低于Ⅱ级要求。粉煤灰其他性能指标及应用要点应符合现行国家标准《用于水泥和混凝土中的粉煤灰》GB/T 1596 的规定。

3) 矿渣粉指标不宜低于 S95 级要求。矿渣粉其他性能指标及应用要点应符合现行国家标准《用于水泥、砂浆和混凝土中的粒化高炉矿渣粉》GB/T 18046 的规定。

4) 硅灰 SiO_2 含量不应低于 90%，掺量一般控制在 10%以内，应配合高效减水剂等外加剂共同使用。硅灰其他性能指标及应用要点应符合现行国家标准《砂浆和混凝土用硅灰》GB/T 27690 的规定。

5) 石灰石粉、天然火山灰质材料等矿物掺合料以及复合掺合料性能指标及应用要点应符合国家现行标准《石灰石粉在混凝土中应用技术规程》JGJ/T 318、《矿物掺合料应用技术规范》GB/T 51003 和《混凝土用复合掺合料》JG/T 486 的规定。

6) 细骨料应采用质地坚硬、清洁、级配良好的河砂或人工砂。河砂宜选用Ⅱ区中砂，含泥量不宜大于2.0%。人工砂细度模数不宜超过3.3，且不宜采用细砂，石粉含量不大于10%且亚甲基蓝值不大于1.2，石粉含量较高时，可将部分石粉计入胶凝材料用量设计配合比，人工砂混凝土应延长搅拌时间并注意早期养护。细骨料其他性能指标及应用要点应符合现行行业标准《普通混凝土用砂、石质量及检验方法标准》JGJ 52的规定。

7）粗骨料采用清洁、级配良好的碎石或卵石。宜采用连续级配碎石，针片状颗粒含量不大于10%，吸水率不大于2.0%，松散堆积空隙率不大于45%。对于C60以上等级的高强高性能混凝土，粗骨料岩石强度应至少比混凝土设计强度高30%，最大粒径不宜大于25mm，对于自密实高性能混凝土，粗骨料最大粒径不宜大于20mm。粗骨料其他性能指标及应用要点应符合现行行业标准《普通混凝土用砂、石质量及检验方法标准》JGJ 52的规定。

8）高效减水剂减水率不应小于14%，28d收缩率比不应大于125%，高性能减水剂减水率不应小于25%，28d收缩率比不应大于110%，聚羧酸系高性能减水剂不得与萘系、氨基磺酸盐和三聚氰胺系高效减水剂混合使用，与其他品种外加剂同时使用时，宜分别掺加，必须复配时应关注两者的相容性。减水剂其他性能指标及应用要点应符合现行国家标准《混凝土外加剂》GB 8076和《混凝土外加剂应用技术规范》GB 50119的规定。

9）高性能混凝土拌和、养护用水应符合现行行业标准《混凝土用水标准》JGJ 63的规定。

10）抗裂混凝土原材应满足各项指标要求。宜掺加矿物掺合料降低混凝土水化放热及收缩率。对于开裂风险较高的侧墙结构，宜单掺粉煤灰，不掺或少掺矿粉。大体积混凝土宜采用60d（56d）或90d龄期强度作为配合比设计依据。

清水混凝土的原材料应选择正规厂家生产的同一品牌、规格的原材料，严格控制含泥量，生产时严格按照标准进行搅拌生产，同时参考气候和天气的客观因素，随时检查原料含水率并及时调整。

混凝土应使用商品混凝土，浇筑前制定浇筑计划，明确搅拌、运输、浇筑、振捣各环节配置，保证运输及时，浇筑连续。混凝土生产应符合国家现行标准《预拌混凝土》GB/T 14902、《混凝土质量控制标准》GB 50164和《预拌混凝土绿色生产及管理技术规程》JGJ/T 328的规定，择优选用商品混凝土生产企业。应将混凝土生产商纳入施工质量控制环节，按照月、季度制定原材抽检计划。商品混凝土进场时，各项资料必须随车发送，检查齐全后再检测拌合物质量，应每车进行取样，检测混凝土稠度，并冲洗检查混凝土骨料成分。采用坍落度筒测量坍落度，当坍落度大于180mm时，同时测量扩展度。在进行坍落度试验的同时，应观察混凝土拌合物的黏聚性、保水性。运输浇筑过程中严禁向拌合物中加水。

（2）“分层浇筑，振捣充分”：根据浇筑情况预先划分好混凝土浇筑区，浇筑宜从低处开始，沿长边方向自一端向另一端进行，当混凝土供应量有保证时亦可多点同时浇筑。整体分层浇筑应缩短间歇时间，并应在前层混凝土初凝之前将次层混凝土浇筑完毕，每层厚度宜为300～500mm。浇捣采用加长软轴的插入式振捣器，逐点振捣，振捣点间距30～40cm。振捣时，确保不漏、不过、不少。

受意外情况导致产生冷缝，按照施工缝严格处理。首先清理已浇筑混凝土存在质量问题的部分，然后清理浇筑面，凿毛露出新鲜石子面，然后浇筑同水灰比的水泥砂浆10～20mm，然后新浇筑混凝土。为保证防水质量，可采用水泥钉安装遇水膨胀止水条后再浇筑。

厚度大于800mm的明挖车站的底板（含底梁）、暗挖车站的底梁和顶梁；厚度大于

500mm（含 500mm）的车站、区间（含折返线）的侧墙和顶板（或拱部衬砌）应按大体积混凝土有关规定采取施工措施，宜在混凝土核心区设置冷却管。混凝土的入模温度不应超 30℃，控制混凝土内部温度升降、与外部温差、与介质温差、混凝土表面与环境温差。

梁柱节点不同强度等级混凝土施工时：采用钢丝网进行临时隔断，按照“先高强度后低强度”的原则浇筑，分层振捣，在楼面梁板处留出 45°斜面，在核心区混凝土初凝前，拆除钢丝网，浇筑低强度混凝土，梁柱节点钢筋密集的核心区用小型插入振捣器加强振捣。

清水混凝土施工模板刚度要大，拼接时注意利用接缝达到装饰效果。浇筑时要充分振捣，排出混凝土内气泡，同时避免过振，初凝前施加二次振捣。浇筑完成后进行抹面压光，外露面初凝前 2～3 次，隐蔽面 1 次。浇筑完成 12h 后开始养护，面板混凝土采用蓄水养护，立面混凝土贴塑料薄膜养护，保持湿润。冬期施工采取可靠的保温措施。拆模后注意保护，杜绝污染破损。

(3)“养护到位，强度达标”：混凝土初凝后，进行压实、抹面、收光，终凝后用湿麻袋、养护毯覆盖，定时洒水养护。也可采用不透水、不透气的薄膜把混凝土表面敞露部分严密地覆盖起来，保证混凝土在不失水的情况下得到充足养护。保湿养护的持续时间不得少于 14d，并应经常检查塑料薄膜或养护剂涂层的完整情况。施工遇炎热、冬期、大风或雨雪天气时，必须采取保证混凝土浇筑质量的技术措施，如炎热天气采取降低混凝土原材料温度，使混凝土入模温度控制在 30℃以下，避开高温时段浇筑等措施。冬期浇筑采取热水拌和、加热骨料等提高原材温度，入模温度不宜低于 5℃，浇筑完后及时进行保温保湿养护等，可以采用养护电热毯加热保温养护。

【示例照片】

图 4-28　原材料级配粒径

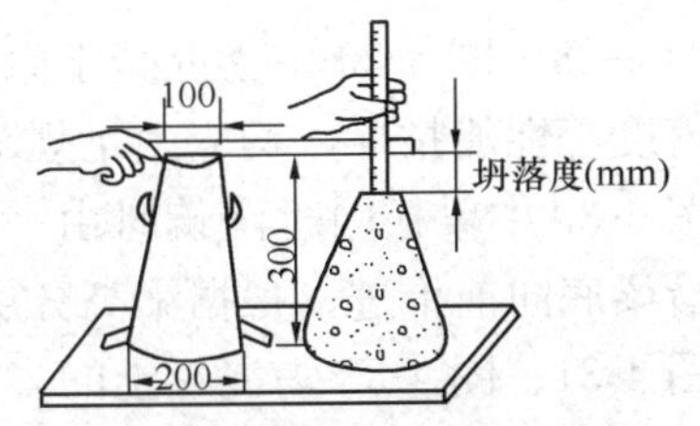

图 4-29　现场坍落度检测

图 4-30　混凝土分层浇筑及振捣

图 4-31　覆盖薄膜洒水养护

图 4-32 借鉴预制构件喷淋养护

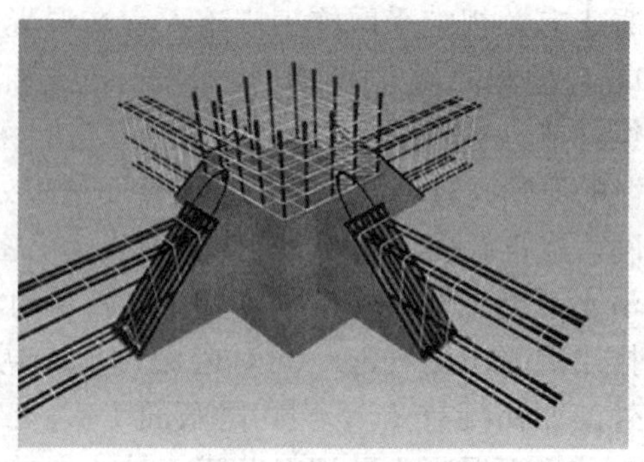

图 4-33 梁柱节点临时隔断示意图

图 4-34 梁柱节点浇筑完成后示意图

图 4-35 清水混凝土

【效果点评】

（1）图 4-28、图 4-29 中为混凝土原材料及检测装置示意。混凝土运输至浇筑地点时，检测其坍落度等性能指标，均应满足规范要求。

（2）图 4-30 中梁板同时浇筑时由一端开始浇筑，振捣手密切配合，用“赶浆法”保持混凝土沿梁底向前推进，根据梁高分层浇筑，当达到板底部位后与板一起浇筑。

（3）图 4-31、图 4-32 为混凝土的多种养护方式，其中覆盖薄膜洒水养护是我们常见的养护方式，有些地方借鉴了预制构件的养护方式，制作喷淋养护装置，可以自动控制养护时间，节约人力物力。

（4）图 4-33、图 4-34 为梁柱节点混凝土浇筑控制措施，45°斜面交接，注意避免形成冷缝。

（5）图 4-35 为清水混凝土外观效果，模板对缝整齐，墙面整体美观精致、环保节能且经久耐用。

2. 混凝土外观质量

混凝土外观质量主要在外观质量通病控制、清水混凝土的应用、混凝土成品保护等几个方面进行控制。

【策划目标】

（1）“平整洁净”：通过对混凝土各项通病的病因分析及质量措施控制达到混凝土表面

平整、洁净，外观质量美观的目的。

（2）“色泽明亮”：混凝土色泽明亮、均匀。清水混凝土新技术广泛应用于地铁市政项目，混凝土外观质量应具有免抹灰、免装饰、光洁如镜的效果。

（3）“线条流畅”：通过控制拆模时间及加强混凝土成品的保护，减少或避免施工过程中对成品的损坏。

【操作方法】

（1）“平整洁净”：混凝土外观质量包括表面平整度、接缝线形、边角处理等，应美观、整洁。

（2）“色泽明亮”：框架梁、柱采用在模板90°角结合处安装塑料圆角条，使混凝土转角顺直圆滑同时保护模板边角。对拉螺栓眼封堵采用混凝土提浆掺加适量白水泥或者使用同厂家的散装水泥掺加适量白水泥进行灌浆封堵，使用前先试配，无色差后方可大面积开始进行封堵。

（3）“线条流畅”：模板拆除时不得硬拉、硬撬，及时采用塑料薄膜包裹养护。车站内结构柱、楼梯踏步以及上翻梁阳角均采用木板或角钢定制保护，确保结构棱角完好。

【示例照片】

图4-36　大钢模成型外观

图4-37　小型钢模成型外观

图4-38　梁柱转角安装塑料圆角条

图4-39　清水混凝土棱角效果图

图 4-40　楼梯成品保护

图 4-41　柱子成品保护

【效果点评】

(1) 图 4-36、图 4-37 显示从模板、振捣、养护等各方面严格控制出来的混凝土外观质量效果是能够达到表面平整洁净，色泽一致明亮效果的。

(2) 图 4-38、图 4-39 采用新型清水混凝土技术同时结合梁柱节点的细部处理，达到了一次成型，线条规则分明，外观色泽一致的效果。

(3) 图 4-40、图 4-41 为对梁柱、楼梯的边角的保护措施，因混凝土成型后还需要经过土建、机电装修等施工阶段，难免对混凝土棱角造成破坏，类似措施可有效保护梁柱、楼梯的边角。

4.1.4 防水工程

车站防水工程主要包括结构自防水和附加防水（含防水层、特殊节点构造防水措施）两部分。以结构自防水为根本，采取措施控制混凝土裂缝开展，增加混凝土的抗渗性能，以变形缝、施工缝（包括后浇带）、穿墙管、桩头等特殊节点构造的防水为重点，辅以附加防水层加强防水。

1. 防水基层处理

防水施工中，必须按照设计及规范要求，做好基层的平整要求、坡度要求、干燥洁净要求。

【策划目标】

(1)“基层干燥”：基面提前进行堵漏或临时引排，确保基层表面干燥，无积水、无明水流。

(2)“平整光滑”：表面应清理干净，并要求凹凸起伏部位应圆滑平缓。

(3)“圆角平顺”：所有阴阳角处应做圆弧或折角处理。

【操作方法】

(1)“基层干燥”：围护结构有局部渗漏水现象时，必须进行堵漏止水或排管导水处理，顶底板需要引排基面明水，确保基面无积水。

(2)“平整光滑”：围护结构表面凸出部位应凿除，对混凝土基面表面应清除基层表面的气孔、凹凸不平、蜂窝、缝隙、起砂等，采用 1∶2.5 水泥砂浆修补抹光，平整度应小于 1/20。

（3）“圆角平顺”：底板及侧墙基面所有阴角部位均采用 1∶2.5 水泥砂浆做成 5cm×5cm 倒角，阳角做成 $R \geqslant 20$mm 或 20×20mm 的钝角。顶板及侧墙阴角部位均采用 1∶2.5 水泥砂浆进行倒角处理，阳角做成 $R \geqslant 10$mm 的圆角。

【示例照片】

图 4-42　围护结构基面找平

图 4-43　顶板防水基面清理

图 4-44　阴阳角圆弧处理图

【效果点评】

（1）图 4-42 中围护结构基面经堵漏处理无流水或滴漏，墙面允许局部存在湿渍。对于叠合墙对墙面凿毛并清洗干净，确保侧墙与围护结构结合牢固。对于复合墙基面清理后采用 1∶2.5 水泥砂浆填平，为防水卷材铺设提供平整基面。

（2）图 4-43 将顶板防水基面上杂物、浮土清扫干净，再用高压水枪冲洗，确保防水基面干净，经晾晒无水渍后再进行顶板防水施工。

（3）图 4-44 下翻梁及上翻梁等阴角部位均进行了圆弧处理，此处防水需要进行加强处理，有助于卷材及加强层与基面的紧密贴合。

2. 卷材防水铺贴

防水卷材主要是用于屋面、地下工程等处，起到抵御外界雨水、地下水渗漏的作用，是整个工程防水的重要屏障。本部分主要以地铁施工中常用的自粘聚合物改性沥青防水卷材为例进行阐述。

【策划目标】

（1）“铺设平整，固定牢固”：铺贴卷材应平整、顺直，搭接尺寸正确，不得有扭曲、褶皱。

（2）“搭接合理，粘贴密实”：铺贴后的卷材应平整、顺直，搭接尺寸正确，封接口粘结严密。

（3）“细部加强，层次分明”：阴阳角、排水口、管道等薄弱部位进行加强处理。加强层与防水层紧密结合，层次分明。

【操作方法】

（1）“铺设平整，固定牢固”：防水层采用双面自粘预铺式卷材，铺贴卷材时应控制胶粘剂涂刷与卷材铺贴的间隔时间，排除卷材下面的空气，并滚压粘结牢固，不得有空鼓；铺贴卷材应平整、顺直，搭接尺寸正确，不得有扭曲、褶皱。侧墙外包防水采用机械固定，做好补强防护。

（2）“搭接合理，粘贴密实”：防水卷材之间接缝采用卷材预留搭接边粘接，相邻两幅卷材的有效搭接宽度为10cm，要求上幅压下幅进行搭接，搭接边应平整、密贴。任何相邻两幅防水层短边搭接缝应错开1m以上。搭接时，搭接缝范围的隔离膜必须撕掉。

（3）“细部加强，层次分明”：在铺贴卷材之前应对阴阳角、排水口、管道等薄弱部位增设卷材附加层，防水卷材加强层与主体结构外包防水层相叠加密实，封口采用密封胶封实。

【示例照片】

图4-45　底板防水卷材铺设平整

图4-46　卷材铺设搭接合理

图4-47　阴角加强层处理

图4-48　接地引出线防水示意图

【效果点评】

（1）图4-45显示防水卷材正在铺设与铺设完成的效果，防水卷材与基层面结合紧密，卷材应平整、顺直，无扭曲、褶皱现象。

（2）图 4-46 为卷材铺设方式，根据搭接长度画出卷材铺设的中心线，多组同时铺设确保了搭接长度，铺设完后撕除隔离膜，搭接部位挤压密实。

（3）图 4-47、图 4-48 分别为防水卷材阴角部位加强处理、接地引出线防水细部处理，加强层与主体结构材料相同，粘贴密实后接口采用密封胶封实。

3. 涂料防水施工

防水涂料经固化后形成的防水薄膜具有一定的延伸性、弹塑性、抗裂性、抗渗性及耐候性，能起到防水、防渗和保护作用。本部分主要以地铁施工中常用的单组分聚氨酯防水涂料、水泥基渗透结晶防水材料为例进行阐述。

【策划目标】

（1）“涂刷均匀”：每层涂料应顺向均匀涂布，且前、后层方向应垂直；边墙应由上向下顺序涂布，并采取防流淌措施。

（2）“保证厚度”：多道涂刷，在前层干燥后方可涂布后一层，其涂膜厚度应符合设计要求。

（3）“细部增强”：在阴阳角部位，须增涂 2～4 遍防水涂料，或增设一层 2mm 厚的同质防水涂料层。

【操作方法】

（1）“涂刷均匀”：涂料防水层的基层一定要清洁干净，涂料顺向均匀涂布。检查加强层气泡是否排除干净。每遍涂刷时应交替改变涂刷方向，同层涂料的先后搭槎宽度宜为 30～50mm。涂膜防水层施工缝（甩槎）应注意保护，搭接缝宽度应大于 100mm，涂刷前应将其甩槎表面处理干净。

（2）“保证厚度”：刷大面的防水层采用多道（一般 3～5 道）涂刷，上下两道涂层。涂刷方向应互相垂直，涂刷应均匀一致，不得过厚过薄，应用单位面积涂布量和测厚仪两种手段控制涂膜厚度；每道涂层干燥成膜后，才可进行下道涂膜施工。应采用针穿刺法检查厚度，穿刺时应用彩笔做标记、以便修补。

（3）“细部增强”：在阴阳角和施工缝等特殊部位涂刷防水涂膜加强层，加强层厚度为 2mm，涂刷完防水涂膜加强层后，立即在加强层涂膜表面粘贴增强层，最后涂刷大面防水层，严禁涂膜防水加强层表面干燥后再粘贴增强层。聚氨酯防水涂料涂刷时用板刷刮涂料去除气泡，将玻璃纤维布紧密粘贴在基层上。

【示例照片】

图 4-49　防水基面示意图

图 4-50　防水涂料涂刷均匀

图 4-51 施工防水隔离层

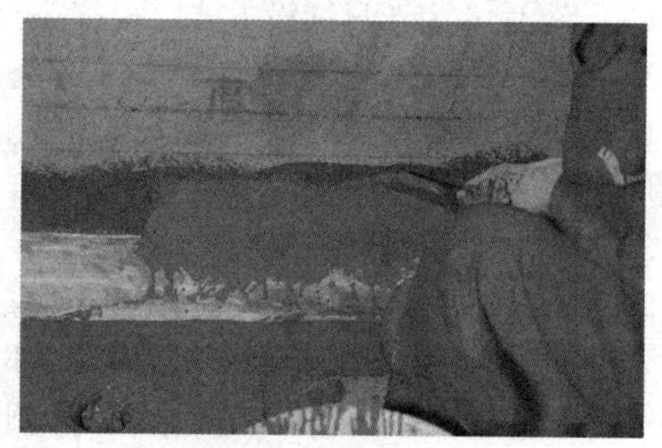

图 4-52 阴角涂料加强处理

【效果点评】

(1) 图 4-49 中防水涂料基层平整洁净，涂刷均匀，无气泡、起鼓、翘边等现象。

(2) 图 4-50、图 4-51 为防水涂料前层干燥后涂布后一层，涂膜厚度满足设计要求。防水涂料施作完毕后及时施作隔离层及保护层，涂料防水层尽量避免雨天施工。

(3) 图 4-52 在阴阳角和施工缝等特殊部位涂刷防水涂膜加强层，加强层厚度为 2mm。

4. 细部处理

本部分主要以地铁施工中抗拔桩、格构柱、降水井等细部防水处理为例进行阐述。

【策划目标】

(1) “结合紧密”：桩头与底板混凝土结合成一个整体，无缝隙渗水。钢筋根部密封，减少渗水通道。

(2) “多道防线”：通过止水钢板增加渗水通道，减小渗漏水的几率，通过止水密封胶（条）增强防水效果。

(3) “注浆增强”：在施工缝、变形缝等止水带位置预埋注浆管，可在混凝土养护结束后进行注浆，将渗漏接缝做成永久密封。

【操作方法】

(1) “结合紧密”：桩头在浇筑结构纵梁（或底板）前先涂刷渗透性结晶防水涂料（用量≥1.5kg/m²），再涂刷一道环氧浆。桩头钢筋根部采用膨胀聚氨酯止水胶密封。

(2) “多道防线”：格构柱四周内外焊接镀锌止水钢板，降水井井管四周焊接镀锌钢板，为了确保混凝土捣鼓过程中，气泡便于排出，使止水钢板与混凝土连接更紧密，需将止水钢板向背水侧略微倾斜 15°。焊接焊缝应饱满、密实，严禁出现虚焊和漏焊。

(3) “注浆增强”：注浆导管敷设严格按设计布管，沿最近的方向敷设，使走向顺直减少弯曲。严禁三层管交叉重叠；平行的两根 PVC 管间距应大于 5cm；板内 PVC 管之间的交叉角必须大于 45°；如果按直线布管不能满足上述要求，则布管宜适当绕行。当注浆管不足时可以采用搭接的方式进行连接。在注浆导管布设 3cm 范围内清理干净，进行凿毛处理，凹坑部位可用防水砂浆大致找平。

【示例照片】

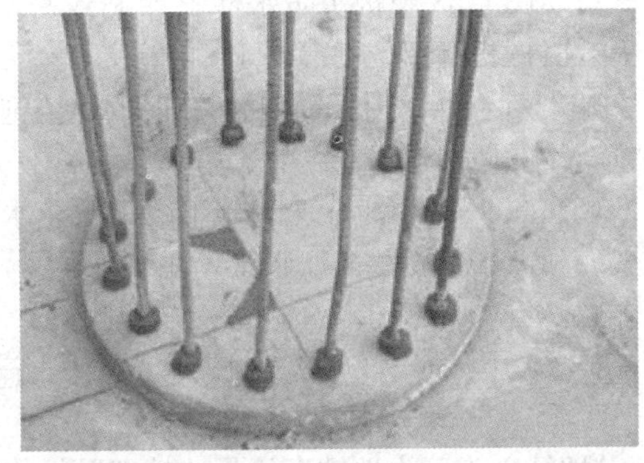

图 4-53　桩头防水细部处理

图 4-54　格构柱防水细部处理

图 4-55　降水井防水细部处理

图 4-56　注浆管预埋

图 4-57　注浆管细部图

【效果点评】

（1）图 4-53 中桩头防水涂料涂刷致密，钢筋根部全部采用膨胀聚氨酯止水胶密封，可有效降低桩头部位的渗漏水。

（2）图 4-54、图 4-55 中止水钢板焊接饱满、密实，止水密封胶密封严实，有效保证整个车站的防水效果。

（3）图 4-56、图 4-57 在施工缝钢板止水带位置预埋注浆管，安装简单，可以根据接缝的实际需求长度截取注浆管。注浆管通畅，浆液可以保持均匀地充满整个管子。

4.2 “四缝一沟”工程

“四缝一沟”为地铁车站最“精细”的构造，施工比较复杂，往往是车站质量控制的薄弱环节，一旦存在质量问题往往会导致渗漏水，而且后期处理极其困难，造成较大经济损失，同时带来不良社会效益。

通过明确“四缝一沟”质量控制目标，操作方法，提高其施工质量，做到内实外美，杜绝“四缝一沟”渗漏水，减少后期堵漏处理费用，从而提升项目社会经济效益。

4.2.1 变形缝

车站主体与出入口通道、风道的变形缝一般包括：设埋入式钢边橡胶止水带、外贴式橡胶止水带与顶板密封胶嵌缝相接、内装可卸式接水盒三条闭合防水线，并在变形缝处迎土面防水层进行加强处理。

【策划目标】

（1）“接触面干净平整”：变形缝基面清理干净无杂物、无混凝土浮浆，基面平整，浇筑混凝土前洒水湿润。

（2）“止水带顺直完好”：止水带安装位置居中，调整好角度，安装顺直，止水带外观完好，安装完成后注意保护。

（3）“接水盒密封牢固”：接水盒安装位置准确，外观平直顺畅，密封严密，四周无渗漏水、无湿渍。

【操作方法】

（1）“接触面干净平整”：对变形缝已经施工完成的一面上的浮浆用铲子清除干净，采用空压机高压风将接触面的灰尘、木屑等杂物清理干净，然后洒水湿润，保持基面平整洁净。

（2）“止水带顺直完好”：安装时应保证止水带顺直，外观完好，浇筑混凝土时应对止水带进行保护，避免浇筑混凝土时破坏止水带。

（3）“接水盒密封牢固”：接水盒位置安装准确、牢固，与混凝土面采用密封胶贴合紧密。

【示例照片】

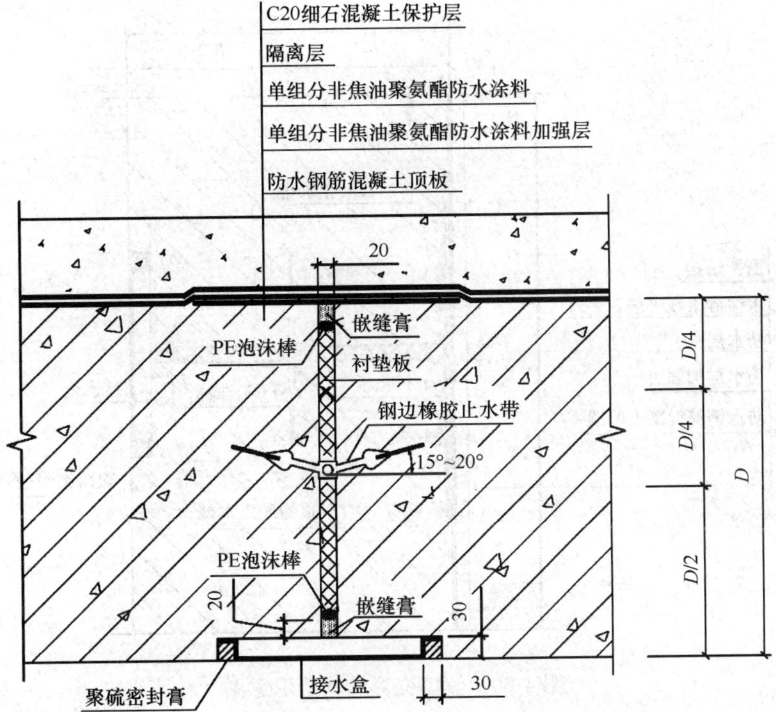

图 4-58　顶板变形缝构造示意图

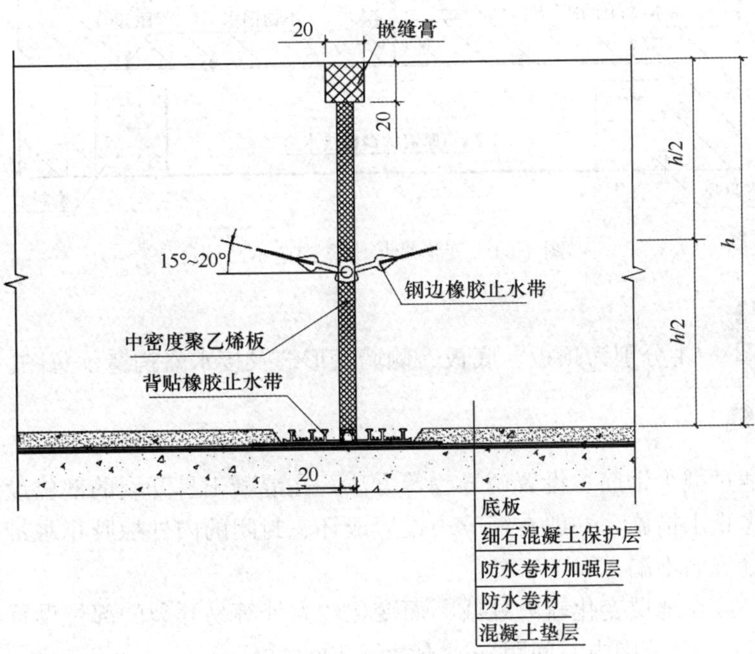

图 4-59　底板变形缝构造示意图

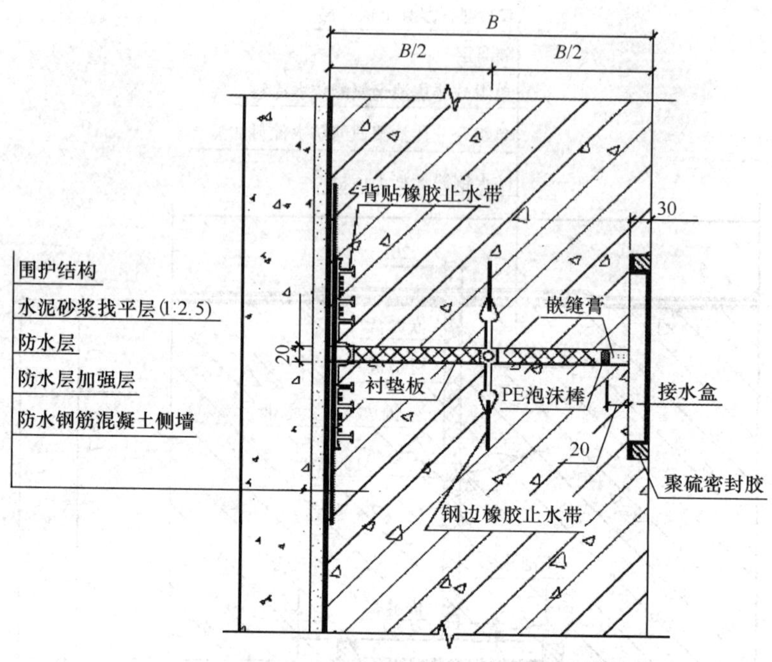

图 4-60　侧墙变形缝构造示意图

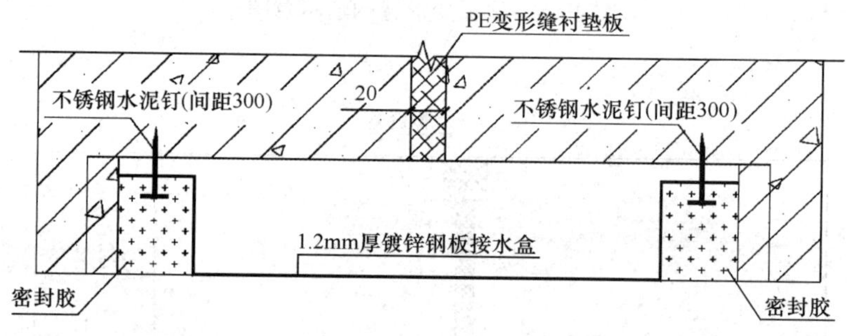

图 4-61　变形缝接水盒构造示意图

【效果点评】

图 4-58～图 4-61 分别为顶板、底板、侧墙变形缝及接水盒构造示意图。

4.2.2　诱导缝

诱导缝是通过减少钢筋、设置诱导物等方法，在混凝土易开裂的部位设置的缝隙。同时诱导缝需考虑止水措施，一般在缝隙内设置成环、封闭的内外橡胶止水带，通过多道设防，保证诱导缝裂而不漏。

地铁车站一般在地层变化较大处或断面变化较大处等易开裂的部位设置诱导缝，宜设置在柱跨的 1/4～1/3 范围内，间距一般不大于 30m。

【策划目标】

(1)“止水带连续紧密”：止水带接头采用现场热硫化对接，对接接头应连接牢固，无孔洞，连接紧密，无缝隙。背贴式止水带必须抵住止水带端部，以防止止水带在混凝土浇筑过程中发生卷折或翘起。部位模板应安装定位准确、牢固，避免跑模、胀模等影响止水带定位的准确性。

（2）“接触面干净平整”：混凝土面清理杂物、凸起、凹坑等，然后吹扫浮渣，冲洗干净，不得积水，浇筑前保持湿润。

【操作方法】

（1）“止水带连续紧密”：背贴式止水带设置在两处诱导缝的正中央，固定在基面上，保证能平整、密贴地粘贴止水条。保证粘贴牢固，无裂口和脱胶现象，并确保埋入先浇、后浇混凝土厚度各为1/2。钢筋安装时注意保护防水卷材，保证止水带平整，并用木模抵住止水带端部，防止止水带在混凝土浇筑过程中不发生卷折或翘起。注意保护已安设的止水带。

钢边止水带现场热硫化对接，先把钢边止水带接头端头及表面用布擦拭干净，并保持其干燥，用专用1.0mm厚的U形箍件连接两接头钢边止水带镀锌板，橡胶部位预留约5cm的间隙；用铆钉将U形箍件固定在钢边上。将止水带放入预热模具中，加入胶料加温，达到硫化时间后出模。

模板应安装定位准确、牢固，避免跑模、胀模等影响止水带定位的准确性；水平设置的止水带均采用盆式安装，盆式开孔向上，保证浇捣混凝土时混凝土内产生的气泡顺利排出。

（2）“接触面干净平整”：采用风镐、电锤等工具，将已经完成且达到强度的混凝土面上凸起杂物的去除，采用砂浆将凹坑抹平，然后吹扫浮渣，并加以充分湿润和冲洗干净，不得积水。作业时注意保护止水带。

【示例照片】

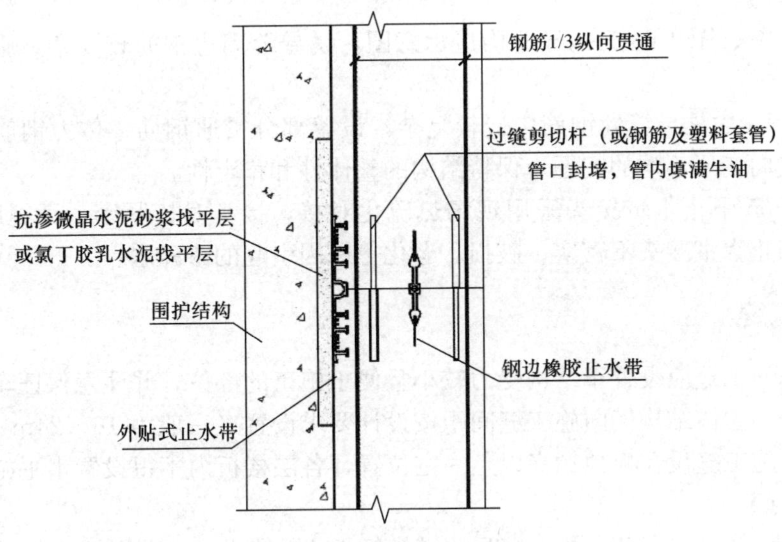

图 4-62　侧墙诱导缝构造示意图

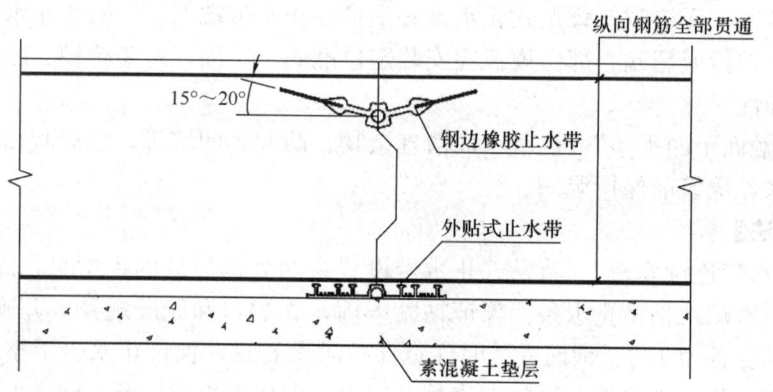

图 4-63　底板诱导缝构造示意图

图 4-64　止水带连接示意图（一）

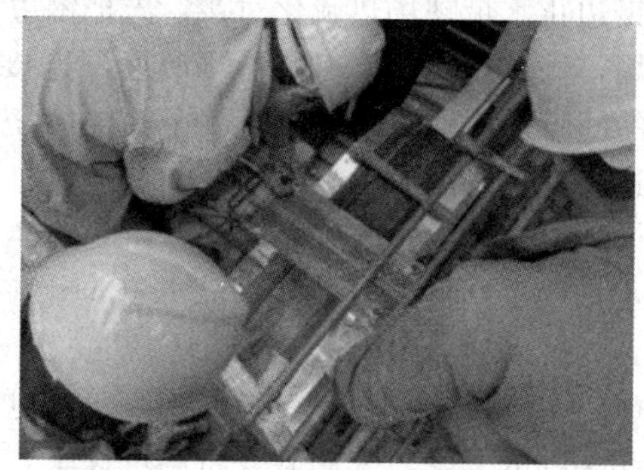

图 4-65　止水带连接示意图（二）

【效果点评】

（1）图 4-62、图 4-63 为诱导缝构造示意图，诱导缝周边钢筋较复杂，施工过程中应重点控制。

（2）图 4-64 中诱导缝处钢筋构造较复杂，设置部分贯通钢筋、传力钢筋可有效解决结构水平及竖向变形不均的问题，保持结构的整体性和稳定性。

（3）图 4-65 中止水带接头采用现场热硫化对接，接头对接紧密，无缝隙，无破损，可有效降低因止水带接头不密实、破损、老化等原因引起的渗漏水。

4.2.3　施工缝

车站结构施工缝应设置于结构受力较小且便于施工的部位，并注意保证车站各类构件的完整性。车站主体结构横向施工缝间距按设计要求设置（一般为 16～24m 一道），车站主体结构水平施工缝设在板顶标高以上一定位置，各层楼板内不得设置水平施工缝。

【策划目标】

（1）“止水带完好顺直”：施工缝采用镀锌钢板止水带，止水带外观完好，设置于结构中间，固定牢固，接头双面焊，焊缝饱满。

（2）“接触面凿毛干净”：已浇筑混凝土面经凿毛处理、露出新鲜石子面，冲洗干净，不得积水。可在基面涂刷水泥基渗透结晶或防水密封胶。

（3）“防水层加强设置”：施工缝处防水卷材应设置加强层，可在施工缝内埋设注浆管。

【操作方法】

（1）“止水带完好顺直”：镀锌钢板止水带外观完好，采用钢架可靠固定、确保顺直，埋入先浇筑部分止水带宽度的 1/2。镀锌钢板止水带连接采用现场对接焊接，应双面焊，焊接部牢固可靠、严密、不透水，接头两侧的轴线偏差不得大于 5mm。

（2）“接触面凿毛干净”：已经完成且达到强度的混凝土面进行凿毛处理，剔除掉浮浆，露出新鲜的石子面，然后吹扫浮渣，并加以充分湿润和冲洗干净，不得积水。可涂刷一层水泥基渗透结晶或防水密封胶，自上而下涂抹均匀，密封胶施打连续，填充饱满。

（3）“防水层加强设置”：施工缝处防水卷材应设置加强层，加强层超出施工缝不少于 250mm。可在施工缝内埋设注浆管。

【示例照片】

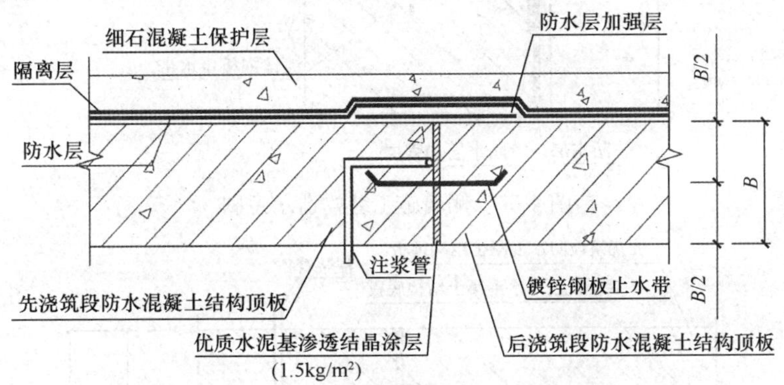

图 4-66 顶板施工缝构造示意图

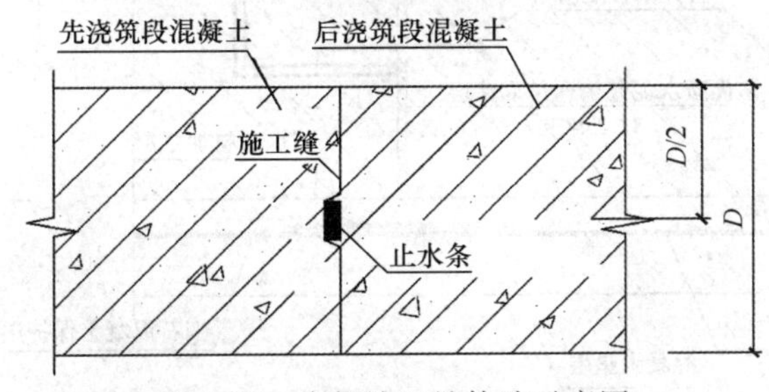

图 4-67 中板施工缝构造示意图

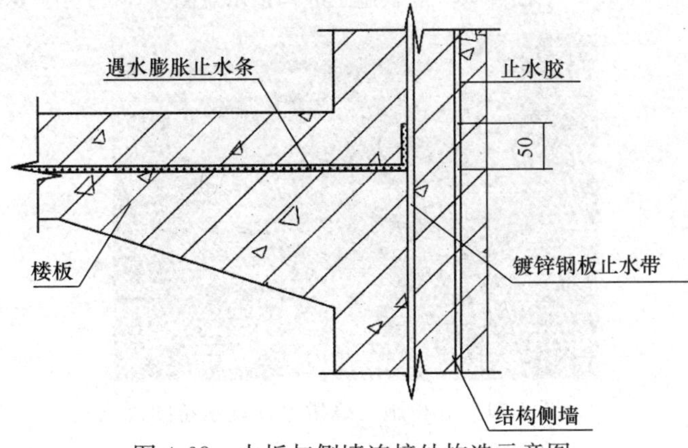

图 4-68 中板与侧墙连接处构造示意图

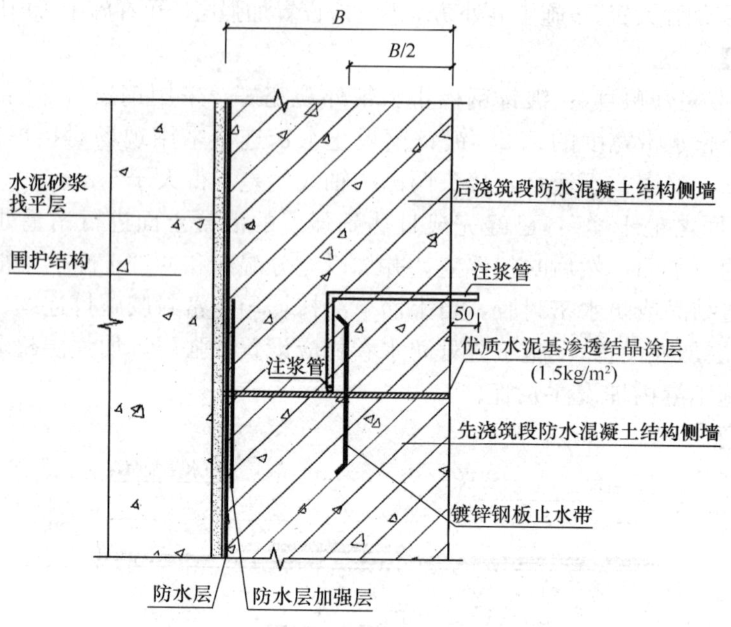

图 4-69　侧墙施工缝构造示意图

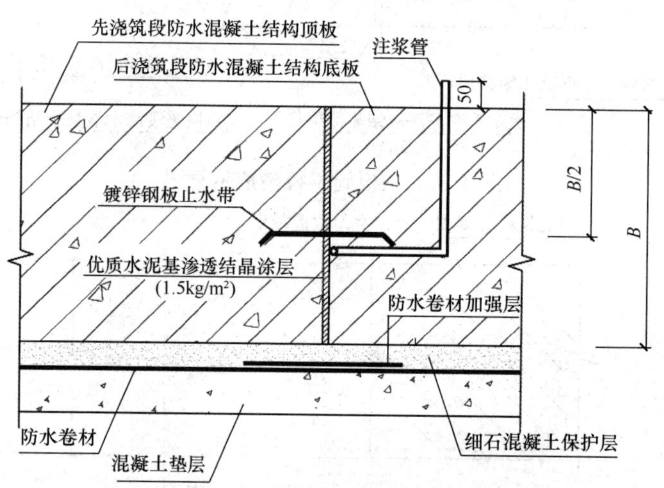

图 4-70　底板施工缝构造示意图

图 4-71　底板施工缝凿毛处理示意图

图 4-72　涂刷防水密封胶示意图

图 4-73　焊接密实示意图

【效果点评】

（1）图 4-66～图 4-70 为施工缝构造示意图。

（2）图 4-71 为施工缝凿毛处理，可见施工缝位置露出新鲜的混凝土面，整个基面清洁干净，有利于新旧混凝土的结合。

（3）图 4-72 中施工缝位置清理干净后涂刷防水涂料，施打密封胶。防水涂料涂刷均匀，密封胶嵌缝饱满连续。

（4）图 4-73 中钢板止水带的连接采用双面焊，搭接长度满足设计要求，焊缝饱满严密、不透水。

4.2.4　后浇带

后浇带是为适应环境温度变化、混凝土收缩、结构不均匀沉降等因素影响，在梁、板（包括基础底板）、墙等结构中预留的具有一定宽度且经过一定时间后再浇筑的混凝土带。

【策划目标】

（1）“接触面凿毛干净”：混凝土面经凿毛处理并冲洗干净，使新旧混凝土结合牢固。

（2）“混凝土振捣密实”：后浇带的混凝土采用微膨胀混凝土，要求混凝土强度等级比原结构强度提高一级。

（3）“混凝土结构内实外美”：后浇带混凝土与已浇混凝土连接自然协调，接缝表面平整直顺。

【操作方法】

（1）“接触面凿毛干净”：经完成且达到强度的混凝土面进行凿毛处理，剔除掉浮浆，露出新鲜的石子面，然后吹扫浮渣，冲洗干净充分湿润，不得积水。

（2）“混凝土振捣密实”：后浇带必须微膨胀混凝土浇筑，强度应提高一个等级，充分振捣，养护不得少于 14d。浇筑前注意保护后浇带，防止杂物进入，钢筋涂刷水泥浆防止锈蚀。

（3）“混凝土结构内实外美”：在后浇带两侧原结构混凝土底面临近后浇带处弹一直线，并沿直线处粘贴双面胶带，安放宽度略超过后浇带宽度的模板，确保后浇带浇筑不漏浆，浇筑完成后线条美观。浇筑完成后表面打磨平整。

【示例照片】

图 4-74　后浇带收口封堵示意图

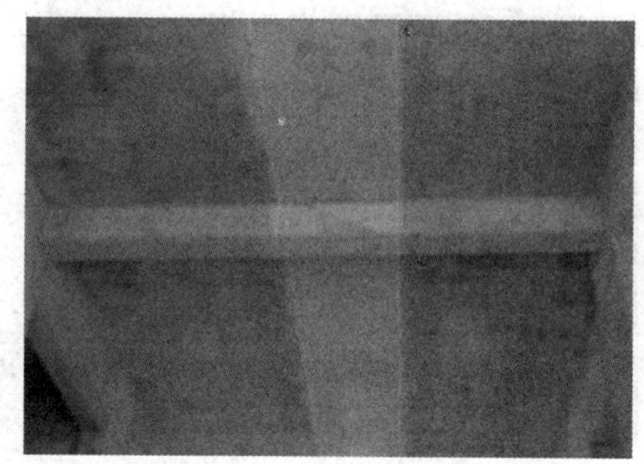

图 4-75　浇筑成型的后浇带示意图

【效果点评】

(1) 图 4-74 为后浇带止水钢板固定，收口封堵及钢筋预留，止水带应安装牢固，收口封堵严密，不得跑冒滴漏。钢筋预先按照设计要求预留。

(2) 图 4-75 为浇筑完成的后浇带外观质量，后浇带与已浇筑完成的混凝土结合紧密，接缝平整直顺美观，无浮浆、渗漏水等现象。

4.2.5　离壁沟

离壁沟宜与结构板同期浇筑施工，如不能同期浇筑，应严格按照施工缝进行处理。离壁沟内采用防水砂浆找坡，坡度不小于 3‰，对地漏周边做好防渗处理。离壁沟符合设计要求，同时其标高、位置应符合后期装修施工要求。

【策划目标】

(1) “基面凿毛干净”：对于后浇离壁沟，已经施工完成的一面接触面的凿毛并干净，然后洒水湿润，保持基面洁净。

(2) “模板安装平顺”：模板应按照放样线安装，反复校核，保证成型离壁沟线条美观，棱角分明。模板安装牢固，保证离壁沟线性。

(3) “涂料涂刷均匀”：基面干净无积水。防水涂料涂刷均匀，无漏涂，必须达到设计要求厚度或者单位面积重量。

(4) “砂浆涂抹平整”：防水砂浆一次涂抹成型，阴角倒角，保证密实不留孔洞，注意找坡。

【操作方法】

(1) “基面凿毛干净”：对于后浇离壁沟，先放样确定离壁沟位置，然后切割机切割出离壁沟边线，采用风镐、电锤对已完成混凝土凿毛，露出新鲜的石子面，然后用吹风机吹掉浮渣灰尘，并加以充分湿润和冲洗干净，且不得积水。

(2) “模板安装平顺”：按照设计完成钢筋安装后，再次清理基面，放样确定模板位置，反复校核模板位置，采用可靠措施固定模板。模板高度、位置应须符合后期装修施工要求。

(3) “涂料涂刷均匀”：清理沟内杂物、积水等，保持干净、干燥，然后涂刷防水涂层，应分次涂刷以达到设计厚度，倒角位置应加强涂刷。

（4）“砂浆涂抹平整”：清理沟内杂物、积水等，用防水砂浆进行涂抹，注意按照设计坡度找坡，阴角倒角，砂浆应密实，不留孔洞。闭水试验检查防水情况。

【示例照片】

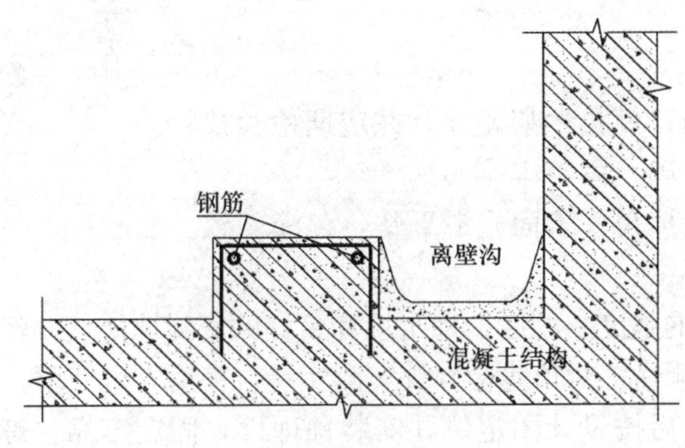

图 4-76　离壁沟构造示意图

图 4-77　成型离壁沟示意图

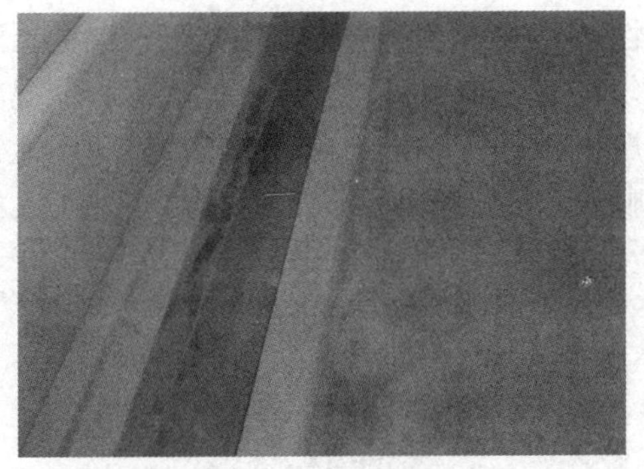

图 4-78　离壁沟线条平直

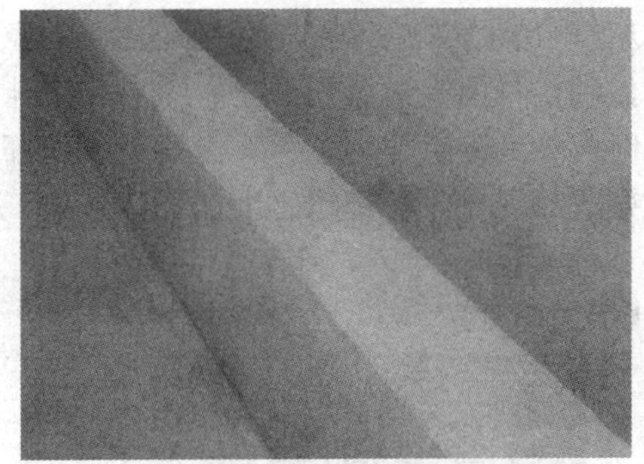

图 4-79　离壁沟结构棱角分明

【效果点评】

（1）图 4-76 为离壁沟构造示意图，离壁沟主要由挡水坎、沟内防水层、防水砂浆构成，结构简单，防水要求高。

（2）图 4-77 为成型离壁沟示意图，地漏处设置了 U 形转弯，方便使用过程中清理。

（3）图 4-78、图 4-79 中离壁沟结构线条平直，位置标高符合设计及装修要求。

4.3　盾　构　区　间

盾构管片是盾构法施工的主要装配构件，是区间隧道的永久衬砌结构，其质量直接关系到盾构法隧道的质量和安全。管片生产和管片拼装环节决定着盾构法隧道的施工质量和外观质量，是工程竣工验收和创精品工程的重要内容。

4.3.1 管片生产

管片一般分为钢筋混凝土管片和钢管片。钢筋混凝土管片生产主要有管片模具检验，模具清理，涂刷隔离剂，钢筋骨架入模，预埋件定位，混凝土浇筑、养护、存放、质量检测等多道工序。

【策划目标】

（1）“尺寸精确”：管片模具尺寸应精确，模具严禁碰撞，并定期检验校验。

（2）“准确牢靠”：管片各预埋件定位准确，固定牢靠。

（3）“内实外美”：管片无气泡、无缺棱掉角，表面光滑平整，色泽一致。

【操作方法】

（1）“尺寸精确”：管片模具应具有足够的强度、刚度、稳定性和良好的密封性能，并经宽度检验、弧长检验、深度检验、边模夹角测量、对角线检查等实测实量合格后方可使用。

（2）“准确牢靠”：待钢筋骨架入模完成后按设计图定位并安装预埋件，固定牢靠。螺栓孔预埋件、注浆孔预埋件以及其他预埋件与模具接触面应密封良好，保证预埋质量。

（3）“内实外美”：原材料进场必须附有质量证明，经复试合格后方可使用；混凝土配合比应符合要求，施工中应保持配合比的稳定性，外加剂渗入应均匀且充分；混凝土浇筑前应做到模具内表面清理干净、隔离剂涂抹均匀、钢筋骨架和预埋件定位准确等；混凝土浇筑时应做到分层均匀布料、振捣、收面等，严格执行管片养护规定；管片搬运、运输时应做好成品保护，防止磕碰出现管片破损，影响管片施工质量，保证管片内实外美、棱角分明、色泽统一。

【示例照片】

图 4-80 实测实量

图 4-81 定位准确

图 4-82 揭盖压面

图 4-83 均匀收面

图 4-84　蒸汽养护

图 4-85　蓄水养护

图 4-86　管片码放

图 4-87　管片运输

【效果点评】

（1）图 4-80 中每片管片制作前需对管片模具尺寸进行实测实量，确保模具尺寸符合要求。

（2）图 4-81 中预埋件安装需定位准确，固定牢靠，不得有松动，防止在浇筑混凝土浇筑过程中出现位置偏差。

（3）图 4-82、图 4-83 中混凝土浇筑完后通过揭盖压面、收面、初抹、二次收面、再抹面等工序，保证管片混凝土面平整、细腻。

（4）图 4-84、图 4-85 中通过蒸汽养护、蓄水养护等养护工艺确保管片质量，每种养护工艺应严格遵守相应的规范技术要求。

（5）图 4-86、图 4-87 中管片按型号分别码放，可采用内弧面向上或侧面立放的方式码放，码放不超过 3 层。每层管片之间使用垫木分隔，且每层支撑点应在同一平面上，各层支撑物在同一直线上，避免管片局部受压过大造成损坏。管片在运输时必须采用柔性材料对管片边、棱保护，并捆扎牢固，防止出现磕碰损坏管片。

4.3.2　管片拼装

管片拼装是成型隧道质量控制的关键工序，也直接决定着成型隧道的质量。

【策划目标】

(1)“线形正确”：管片安装后轴线偏差应在设计轴线范围内。

(2)“拼缝平顺”：拼装位置正确、接缝严密、无明显的错台。管片拼装环内错台允许偏差5mm，环间错台允许偏差6mm。

(3)“注浆饱满”：管片与地层间隙应填充密实。

(4)“无渗无漏”：盾构隧道不允许有渗漏水，结构表面无湿渍。

【操作方法】

(1)“线形正确”：管片选型要根据区间隧道线形、盾构姿态、盾尾间隙等实际情况，提前合理布局，选型时也要综合考虑下一环或几环的掘进控制和选型问题，不能孤立单一的考虑。

(2)“拼缝平顺”：管片拼装前，应对盾尾拼装部位进行清理。根据管片选型，逐块依次拼装成环，将连接螺栓逐片对称拧紧，并在下一环推进过程及整环管片脱出盾尾后，分别复紧管片全部连接螺栓，保证成型隧道的管片拼装质量。

(3)“注浆饱满”：管片背后注浆应进行试验配比，以注浆量和注浆压力双控注浆过程，确保管片背后空隙填充密实。

(4)“无渗无漏”：盾构隧道主要渗漏水通道是管片和管片环接缝。管片止水条粘贴质量是控制渗漏的重要环节。止水条粘贴必须将管片密封槽清理干净，粘贴后的止水条要牢固、平整和严密，位置应正确，不得有起鼓、超长和缺口现象。

【示例照片】

图4-88 盾尾间隙量测

图4-89 盾尾清理

图4-90 逐块拼装

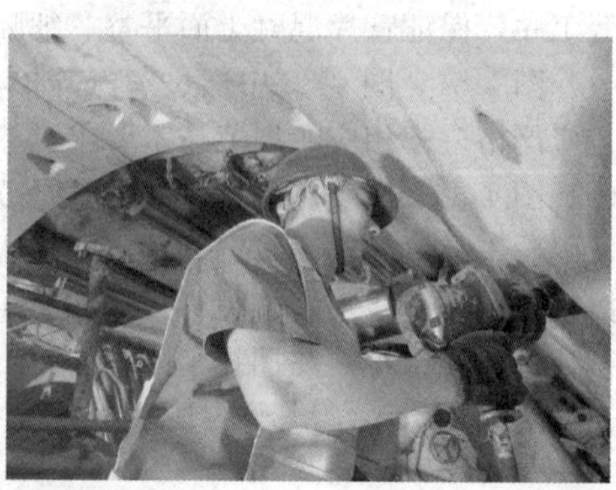

图4-91 螺栓紧固

图 4-92　螺栓复紧

图 4-93　止水条粘贴

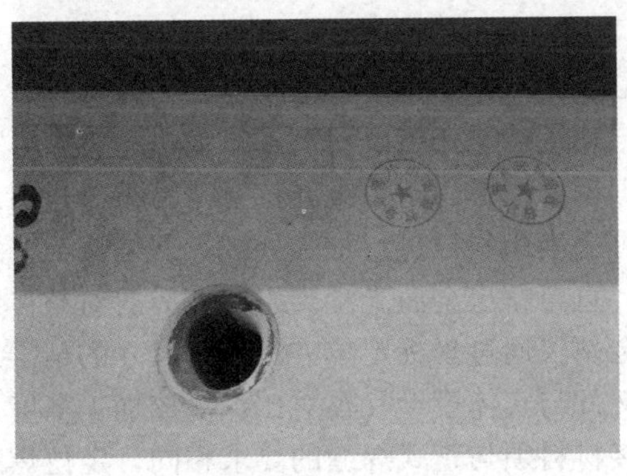

图 4-94　管片验收

图 4-95　成型隧道

【效果点评】

（1）图 4-88 中每环管片拼装，应根据隧道设计轴线和上一环管片姿态、盾构姿态、盾尾间隙、推进油缸行程和铰接油缸行程差等参数来确定管片类型和拼装位置，保证隧道线形正确。

（2）图 4-89、图 4-90 中管片拼装位置要及时将泥渣、积水清理干净，防止拼装部位夹砂影响管片拼装质量。

（3）图 4-91、图 4-92 中通过管片螺栓三次复紧，确保管片拼装质量。

（4）图 4-93、图 4-94 中管片止水条粘贴必须经检查验收，方可使用。同时做好止水条的防遇水膨胀保护。

（5）图 4-95 中管片拼装成品应无渗漏水，错台应控制在要求之内。

4.4　钢　结　构

城市轨道交通中的钢结构是以钢材和型钢制成的柱、梁、桁架等构件构成承重结构的一种新型建筑体系，其具有良好的结构性能和材料塑性，可适用于大跨度、大截面、超高层、造型奇特等建筑形式，是工业化程度最高的一种结构形式。在城市轨道交通设计中，钢结构主要用于高架车站顶棚、车站出入口雨棚、地铁车辆段运用库和检修库大库顶棚等。本节主要从钢结构制作、钢结构柱基础细部节点、框架钢结构安装、网架钢结构安装、钢结构涂装五个方面介绍创精品工程的工作重点。

4.4.1 钢结构制作

借助现代化机械加工设备，从钢板矫平、下料、制孔、组拼、焊接、校正、喷涂等，流水线作业，机械化操作，达到钢结构施工质量“外美内实”的目的。

【策划目标】

（1）“尺寸精准”：钢材零件切割面或剪切面平滑；螺栓结合面清洁，螺栓孔圆滑。钢构件外形尺寸精准，构件无变形。

（2）“焊缝完美”：焊缝外观符合要求，内部探伤无缺陷，检验达到焊缝质量标准。

（3）“喷涂美观”：防腐漆膜厚度满足要求，涂层均匀，观感优良。

【操作方法】

（1）“尺寸精准”：利用BIM技术建立三维模型，通过模型转化成NC下料文件，采用数控切割技术，对零件进行精准下料、开孔，切割后采用打磨机对切割面进行打磨，然后进行二次矫平，画出反变形压制位置线。根据构件图标出定位线并按照零件编号进行组装，为防止在焊接时产生过大的角变形，拼装可适当用斜撑进行加强处理，严格按工艺执行定位焊。焊接前将待焊接及坡口处进行打磨，直至露出金属光泽。组装完成后对整体尺寸进行复核，对于结构复杂、异型构件应采用全站仪通过坐标定位方法进行尺寸的精准复核。成品钢构件采用三维激光扫描转化为点云文件与实体模型校核对比，复核加工精度。

（2）“焊缝完美”：组装定位焊所采用的焊接材料须与正式焊缝的要求相同，定位焊采用 CO_2 气体保护焊，定位焊要求预热，预热可采用氧乙炔局部烘烤加热，定位焊接采用间断焊接，并按工艺要求进行定位。预热要求在上下两端同时对称进行加热，加热采用陶瓷电加热器进行，电加热板应贴在翼缘板上进行加热，以获得均匀的加热温度，预热温度严格按焊接工艺要求确定，并随时用测温笔进行检测加热温度。

厚板焊接采用专用龙门埋弧自动焊机进行焊接，复杂节点位置焊缝采用人工焊接，在焊接过程中应根据焊接工艺评定报告控制加热温度和层间焊接温度，应随时用测温笔进行测量，并且在焊接过程中随时观测焊接变形方向，通过调整焊接顺序来控制焊接变形。焊后完全冷却后进行焊缝的超声波检测，然后对偏差尺寸进行机械或者加热矫正。

（3）“喷涂美观”：加工好的钢构件经检测合格后，将构件表面的毛刺、铁锈、氧化皮、油污及附着物彻底清除干净，送入冲砂间采用喷砂、抛丸等方法彻底除锈，达到Sa2.5级。

表面喷砂处理检验合格后4h内进行涂装，涂装前应保护涂装表面，防止二次污染；按供应商提供的资料，根据施工的实际温度、湿度等环境因素，确定熟化时间、有效时间、重涂的间隔时间，并严格执行；过了熟化期方能施工，超过混合使用期禁止使用，在施工过程中应根据施工需要调配适量的涂料；正确记录施工环境条件、油漆品种、数量、涂装部位等参数；喷涂底漆前应预涂所有焊缝、角位等不易喷涂的部位，以保证该部位的漆膜厚度；构件表面不应误涂、漏涂，涂层不应脱皮和返锈等。涂层应均匀，无明显皱皮、流坠、针眼和气泡等。涂料、涂装遍数、涂层厚度均应符合设计要求，使用测厚仪对构件涂层进行检测。

【示例照片】

图 4-96　数控下料

图 4-97　数控机床钻孔

图 4-98　自动埋弧焊接

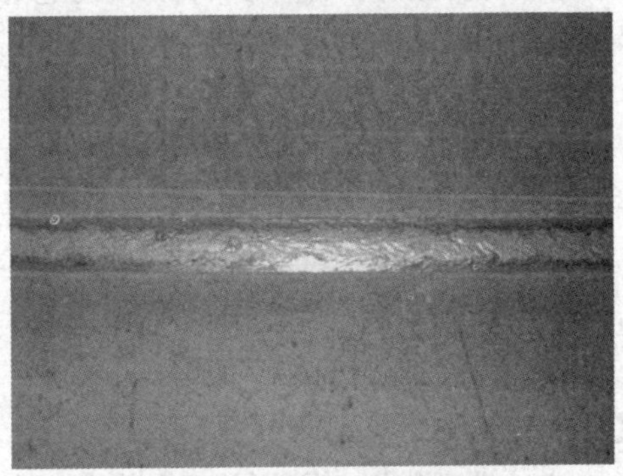
图 4-99　焊缝外观符合要求

图 4-100　焊缝探伤检测

图 4-101　构件三维激光扫描复核

图 4-102　喷砂、抛丸除锈

图 4-103　涂层厚度检测

【效果点评】

(1) 图4-96、图4-97为钢结构数控机床下料，最大限度对零件进行排版，提高材料的利用率，减少材料浪费，集中下料管理，提高加工效率。钢板加工后外形尺寸精准，板面平整，结构无变形。孔位准确，排列整齐，加工质量良好。

(2) 图4-98、图4-99为采用自动埋弧焊接技术，严格控制焊接相关参数，焊缝均匀、饱满，无裂纹、夹渣、焊瘤、咬边、烧穿、弧坑等缺陷，确保焊缝质量，保证钢结构成品的美观。

(3) 图4-100、图4-101为通过100%焊缝无损检测，确保焊缝质量，通过三维激光进行构件尺寸复核，精度达到毫米级，保证了加工精度。

(4) 图4-102、图4-103为构件喷砂除锈表面无油污，无毛刺，无铁锈、氧化物，涂层均匀，无明显皱皮、流坠、针眼和气泡等缺陷。使用测厚仪对构件涂层进行检测，涂层厚度满足要求。

4.4.2 钢结构柱基础细部节点

钢结构柱脚安装分为刚接柱脚和铰接柱脚，常见的刚接柱脚分为：支撑式、埋入式、外包式。地铁车辆段、车站等大跨度结构一般采用的柱体形式为劲型钢柱，节段加工成型后，吊装一次性到位，并采用锚栓等形式与预埋件相连接，固定柱脚，柱脚一般为刚接柱脚。

【策划目标】

(1)“预埋精准”：钢柱柱脚预埋件在底板或柱顶钢筋绑扎完成后，预埋位置精准，标高符合要求。

(2)“安装到位”：安装一次到位，确保钢柱垂直度、位置、标高准确。

(3)“浇筑外美内实”：钢柱安装定位牢固，混凝土浇筑振捣密实，钢柱与混凝土接触密实，整体效果美观。

【操作方法】

(1)“预埋精准”：预埋地脚螺栓安装采用全站仪、水准仪直接跟踪测控的测量方法，即全站仪、水准仪直接对每一组预埋地脚螺栓进行轴线和标高定线测量，每组预埋螺栓安装加固完成后进行轴线、标高的复测。为保证地脚螺栓在钢筋绑扎及浇筑混凝土过程中不发生偏移，预埋时必须预先制作定位架。定位架制作完毕后，放置承台底部钢筋上，经全站仪测量定位后，将定位架与承台底部钢筋焊接固定。地脚螺栓在浇筑前应再次复核，确认其位置及标高准确、固定牢靠后方可进入浇筑工序；混凝土浇筑前，螺纹上包裹油纸并用胶带绑扎稳定。预埋螺栓安装轴线偏差≤2mm，螺栓露出长度允许偏差为0～+30mm，符合规范要求后报监理验收。

(2)“安装到位”：垂直钢柱吊点在重心线上对称设置，稳定可靠，确保起吊后钢柱垂直，起钩、旋转、移动三个动作交替缓慢进行，就位时缓慢下落；在型钢柱四面定出中心线并做好刻线标记，形成纵横两轴线，根据定位线采用全站仪对柱顶角点进行坐标测量定位，测量其垂直度偏差小于$H/1000$。

(3)“浇筑外美内实”：钢柱混凝土浇筑之前应进行定位复测，混凝土浇筑施工采用插入式高频振捣器，保证型钢梁柱身内外混凝土振捣密实。浇筑混凝土时振捣分层分次振捣，在梁柱接头处和柱加劲板等混凝土不易充分填满处，要仔细振捣到位。必要时在柱加劲板位置留设透气孔。混凝土搅拌严格按照施工配合比投料，计量精确，且保证拌合物均匀，搅拌过程中严禁随意加水。做好混凝土的早期养护，防止出现混凝土失水，影响其强度增长。

【示例照片】

图 4-104 预埋准确、连接可靠

图 4-105 高度精准、预埋件平整

图 4-106 垂直吊装、吊位准确

图 4-107 连接牢固、复测无误

图 4-108 浇筑前全部复核

图 4-109 规范浇筑、振捣密实

【效果点评】

（1）图 4-104、图 4-105 中预埋件位置放样精准、连接牢固，与地板钢筋无位置交叉，当基础顶面直接作为柱的支撑面时，标高误差±3mm，水平度误差 $L/1000$。

（2）图 4-106、图 4-107 中垂直吊装中吊耳位置准确，保证钢柱垂直度，画线定位保证柱底孔位与预埋件预埋锚栓位置重合。

（3）图 4-108、图 4-109 中混凝土浇筑前复核钢柱定位精准，垂直度符合要求。振捣柱四周混凝土，确保密实，不得过振漏振，拆模后无蜂窝麻面等，做到“外美内实”。

4.4.3 框架钢结构安装

框架钢结构钢柱精确定位后，安装钢框梁，采用高强度螺栓和焊接方式，把围护结构及支撑隅撑安装固定，组成完整结构体系。钢柱的安装精度、焊接施工质量、高强度螺栓的连接质量使框架钢结构内实外美。

【策划目标】

（1）“定位精准”：定位轴线、预埋件位置精准。

（2）“孔位准确”：螺栓孔孔位准确，排列规则，按顺序完成螺栓紧固。

（3）“打磨平整”：坡口开口角度准确、打磨平整，有金属光泽。

（4）“线形完美”：检测高程、垂直度、整体弯曲度，跟踪纠偏，控制整体线形。

【操作方法】

（1）“定位精准”：定位轴线测设前须做好施工控制点及轴线控制点。预检定位轴线同原定位重合、闭合，保证每根定位线总尺寸误差值在限差以内，纵横网轴线垂直、平行，高程控制在误差之内。

（2）“孔位准确”：螺栓孔孔位准确，排列规则，表面光滑，无毛刺飞边，连接板接触面应清洁、无油污，按设计要求达到相应的抗滑移系数。按规定的顺序完成螺栓的初拧及终拧，以确保螺栓均匀受力。

（3）“打磨平整”：检查坡口角度、坡口形式是否与作业指导书相符，表面氧化物清理是否彻底，有无裂纹等。当坡口气割时，需清除氧化渣，根据需要，可采用 K 形坡口、V 形坡口、U 形坡口等，必要时保留一定的钝边。

（4）“线形完美”：钢结构建筑整体垂直度和平面弯曲，采用经纬仪、全站仪等测量。钢结构整体垂直度的允许偏差：$H/1000$，且不应大于 25.0mm；钢结构整体平面弯曲的允许偏差：$L/1500$，且不应大于 25.0mm；应符合现行国家标准《钢结构工程施工质量验收标准》GB 50205 的规定。

【示例照片】

图 4-110　排列规则

图 4-111　分次分序

图 4-112　坡口平整，有金属光泽

图 4-113　定位精准、预埋准确

图 4-114　垂直度检测

图 4-115　弯曲变形检测

【效果点评】

（1）图 4-110、图 4-111 中高强度螺栓孔位规则准确，紧固螺栓分次分序，确保所有螺栓均匀受力，构件安全可靠。

（2）图 4-112 为平整坡口，有金属光泽。常用的坡口加工方法有剪切、铣边、刨削、车削、热切割和气刨等。焊接前须用砂轮等将坡口清理干净，保证焊接时可以熔透。

（3）图 4-113 对基础的控制轴线、基础结构尺寸定位线进行测量定位，精准的定位是结构整体稳定性和外观美观的基础。浇筑基础混凝土结构前，对在基础上的钢结构预埋铁件、预留螺栓或螺栓孔进行测量定位，要求精度高，准确无误，特别是预埋螺栓或螺栓孔的准确度不能超出设计和规范要求，必须采用经纬仪和钢尺测量放样。

（4）图 4-114、图 4-115 为安装钢结构柱时，必须对钢结构柱的位置、垂直度进行有效的测量控制，不能超出设计和规范要求，采用经纬仪、水准仪和铅垂仪（或者吊垂直线）进行测量校核放样，钢结构柱安装完成后，钢梁安装前要复核柱间尺寸和标高。整体安装后要检测弯曲变形，控制空间形位满足要求。

4.4.4　网架钢结构安装

网架是一种新型结构，不仅具有跨度大、覆盖面积大、结构轻、省料等经济特性，还具有良好的稳定性和安全性。网架的节点分为焊接钢板节点、焊接空心球节点和螺栓球节点等。

【策划目标】

（1）“尺寸合规”：加工后的节点构件外观几何尺寸和焊接质量应符合设计要求。

（2）“表面光滑”：外表圆滑，无毛刺、锈迹，且表面平整。

（3）“定位准确”：球体连接处定位准确，安装过程杆件位置、网架轴线定位、标高位置准确。

【操作方法】

（1）“尺寸合规”：空心球节点由两个压制半球焊接而成，半球压制应在压力机上进行，宜采用热压工艺，半球组对、焊接应在专用胎具上进行，胎具应转动灵活、平稳、无摆动，其几何尺寸和焊接质量应符合设计要求。螺栓球节点根据球径大小，选择不同直径的圆钢下料，料块加热，热锻成型，并回火消除内应力。然后进行基准平面的车铣加工，进而完成螺纹孔加工。成品球应按10%抽样进行无损检查，检查方法为10倍放大镜观察检查或表面探伤。

（2）“表面光滑”：螺栓球节点圆度的允许制作误差$d \leqslant 120$mm时为1.5mm，$d>120$mm时为2.5mm，其检验标准按现行国家标准《钢结构施工质量验收标准》GB 50205规定执行。

（3）“定位准确”：焊接球、螺栓球及焊接钢板节点及杆件制作精度准确，网架安装支座定位精准，焊接位置符合安装要求，在安装中通过复测保证误差最小。

【示例照片】

图4-116　尺寸统一、表面平整

图4-117　尺寸统一、安装牢固

图4-118　表面光滑、质量可靠

图4-119　表面光滑、位置准确

图 4-120　定位准确、控制精度

图 4-121　安装定位测量、减少误差

【效果点评】

(1) 图 4-116、图 4-117 中进场材料外观符合验收标准，按数量进行抽检，控制焊接球质量，尤其圆度和对口错边量，以保障后期焊接后网架的整体准确。

(2) 图 4-118、图 4-119 中螺栓球进场材料符合验收标准，对螺栓孔直径进行抽查，检测螺栓孔中心线夹角，保证与杆件连接后位置准确。

(3) 图 4-120、图 4-121 对支座中心线用经纬仪进行检测，保证偏移量差在±5mm，减少安装过程中的误差累加，且用钢尺测量螺栓露出长度在 0～30mm 范围之内。安装过程伴随不断复测和纠偏，保证空间位形的准确。

4.4.5　钢结构涂装

钢结构表面均必须进行涂装保护，以延长钢结构的使用寿命和增加安全性能。现场钢结构的涂装主要为防火涂装。在防火涂装前应采取适当的方法将需要涂装部位的油污、尘土等杂物清理干净。

【策划目标】

(1)“干净平整”：钢构件表面不得有水渍、油污、返锈等，否则必须用干净的毛巾擦拭干净。

(2)“喷涂规范”：钢结构防火涂料施工时现场喷涂、涂刷作业规范，保障涂装质量。

(3)“厚度合格”：防火涂料不应有误涂、漏涂，厚度合格、无缺陷。

【操作方法】

(1)“干净平整”：防火涂料施工前应用铲刀、钢丝刷等清除钢构件表面的浮浆、泥沙、灰尘和其他粘附物；油污的清除方法根据工件的材质、油质的种类等因素来决定，通常采用溶剂清洗或碱液清洗。

(2)“喷涂规范”：喷涂时，喷枪要垂直于被喷涂钢构件表面，厚型防火涂料采用压送式喷涂机喷涂，空气压力为 0.4～0.6MPa，喷枪口直径一般选 6～10mm，每遍喷涂厚度 5～10mm。薄涂型防火涂料采用重力式喷枪进行喷涂，其压力约为 0.4MPa，底层一般喷 2～3 遍，每遍涂层厚度不超过 2.5mm，面层一般涂饰 1～2 次。喷枪运行速度要保持稳定，不能在同一位置久留，避免造成涂料堆积流淌。喷涂过程中，配料及往喷涂机内加料均要连续进行，不得停顿。防火涂料施工分遍成活，每一遍施工必须在上一道施工的防火涂料干燥后方可进行。防火涂料施工的重涂间隔时间应视现场施工环境的通风状况及天气情况而定，在施工现场环境通风情况良好，天气晴朗的情况下，重涂间隔时间为 8～12h。当风速大于 5m/s，相对湿度大于 90%，雨天或钢构件表面有结露时，若无其他特殊处理措施，不宜进行防火涂料的施工。

（3）"厚度合格"：喷涂应分若干遍完成，通常喷涂 2～5 遍。操作者应采用测厚针或测厚仪检测涂层厚度，直到符合规定的厚度，方可停止喷涂。

【示例照片】

图 4-122　清理钢构件表面

图 4-123　处理干净、无污染物

图 4-124　喷涂角度适宜

图 4-125　喷涂距离适宜

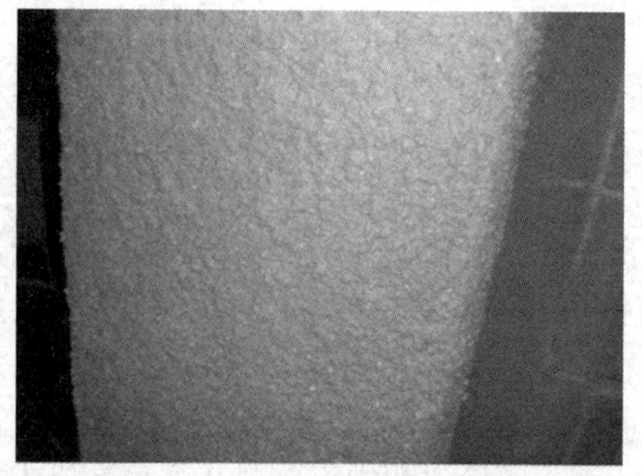

图 4-126　喷涂均匀、没有裂纹

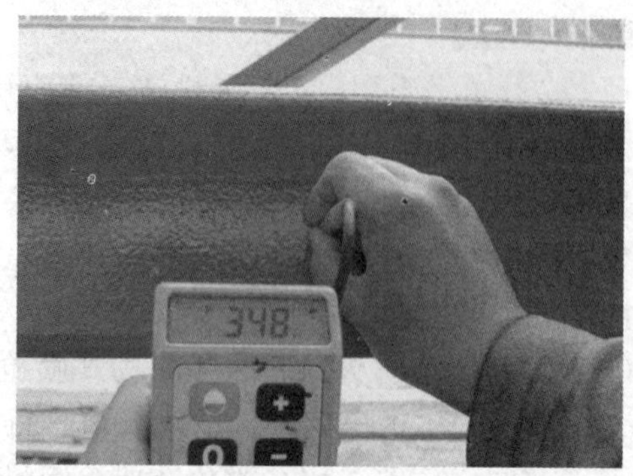

图 4-127　喷涂均匀、厚度满足要求

【效果点评】

（1）图 4-122、图 4-123 为涂装前清理钢构件涂装面，可保证表面清洁，无污染物，使喷涂材料更好地与钢结构表面结合，保证后期不脱落、不掉渣，且有一定强度，喷涂后更好地起到防火作用。

（2）图 4-124、图 4-125 为钢结构施工现场的规范喷涂施工，调整好喷涂的距离和角度，以及喷射涂料时喷口压力，使得涂装层外表均匀、平整、丰满且有光泽，受力均匀，有良好的整体性。施工前可进行试喷，确定工艺参数。

（3）图 4-126、图 4-127 中钢结构涂装厚度合格，检测频率满足要求，检测部位具有代表性，保证钢结构的整体质量。薄涂型防火涂料的涂层厚度应符合有关耐火极限的设计要求，厚涂型防火涂料涂层的厚度，80%及以上面积应符合有关耐火极限的设计要求，且最薄处厚度不应低于设计要求的 85%。

4.5 站 场 路 基

路基填筑过程按照“三阶段、四区段、八流程”控制施工，变无序作业为有序化、标准化作业，能充分发挥大型机械设备的效率，合理地利用空间和时间。分层填筑压实，分层质量控制管理，有效地跟踪设计指标，可保证整体填筑压实土石方的高密度和高强度。

4.5.1 路基填筑

【策划目标】

（1）“平”：分层明确、厚度可控，每层填料平整度满足规范要求，横坡及纵坡达到设计标准，表层无树皮、草根，无明显压痕，排水顺畅，需要高的施工标准，高的质量要求。

（2）“实”：压实质量满足相关要求，严格检查原材料合格率，合理配置压实机械，施工过程严格检验压实质量，成品路基严格验收。

（3）“精”：人员设备配备精良，管理组织精细有序，成品工程美观精致，细部做法可控有效，细节把控严格。

【操作方法】

（1）“平”：路基基底开挖需要平整，换填碎石需要平整，填料摊铺需要平整，填料碾压需要平整，路基整型需要平整。机械组合为推土机初平、平地机精平、人工配合挖机整平。

（2）“实”：施工前对取土场的填料进行取样复查试验，填料的质量必须符合设计要求。施工期间分层检测、分层验收，按照地基承载力要求和填料压实度要求，合格后进行下一道工序施工。

（3）“精”：用方格网控制填料的虚铺厚度，边坡成型必须挂线整修，格栅铺设“U”形钉必须规范操作。

【示例照片】

图 4-128　基底换填平整碾压

图 4-129　碎石垫层平整

图 4-130　路基碾压

图 4-131　压实度检测

图 4-132　边坡成型

图 4-133　格栅铺设

【效果点评】

（1）图 4-128 为路基基础换填平整碾压，表层无明显轮印，排水坡度符合设计要求。

（2）图 4-129 为碎石换填的范围、换填深度满足设计要求，压实系数符合设计要求，顶面高程允许偏差±50mm，横坡允许偏差＋1.0％、－0.5％，外观质量达标。

（3）图 4-130 为通过分层、分段的控制，形成流水施工，机械碾压按照工艺试验参数进行，压实顺序先两侧后中间，线路纵向行与行之间压实重叠不小于 40cm，压路机碾压速度控制在 4.0km/h 以内。

（4）图 4-131 为分层验收检测，压实质量通过灌砂、环刀、K30、Evd 等检测方法进行，第三方检测单位操作，监理单位全程见证检验。

（5）图 4-132 中路基边坡成型需要测量放样边线，严格控制路基宽度、变坡点位置及坡率，路堤变坡应平顺、密实、稳固，坡率符合设计要求。

（6）图 4-133 中土工格栅铺设范围满足设计要求，搭接宽度允许＋50mm，与地表连接采用 U 形钉加固，细节把控必须到位。

4.5.2　路涵过渡段

路涵过渡段是路基与结构物等衔接时需特殊处理的地段；是路基不均匀沉降控制的关键。一般来说过渡段作业区域有限、需要机械和人工配合、压实质量要求较高。

【策划目标】

（1）“分层精确”：填筑期间分层需要精确，靠近结构部位按照人工夯实厚度分层，远离结构部位按照路堤填筑分层。

（2）“压实达标”：压实质量满足相关要求，过渡段填筑为倒梯形，分层填筑、分层检测，检测合格后才允许下一层施工。

（3）“同步对称”：填筑压实过程中，应保障横向结构物稳定，无损伤。两侧过渡段必须对称进行，并与相邻路堤同步施工。

【操作方法】

（1）“分层精确”：要求靠近结构物 2m 内人工夯实，填层厚度不得大于 20cm，2m 以外采用大型压路机碾压，填层厚度不得大于 30cm，填筑期间分层需要精确。

（2）“压实达标”：远离结构物部位采用大型压路机碾压，压实质量及标准与路基填筑压实标准相同，结构物 2m 内采用小型振动机夯实，压实质量及标准满足设计与规范要求。

（3）“同步对称”：涵洞两侧填层层数需相同，材料需要相同，填筑速度需要同步进行，需要对称施工。

【示例照片】

图 4-134　过渡段分层

图 4-135　分层碾压

图 4-136　打夯机夯实

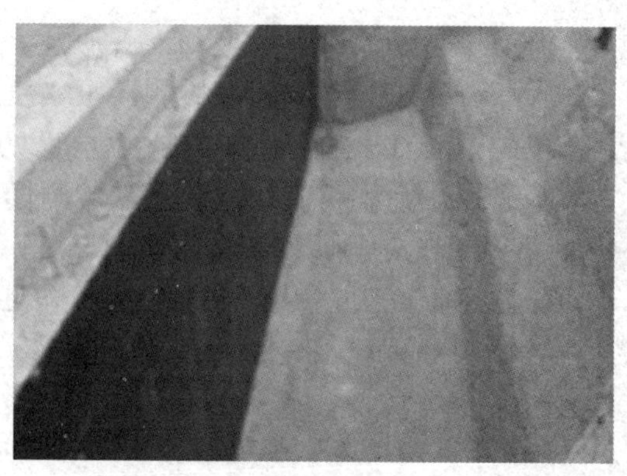

图 4-137　倒梯形填筑

图 4-138　整平

图 4-139　对称碾压

【效果点评】

（1）图 4-134 中涵洞侧面制作分层线，有效地控制了填层厚度和填筑层数，为作业人员及机械提供了标识。

（2）图 4-135 中压实采用的机械组合，压路机大面压实，小夯机边角处理，使压实质量得以保障。

（3）图 4-136 中配备小型夯实机具，不具配备小型夯实机具的不允许回填。

（4）图 4-137 为倒梯形填筑，分层平整碾压，基坑地面以下部分回填混凝土或者碎石，并保证基坑底部与侧壁之间密实、无虚土。

（5）图 4-138 中严格按照相关规定，每层填筑均要严格按设计要求施作，控制好级配碎石的配合及填料厚度，填筑层均设人字横向排水坡。

（6）图 4-139 中过渡段横向结构物两侧必须对称同步填筑，同步压实，有效控制对结构物侧压破坏。

4.5.3　路基护坡

路基护坡采用框格砖防护体系，框格内采用植物防护，路肩及截排水槽采用现浇混凝土结构。混凝土预制件拼装排列整齐、平顺、紧密、美观，并与护坡面及相邻砌体衔接密贴、稳固。

【策划目标】

（1）“平”：横向平直、竖向平顺、坡面平整。

（2）“固”：每块砖之间连接密实，砖与坡面及相邻结构衔接密贴、稳固。

（3）“美”：护坡为路基的附属结构，非隐蔽工程，要求结构精细美观。

【操作方法】

（1）“平”：框格砖铺设前进行预铺大样，砌筑期间，要求坡面挂线、水平挂线，路基顶部和底部标高测量。

（2）“固”：每块砖之间连接采用水泥浆灌缝，铺设时底部采用砂灰砌筑，相邻结构物位置切割拼缝，与路肩脚墙位置采用混凝土填补。

（3）“美”：坡面砖严禁水泥浆、杂填土等污染，铺设之前进行预铺大样，坡面计算横竖向铺设数量，沿路肩曲线柔顺。

【示例照片】

图 4-140 挂线砌筑

图 4-141 水泥浆灌缝

图 4-142 截排水槽框架

图 4-143 框格砖铺设

【效果点评】

（1）图 4-140 中线框内表示，挂横竖线砌筑和灰缝处理，控制了坡面的平整度，控制了灰缝大小，起到平顺的效果。

（2）图 4-141 中砖缝灌浆保障了连接的紧固，砂灰砌筑保障了稳固，混凝土塞缝减小整体变形。

（3）图 4-142 中坡面必须人工整形，采用平板夯进行全面夯实，挖除坡面大石块，确保坡率符合设计标准。截排水槽框架施工，采用双侧木模沟槽对撑，严格控制模板的变形量。

（4）图 4-143 中框格砖铺设自下而上进行，铺筑应纵横交错，连成一整体，构件接缝宽度小于 1cm，表面应保持平整美观。

4.5.4 屋面

屋面工程根据建筑物的性质、重要程度、施工功能要求及防水层合理使用年限，按照不同等级设防。其构造做法各不一样，防水等级要求不同，保温隔热材质各不相同，找平找坡要求较高，防风防雷结构全面。

【策划目标】

（1）“造型美观”：屋面保护层分隔缝应横平竖直，分隔缝纵横错缝，分隔块大小统一。

（2）“排水顺畅”：排水洞口尺寸一致，预留位置合理合规，排水顺畅有序，包边封盖细部严谨。

（3）“防水可靠”：防水材料符合设计要求，粘贴牢固可靠，搭接处理紧密有序，必须做到滴水不漏。

（4）“细部精致”：线条精美，收口收边处理细致，阴角阳角横平顺直，搭接处理密实牢靠。

【操作方法】

（1）“造型美观”：屋面保护层分隔缝打点弹线，首先模拟草图，现场进行定位，线条宽度卡条进行固定。

（2）“排水顺畅”：按照设计坡度进行测量放样，采用方格网形式贴灰饼控制法控制。

（3）“防水可靠”：进场材料进行检测测试，确保原材料合格可用，现场工序严控步步验收，闭水试验合格。

（4）“细部精致”：阴角阳角采用塑料成品压条，切缝采用卡槽定向切除，涂漆采用一次性胶带定边。

【示例照片】

图 4-144　屋面保护层效果

图 4-145　屋面女儿墙 R 角效果

图 4-146　屋面女儿墙排水

图 4-147　屋面排水孔

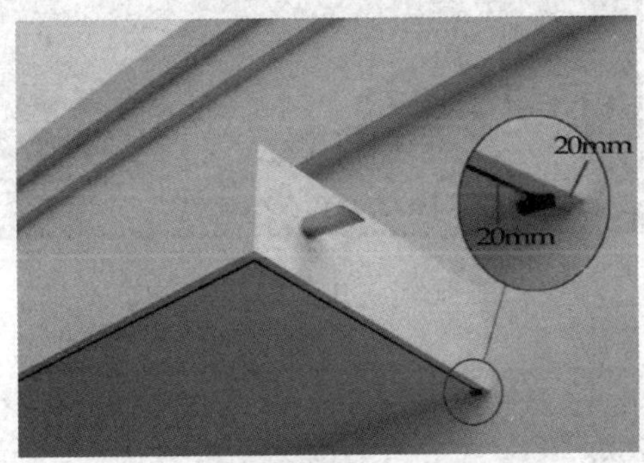

图 4-148　雨棚滴水线效果

图 4-149　屋面排气孔

【效果点评】

(1) 图 4-144、图 4-145 中屋面保护层平整有序，分隔缝横平竖直，女儿墙 R 角处理到位线条美观。

(2) 图 4-146、图 4-147 中女儿墙排水洞尺寸均匀，预埋件安装牢靠，排水孔位置合理，排水功能健全，颜色一致。

(3) 图 4-148、图 4-149 中雨棚滴水线直顺，挡水台尺寸合理，排气孔造型美观。

4.5.5　检修库

检修库墙面采用加气块砌筑和砖砌，粉刷采用涂料和真实漆，地面部分为细石混凝土地面，部分为贴砖地面。室外爬梯为镀锌角钢，楼梯扶手为镀锌钢管。

【策划目标】

(1)“效果显明”：墙面地面的颜色搭配合理，地面平整光泽，墙面线条顺畅。

(2)“尺寸均匀”：吊顶排列大气美观，电器安装位置准确，地面贴砖平整，地砖缝隙均匀。

(3)“结构牢固”：室外爬梯安全牢固，楼梯扶手功能有效，库门安装密封使用方便，细部位置结实可行。

【操作方法】

(1)“效果显明”：墙面地面的平整度均采用红外线进行整平，底部处理严格按照规范要求，材料选型时控制色彩的搭配。

（2）“尺寸均匀”：放样准确，屋顶龙骨定位准确保障屋面板的安装，地砖铺设前进行排版预铺，缝隙采用卡尺测量。

（3）“结构牢固”：室外爬梯、室内扶手、库大门严格控制与结构物的连接点，确保安全稳固。

【示例照片】

图 4-150 室内效果

图 4-151 细石混凝土地面

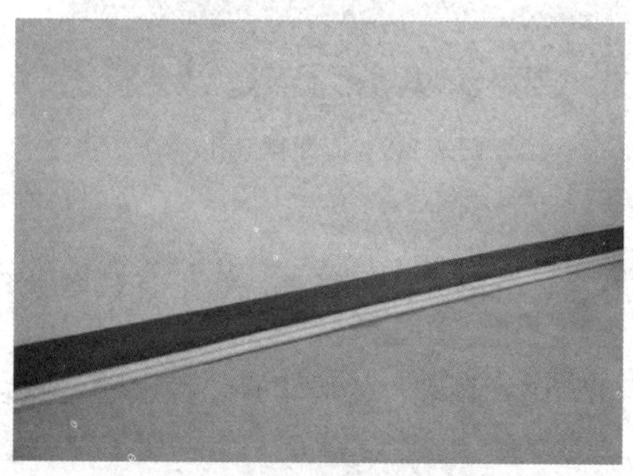

图 4-152 踢脚线效果

图 4-153 地板砖铺设

图 4-154 室外爬梯

图 4-155 室内楼梯扶手

图 4-156　库大门

图 4-157　室内窗户

【效果点评】

（1）图 4-150、图 4-151 中墙面洁白，灯具安装合理有序，地面平整有光泽，颜色搭配合理。

（2）图 4-152、图 4-153 中踢脚线高度一致平顺，地板砖布局合理平整美观。

（3）图 4-154、图 4-155 中室外爬梯结构明显，距地面高度合理，外侧安全笼人性自然，楼梯扶手无棱无角安全可行。

（4）图 4-156、图 4-157 中室外大门门缝严密，与结构连接坚实可靠，室内窗户栏杆结实，采光效果明显。

4.6　轨道工程（含场段）

轨道工程包括道床工程、道床排水设施和轨道线路三个主要方面。其中道床工程的质量与轨道结构的稳定性和耐久性密切相关，同时也是乘客对轨道工程的第一感官认识。道床排水设施与道床工程同时施工，排水的畅通性是关键。轨道线路的平顺性直接关系列车运行的平稳程度，是影响旅客乘车舒适度的重要因素。

4.6.1　道床工程

本节道床工程主要从五个方面介绍创精品工程的工作重点：普通整体道床、“弹簧式”浮置板道床、“减振垫式”浮置板道床、库内线整体道床轨道、库外线有砟道床轨道。

1. 普通整体道床

【策划目标】

（1）“测量精准”：道床施工前对既有起算控制点复测合格，任意设站控制网测设精准，按照设计线路平纵面施工图进行的控制及加密基标测设准确。

（2）“工序分明”：道床施工时从轨排组装、轨排铺设、钢筋施工、模板安装、轨排精调、混凝土浇筑、轨道精调等分工序逐步铺轨作业。

（3）“外观整齐”：道床浇筑时道床面平整、防迷流连接端子位置准确、伸缩缝顺直。

（4）“防护有效”：高架线道床浇筑时利用自制防雨防晒棚，有效地防止雨水对混凝土的冲刷及钢轨应力拉裂道床混凝土。

【操作方法】

（1）“测量精准”：首先对既有起算控制点进行检核，结果合格后利用既有起算控制点测设任意设站控制网，再根据任意设站控制网测设控制基标和加密基标，测设要求必须符合现行国家标准《城市轨道交通工程测量规范》GB/T 50308 的要求。

（2）“工序分明”：轨排应尽量在铺轨基地组装，条件不具备时可在现场组装。利用加密基标控制轨排铺设，保证轨排基本定位到设计线路中心及高程 5mm 范围以内，轨架、斜撑等轨排固定措施，严格执行现行国家标准《地下铁道工程施工质量验收标准》GB/T 50299 的规定。然后依次进行钢筋绑扎焊接、模板安装等工序施工，最后利用任意设站控制网连接轨检小车对轨排进行精调定位，验收合格后浇筑道床混凝土，最后进行轨道精调。

（3）“外观整齐”：道床收面高度依据钢轨面和道床面的相对距离控制，道床面应平整光亮，收面程序可参照抹平 1 遍、收面 3 遍、压光 1 遍流程进行。制作专用连接端子控制卡具及伸缩缝控制卡具，保证连接端子在浇筑混凝土过程中位置准确，伸缩缝顺直。

（4）“防护有效”：制作走行于轨道上的可移动整体式防雨防晒棚，雨天施工时推至施工作业面防雨作业，浇筑完成后推至新浇筑区域起到防晒作用。

【示例照片】

图 4-158　任意设站控制网测量

图 4-159　加密基标放样

图 4-160　轨排粗调

图 4-161　轨排精调

图 4-162　成品道床面平整

图 4-163　端子高低准确、伸缩缝顺直

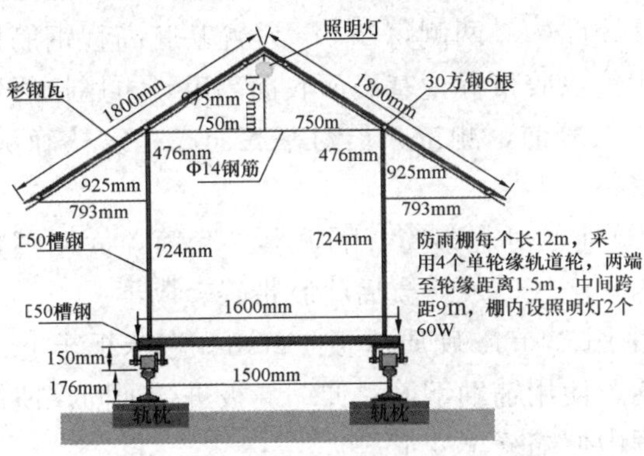

图 4-164　防雨棚-防晒棚加工图

图 4-165　防雨棚-防晒棚有效防护

【效果点评】

（1）图 4-158、图 4-159 在轨道施工各工序开始前完成既有起算控制点检核、任意设站控制网测设、控制基标和加密基标测设工作，避免其他工序施工对测量工作进度和精度造成影响。任意设站控制网测设宜选用 0.5″级全站仪，以提高测量平差合格率。为方便使用，加密基标应根据道床断面采用中桩或合适偏距的边桩。

（2）图 4-160 根据加密基标放样资料，利用轨道基标尺对轨排的线路方向及高程进行初步调整，为提高轨排精调速度，粗调时轨排方向、高程误差宜控制在 5mm 以内，其他几何尺寸宜按现行国家标准《地下铁道工程施工质量验收标准》GB/T 50299 相关要求达标；图 4-161 中利用任意设站控制网测量成果，根据轨检小车实测数据，对轨排各项几何尺寸进行精细调整。

（3）图 4-162、图 4-163 根据轨道线形控制道床收面质量，保证道床面的平整光亮；利用专用卡具控制连接端子及伸缩缝位置，保证连接端子高度及位置准确，伸缩缝尺寸符合设计要求，线形顺直。

（4）图 4-164、图 4-165 利用可移动整体式防雨防晒棚，雨天起到防雨作用，防止新浇筑混凝土被雨水冲刷；晴天起到防晒作用，避免太阳直射到道床面，防止道床表面皴裂。

2. “弹簧式”浮置板道床

【策划目标】

（1）“易脱模”：“弹簧式”浮置板道床基底中心水沟为矩形水沟，为防止边角破损，设计成易于脱模的模板。

（2）“平基底”：“弹簧式”浮置板施工前，浮置板下基底面必须平整，平整度控制在 $\pm 2mm/m^2$ 以内。

（3）“封顶面”：“弹簧式”浮置板道床浇筑前，对轨道道床中心处的观察筒、隔振器外筒的顶面进行密封，防止被混凝土污染。

（4）“固缝板”：“弹簧式”浮置板间伸缩缝模板加固牢靠，保证板间伸缩缝顺直不变形。

【操作方法】

（1）“易脱模”：“弹簧式”浮置板道床基底中心水沟模板宜设计成上大下小宜于脱模的倒梯形钢模板，具有混凝土施工时不变形、容易脱模、防止水沟棱角遭破坏等优点。

（2）“平基底”：基底浇筑前，测量配合在线路中心两侧每 2.5m 设置基底高程钢筋控制桩 1 对，根据测量资料在钢筋控制桩上采用绝缘胶带标记基底面收面高度，再用拉线连接各控制桩的方式测量基底面高程及平整度；初凝前，测量人员对基底面高程复核确认，基底高程及平整度不满足要求的部位应及时修整。

（3）“封顶面”：“弹簧式”浮置板道床浇筑前，对观察筒、隔振器外套筒顶面贴塑料胶带或保护膜进行密封，防止混凝土进入筒内，浇筑完成终凝后将胶带轻轻撕下。

（4）“固缝板”：“弹簧式”浮置板板间采用“5mm 硬质木板＋20mm 泡沫板＋5mm 硬质木板”方式预留伸缩缝，在混凝土浇筑前，使用辅助钢筋对伸缩缝板进行加固，使伸缩缝板两侧受力均匀，确保在浇筑混凝土过程中伸缩缝不变形。

【示例照片】

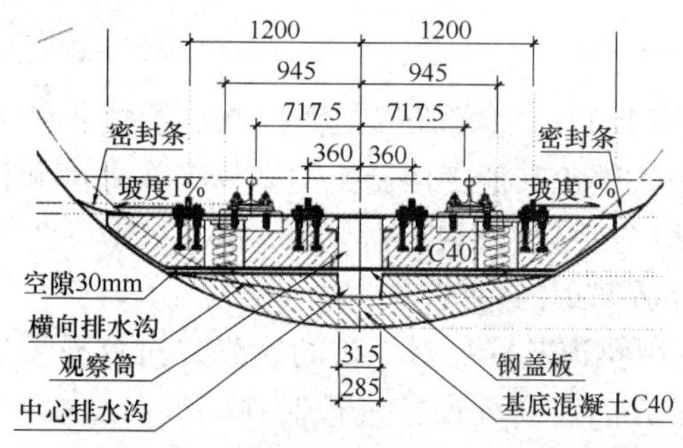

图 4-166　“弹簧式”浮置板基底水沟设计

图 4-167　“梯形”模板现场安装

图 4-168　基底面控制基标

图 4-169　基底面测量复测

图 4-170 观察筒防护

图 4-171 观察筒面干净整洁

图 4-172 伸缩缝模板加固示意图

图 4-173 伸缩缝模板顺直

【效果点评】

(1) 图 4-166、图 4-167 中“弹簧式”浮置板道床基底面中心水沟截面形状设计为下小上大的“梯形”，容易脱模，脱模后水沟棱角完好，线形直顺。

(2) 图 4-168、图 4-169 中基底面混凝土初凝前经过测量人员复测，操作工人修整，终凝后基底面高程与设计高程的偏差在 $-5\sim0$mm 范围内，同时基底平整度满足 $\leqslant\pm2$mm/m^{2}要求。

(3) 图 4-170、图 4-171 中观察筒表面防护措施有效，混凝土砂浆未渗入筒内，道床成型后将胶带轻轻撕下，筒面整洁，筒内干净。

(4) 图 4-172、图 4-173 为制作易拆除的浮置板间伸缩缝模板，浇筑前调整模板顺直并采用辅助钢筋从上到下，从左到右进行加固，保证模板不受混凝土冲击变形。

3. “减振垫式”浮置板道床

【策划目标】

(1) “切割直”：“减振垫式”浮置板道床减振垫切割时应平直，不留毛边，容易拼接整齐，不易漏浆。

(2) “基底净”：减振垫在浇筑混凝土前做好除尘，保证减振垫面干净。

(3) “防护好”：施工过程中对减振垫做好防护，防止戳破、灼烧现象发生。

【操作方法】

(1) “切割直”：减振垫切割时，先用白板笔画线，再使用专用切割工具沿画线切割。

(2) “基底净”：减振垫拼接铺设后，用专用封条对接缝进行密封并加固；混凝土浇筑前，使用吹风机清除减振垫面上尘土。

（3）“防护好”：轨排轨架丝杠下垫钢板，防止丝杠直接与减振垫接触，钢筋焊接时，在焊接区域铺设多层防火材料，防止焊渣掉落灼烧减振垫。

【示例照片】

图 4-174　减振垫切割拼接

图 4-175　减振垫拼接整齐

图 4-176　减振垫除尘

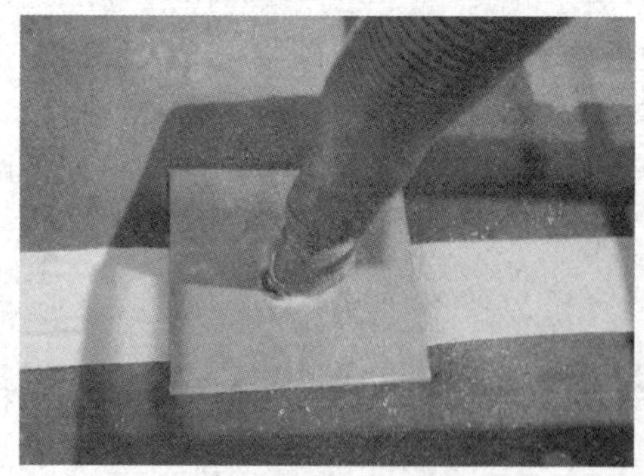

图 4-177　减振垫防戳破

图 4-178　减振垫防灼烧

【效果点评】

（1）图 4-174 中先确认减振垫切割尺寸及位置，然后在切割位置画出切割线，之后使用专用切割工具沿切割线切割。

（2）图 4-175 为减振垫铺设时，保持横向接缝与线路中心线垂直，纵向接缝与线路中心线平行，并用专用封条对接缝进行密封并加固，防止混凝土浇筑时漏浆。

（3）图 4-176 为“减振垫式”浮置板道床在浇筑前，用高压风将道床内的尘土吹干净。

（4）图 4-177、图 4-178 为轨排架设前，在轨架位置减振垫上放置厚度不小于 5mm，长宽尺寸不小于 100mm×100mm 钢板，将轨架架设在钢板上，增大轨架下减振垫的受力面积，防止减振垫被戳破；道床钢筋焊接施工时，在焊点下方铺设 $1m^2$ 的防火布，防止焊渣直接与减振垫接触而烧伤减振垫。

4. 库内线整体道床轨道

【策划目标】

（1）“垫板实”：柱式检查坑道床扣件垫板下混凝土填充密实。

（2）“扣件净”：立柱混凝土浇筑完成后，保证钢轨、扣件干净。

【操作方法】

（1）“垫板实”：混凝土浇筑前，使用同等尺寸、同等厚度的硬质塑胶板替换橡胶垫板，防止因橡胶板质地柔软导致板下混凝土填充不密实。

（2）“扣件净”：混凝土立柱浇筑前，使用尼龙袋、胶带绑扎固定于钢轨及扣件上，对钢轨及扣件进行防护；在混凝土浇筑后，人工对钢轨及扣件进行清理。

【示例照片】

图 4-179　浇筑前使用替代垫板

图 4-180　浇筑后更换替代垫板

图 4-181　钢轨、扣件防护

图 4-182　钢轨、扣件清理

【效果点评】

（1）图 4-179、图 4-180 为安装扣件时，使用同等尺寸及厚度的硬质塑料垫板代替正式的橡胶垫板，在混凝土立柱浇筑完成后，再将替代垫板取下，并安装正式的橡胶垫板，保证扣件垫板下混凝土填充平整密实。

（2）图 4-181、图 4-182 为混凝土立柱浇筑前，用尼龙袋缠绕钢轨及扣件表面，再使用胶带进行固定，防止混凝土浇筑过程中污染钢轨扣件；混凝土浇筑完成后，人工对钢轨扣件等再次清理一遍。

5. 库外线有砟道床轨道

【策划目标】

（1）“道床密实”：有砟道床至少捣固四遍，保证道床道砟密实。

（2）“线路圆顺”：直线段平直，曲线段圆顺。

（3）“外表美观”：有砟道床边坡坡度 1∶1.5，道砟宽直线段 0.2m，曲线外侧 0.3m。

【操作方法】

（1）“道床密实”：采用液压捣固机多次捣固线路，直至道床密实。

（2）“线路圆顺”：经过整理、整形后的轨道线路，确保线路直线段平直，曲线段圆顺。

（3）“外表美观”：计算道床边界线位置，再使用白灰标记道床坡底及砟肩边位置，保证道床边坡坡度 1∶1.5，道砟宽直线段 0.2m，曲线外侧 0.3m。

【示例照片】

图 4-183　首遍捣固作业

图 4-184　末遍捣固作业

图 4-185　拨道作业

图 4-186　曲线正矢测量

图 4-187　坡底及砟肩边位置确认

图 4-188　成型道床道心道砟饱满

【效果点评】

（1）图 4-183、图 4-184 为采用有砟道床液压捣固机对道床进行多遍起道捣固，直至达标。

（2）图 4-185、图 4-186 为道床基本成型后，对轨道进行拨道、整道、正矢测量等精调作业，使轨道几何状态达到验标要求。

（3）图 4-187、图 4-188 先根据设计图纸尺寸计算得出道床边坡坡底及砟肩临边位置，再使用白灰标记相应位置，最后根据标记位置进行道床整修作业，保证道床外表美观。

4.6.2　道床排水设施

【策划目标】

（1）“线形圆顺”：普通整体道床两侧水沟及过渡段水沟施工，弯道和转向较多，严格控制水沟线形。

（2）“排水顺畅”：整体道床水沟高低分明，保证排水顺畅。

（3）“防护有效”：特殊地段整体道床板混凝土浇筑时，需要对基底中心水沟进行防护，防止被混凝土堵塞。

【操作方法】

（1）“线形圆顺”：利用轨道线形控制水沟线形。

（2）“排水顺畅”：计算轨道面高程与设计水沟沟底高程差之间的关系，根据轨道高程控制水沟沟底高程。

（3）“防护有效”：“弹簧式”浮置板道床基底中心水沟上采用钢盖板及隔离膜进行防护；“减振垫式”浮置板整体道床基底中心水沟上采用钢筋及钢丝网进行防护。

【示例照片】

图 4-189　半圆形水沟顺直

图 4-190　矩形水沟顺直

图 4-191　中心水沟与横沟衔接顺畅

图 4-192　中心水沟钢板、隔离膜防护

图 4-193　中心水沟钢筋、钢丝网防护

【效果点评】

（1）图 4-189、图 4-190 为地下线普通道床两侧水沟在圆形隧道内采用半圆形水沟，在矩形隧道内采用矩形水沟，水沟线形曲线圆顺、直线顺直。

（2）图 4-191 为过渡段中心水沟与横向水沟施工时，采用角钢对水沟棱角包边处理，既保证了混凝土浇筑施工时不跑模，拆模后纵横沟衔接顺畅，又保证了水沟线形，还可以防止水沟缺棱掉角。

（3）图 4-192、图 4-193 中"弹簧式"浮置板道床基底中心水沟采用下垫钢板上铺隔离膜的方式进行防护；"减振垫式"浮置板道床基底中心水沟采用下垫钢筋上铺钢丝网的方式，防止减振垫塌陷堵塞水沟。

4.6.3　轨道线路

1. 钢轨焊接

【策划目标】

（1）"平直"：钢轨接头焊接完成后经过推凸粗磨、仿形精磨等工序后，钢轨接头轨顶面平直度不超过 0～+0.3mm，轨头工作边平直度不超过±0.3mm，轨底面平直度不超过 0～+0.5mm。

（2）"无伤"：焊接接头内部无缺陷、无伤损。

【操作方法】

（1）"平直"：利用焊轨机对钢轨接头焊接后，首先使用手提棒砂轮机对钢轨非工作面、轨颚、轨底角上表面进行打磨，然后经过正火后利用手推式钢轨仿形打磨机进行仿型精磨，最后使用1m型尺检测焊头平直度。

(2)“无伤”：使用超声波探伤仪对钢轨焊接接头进行超声波探伤。

【示例照片】

图4-194　焊接接头推凸粗磨

图4-195　焊接接头仿形精磨

图4-196　焊接接头平直度检测

图4-197　焊接接头超声波探伤

【效果点评】

(1) 图4-194、图4-195使用砂轮机对钢轨焊接接头进行初步的打磨处理；使用钢轨仿形打磨机对钢轨焊接接头进行精磨处理。

(2) 图4-196、图4-197使用1m型尺及塞尺检测钢轨焊接接头平直度；使用超声波探伤仪探伤分析接头内部损伤程度。

2. 轨道调整

【策划目标】

(1)“舒适”：通过对钢轨的精调，使线路轨道满足轨距（+2，−1）、水平≤4mm、高低≤4mm，保证旅客乘车的舒适度。

(2)“平稳”：通过对道岔的精调，使道岔几何尺寸满足尖轨尖端轨距≤±1、支距≤±2，保证车辆通过道岔时的平稳性。

【操作方法】

(1)“短轨精调”：利用加密基标粗调轨排，保证轨排延设计线路中心及高程铺设，再依次进行钢筋绑扎焊接、模板安装等工序施工，最后利用轨道控制网（CPⅢ），采用轨检小车对轨排进行精调。

（2）“长轨精调”：钢轨焊接完成后，按原状恢复轨距块及扣件，并用轨道车压道 3 遍以上，确保轨检小车采集的轨道数据真实有效。利用精调软件，对轨道进行精调，使轨道几何尺寸满足验收标准要求。

（3）“道岔精调”：尖轨在出厂前与基本轨捆绑，确保在运输和吊装过程中尖轨不变形；现场安装后确保直基本轨平直、曲基本轨圆顺，使所有滑床板面在同一平面上，避免尖轨局部或单点受力，确保尖轨与基本轨密贴。

【示例照片】

图 4-198　轨排粗调

图 4-199　轨检小车配合长轨精调

图 4-200　长轨精调效果

图 4-201　单开道岔精调效果

图 4-202　交叉渡线精调效果

【效果点评】

（1）图 4-198 中根据加密基标放样结果，利用轨道基标尺对轨排的方向及高程进行初步调整；再利用任意设站控制网测量结果采用全站仪与轨检小车连接的方式，再配合人工操作进行精密调整。

（2）图 4-199、图 4-200 采用精调软件，借助轨检小车测量，经过多次的轨道精调后，轨道线形顺直，各个轨道几何尺寸满足设计要求。

（3）图 4-201、图 4-202 中道岔精调后，道岔尖轨密贴，滑床板密贴，其他几何尺寸均满足设计要求，直股平直，曲股圆顺。

第5章　安　装　规　牢

“安装规牢”主要指设备安装规范，排列有序、牢固、美观；器具安装便于使用及管理维修；标识清晰、正确；系统联动调试动作协调、正确。“安装规牢”是精品工程的条理美观的直接体现。

本章所述“通用工程”是为避免重复而将相同或近似的工作内容进行集中编写，内容包括：支吊架安装、线缆敷设、接地、封堵、设备安装等。本章内容还包含通风空调、站台门、电扶梯、通信、信号、供电、综合监控、自动售检票系统、给水排水及其他配套工程等创精品工程要求。

5.1　通　用　工　程

本节“通用工程”主要内容是支吊架安装及封堵作业。支吊架分车站支吊架安装、区间支架两类；封堵作业施工主要包括管道穿墙、管道穿楼板、箱柜封堵三个类型。

5.1.1　车站支吊架安装

1. 综合支吊架安装

综合支吊架是在管线密集区域将空调、消防、强电、弱电等各专业的支吊架综合在一起，统筹规划设计，整合成一个统一的支吊系统，采用标准型钢、连接件进行现场拼接安装。

【策划目标】

(1)“定位准确”：严格按照设计位置进行定位安装，间距满足设计要求，各类管线位置与图纸相符。

(2)“安装牢固”：采用后扩底锚栓固定牢靠，支吊架满足设计承重要求，各类连接紧固件连接牢固。

【操作方法】

(1)“定位准确”：根据车站轴线精确定位每套支架位置，各类管线严格按照图纸进行排布，保证支架承受力学性能与设计相符。

(2)“安装牢固”：支吊架用后扩底锚栓固定牢靠，紧固任何螺栓都必须使用力矩扳手，收紧力大于50N/m，并做拉拔试验，满足设计要求，确保牢固安全可靠，各类连接紧固件连接牢固。

【示例照片】

图 5-1　综合支吊架安装

图 5-2　综合支吊架管线安装

图 5-3　综合支吊架底座安装

图 5-4　综合支吊架连接件安装

【效果点评】

（1）图 5-1、图 5-2 中支吊架布置严格按照图纸进行定位安装。

（2）图 5-3、图 5-4 中支吊架后扩底锚栓采用双螺帽安装牢固，竖杆露出螺帽 3 丝，各类连接紧固件连接牢固。

2. 自制支吊架安装

自制支吊架采用热镀锌角钢或者槽钢制作，可采用焊接或者锚栓连接，要求制作良好，精细美观；车站支吊架用膨胀螺栓固定，区间支吊架用后扩底锚栓固定；支吊架之间间距相同，满足规范要求。

【策划目标】

（1）“制作精良”：支吊架按照图集要求严格放样制作首件，经各部门、监理单位首件验收合格后，再批量加工。

（2）“安装牢固”：车站支吊架用膨胀螺栓固定牢靠，区间支吊架用后扩底锚栓固定牢靠，支架满足设计承重要求。

（3）“间距一致”：支吊架之间间距相同，布置一致，美观大方。

【操作方法】

（1）“制作精良”：支吊架的样式按照图集要求进行制作，支架镀锌型钢、固定锚栓等材料符合要求。支吊架结合点的焊缝饱满，不得有咬肉、夹渣等现象，焊缝表面严禁有裂纹，并做防锈处理。

(2)“安装牢固”：车站支吊架用膨胀螺栓固定牢靠，区间支吊架用后扩底锚栓固定牢靠，并做拉拔试验，满足设计要求，确保牢固安全可靠。

(3)“间距一致”：间距满足设计及规范要求，支吊架间距均匀、一致。

【示例照片】

图 5-5 桥架三通支架安装

图 5-6 桥架 90°弯头支架

图 5-7 多管支架安装

图 5-8 单管支架安装

【效果点评】

(1) 图 5-5、图 5-6 中支架间距符合设计，桥架三通、弯头处设置支架，支架安装应牢固，转弯部位应保证承载管线的平顺过渡。

(2) 图 5-7、图 5-8 中支架安装高度、横向位置满足安装要求，支架本体结合点的焊缝饱满，不得有咬肉、夹渣等现象，焊缝表面严禁有裂纹，并做防锈处理；抱箍与管线间放置必要的隔垫。

3. 区间支吊架安装

盾构区间中不同专业的管线的支吊架分开布置，强弱电分开设置支吊架，支吊架务必结实牢固，支吊架之间间距一致，排列整齐。

【策划目标】

(1)“强弱分置”：强弱电支吊架分开布置，不能混合在一起。

(2)“牢固可靠”：支吊架要与主体结构固定牢靠。

（3）“间距一致”：各支吊架之间间距相同，布置一致。

【操作方法】

（1）“强弱分置”：强电支吊架位置与弱电支吊架位置要分开设置，与线缆敷设位置一致，不能相互交叉。

（2）“牢固可靠”：车站支吊架采用膨胀螺栓固定，区间支吊架采用后扩底锚栓固定，并做拉拔试验，满足设计要求，确保牢固安全可靠。

（3）“间距一致”：区间强弱电支吊架须满足规范要求，间距一致，支吊架之间间距均匀，相同支吊架之间应间距一致。

【示例照片】

图 5-9　区间强弱电支架分侧布置

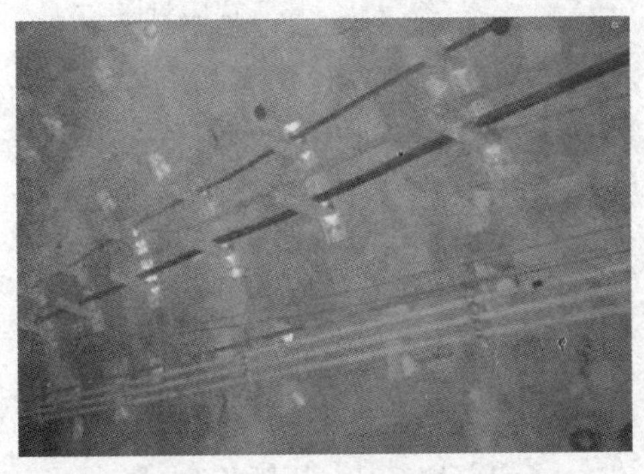

图 5-10　区间强电支架

图 5-11　区间弱电支架

【效果点评】

（1）图 5-9 中区间强弱电支架分开布置，左侧为弱电支架，右侧为强电支架，分别布置在隧道两侧。

（2）图 5-10、图 5-11 中支架采用膨胀螺栓固定，区间强弱电支架采用后扩底锚栓固定，强弱电支架间距一致。

5.1.2　封堵作业

车站内的管线穿墙、穿板、进配电箱柜后要进行防火封堵，不同专业的管线、不同位置的管线封堵方法各不相同。封堵作业施工的内容主要包括管道穿墙、管道穿楼板、箱柜封堵。

1. 风管、水管、桥架穿墙封堵

【策划目标】

(1)“形式统一”：同一类型封堵标准统一。

(2)“封堵严密”：风管穿墙封堵密实，不漏风。

【操作方法】

(1)“形式统一”：风管、桥架、水管穿墙套管与墙体之间采用水泥砂浆封堵；套管与风管、桥架水管之间采用防火泥（防火胶）＋玻璃岩棉＋防火泥（防火胶）组合式封堵，风管桥架表面安装镀锌钢板，水管穿墙表面安装铝箔防护圈，桥架内采用防火泥封堵。

(2)“封堵严密”：防火泥（防火胶）外侧安装镀锌钢板压紧防火泥，保证缝隙密实，且外侧设置钢板高温时防火泥不掉落。

【示例照片】

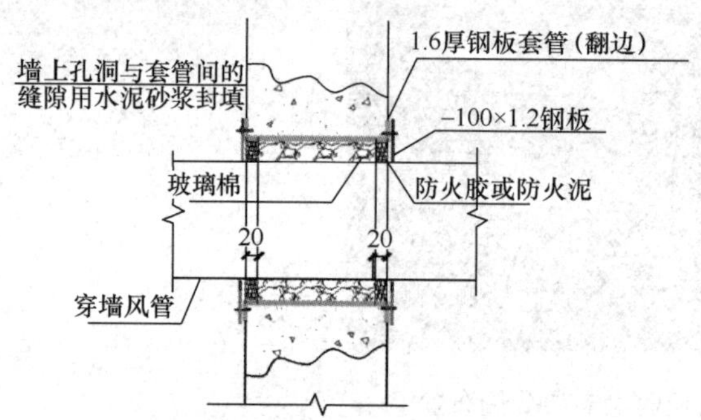

图 5-12　风管封堵剖面图

图 5-13　风管穿墙封堵

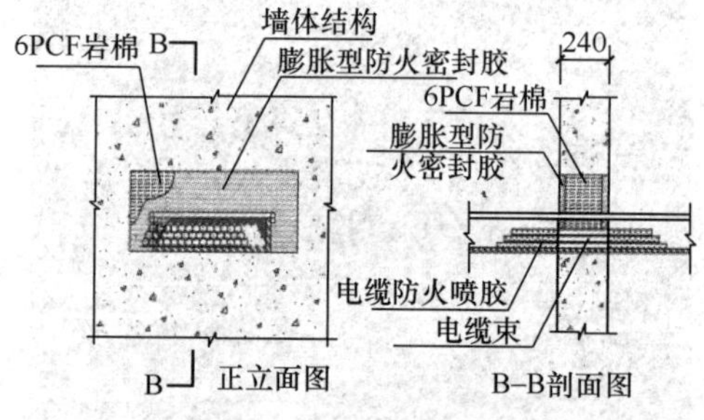

图 5-14　桥架封堵剖面图

图 5-15　桥架穿墙封堵

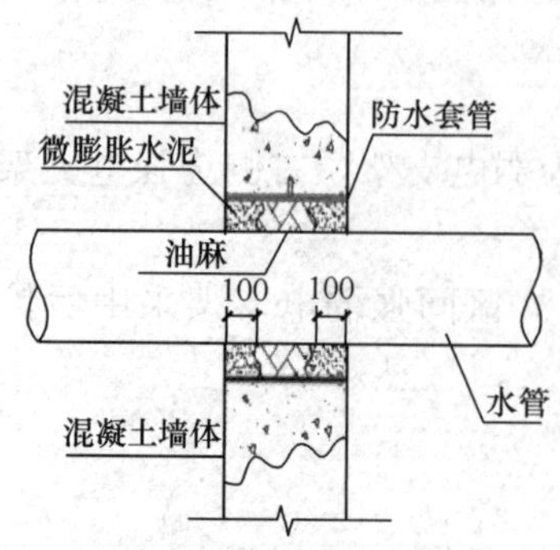

图 5-16　空调水管封堵剖面图

图 5-17　水管穿墙封堵

【效果点评】

(1) 图 5-12～图 5-15 中封堵标准统一、密实、美观；镀锌钢板紧贴墙面，固定螺栓间距统一、牢固，现场粘贴验收合同标识牌。

(2) 图 5-16、图 5-17 中封堵标准统一、密实、美观；距墙 200mm 设置固定支架，防火泥外侧设置锥形护罩，锥形护罩（喇叭口）紧贴墙面。

2. 穿楼板封堵

【策划目标】

(1) "形式统一"：同一类型封堵标准统一。

(2) "棱角包边"：降低碰挂风险，给运营人员一个舒适的环境

(3) "挡坎美观"：挡坎线形良好、涂刷显眼。兼备挡水功能和提示作用。

【操作方法】

(1) "形式统一"：套管与风管、桥架、水管之间采用防火泥＋玻璃岩棉＋防火泥组合式封堵。套管与挡水台之间缝隙采用防火泥填充。防火泥外侧设置 1.2mm 镀锌钢固定防火泥，并下翻 50mm 包边，混凝土挡坎外侧涂刷黑色防水材料。

(2) "棱角包边"：即对挡坎的棱角、边角进行封包，防火泥外侧设置 1.2mm 镀锌钢固定防火泥，并下翻 50mm 包边。

(3) "挡坎美观"：挡坎外侧涂刷黑色漆防水材料，兼备挡水功能和提示作用。

【示例照片】

图 5-18　风管楼板封堵

图 5-19　桥架穿墙封堵

图 5-20　水管穿楼板封堵

【效果点评】

图 5-18～图 5-20 中封堵标准统一、密实、美观；镀锌钢板包边既美观，又防护了挡坎阳角，阀体设置单独落地支架固定牢固；挡坎外侧涂刷黑色漆防水材料，兼备挡水功能和提示作用。

3. 箱柜封堵

配电箱柜敷设完电缆后，要进行防火封堵，要分层封堵严实可靠，不留缝隙，封堵后的外观要成型成块，美观实用。

【策划目标】

(1)"严实可靠"：箱柜内要分层封堵，严紧密实，不留缝隙。

(2)"成型成块"：封堵材料制作成型成块，美观实用。

【操作方法】

(1)"严实可靠"：配电箱内要分层封堵，先用防火板封堵大的孔洞，再用防火胶泥封堵小的缝隙。

(2)"底部封堵"：配电箱柜底部采用防火包封堵大的孔洞，小的缝隙用防火胶泥封堵。

(3)"成型成块"：防火胶泥封堵孔洞后做成规格的形状，成型成块，美观实用。

【示例照片】

图 5-21　配电柜采用电缆引入系统封堵

图 5-22　封堵后成型成块

【效果点评】

(1) 图 5-21 中环控电控柜先采用防火板封堵大的孔洞，再用防火胶泥封堵小的缝隙。

(2) 图 5-22 中防火胶泥封堵孔洞后做成规则的形状，成型成块，美观实用。

5.2 通 风 空 调

地下车站通风空调系统由区间隧道通风及防排烟系统、车站轨行区排热系统、车站公共区通风空调及防排烟系统（简称大系统）、设车站设备及管理用房的通风空调及防排烟系统（简称小系统）、车站空调水系统、备用多联分体空调系统组成。

通风空调工程施工主要从五个方面进行阐述，分别是管线连接质量控制、支吊架安装、管道保温、设备安装、管道标识。

5.2.1 管线连接质量控制

管线的连接方式分为风管连接与水管连接两部分。风管之间连接采用角钢法兰连接等。水管连接方式有螺纹连接、沟槽连接、承插连接、法兰连接、粘接、焊接、热熔连接等。

【策划目标】

（1）“焊缝饱满”：风管法兰的焊缝熔合良好、饱满，无假焊和孔洞。

（2）“螺帽同侧”：镀锌钢板连接采用角钢法兰连接，螺帽在法兰同一侧。

（3）“螺纹规范”：加工后的管螺纹端正、清楚、完整、光滑。断丝和缺丝总长不得超过全螺纹长度的10%。

（4）“合缝良好”：卡箍合缝情况良好，缝隙均匀过渡。

【操作方法】

（1）“焊缝饱满”：法兰的焊缝均匀、饱满，不得有夹渣和气孔。法兰外径或外边长及平面度的允许偏差不大于2mm，焊接处需进行二次防腐。同一批量相同规格法兰的螺孔排列一致，并具有互换性。

（2）“螺帽同侧”：风管法兰连接采用镀锌螺栓，并在法兰两侧垫镀锌垫圈，法兰的连接螺栓均匀拧紧，螺母在同一侧。

（3）“螺纹规范”：加工后的管螺纹端正、清楚、完整、光滑，螺纹连接紧密牢固。管道螺纹一次拧紧，不应倒回。螺纹连接后管螺纹根部有外露2～3扣的外露螺纹。多余的填料清理干净，并做好外露螺纹的防腐处理。

（4）“合缝良好”：密封圈外侧安装卡箍，并将卡箍凸边卡进沟槽内。安装时压紧上下卡箍的耳部，在卡箍螺孔位置穿上螺栓，检查确认卡箍凸边全部卡进沟槽内，并均匀轮换拧紧螺母。

【示例照片】

图5-23 法兰焊缝饱满

图5-24 螺帽在法兰同一侧

图 5-25　管道螺纹连接外露 2～3 扣

图 5-26　管道沟槽连接合缝良好

【效果点评】

(1) 图 5-23 中法兰的焊缝均匀、饱满，不得有夹渣和气孔。

(2) 图 5-24 中风管之间的连接，螺母在法兰同一侧。

(3) 图 5-25 中加工后的管螺纹端正、清楚、完整、光滑，螺纹外露为 2～3 扣。

(4) 图 5-26 中卡箍合缝情况良好，缝隙均匀过渡。

5.2.2　支吊架安装

支架安装主要分为风管支架安装、水管支架安装、设备支架。

【策划目标】

(1)“样式标准”：风管、水管、设备支吊架的固定方式及配件的使用按相关图集安装到位。

(2)“安装牢固”：支吊架满足承重要求。

【操作方法】

(1)“样式标准”：风管、水管、设备支架的样式按照图集要求进行制作安装，支吊架型钢、固定锚栓等材料符合要求。吊架的吊杆顺直，不得扭曲。支吊架结合点的焊缝饱满，不得有咬肉、夹渣等现象，焊缝表面严禁有裂纹。

(2)“安装牢固”：距离水平弯管 500mm 范围设置一个支吊架，水平弯管、三通边长或风管直径超过 1250mm 时设置独立支吊架。当水平悬吊的主干风管长度超过 20m 时设置防止摆动的固定点，每个系统不应少于 1 个。边长（直径）大于或等于 630mm 的防火阀宜设独立的支吊架。水平钢管采用单杆吊架时，在管道起始点、阀门、弯头、三通等部位设置防晃支吊架。

【示例照片】

图 5-27　风管、水管支吊架安装标准化

图 5-28　风管支吊架采用双螺母

图 5-29　风管弯头处增设支吊架

图 5-30　防火阀设置独立支吊架

图 5-31　水管拐弯处设置防晃支吊架

图 5-32　吊挂式风机支吊架

图 5-33　区间射流风机支吊架

【效果点评】

（1）图 5-27 中管道支吊架、支座的制作按照相关图集要求进行施工。管道支吊架、支座及零件的焊接遵守结构件焊接工艺，焊缝高度不小于焊件最小厚度，并不得有漏焊、结渣或焊缝裂纹等缺陷，并进行防腐处理。

（2）图 5-28 中风管支吊架采用双螺母，防止松动。

（3）图 5-29 中风管弯头、三通等部位需增加支吊架。

（4）图 5-30 中防火阀直径或长边尺寸大于等于 630mm 时，设独立支吊架。

（5）图 5-31 中管道弯头、拐弯等部位需设置防晃支吊架。

（6）图 5-32、图 5-33 中风机安装支吊架选材按照图纸会图集要求进行选择，焊缝高度不小于焊件最小厚度，并不得有漏焊、结渣或焊缝裂纹等缺陷，并进行防腐处理，吊杆与底座、横杆与竖杆连接处设置加强三角板，横杆与竖杆采用 45°碰角焊接。

5.2.3 管道保温

保温施工首先将管线表面擦拭干净，擦去表面的灰尘和积水并使其干燥，再进行后续工序施工。空调设备、风管及其部件的绝热工程施工在风管系统严密性检验合格后进行。空调水系统管道绝热工程的施工，在管路系统强度和严密性检验合格和防腐处理结束后进行。

【策划目标】

（1）“分布均匀”：矩形风管或设备保温钉的分布均匀，其数量满足规范要求。

（2）“严密美观”：保温施工，绝热材料层密实，无裂缝、空隙等缺陷、表面平整。风管法兰等部位需进行保温。外包铝板保护壳的施工，紧贴绝热层，不得有脱壳、褶皱、强行接口等现象。

【操作方法】

（1）“分布均匀”：矩形风管保温钉分布应均匀，其数量底面每平方米不应少于 16 个，侧面不应少于 10 个，顶面不应少于 8 个。首行保温钉至风管或保温材料边沿的距离小于 120mm。保温钉粘结后保证相应的固化时间，宜为 12～24h，然后再铺覆绝热材料。

（2）“严密美观”：绝热层满铺，表面平整，不得出现裂缝、空隙等缺陷。当采用卷材或板材时，允许偏差为 5mm。当采用卷材或板材时，允许偏差为 5mm，当采用涂抹或其他方式时，允许偏差为 10mm。管道采用玻璃棉或岩棉管壳保温时，管壳规格与管道外径相匹配，管壳的纵向接缝错开，管壳采用金属丝、粘结带等绑扎，间距为 300～350mm，且每节至少捆扎两道。风管法兰部位的绝热层的厚度，不应低于风管绝热层的 80%。金属保护壳板材的连接牢固严密，外表整齐平整，接口搭接顺直，并有凸筋加强，搭接尺寸为 20～25mm。

【示例照片】

图 5-34 风管保温钉分布均匀

图 5-35 风管法兰保温腰带

图 5-36　管壳缠裹严密

图 5-37　金属保护壳外表平整、美观

图 5-38　空调水泵保护壳安装

图 5-39　分集水器保护壳安装

【效果点评】

(1) 图 5-34 中矩形风管保温钉分布均匀，保温钉数量符合要求。

(2) 图 5-35 中风管法兰部位的绝热层的厚度，不低于风管绝热层的 80%。

(3) 图 5-36～图 5-39 中外包铝板保护壳紧贴绝热层，不得有脱壳、褶皱、强行接口等现象。接口的搭接顺水，并有凸筋加强。

5.2.4　设备安装

通风空调设备为风机、空调机组、消声器、阀门、冷水机组、冷却塔、空调水泵、集分水器、水处理器等。

【策划目标】

(1)“安装规范”：落地安装就位前必须检查设备基础标高、尺寸、位置、强度等符合设计要求。基础表面进行清理，预埋钢板的下部不得有空洞。站内吊装的风机隔振钢支吊架，其结构形式和外形尺寸符合设计文件或设备技术文件的规定。

(2)“防护安全”：通风机的传动装置外露部分设防火罩。直通大气的风机的进风口或进风管路，设安全网等安全措施。

(3)“运行平稳”：设备需按要求进行安装，确保设备正常、平稳运行。

【操作方法】

（1）“安装规范”：风机落地安装时，固定在隔振底座上，底座尺寸与基础大小匹配，中心线一致。安装隔振器的地面平整，各组隔振器承受负荷的压缩量均匀，高度误差小于2mm。风机吊装时，隔振钢支架、吊架的结构形式和外形尺寸符合设计及设备技术文件的规定，焊接牢固，焊缝饱满、均匀。水泵与减振板固定牢靠，地脚螺栓有防动措施。水泵就位安装，水泵纵向中心轴线与基础中心线重合对齐，并找平找正。冷却塔基础标高符合设计的规定，地脚螺栓与预埋件的连接或固定牢固，各连接部件采用热镀锌或不锈钢螺栓，其紧固力一致、均匀。冷却塔安装应水平，同一冷却水系统的多台冷却塔安装时，各台冷却塔的水面高度一致，高差不大于30mm。

（2）“防护安全”：通风机传动装置的外露部位以及直通大气的进、出口和管路，采取装设防护罩（网）等安全措施。

（3）“运行平稳”：风管与设备相连处设置长度为150～300mm的柔性短管，柔性短管安装后松紧适度，不扭曲，不作为找正、找平的异径连接管。空调机组接管最低点设泄水阀，最高点设放气阀。冷凝水排放管应安装水封，水封高度80～100mm。水泵阀门安装的位置及进、出口方向正确且便于操作。阀门连接牢固紧密，启闭灵活。成排阀门的排列整齐美观，在同一平面上的允许偏差不大于3mm。

【示例照片】

图5-40　安装位置正确，底座水平

图5-41　冷却塔安装水平、固定

图5-42　风机的吸入口设置防护网

图5-43　软接松紧适度

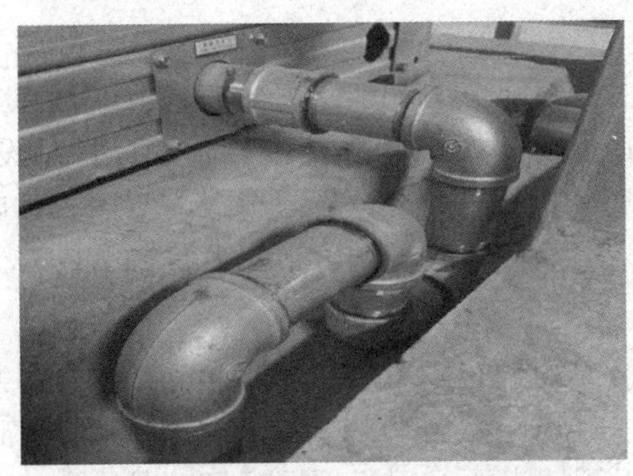

图 5-44　冷凝水管设置存水弯

图 5-45　阀门等部件位置正确、排列规整

图 5-46　管壳式消声器安装

图 5-47　空调水泵安装

【效果点评】

(1) 图 5-40 中风机落地安装就位前必须检查设备基础标高、尺寸、位置、强度等符合设计要求。基础表面进行清理，预埋钢板的下部不得有空洞。风机安装位置正确，底座水平。图 5-41 中冷却塔基础位置、标高符合设计的规定，地脚螺栓与预埋件的连接或固定牢固。

(2) 图 5-42 中吊装风机采用型钢固定支架，型钢支架采用三角钢板加强。风机的吸入口或吸入管直通大气时，加装安全防护网。

(3) 图 5-43 中风机与风管采用软管连接，安装时松紧适度。

(4) 图 5-44 中空调机组接冷凝水排放管需设置水封，水封高度 80～100mm。

(5) 图 5-45 中成排阀门高度一致，整齐美观。

(6) 图 5-46 中管壳式消声器设置单独支架。图 5-47 中空调水泵吸入管变径时，应做偏心变径管，管顶上平。成排阀门高度一致，整齐美观。

5.2.5　管道标识

管道标识为风管、水管的标识和设备的标牌。

【策划目标】

(1) “样式统一”：标识、标牌字体、大小、颜色、间距统一。

(2) “标识清楚”：标识、标牌大小能清楚识别。

【操作方法】

（1）“样式统一”：设备机房、管道井、吊顶内等部位的主干管道，在管道的起点、终点、交叉点、转弯处、阀门、穿墙管道梁以及其他需要标识的部位进行管道标识。设备、阀门的标牌字体大小、尺寸、背景颜色、材质统一。管线标识色环颜色、喷字内容、喷字和箭头颜色一致。其中有吊顶的房间及区域的风阀（包括防火阀、电动风量调节阀及手动调节阀）标牌采用吊顶下侧墙固定的方式。

（2）“标识清楚”：通风空调系统风口系红丝飘带（有效长度以 200mm 为宜），并在风口短边侧喷上风口功能文字说明，如送风口、排风口、排烟风口、排风兼排烟风口等，文字说明长度与风口短边长度一致。管道喷涂于管道表面，间距根据现场情况确定，并且最小距离为 10m，大小以能识别清楚为准。

【示例照片】

图 5-48　阀门标牌统一

图 5-49　水管标牌清楚、美观

图 5-50　设备标牌统一样式

图 5-51 管线标识清楚

【效果点评】

（1）图 5-48、图 5-49 中阀门标牌（防火阀、手动调节阀、电动调节阀、水阀门等）大小一致。吊顶上面的阀门，标牌在吊顶下 10cm 位置，固定在侧墙上。

（2）图 5-50 中设备标牌统一制作、统一规格，统一固定在设备铭牌附近。

（3）图 5-51 中风管、水管管线标识，长方形标示喷涂于表面，间距根据现场情况确定，并且最小距离为 10m，大小以能识别清楚为准。

5.3 站 台 门

站台门系统安装于地铁、轻轨等车站的站台边缘，将轨道与站台候车区隔离，设有与列车门相对应、可多级控制开启与关闭滑动门的连续屏障。站台门一般分为全高式屏蔽门和半高式安全门。全高式屏蔽门主要适用于地下车站，半高式安全门主要适用于高架车站。

站台门安装主要从三方面进行阐述，包括站台门主体安装、设备房设备安装及相关接口要求。

5.3.1 站台门主体安装

站台门主体不仅是分隔站台区与轨行区的主要设备，也是站台层装修的重要组成部分，因此站台门在确保安全和所有功能实现的前提下，更应兼具美观要求。站台门主体安装工程分为承重结构安装、门机系统安装、门体结构安装、顶箱盖板安装四部分。

1. 承重结构安装

【策划目标】

（1）“安装对齐”：高度、限界、水平三个方向依次校准。

（2）“垂直良好”：立柱相对于站台板的垂直度误差值≤1‰。

【操作方法】

（1）“安装对齐”：在支撑安装前，应保证土建安装基面的平整。在支撑架定位时，先找 Z 向基准，通过改变调整垫片的组合高度；找 X 向基准时，按照站台中心向两端的顺序调整，支撑座需要微调直至精准定位。

（2）“垂直良好”：垂直度调整以立柱方管表面作为基准面。下部立柱通过调整伸缩装置与上部支撑的连接螺栓，保证 X、Y 水平方向上误差≤1mm。安装上部立柱时，保证与下部立柱前表面平齐。两侧面与下部立柱对应侧面平行度误差≤1mm。在确保前后门槛

以 Z、X、Y 向顺序定位安装完成后，应使门槛与立柱间缝隙各自保持均匀一致，不得过大。通过上部支撑及伸缩装置调整位置并紧固。

【示例照片】

图 5-52　承重结构安装对齐

图 5-53　立柱垂直良好，门槛平齐

【效果点评】

（1）图 5-52 中，立柱左右开档保持一致，上下部支撑精准定位。

（2）图 5-53 中，上下部立柱前表面平齐，门槛与立柱间缝隙各自保持均匀一致，门槛水平表面平整。

2. 门机系统安装

【策划目标】

（1）“预装便捷”：整机直接预装在立柱安装板上。

（2）“接线美观”：门机系统接线压装牢固，线扎整理整齐，保持美观。

【操作方法】

（1）“预装便捷”：承载驱动机构预装并固定在立柱顶部的门机安装板上。保证立柱开档中心线位置与导轨中心线槽对齐，同时保证固定门、应急门单元中机构与机构之间的间距。门机系统内部件出厂前预装完成，现场安装直接整机固定在立柱顶部的门机安装板上。

（2）“接线美观”：机构内部元器件互联线安装连接，压装牢固，线扎整理整齐，保持美观。

【示例照片】

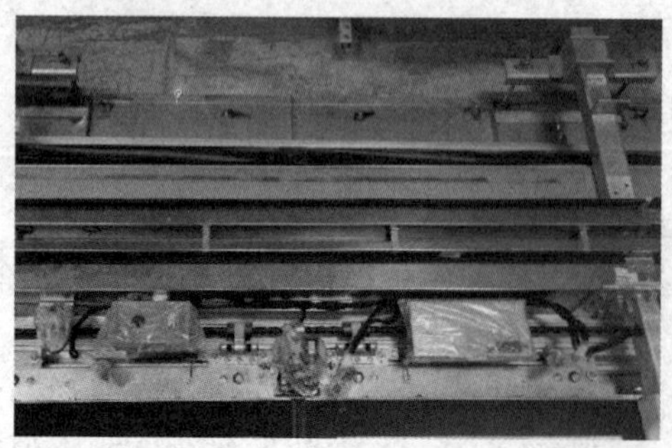

图 5-54　门机系统预装组成

图 5-55　机构内部元器件互联线安装连接

【效果点评】

（1）图 5-54 中，门机系统预装并固定在立柱安装板，轻盈可靠，便于安装。

（2）图 5-55 中，机构内部元器件互联线安装连接，压装牢固，线扎整理整齐，保持美观。

3. 门体结构安装

【策划目标】

（1）“八字形门扇”：滑动门门扇缝隙形成上窄下宽的八字形。

（2）“闭合良好”：应急门胶条中缝闭合良好。

【操作方法】

（1）“八字形门扇”：首先滑动门门扇定位调整好，将缝隙调整为上窄下宽的八字形，门体必须处于未锁闭状态，旋转偏心轴微调门体。保证滑动门啮合后中心线与单元中心线对齐且前档胶条啮合无间隙。

（2）“闭合良好”：首先确认应急门左右立柱开档尺寸在规定公差范围以内；调整应急门门体（转轴）位置，使两扇应急门向中间靠拢，直至中间胶条完全闭合；同时应保证左右应急门在同一高度、同一平面上，且左右应急门开关功能正常。

【示例照片】

图 5-56　滑动门完整闭合

图 5-57　应急门中缝闭合良好

【效果点评】

（1）图 5-56 中，滑动门左右对称，门扇缝隙呈外八字形，门体啮合后中心线与单元中心线对齐且前档胶条啮合无间隙。

（2）图 5-57 中，左右应急门处于同一高度、同一平面上，应急门左右无缝隙，中缝闭合不透风。

4. 顶箱盖板安装

【策划目标】

（1）“缝隙均匀”：全高门顶箱盖板间隙均匀。

（2）“过渡自然”：正线与端门转角处过渡自然。

【操作方法】

（1）“缝隙均匀”：安装盖板时，按照站台中心向两端的顺序调整；调整盖板间隙时，使用定尺塞片保证盖板间隙保持一致。

（2）“过渡自然”：正线与端门盖板转角处采用单独转角时，需调整转角，使之与正线盖板、端门盖板需均大致处在同一平面上，且缝隙尺寸与正线盖板间间隙一致；直接采用盖板转角衔接时，转角处固定门上方盖板应单独成块，盖板衔接缝隙调节均匀。

【示例照片】

图 5-58　顶箱盖板间隙均匀

图 5-59　单独转角过渡自然

【效果点评】

（1）图 5-58 中全高顶箱盖板左右间隙均匀一致，上下间隙保持一致，整齐美观。

（2）图 5-59 中当直接盖板衔接时，美观性更佳，但衔接处盖板应为不经常打开使用的单独固定盖板。当采用绝缘的单独转角时，转角两侧间隙应与正线盖板间隙保持一致，此方式对转角本身的制作及安装精度要求较高。

5.3.2　设备房设备安装

站台门设备柜统一安装在站台门设备房内。设备柜是站台门系统的控制、监控、电源设备，并负责与信号、综合监控接口。电气安装主要包括控制及监视系统和电气系统的安装。

【策划目标】

（1）“封堵到位”：桥架封堵美观。

（2）“接线规范”：设备柜内接线规范整齐，有明确线号和标识。

（3）“摆放整齐”：设备房设备柜摆放整齐。

【操作方法】

（1）“封堵到位”：桥架封堵时，采用防火板封堵，缝隙填充防火泥。

（2）“接线规范”：放线完成后，将多余线束剪去；接线前所有线束用热缩套管做好编号，同一线束两端编号相同；接线完成后线束整理绑扎整齐，放于线槽之中并盖好槽盖。

（3）“摆放整齐”：设备房无静电地板时，设备柜直接放置于地砖表面，相邻设备柜顶部用连接板连接（借用设备柜吊装孔），并摆放整齐；设备柜设置静电地板时，将设备柜底座调平后固定于地面（底座上表面高于静电地板安装完成面 5～10mm），设备柜再与底座连接固定，最后相邻设备柜顶部用连接板连接（借用设备柜吊装孔），并摆放整齐。

【示例照片】

图 5-60　桥架封堵美观

图 5-61　设备柜内布线整齐

图 5-62　地砖面设备柜布置整齐

图 5-63　静电地板房设备柜布置合理

【效果点评】

(1) 图 5-60 中桥架过墙孔采用防火板与防火泥配合封堵，封堵整齐美观。

(2) 图 5-61 中设备柜内布线整齐，所有电器设备、线束均有相应编号。

(3) 图 5-62 在铺设地砖的设备房内，设备柜摆放整齐。

(4) 图 5-63 在设有防静电地板设备房内，设备柜摆放整齐，前后柜门均打开顺畅。

5.3.3　相关接口要求

站台门实际现场安装时，与土建、机电、装修等专业均会产生接口问题，如：施工接口、吊顶、饰面铺贴等。这些接口问题处理的恰当与否，直接影响着站台门的功能实现与站台层的装修效果。

【策划目标】

(1)“接口美观”：端门与装修接口美观。

(2)“吊顶适当”：吊顶或灯带与全高门顶箱盖板间有足够间距，且间隙均匀。

(3)“铺砖合理”：应急门/端门处铺砖不影响门体打开。

【操作方法】

(1)“接口美观”：端门与装修接口处衔接合理美观。前期机电/装修进场时，及时与机电/装修专业进行对接与协商，确定公共区与站台门接口方案与端门处收口方案，并在装修排版图纸深化时提前予以考虑；关注实际施工过程中与方案、图纸是否一致，出现问题时应及时协商解决。

（2）“吊顶适当”：装修吊顶或灯带不能紧贴站台门顶部盖板，间隙应大于 20mm，留出绝缘间隙和站台门盖板维护拆卸的空间。

（3）“铺砖合理”：在确保站台门门槛标高（门槛面至轨顶面距离）正确的前提下，站台层公共区两侧临近站台门门槛处的贴砖高度应略低于站台门门槛面 2～3mm，应急门/端门打开区域无盲道等高于铺砖面的设施，不影响门体正常打开。

【示例照片】

图 5-64　全高端门收口紧密

图 5-65　半高端门收口美观

图 5-66　吊顶预留空隙适当

图 5-67　应急门处贴砖合理

【效果点评】

（1）图 5-64 中全高端门与墙面衔接紧密、收口整齐。

（2）图 5-65 中半高端门与护栏衔接紧密、收口整齐。

（3）图 5-66 中吊顶与顶箱盖板留出了足够间隙，方便盖板取下维修，也确保了站台门绝缘效果。

（4）图 5-67 中地面贴砖略低于站台门门槛 3～5mm，不影响应急门（端门）打开，打开区域内也无高于地砖面的设施。

5.4 电 扶 梯

自动扶梯是由一台特种结构形式的链式输送机和两台特殊结构形式的胶带输送机所组合而成的特种设备，带有循环运动梯路；用于车站、码头、商场、机场和地下铁道等人流集中的地方。

5.4.1 安装效果

【策划目标】

（1）“胶带契合”：扶手带与扶手支架贴合，扶手带速度与梯级速度契合。

（2）“上下一致”：扶梯安装上下没有偏差，不存在大小头。

（3）“成品保护”：扶梯安装后采用梯级式成品保护，既能有效保护扶梯，又能给装修单位提供方便。

（4）“强弱分箱”：自动扶梯机舱电源柜、控制柜、变频柜系统相互独立设置。所有强、弱电线分开，并全部独立套管防护。

【操作方法】

（1）“胶带契合”：自上而下地将扶手带安装在扶手带导轨型材上，调整并张紧扶手带，多次运行扶手带，使扶手带与扶手支架紧密贴合；调整梯级和扶手带驱动的运行速度，使扶手带运行速度相对于梯级的运行速度偏差在+1%范围内。

（2）“上下一致”：通过调正桁架上的支撑使扶梯的上下土建支撑梁与扶梯中心线垂直，上下四个扶梯角钢与承重梁（钢板）距离一致且不大于50mm。

（3）“成品保护”：用木板覆盖每个梯级，内侧面及外侧面用木板保护，中间用木条固定。

（4）“强弱分箱”：自动扶梯机房内电源系统，控制系统，变频系统都设置独立柜体，强电、弱电线都各自分开布线，并使用护套管保护。

【示例照片】

图 5-68 扶手带与支架贴合紧密

图 5-69 扶梯上下一致无跑偏

图 5-70　扶梯梯级式成品保护

图 5-71　扶梯机舱整洁明了

【效果点评】

(1) 图 5-68 中扶手带外观完好，与扶手带支架贴合紧密，运行、改变方向时扶手带不跑偏，不丢速。扶手带的运行速度相对于梯级的运行速度偏差在＋1％范围内，运行时不会出现因扶手带速度过慢而导致乘客向后摔倒，保障安全性。

(2) 图 5-69 中扶梯从上而下没有角度偏移，保障扶梯正常运行，整齐美观，体现安装时的精益求精，保证安装质量，避免角度问题产生异响。

(3) 图 5-70 用木板覆盖每个梯级，内侧面及外侧面用木板保护，中间用木条固定，既保护了扶梯，又能给后面施工单位提供方便。

(4) 图 5-71 中电源系统、控制系统、变频系统都设置独立柜体，强电、弱电，简洁明了，方便维护。

5.4.2　标识与安全

【策划目标】

(1)“按钮明显”：紧急制动按钮醒目，安装在上下端口处，方便使用。

(2)“警示齐全”：出入口，三角区警示标识完整，位置明显、有效。

【操作方法】

(1)“按钮明显”：应急按钮在扶梯上下端各有一个，安装位置显眼，方便出现紧急情况时使用，且加以醒目的标志注明；过长的扶梯在扶梯中间桁架处额外加装应急制动按钮，避免上下端按钮来不及使用的情况发生。

(2)“警示齐全”：在出入口处、扶梯与顶棚所形成的三角区域位置应贴上大且醒目的警示图或者使用三角牌，防止乘客碰头。

【示例照片】

图 5-72　扶梯上下端醒目的紧急制动按钮

图 5-73　扶梯中部加装紧急制动按钮

图 5-74　出入口警示标识明显

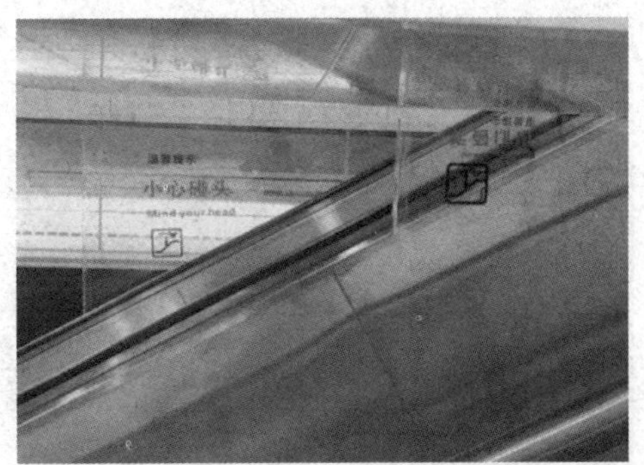

图 5-75　大小两个三角警示牌标示醒目

【效果点评】

(1) 图 5-72、图 5-73 中紧急制动按钮为醒目的红色，又用红色警示贴纸提醒；安装位置位于扶梯上下端口处，方便使用；提升高度高于 10m 的扶梯在中部加装紧急制动按钮，防止乘客在中间出现意外状况而上下端按钮来不及使用的情况发生。

(2) 图 5-74、图 5-75 中安全警示标志形状巨大，颜色醒目；三角牌采用透明塑料板配以鲜红的警示标语，一大一小挂在扶梯两侧，美观显眼。

5.4.3　过渡衔接

【策划目标】

(1) “护栏有效”：避免因扶梯和步梯之间的高度落差与两者之间的空隙而带来安全隐患。

(2) “滑板平顺”：滑板与地面平滑过渡，无咬边，安全美观。

【操作方法】

(1) “护栏有效”：扶梯与步梯上下端接口处加装 1.5m 高的安全护栏，阻隔两者之间的高度差，填补两者之间的空隙；护栏采用不锈钢材质，结实耐用，不会变形损坏。

(2) “滑板平顺”：在扶梯与周边大理石地板相接处安装金属滑坡板，清晰得标识出扶梯与地面的界限，防止乘客出现绊脚、踩空的情况；与地面过渡平滑，美观，并贴上警示标识防止意外状况的发生。

【示例照片】

图 5-76　安全护栏防止高度落差

图 5-77　安全护栏填补两梯空隙

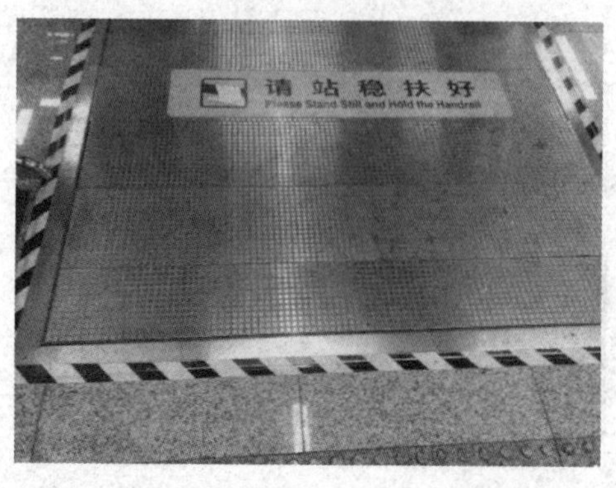

图 5-78　不锈钢滑板过渡平顺

图 5-79　警示线标识明显

【效果点评】

（1）图 5-76、图 5-77 中扶梯与步梯上端口入口处的高度差被 1.5m 高的护栏隔离，乘客不会发生意外坠落事件；扶梯与步梯之间的空隙也被护栏填补；不锈钢安全护栏质量高，硬度大，不会因为乘客拥挤而变形移位，不锈钢材质也与扶梯整体色调一致，在保障安全的同时也更加美观。

（2）图 5-78、图 5-79 中滑板使地面与扶梯接口过渡平滑，地面和接口无咬边情况的发生；警戒线明显，防止乘客踩空发生意外状况。

5.5　通　信　工　程

通信系统是地铁运营指挥、服务乘客和传递各种信息的网络平台，它是一个组网灵活并能传递语言、数据、图像等各种信息的综合业务数字通信网。通信系统在正常情况下应保证列车安全高效运营、为乘客提供高质量的出行服务；异常情况下能迅速转变为供防灾救援和事故处理的指挥通信系统。

通信工程的区间线路敷设、区间托架安装、综合管线、外围线缆敷设、底座安装、地槽安装、室内设备安装等与其他专业公共性的内容详见本书其他章节。本节主要着重从通信区间线路策划、外围设备安装策划及场段内安防系统等几个方面来介绍通信系统的创精品工程实施细节。

5.5.1　通信区间线路

通信区间线路主要从漏缆安装、线缆成端及区间设备安装三个方面来介绍，其余未能描述部分详见本书其他章节“通用工程”相关内容。

1. 漏缆安装

【策划目标】

（1）“高度一致”：矩形及盾构区间的漏缆卡具安装，应按照设计要求保持一个稳定高度，并标明人防门处、隔离开关等特殊地段的安装高度。

（2）“间距恒定”：漏缆卡具安装间距宜为 1m，施工中根据区间隧道的实际情况，安装卡具的间距可在 0.9～1.2m 之间调整。

【操作方法】

(1)“高度一致”：施工前须进行隧道壁画线工作。使用专用工具（隧道画线梯车）将漏缆卡具安装设计位置在隧道壁进行标注，然后一一转孔安装。

梯车一般为自加工工具，使用状态如图 5-80 所示。

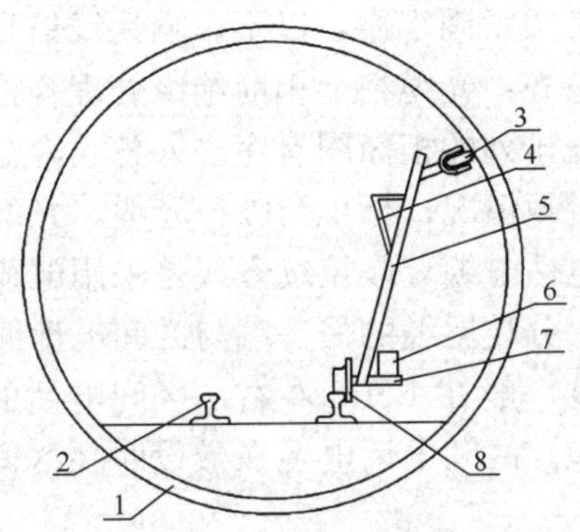

图 5-80　隧道画线（打眼）梯车

1—隧道衬砌片；2—轨道；3—贴隧道壁滑轮；4—工作台面；5—梯子；6—货物；7—存货台；8—轨道轮

(2)“间距恒定”：漏缆卡具间距为每米 1 个，一般设计为 9 个普通漏缆卡具配套 1 个防火支架（即“9+1”模式，也有设计为“4+1”模式）。

【示例照片】

图 5-81　安装完毕的漏缆高度一致

图 5-82　高架区段的漏缆卡具间距恒定

【效果点评】

(1) 图 5-81 为隧道区间漏缆安装完毕后，漏缆高度随轨面的变化而变化，与轨面保持稳定的高度。

(2) 图 5-82 为高架区间的漏缆安装，漏缆卡具安装于支架顶部，支架间距 1m；地下区间或其他类型的高架（疏散平台下安装、在挡墙上安装或在预留的滑槽内安装等）漏缆卡具安装间距均为 1m，实现间距恒定。

2. 线缆成端

【策划目标】

(1)“防水良好”：漏缆（同轴电缆）防水处理良好，工艺美观。

(2)“收容整齐”：光缆进柜整齐；入盘有序，盘留美观，标识清晰。

（3）“成端美观”：区间电话成端高度统一、规范，预留适度。

【操作方法】

（1）“防水良好”：所有射频连接器及接头应做防水密封处理。接头防水，将制作完成的接头，先用自粘胶带绕包，再用聚氯乙烯带绕包三层，保证连接头不受潮气侵扰。注意均匀与美观。各零部件连接必须紧固牢靠，以不影响无线信号的稳定传输。

（2）“收容整齐”：进柜整齐：光缆在上柜前绝缘处理合格，并进入机柜底部时排列整齐；入盘有序：线缆按照预先排列的柜面图有序进入各收容盘，不得交叉或飞线；盘留美观：在收容盘内无盘留过长过短情况；标识清晰：光缆、光纤标识及台账清晰明确。

（3）“成端美观”：区间电话电缆分歧接续方式是采用电缆不中断的情况下，将区间电话线对用分歧尾缆桥接引出。分歧尾缆的另一端与区间电话插销盒安装连接，区间电话插销盒在隧道、地面的安装高度一般在 1.4m 左右，区间电话的引出尾缆长度约 2m，采用与区间电话电缆同型号的电缆。区间电话电缆在敷设时在区间电话的安装处做 300mm 左右预留，以备接续时使用。

隧道内区间电话插销盒安装一般直接固定在隧道壁上，安装的位置在托板托架的下方，因此区间电缆的位置在区间电话的上方约 1m 处。区间电话分歧尾缆引上时用直径 20mm 的 PVC 管或钢管进行防护，并用抱箍固定。

【示例照片】

图 5-83　射频电缆接头防水处理过程

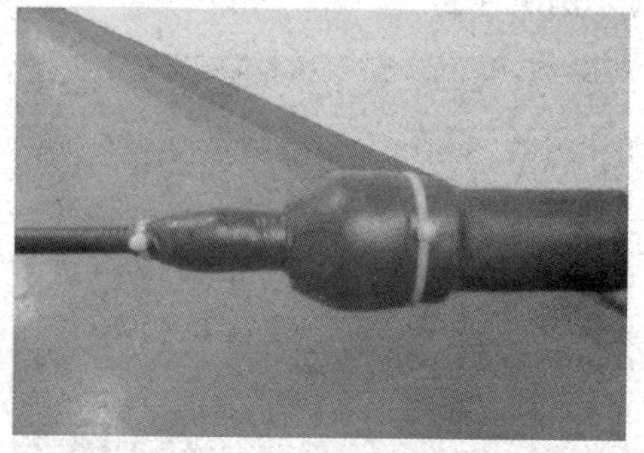

图 5-84　射频电缆接头防水良好

图 5-85　ODF 机架尾纤盘留整齐

图 5-86　ODF 机架底部进线整齐

图 5-87　光纤进入收容盒有序

图 5-88　收容盘内盘留整齐美观

图 5-89　区间电话成端美观

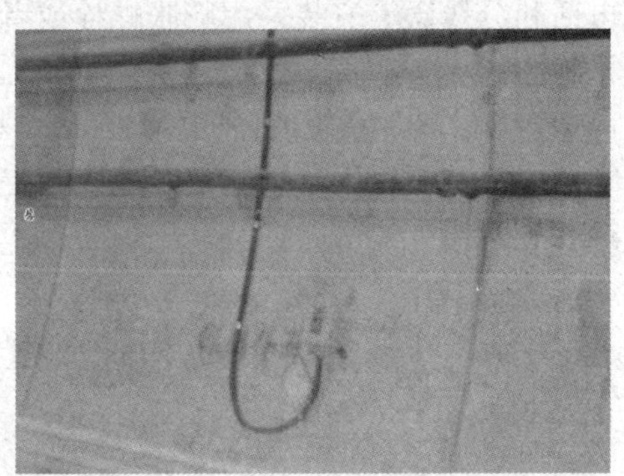

图 5-90　电话插销盒高度适中

【效果点评】

(1) 图 5-83 为射频电缆接头防水处理过程，用聚氯乙烯带缠绕包扎。

(2) 图 5-84 为射频电缆接头处理完毕后的效果，射频电缆防水处理应外观圆顺、无疤痕、无破损，能保障连接头不受潮气侵扰。

(3) 图 5-85 为室内 ODF 机架尾纤盘留整齐，要选用适当长度尾纤，将多余尾纤在机架的收容架上盘留。

(4) 图 5-86 为室内 ODF 机架底部进线，线缆进入机柜时候排列整齐有序。

(5) 图 5-87 光纤进入收容盒有序，光纤束管须按照 ODF 规划的版面图顺序有序进入各收容盒。

(6) 图 5-88 为 ODF 收容盘内盘留。光缆在开剥完成后，需在收容盘内预先盘留并做好标记，将多余光纤裁剪并开始光缆接续；接续完毕后，要认真仔细进行光纤盘留，避免光纤溢出盒外。

(7) 图 5-89 为区间电话成端美观；电话盒子与电话插销盒顶部齐平，全线安装效果统一、美观。

(8) 图 5-90 为电话插销盒安装高度适中，便于维护和操作。

3. 区间设备安装

区间设备一般包含：PIS 系统的区间 AP；区间广播、无线基站设备等。

【策划目标】

(1)“维护方便”：安装高度需满足通信的功能性需求，便于运营维护、不侵限界。

(2)“安装牢靠”：在区间侧墙或者支架上安装固定时，固定牢靠，进行防锈处理。

【操作方法】

(1)“维护方便”：高度满足不侵限界，且便于运营维护。地下隧道区间 PIS 系统的区间 AP、无线基站的设备机箱安装高度距轨面高度 1.1～1.5m，位于消防水管上方。区间电话和分线盒安装高度 1.2m，电话在左，分线盒在右。区间广播安装高度 3.4～3.6m，位于托架上方，广播朝向列车行车方向。

高架区段：PIS 系统的区间 AP、无线基站设备机箱安装于侧墙上；或者用自制支架在地面固定，不得侵入限界且便于运营维护。

(2)“安装牢靠”：在地下区间内：区间广播、PIS 系统的区间 AP、无线基站设备、区间电话和分线盒等安装采用膨胀螺栓或者胀管在隧道壁上进行固定，铁质螺栓应涂防锈油等措施。

高架区段：PIS 系统的区间 AP、无线基站设备安装于侧墙上；或侧墙预留滑槽，用 T 型螺栓固定；或者用自制支架在地面固定；防锈漆处理如同地下区间。

【示例照片】

图 5-91　LTE-RRU 设备安装高度便于维护

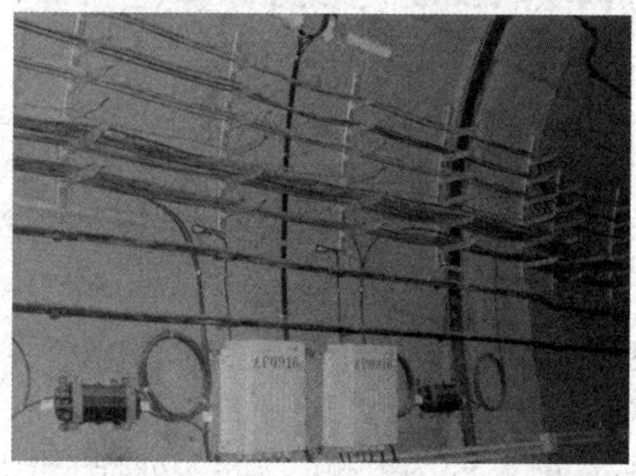

图 5-92　区间 AP 安装高度便于维护

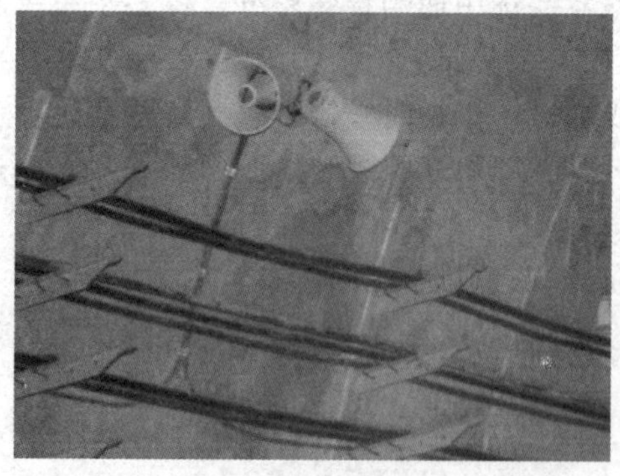

图 5-93　区间广播安装牢靠

图 5-94　区间无线天线（民用）安装牢靠

【效果点评】

(1) 图 5-91 为地下隧道区间的 LTE-RRU 设备。

(2) 图 5-92 为地下隧道区间 AP，安装高度为 1.1～1.5m，安装高度不侵限且便于运营维护。

(3) 图 5-93 为区间广播，安装位置和角度有利于收听，且不影响其他工程的安装及装修。

(4) 图 5-94 为出入段线的无线天线（民用），其主要目的是在隧道区域内于漏缆末端安装一对天线，用于覆盖出入段区域。区间广播及区间天线应设置一个支架固定在隧道墙壁上，固定的螺栓涂防锈油等防锈措施。

5.5.2 外围设备安装

车站终端设备安装主要包括摄像机、各种显示器、扬声器、子钟、天线、查询机等，车站内各终端设备安装位置需根据车站具体结构及装修情况做最终微调。部分特殊终端（如车控室时钟、车控室固定台天线等）安装方式需根据车站具体结构及装修情况作最终调整，根据施工现场最终确定。

外场设备的安装将考虑支架、吊架附近装修材料使用情况，包括颜色、板型、标高等，同时考虑附近其他专业的终端设施对弱电系统外场设备性能的影响，对于终端设备周围的整体装修板材，应协调装修单位预留好检修孔，为以后的运营维护和检修提供方便。

1. PIS 终端设备安装

【策划目标】

(1)“定位精准”：PIS 系统的终端设备安装关键在于设备定位，设备定位要便于服务、便于乘客观察、便于运营维护。

(2)“防护到位”：车站外围钢管径路应保证横平竖直、整体美观，尽量避开障碍物；外围终端设备配管前应提前根据各类终端设备的功能不同进行整体规划，以终端设备的明确安装位置为依据对保护管进行规划。

(3)“吊杆垂直”：导乘屏吊杆在安装时，必须严格保持与地面垂直，否则等导乘屏安装完毕后，会出现明显的偏斜，影响观看效果。

(4)“美观协调”：安装高度效果达到统一、美观、协调；且不影响行人。

【操作方法】

(1)“定位精准”：表 5-1 为标准车站的 PIS 系统终端设备定位详表。

PIS 终端设备定位表 **表 5-1**

序号	名称	位置	定位原则
	站厅公共区		
1	票亭 LCD 屏	进站闸机侧，屏面和票亭前沿对齐	方便买票人员观测
2	自动售票机 LCD 屏	安装在售票机靠近通道侧	
3	站厅付费区双面 LCD	参照设计图，避免与枪机、快球冲突	
4	查询机	一般为靠近售票厅的柱子旁（由运营确定）	
5	站厅 4 个 LED 屏	安装在站厅公共区通道中央与出入口边墙交汇处	进出站人流观测无遮挡

续表

序号	名称	位置	定位原则
	站台公共区		
1	站台两侧 LCD 屏	吊杆安装位置距屏蔽门 1.2m，左右站台相互对称	站台两端 LCD 屏调整至两个柱子中间
	出入口		
1	LCD 屏	出入口拐弯处	安装时注意避让文化墙、消火栓、广告灯箱、配电箱
2	LED 屏	装修梯眉	设计要求或居中

（2）"防护到位"：设备定位完毕后，在装饰装修专业铺设地面前须完成对查询机的终端钢管的铺设工作；其余的各种屏幕需在吊顶安装前完成相关吊杆的安装及防护管及软管的安装工作；PIS 终端设备配备两根钢管，分别布放电源线及光缆。与桥架连接、引出的保护管安装标高应与桥架敲击孔平齐。

（3）"吊杆垂直"：可采用标线仪、垂线等来确定垂直度。应做到左右对称，站台的 PIS 屏采用可调节的门型吊架，做到安装美观，达到乘客最佳观看效果。导乘屏吊杆在安装时，必须保持与地面垂直，否则会出现明显的偏斜，影响观看效果。

（4）"美观协调"：查询机为地面安装，为直接落地安装，无需设备底座等设施；LCD 屏幕安装要求距地大于 2.5m；出入口的 LED 屏幕安装原则为居中安装，如运营方有特殊要求除外。导乘屏安装高度：屏底边距装修不小于地面 2.2m。现场定位后，将上部支架用膨胀螺栓固定在顶墙上，再将下部支架同上部支架牢固连接起来，两者高度可调。PIS 屏幕终端设备安装时候，须将线缆进行隐蔽，不得外露。

【示例照片】

图 5-95 售票厅处 PIS 屏幕定位精准

图 5-96 售票机 PIS 屏定位精准

图 5-97 出入口拐角处 PIS 屏吊杆垂直

图 5-98 查询机安装美观协调

图 5-99 PIS 屏幕安装美观协调

【效果点评】

（1）图 5-95 中售票厅处的 PIS 屏幕定位精准，票亭窗口上方装修吊顶下，避开票亭导向。

（2）图 5-96 中售票机 PIS 屏定位精准，吊装在售票机上方吊顶下且避开导乘指示牌。

（3）图 5-97 为出入口拐角处 PIS 屏，安装时注意避让文化墙、消火栓、广告灯箱、配电箱等设施，吊杆应垂直，否则会出现明显的偏斜，影响观看效果。

（4）图 5-98 为查询机，靠近售票厅的柱子或墙旁，须将线缆进行隐蔽引入。

（5）图 5-99 为进站 PIS 屏，应按照设计要求或居中安装，安装时需与装修单位协调预留石材开孔等问题，做到安装完毕后美观、协调。

2. 摄像机安装

摄像机属于视频监控系统的终端设备，在地铁车站、停车场、车辆段等均设有各种功能的摄像机。目前国内地铁使用主流视频监控的为全数字高清系统。

【策划目标】

（1）“定位精准”：对照射区域进行无盲区覆盖，满足功能需求。

（2）“防护有效”：对摄像机的线缆在终端位置防护有效。

（3）“垂直美观”：摄像机吊杆在安装时，必须严格保持与地面垂直。

【操作方法】

（1）“定位精准”：根据设计图确定摄像机的功能，按覆盖的范围来定位最佳的安装位置、镜头角度、摄像机焦距；摄像机安装位置应该避开空中障碍物。

（2）“防护有效”：摄像机终端电源线、信号线采用防护钢管各一根。进出线管口要求光滑、无毛刺，出线口应安装 86 底盒，钢管连接处应内外锁母夹紧，线槽与钢管、钢管与 86 盒间应连接地线。配管时位置尽量准确，减少软管使用量。雨棚下摄像机应从卷帘门柱处布设钢管引上，在装修挂石材之前预埋。钢管拐弯连接处应规范、美观。施工中应跟进装修进度，避免错过最佳时期。

警务室电视墙出线盒应从警务机房用 100mm×50mm 线槽预埋在电视墙安装位置距墙 10cm 处，作为后期电视墙线缆通道。

（3）“垂直美观”：可采用标线仪、垂线等来确定垂直度。摄像机吊杆安装应同步装修吊顶，安装时避免导向、PIS 遮挡。安装完成后应使用仪器进行多角度观测，保证吊杆垂直、无歪斜。

站厅、站台和通道内摄像机吊杆一般从栅格或铝板间缝隙处引下，避免从铝板中开孔。上杆安装完后，应将摄像机线缆用软管防护从吊杆顶部预留孔引入，同时将下杆调到安装高度固定牢固。站厅、通道吊杆一般紧贴吊顶，站台吊杆距地 2.6m。设备区走廊和房间吊顶一般为石膏板或穿孔铝板，安装前先安装上杆，然后确定开孔位置，根据下杆尺寸选择开孔器进行开孔。最后固定下杆（贴顶）并将线缆引入。

售票厅摄像机线缆一般从结构柱旁沿钢管引下，钢管要求刷白。

软管防护应规范，应用扎带固定，禁止用透明胶带或黑胶带。

【示例照片】

图 5-100　进站电扶梯摄像机定位精准

图 5-101　售票厅半球定位精准

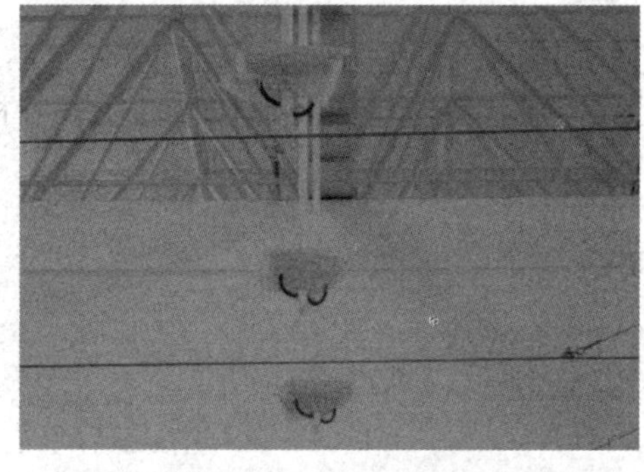

图 5-102　检修库摄像机防护有效

图 5-103　站台摄像机吊杆垂直

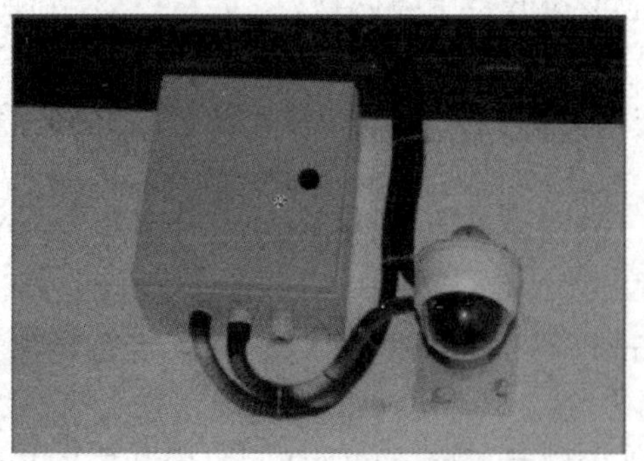

图 5-104　进站扶梯摄像机防护有效

图 5-105　站厅公共区摄像机安装美观

【效果点评】

（1）图 5-100 为进站电扶梯摄像机，上下行电扶梯及楼梯上下方均设有摄像机，摄像机对该区域进行覆盖；安装于电扶梯前方 3m，覆盖电扶梯运行的状态。

（2）图 5-101 为售票厅半球，安装于售票厅门对面顶部角落，覆盖售票厅内部。

（3）图 5-102 为检修库摄像机，摄像机电源线及光缆自吊杆引出后用软管防护。

（4）图 5-103 中站台末端摄像机须靠近屏蔽门末端安装，方可降低盲区；摄像机吊杆安装时须保障其垂直度，方可保障图像端正。

（5）图 5-104 中出入口雨棚应避免漏水情况发生，摄像机底座孔洞处应进行封堵。

（6）图 5-105 为站厅公共区固定式摄像机，站厅、站台和通道内摄像机吊杆一般从栅格或铝板间缝隙处引下，避免从铝板中开孔，保证其美观性。

3. 时钟安装

【策划目标】

（1）“定位精确”：定位时要空间布局合理，满足功能需求。

（2）“防护有效”：对时钟的线缆在终端位置要做好防护。

（3）“垂直美观”：时钟吊杆在安装时，必须严格保持与地面垂直。

【操作方法】

（1）“定位精确”：车站时钟终端设备数量相对较少，其中双面指针式子钟一般分布在站厅层及站台公共区；双面或单面式数字子钟一般分布在各个房间内。子钟安装位置和高度应符合设计要求，距地不小于 2.2m。站厅层双柱子钟距地不小于 2.3m，周边无遮挡，整齐、美观、大方安装在柱子中间位置。

（2）“防护有效”：钢管两端应套丝，与桥架连接处用根母锁紧，电气连接；出线端应加金属底盒，用根母锁紧且电气连通，信息盒出线口与时钟安装位置间隔一定距离，保证线缆套金属软管后能平滑接入时钟，软管用扎带与吊杆固定。

（3）“垂直美观”：可采用标线仪、垂线等来确定垂直度。时钟吊杆在安装时，必须严格保持与地面垂直；在车控室 IBP 盘安装时，需做到和谐统一、美观。

【示例照片】

图 5-106 公共区双面子钟安装美观

图 5-107 公共区双面子钟定位精确

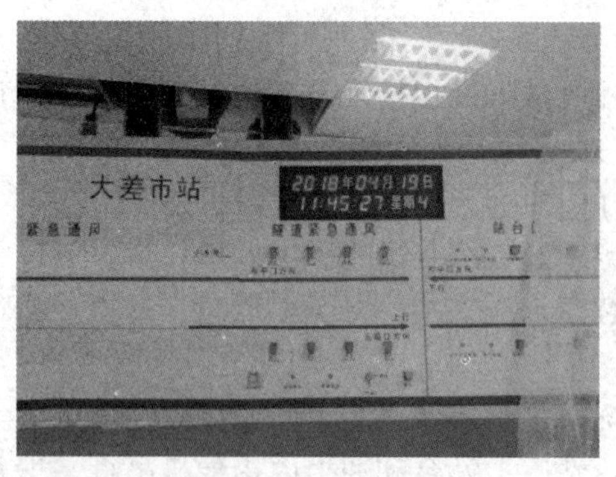

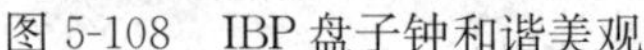
图 5-108　IBP 盘子钟和谐美观

图 5-109　单面子钟防护有效

【效果点评】

（1）图 5-106、图 5-107 是站厅层公共区双面子钟。安装于售票厅附近（详细位置参考设计图），位置要居中布设，吊杆一般从栅格或铝板间缝隙处引下。

（2）图 5-108 为 IBP 盘子钟，嵌入 IBP 式安装。图 5-109 为车控室单面子钟，安装高度不低于 2.2m，安装要“端正”，保持水平、严禁歪斜。

4. 广播安装

广播系统在站厅、站台和有关房间吊顶上安装扬声器，采用吊装式、嵌入式或靠墙式安装。从通信设备室引出的扬声器主线沿通信主电缆槽道分歧至站厅、站台吊顶上和各有关房间的扬声器安装处。分歧扬声器支线采用钢管保护，分歧扬声器接线采用金属软管保护。

【策划目标】

（1）“定位精确”：空间布局合理，满足功能需求。

（2）“安装美观”：广播在安装时，应注意与照明灯及烟感等其他专业终端设备的间距，保证整体装修效果的美观。

【操作方法】

（1）“定位精确”：公共区广播一般为栅格吊顶，定位应依据外围终端布局图纸结合桥架安装位置，桥架附近广播尽可能利用桥架横担或吊杆安装，分布均匀，横成排、竖成列，安装于栅格内；设备区广播一般为吸顶安装，应居中安装在吊顶板正中位置，按设计要求分布均匀，与其他装修终端在一条直线上，保证各个角落声音覆盖良好。

设备房内壁挂广播应贴吊顶，建议距地面 2.8m。

噪感安装在站台、站厅上下楼梯附近。

通道广播应根据吊顶方式安装，吊顶为栅格时，安装于栅格内，吊顶为铝板时吸顶安装。

（2）“安装美观”：车站广播安装施工结合装修进度进行，施工应考虑与其他专业的冲突及与整体装修效果相结合。设备区走廊吸顶广播安装时，应注意与照明灯及烟感等其他专业终端设备的间距，保证整体装修效果的美观。车站广播安装数量较大，点位较多，公共区广播定位应整体规划，横成排、竖成列，安装时保证广播在可视范围内。

【示例照片】

图 5-110 灯带里广播安装美观

图 5-111 壁挂广播安装美观

图 5-112 站厅广播安装美观

图 5-113 设备区广播支架安装美观

【效果点评】

（1）图 5-110 为灯带里广播。车站广播安装施工结合装修进度进行，设计及施工中考虑了灯带预留整体装修效果相结合。

（2）图 5-111 为壁挂广播。一般安装于设备区走廊内，壁挂安装，距离地面 2.8m。

（3）图 5-112 为站厅广播。公共区广播一般为栅格吊顶，定位应依据外围终端布局图纸结合桥架安装位置，桥架附近广播尽可能利用桥架横担或吊杆安装，分布均匀，横成排，竖成列，安装于栅格内。

（4）图 5-113 为设备区广播。采取支架安装，居中安装在吊顶板正中位置，由于石膏板安装强度不够，在遇到潮湿的情况下会发生弯曲形变，导致设备脱落，因此在安装时需采取强化安装的措施。并按设计要求分布均匀，与其他装修终端在一条直线上，保证各个角落声音覆盖良好。

5. 无线天线安装

室分系统是无线信号覆盖的基础，室分系统施工决定了无线工程的质量。室分系统的同轴电缆接头在前文中有描述，此处不作赘述；本节主要讲述天线及功分、耦合器等室外设备的安装。

【策划目标】

（1）“布设合理”：空间布局合理，满足无线场强覆盖的需求。

（2）“角度垂直”：天线安装角度要符合要求，满足功能需求。

（3）“安装美观”：天线在安装时，应保证天线水平美观，并且不破坏室内整体环境。

【操作方法】

（1）“布设合理”：原则为空间等分设置，布设时要避开障碍物的阻挡，保证无线信号覆盖全场，且无弱场区、盲区。

在出入口区域若设计为1副天线，则布置在出入口拐角处中央，做到无线全覆盖；若为出入通道较长，设计为2副及以上天线时，应按照空间等分设置。设备区走廊：保证车控室走廊附近有1副天线；设备区丁字路口保证有1副天线。公安无线各车站在靠近设备区的一个出入口有一副到地面上的公安链路天线。民用天线各运营商的天线是共用的，收发天线是分开布置的，一般间距1m左右。天线在铝扣板吊顶安装时，保持一条线，不破坏装修的效果。

（2）“角度垂直”：全向天线应保持垂直，误差应小于±2°。

定向天线方位角误差不大于±5°，定向天线倾角误差应不大于±0.5°。天线支架安装稳固，天线垂直张角90°范围没有遮挡。室外楼顶、杆上天线应在避雷针45°角的保护区域内。

（3）“安装美观”：天线的安装位置符合设计文件（方案）的规定，并尽量安装在顶棚吊顶板的中央。天线必须牢固地安装在其支撑件上，其高度和位置符合设计文件的规定。天线若为吸顶式固定天线，可以固定安装在顶棚或顶棚吊顶下，保证天线水平美观，并且不破坏室内整体环境。安装天线时应戴干净手套操作，保证天线的清洁干净。天线与跳线的接头应接触良好并作防水处理。连接天线的跳线要做一个“滴水湾”，防止湿度过大，空气在线缆上冷凝成水，顺缆进入天线，造成天线损坏。

【示例照片】

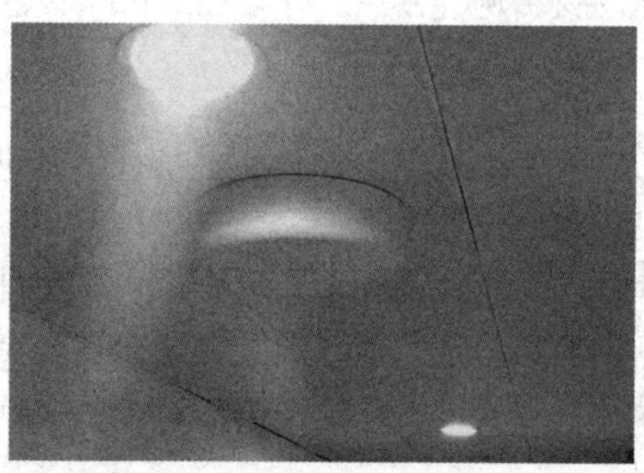

图5-114　设备区走廊专用天线布设合理

图5-115　屋顶天线安装角度垂直

图5-116　铁塔上天线安装角度垂直

图 5-117　民用天线安装美观

图 5-118　专用（公安）天线安装美观

【效果点评】

（1）图 5-114 为设备区走廊专用天线。吸顶天线安装完工后应保持天线整洁、无污染，与装修环境融为一体。

（2）图 5-115 为车辆段内屋顶天线及 GPS 天线。

（3）图 5-116 为车辆段内设置无线铁塔（杆）安装无线天线。全向天线安装时应保证天线垂直，垂直度各向偏差不得超过±1°；定向天线的方向角应符合施工图设计要求，安装方向偏差不超过天线半功率角的 5%。

（4）图 5-117 为民用天线，天线分上下行，天线间距 1～1.5m。

（5）图 5-118 为专用天线，安装完毕后，应保持天线干净无污染、美观。

5.5.3　场段安防系统布置与安装

安防系统是为了保证安全生产，受保护区域免遭外侵破坏而设立的人防、技防相结合的安全保卫系统，包含视频管理系统、周界防范报警系统和电子巡更系统等。

视频管理系统与前文中“外围设备安装”视频监控系统的“摄像机”内容基本一致，本节不作赘述。

1. 周界防范报警系统

周界防范报警系统可归类为：主动红外对射系统、电子围栏周界报警系统、张力式围栏周界报警系统三种系统。张力式围栏周界报警系统目前应用较广，且误报率低，应用方便，本书将以张力式围栏周界报警系统来描述。

【策划目标】

（1）“定位准确”：确定电子围栏的模式、安装角度。

（2）“角度一致”：组装承力杆及承力杆绝缘子、终端杆及终端杆绝缘子时候要注意方向角度应一致。

（3）“承重适度”：围栏终端杆的安装应注意承力要求。

【操作方法】

（1）“定位准确”：防止外界入侵时建议为外倾式安装，防止内部翻越时建议为内倾式。确定电子围栏的安装角度（主要是与墙顶面的夹角）：根据现场的情况及甲方要求确定周界围栏角度和倾斜方向（内倾式、外倾式、垂直式或水平式安装）。

（2）“角度一致”：将承力杆绝缘子用自攻型螺丝固定在承力杆上，注意方向一致。用螺丝将承立柱固定在万向底座上，万向底座分为 16 个孔，可根据孔位调整安装角度。将终端杆绝缘子用终端绝缘子固定夹固定在终端杆上，注意方向一致；在拐弯或落差时要巧妙运用终端杆绝缘子及终端杆；用螺栓将终端杆固定在两个万向底座之间；有围栏控制器的地方应在终端杆顶部加入一条或两条（相互垂直）避雷器固定件。

（3）“承重适度”：在围墙顶部用冲击钻打孔，用 M10×100（中间杆可用 M8×80）强力膨胀螺栓将撑杆固定在合适的位置；每隔 5m 放置一根中间承力杆，或其他有必要的位置加装中间承力杆；每个拐角处以及防区的两端，不大于 100m 时或者其他拉力比较大而有必要的位置装置终端杆，分区处应从两个方向安装绝缘子。

【示例照片】

图 5-119　外倾式张力式围栏系统角度一致

图 5-120　张力式围栏系统周界承重适度

图 5-121　主动红外对射系统安装工艺简单

图 5-122　视频监控与红外对射防护有效

【效果点评】

（1）图 5-119、图 5-120 为张力式围栏系统周界防范报警的室外安装部分。居民区、学校电子围栏为内倾或垂直安装，空旷地带为外倾。

（2）图 5-121 为主动红外对射系统周界防范报警的室外安装部分，当有人经过这条无形的封锁线时，遮挡红外光束，接收端由于红外光束产生变化将自动识别是否报警。红外与视频监控进行联动的方案，其安装工艺简单，适合在空旷的场段内设置。

（3）图 5-122 中视频监控与红外对射的引出钢管的金属软管保护到位，防护措施有效。

2. 电子巡更系统

电子巡更系统随着社会的发展，目前分类：接触式电子巡更系统、感应式电子巡更系统、在线式巡更系统、GPS 巡检系统。

【策划目标】

（1）“有利巡查”：在安防巡检系统，安装前应根据设计图及客户意见进行方案优化，来选择设置巡检系统的巡检点。

（2）“便于维护”：巡更点位安装的位置应避免日照直射、雨淋及积水的浸泡。

【操作方法】

（1）“有利巡查”：在安装前应与运营单位（使用单位）进行有效沟通，明确定位巡更点的具体划分和位置。一般巡更点安排在各楼层的拐角处（距离地面高度 1.5m，如旁边有开关、插座等设施，与之齐平，保持美观）和巡更沿途的建筑物拐角处等。

（2）“便于维护”：巡更点为射频芯片线路；为防止巡更点被毁坏，安装巡更点时应考虑植入墙内；无法植入墙内时，应设置保护外壳。

【示例照片】

图 5-123　植入墙内的感应式巡更点易维护

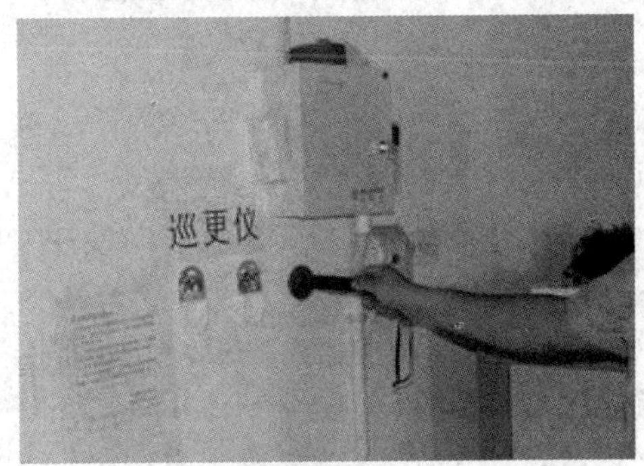

图 5-124　接触式巡更点易维护

图 5-125　感应式巡更点便于巡查

【效果点评】

（1）图 5-123 中感应式巡更点可埋入墙内，对其形成保护。

（2）图 5-124 为接触式内巡更点，目前较少应用，安装不方便，且价格昂贵。

（3）图 5-125 中安装的巡更点便于巡更人员巡查。原理是在巡查线路上安装代表不同点的射频卡，巡查人员用手持式巡检器读卡，代表该点的卡号和时间。

5.6 信 号 工 程

城市轨道交通中信号系统是保证列车运行安全，实现行车指挥和列车运行现代化，提高运输效率的关键系统，其核心为列车运行自动控制系统（Automatic Train Control，简称 ATC），用于列车进路控制、列车间隔控制、调度指挥、信息管理、设备工况监测及维护管理。ATC 系统包括列车自动监控系统（简称 ATS）、列车自动防护子系统（简称 ATP）、列车自动运行系统（简称 ATO），三个子系统通过信息交换网络构成闭环系统，实现地面控制与车上控制结合、现地控制与中央控制结合，构成一个以安全设备为基础，集行车指挥、运行调整以及列车驾驶自动化等功能为一体的列车自动控制系统。

信号系统工程施工主要从三个方面进行阐述，分别为信号光电缆线路敷设工程、信号室外设备安装工程及信号室内设备安装工程。专业内未述及内容参见本书其他相关章节。

5.6.1 信号光电缆线路敷设工程

1. 电缆接续

【策划目标】

（1）“对接无误”：信号电缆接续时将 A、B 端相接。

（2）“操作规范”：接续盒安装时使用专用压接端子及压接钳，严格按照技术交底及操作规范进行作业。

（3）“固定美观”：接续盒安装完成后固定牢固，备用线缆盘圈固定在隧道壁，整体美观。

【操作方法】

（1）“对接无误”：首先确定电缆 A 端和 B 端，接续时将 A 端与 B 端对接，相同的芯组内颜色相同的芯线一一对应相接。

（2）“操作规范”：根据电缆芯线的线径选用与截面积相符的压接端子，使用专用压接钳将芯线压接牢固，对操作人员进行技术交底和安全交底，规范操作流程。

（3）“固定美观”：接续盒应待密封胶完全凝固后，再用扎带绑扎固定在电缆支架上或隧道壁上，应水平放置，接续盒两端进口处的电缆不得弯曲，两端电缆各预留不小于 2m 的备用量，固定牢固，做到横平竖直。

【示例照片】

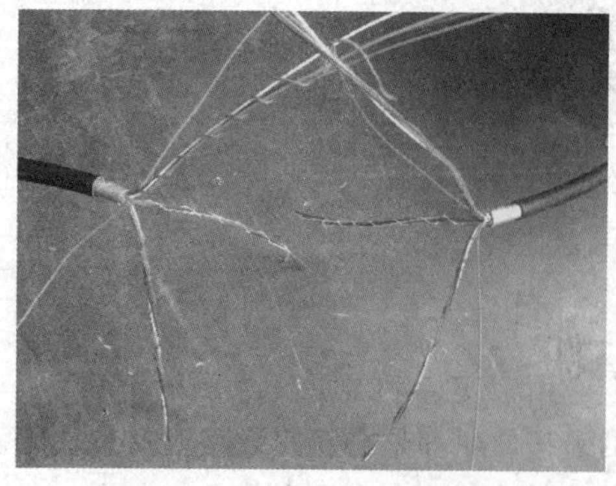

图 5-126 电缆 A 端与 B 端对接

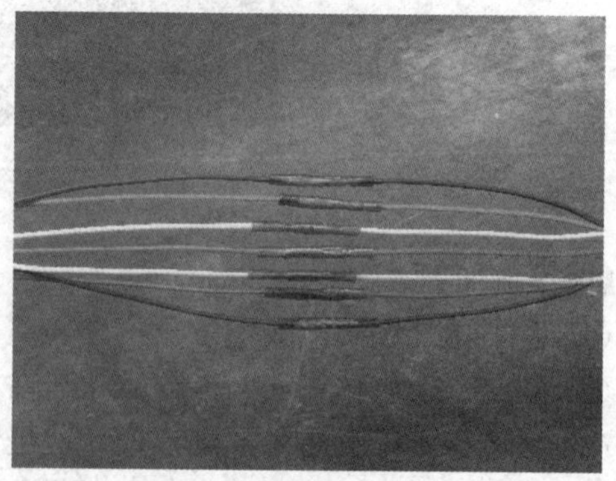

图 5-127 芯线颜色对应相接

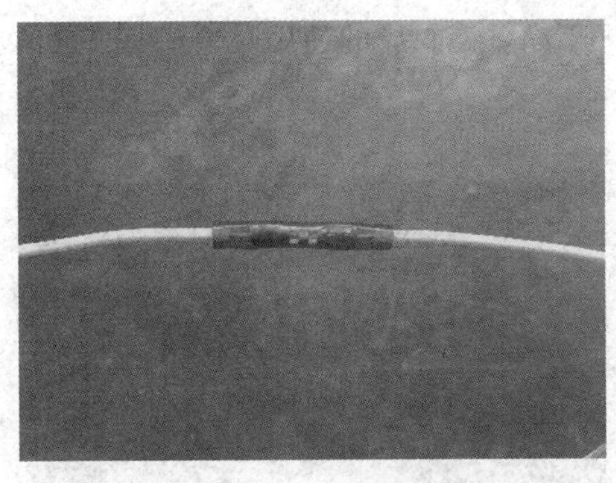
图 5-128　使用专用压接端子

图 5-129　使用专用压接钳

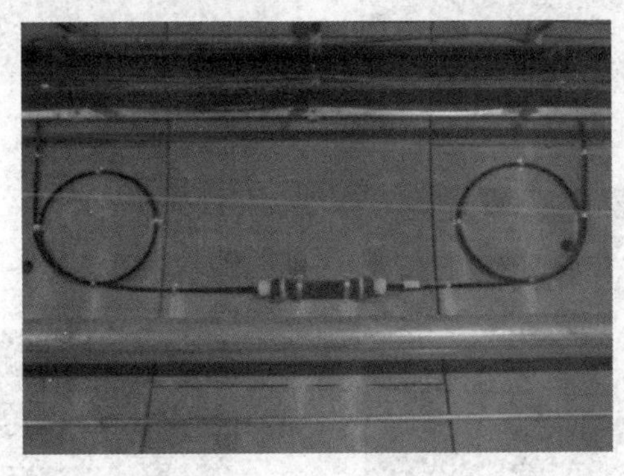
图 5-130　接续盒绑扎固定，备用线缆固定美观

【效果点评】

（1）图 5-126、图 5-127 中严格按照技术交底及操作规范进行作业，A 端与 B 端相同颜色芯线对接使线缆接续点平顺不易扭绞，避免芯线连接错误。

（2）图 5-128、图 5-129 中使用符合线径的专用压接端子和压接钳进行芯线接续，避免虚接，使芯线压接牢固。

（3）图 5-130 中接续盒固定牢固，避免掉下侵限，备用线缆统一美观。

2. 室外电缆盒安装及配线

【策划目标】

（1）“平齐牢固”：箱盒安装顶面齐平，横平竖直，固定牢固。

（2）“平顺分明”：箱盒内配线平整顺滑，根根分明，整体美观。

（3）“平整洁净”：箱盒内灌胶顶面平整，无杂物，无气泡。

【操作方法】

（1）“平齐牢固”：多个箱盒并列安装时，顶面平齐，基础中心在一条直线上，与钢轨平行；隧道内采用支架安装时，支架不得跨越伸缩缝和隧道管片接缝，使用膨胀螺栓固定稳固。

（2）“平顺分明”：箱盒内配线时提前进行规划，根据图纸端子编号及电缆芯线走向，远端芯线放在外层，近端的芯线放在内层依次相叠，绑扎均匀不交叉，将分到位的电缆芯线预留合适长度，每根芯线弯曲弧度一致。

（3）“平整洁净”：灌胶前应先将箱盒内清理干净，冷封胶的使用应按说明书操作步骤进行，充分摇匀溶解后再灌胶。

【示例照片】

图 5-131　箱盒安装齐平

图 5-132　箱盒支架安装稳固

图 5-133　箱盒配线平顺分明

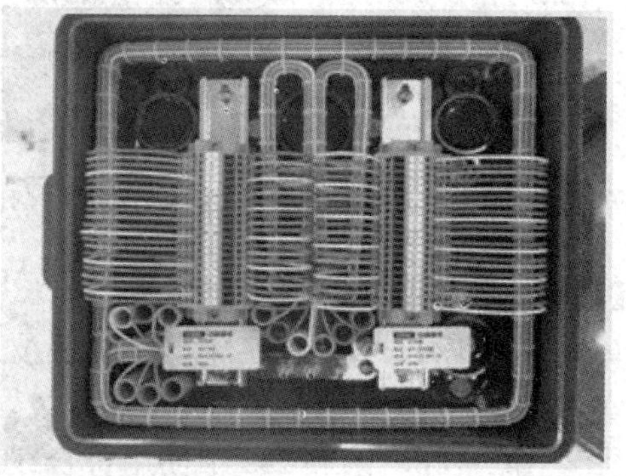

图 5-134　绑扎均匀不交叉

图 5-135　灌胶平整洁净

【效果点评】

（1）图 5-131、图 5-132 中箱盒安装位置齐平，安装高度满足设计要求，不侵限。

（2）图 5-133、图 5-134 中箱盒电缆绑扎弯曲弧度圆润，间距均匀，配线根根分明，整齐美观。

（3）图 5-135 中箱盒内底部灌胶平整、干净，无气泡。

5.6.2 信号室外设备安装工程

1. 信号机安装

【策划目标】

（1）“连接牢靠”：信号机的连接处采用双螺母紧固。

（2）“基础达标”：信号机基础制作及埋设符合标准。

（3）“走线美观”：线缆走向及固定方式统一，整体美观。

【操作方法】

（1）“连接牢靠”：信号机机构与连接管间、连接管与支架间连接螺栓采用双螺母紧固，露出螺母外的螺扣不小于 5mm。

（2）“基础达标”：水泥基础应外表平整，无损坏，在搬运和安装时需谨慎避免磕碰；接地线使用 PVC 管防护；基础埋设深度不小于 500mm；采用金属支架镀锌层厚度应满足规范要求，支架焊接部位牢固，外观整洁、无毛刺。多架信号机并排安装时应在同一直线。

（3）“走线美观”：电缆走向竖直、弯曲圆润，使用卡具固定牢固，箱盒至信号机机构的软线使用橡胶管防护。

【示例照片】

图 5-136 采用双螺母紧固

图 5-137 水泥基础完整

图 5-138 信号机并排安装整齐美观

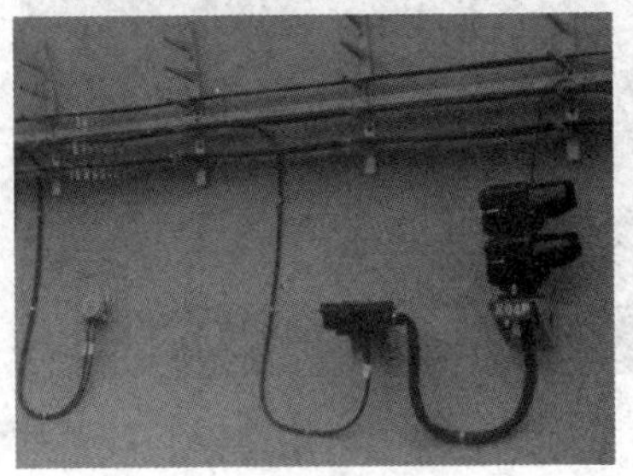

图 5-139 电缆固定美观

【效果点评】

（1）图 5-136 中信号机机构连接处及支架连接处采用双螺母固定，使其安装更加可靠、稳固，信号机金属支架质量及外观符合验收规范要求。

（2）图 5-137、图 5-138 中水泥基础表面平整光洁，无缺边掉角等破损现象，刷白漆后显得更加整洁，多架信号机并排安装时位置整齐美观。信号机前方不能被其他设施或建（构）筑物遮挡司机的瞭望视线。

（3）图 5-139 中信号机线缆走向美观，使用尺寸合适的卡具固定牢固。

2. 转辙设备安装

【策划目标】

（1）“条件完备”：转辙设备安装前确认安装条件是否满足。

（2）“箱盒对称”：双机牵引的两个箱盒安装位置对称，满足限界要求。

（3）“维护到位”：杆件及螺栓等处采取润滑和防锈措施。

【操作方法】

（1）“条件完备”：转辙装置安装前应与铺轨专业共同确认安装条件：

1）检查道岔基坑尺寸，深度应不小于 0.2m；

2）使用方尺测量道岔是否方正；

3）尖轨前后偏移不大于±10mm；

4）尖轨与基本轨宏观密贴；

5）滑床板应整体水平，使用直角尺检查无“吊板”现象。

转辙设备安装完成后，在尖轨的牵引点处用钩锁器使直、曲轨分别与曲轨、直基本轨密贴，检查直、曲尖轨第一牵引点后整个密贴段的密贴不大于 1mm；检查直、曲尖轨第一牵引点前与曲、直基本轨密贴不大于 0.5mm。

（2）“箱盒对称”：转辙设备双机牵引的两个箱盒安装在电机的同一侧，朝向一致，距离近端钢轨内侧不小于 1200mm。

（3）“维护到位”：转辙设备安装完成后，应在动作杆、表示杆、锁钩等动作杆件上涂抹润滑油，各个螺栓涂抹黄油。

【示例照片】

图 5-140　使用方尺测量方正

图 5-141　测量尖轨偏移

图 5-142　箱盒安装位置

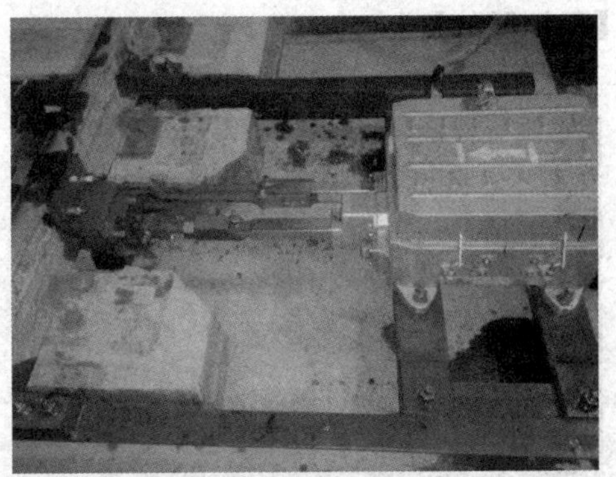

图 5-143　杆件抹油保养

【效果点评】

(1) 图 5-140、图 5-141 为严格按照设计要求及技术标准对道岔进行安装前的检查确认，各项条件满足要求，为后续安装提供“绿色通道”。

(2) 图 5-142 中箱盒安装位置统一，转辙设备整体美观。

(3) 图 5-143 中隧道内湿气较大，对各动作杆件及螺栓采取润滑措施，防止发生锈死情况，使转辙设备运行平稳、灵活。信号转辙机机坑应排水顺畅，不能有积水。

3. 列车检测与车地通信设备安装

【策划目标】

(1)“打孔精准”：轨道电路设备在钢轨上打孔的位置满足设计要求，避开轨枕，易于安装连接线。

(2)“支架统一”：定制特殊支架，采用缓坡设计，为尾缆走线预留穿线孔。

(3)“高度明确”，无线接入单元及 AP 天线设备在隧道壁安装前应确认安装高度，避免无线信号覆盖方向与其他设备冲突。

(4)“走线美观”：提前规划天线设备线缆走向，线缆固定应牢固、整齐美观。

【操作方法】

(1)“打孔精准”：轨道电路设备的钢轨连接线打孔作业时，应选择在两根轨枕中间位置，防止连接线缆时接线端子与钢轨扣件冲突，孔中心距钢轨绝缘夹板端部为 100±10mm，两相邻孔间距为 60～80mm。

(2)“支架统一”：为应答器定制一体式复合材料缓坡支架，根据轨面距地面的高度和应答器的厚度来确定支架高度，使用膨胀螺栓直接固定在地面，再将应答器用螺丝连接在支架上，位置安装在线路中心，左右两侧面应与钢轨平行，应答器顶面距钢轨顶面 65～70mm，若低于 65mm 时可在应答器底部连接螺丝处增加垫片调整高度；两边距钢轨内侧允许偏差为±5mm，纵向距定测坐标±5mm，将尾缆穿过支架预留的线孔，连接至有源应答器，尾缆使用橡胶管防护，使用卡具固定在地面。

(3)“高度明确”：无线接入单元及 AP 天线设备安装前应根据设计图纸及区间限界图纸确定安装高度，并现场调查确认是否有其他专业设备或线缆经过，避免冲突。

(4)“走线美观”：根据天线设备线缆的型号及数量，提前规划走线顺序，定制对应尺寸的卡具固定在隧道壁上。

【示例照片】

图 5-144 钢轨连接线安装对称、美观

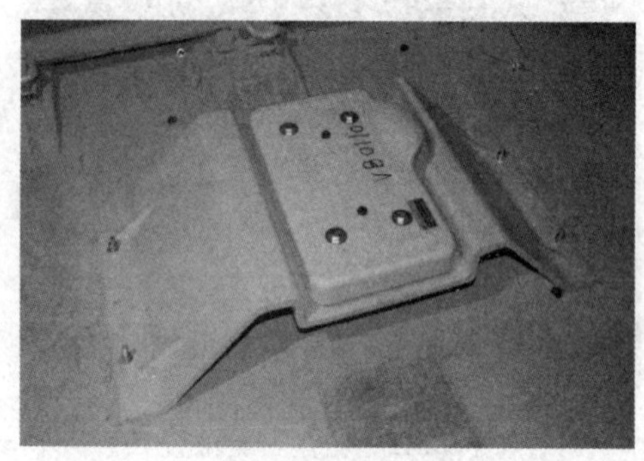

图 5-145 应答器定制支架安装统一

图 5-146 有源应答器尾缆固定牢靠

图 5-147 天线设备安装高度无冲突且走线美观

【效果点评】

(1) 图 5-144 中打孔位置保持间距，钢轨连接线走线平顺，与钢轨扣件无冲突，避免了返工。

(2) 图 5-145、图 5-146 中应答器采用一体式缓坡支架，有效减少了后期维护时的磕碰绊倒情况，安装快捷，减少了组装式支架的拼装及调整时间，提高了安装效率；尾缆固定牢固，有防护措施，避免踩踏损坏尾缆插头。

(3) 图 5-147 中天线设备安装位置及高度得到确认后有效避免了与其他专业设备的冲突；线缆走向整齐美观。

4. 波导管安装

【策划目标】

(1) “精确定位”：根据设计要求及现场实际情况，定测标记波导管各类支架安装位置。

(2) “精准安装”：根据现场定测位置，依次将各种型号固定支架安装在道床上。

(3) “高度检查”：利用专用高度调节模具，对法兰、滑动支架、固定支架及加强型固定支架高度进行调节复核。

【操作方法】

(1)“精确定位”：根据设计要求及现场实际情况，对滑动支架、固定支架、加强型固定支架进行定测标记，支架中心线至线路中心线 1140±10mm。

(2)“精准安装”：对于滑动支架的位置，应该遵循第一个滑动支架离固定支架为 1.17m 或 1.2m，两个滑动支架之间的距离为 2.35m。对于短波导管区段（总共长度小于 50m 的区段）固定支架使用一般固定支架并应当安装在第 2 个法兰上。如果第 2 个法兰处不能安装，可将固定支架安装到离第 2 个法兰最近的法兰上，但禁止将固定支架安装在第一个法兰处。对于长波导管区段（总共长度大于等于 50m 的区段）固定支架使用加强型固定支架并应当安装在区段的中间。如果波导管区段的中间位置不能安装固定支架，固定支架可以向左或向右移动 12m（即移至旁边的法兰处）。波导管连接时应遵循从固定支架向区段两头连接，两根波导管之间使用无膜法兰，波导管与 TGC 或 EL 之间使用带膜法兰。为了整齐划一，统一规定螺栓由大里程方向穿向小里程方向，在连接好后还应紧固滑动支架的耳朵以及在法兰连接处、固定支架处、EL 与 TGC 处盖上保护壳并扎上扎带。

(3)“高度检查”：法兰离轨面高度为 31～41mm，滑动支架调高使用专用模具将滑动支架顶面调高至离轨面高度为 34～44mm，加强型固定支架离轨面高度为 11～21mm。

【示例照片】

图 5-148　使用专用调高模具进行高度调节及核查

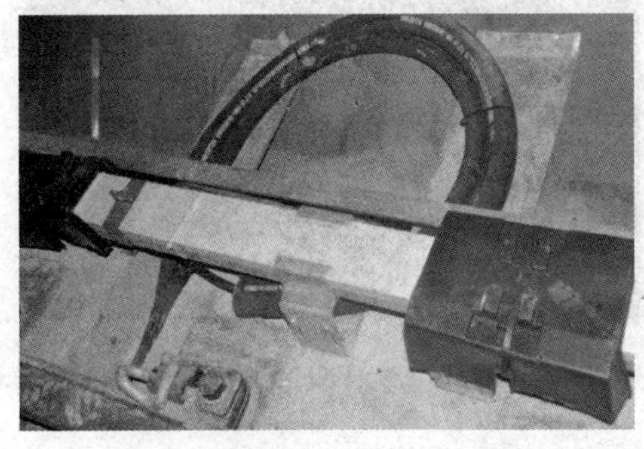

图 5-149　同轴电缆制作成品

图 5-150　波导管安装成品

【效果点评】

(1) 图 5-148 为专用调高模具，由轻型铝合金材料制作，便于携带及使用，在安装过程中方便进行高度调节及高度复核，有效提升施工质量。

（2）图 5-149、图 5-150 为利用线缆槽盖对同轴电缆进行支撑固定，避免电缆直接接触水沟及隧道壁，提高成品保护。

5. 设备标识及硬面化

【策划目标】

（1）“显示明确”：统一定制设备标识牌，安装位置明显易于查看。

（2）“尺寸达标”：设备硬面化的位置满足限界要求，围桩尺寸统一标准。

【操作方法】

（1）“显示明确”：定制设备标识牌的名称及编号书写清晰，字体及大小统一，排列整齐，标识牌安装应朝向列车。

（2）“尺寸达标”：碎石地段设备硬面化高度与水泥枕木顶面相同，基础及设备边缘距离硬面化边缘 250～300mm 范围内，水泥围桩砌筑时使用水平尺保证其水平方正，平台顶面采用水泥包封，厚度不小于 30mm。

【示例照片】

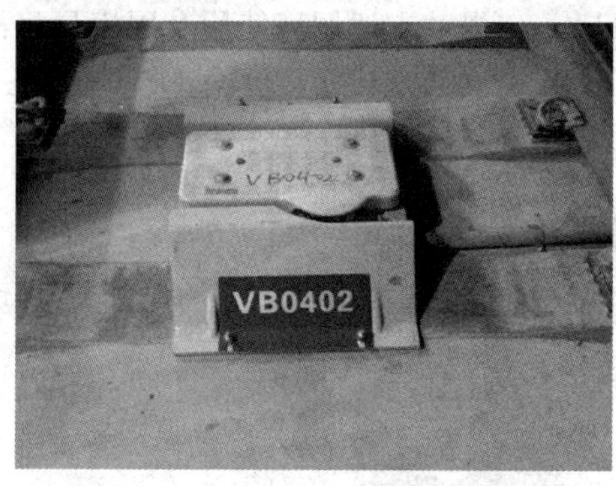

图 5-151　应答器标识牌与支架匹配

图 5-152　信号机标识牌便于查看

图 5-153　设备硬面化水平方正

图 5-154　设备硬面化尺寸统一标准

【效果点评】

（1）图 5-151、图 5-152 中设备标识牌名称清晰，字体统一，采用反光涂料，安装朝向列车方向，便于司机观察。

（2）图 5-153、图 5-154 中设备硬面化布局合理，满足限界要求，表面平整光洁，无裂纹、缺棱掉角现象。

6. 计轴设备安装

【策划目标】

（1）“精确定位”：根据设计要求及现场实际情况，精确定测计轴安装位置及安装方式。

（2）“精准打孔”：根据安装标准，利用钻孔机及模具在钢轨上精准打出计轴磁头安装孔位，打孔时应避开焊接缝，打孔位置距离焊接缝应不小于 1m，避免对钢轨造成损伤。

（3）“标准安装”：根据现场实际情况及安装标准，合理选择安装方式进行安装。

（4）“复核检查”：依照标准进行安装复查，保证安装质量。

【操作方法】

（1）“精确定位”：计轴磁头安装在弱电电缆支架侧，以磁头为基准，EAK（计轴黄帽子）应安装在沿计轴参考方向前方约 2m 的位置上，相邻的两个计轴点间不小于 2m。

（2）“精准打孔”：将打孔模具固定在前期定测完成的位置上，电钻卡在钢轨上保证平稳，钻孔时钻头不能与模具孔产生摩擦，匀速加力直至钢轨孔打透，清理钻孔，钻孔两侧倒角（45°约 1mm 扩口），水平孔距为 148±1mm，孔中心至轨道距离为 76±1mm。

（3）“标准安装”：磁头电缆平放于地面上，不能盘圈、扭绞，计轴黄帽子安装方向为大里程，特殊情况下可安装在小里程方向，测试孔正对钢轨，底座的进线孔，要套上胶圈并将螺纹接头紧固封闭；对未有进线的孔，也必须紧固好，加以封闭。使用扭矩为 45N·m、19mm 套筒扭矩扳手用 3 个 M12 螺栓将计轴磁头固定在轨腰上。过水沟处采用 2 根 ϕ50mm 镀锌钢管防护，磁头电缆采用 4 个 M50mm 镀锌卡子均匀固定在地面上或隧道壁上，计轴电缆在隧道壁上预留 2m 用 M20 镀锌卡子均匀固定在隧道壁上，电缆进入 EAK（计轴黄帽子）前用 1mϕ32 橡胶软管防护。发送磁头根部防护套管以外裸露部分的长度应保留 120mm，接收磁头根部防护套管以外裸露部分的长度应保留 170mm，4 根磁头线进入黄帽子一端防护套管以外裸露部分应保留 230mm。

（4）“复核检查”：钻孔位置距钢轨接头不小于 1m，相邻的两个计轴点间不小于 2m，钻孔位置距相邻钢轨边距离不小于 1m，安装在两根枕木中间的钢轨上，且应避开轨距杆等金属器件，并注意两根枕木之间的距离应不小于 400mm，如果需要安装的轨腰上有凸出字体，需磨平或者换地方打孔，磁头的发送器安装于钢轨外侧，接收器安装于钢轨内侧。

【示例照片】

图 5-155　磁头安装孔位

图 5-156　计轴磁头固定

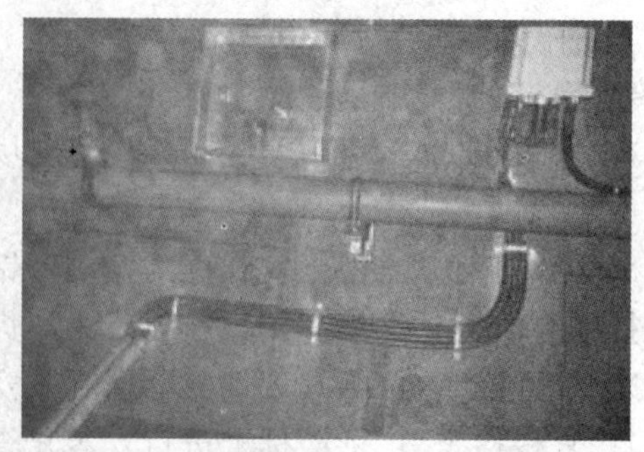

图 5-157　黄帽子地面安装及隧道壁安装

图 5-158　过水沟防护

【效果点评】

（1）图 5-155、图 5-156 中磁头安装孔位及安装方法要根据设计要求及安装标准，减少打孔误差，提高安装质量。

（2）图 5-157 为根据现场实际情况，选择合理的安装方式，避免出现侵限，磁头电缆利用镀锌卡子固定牢固，横平竖直。

（3）图 5-158 为利用钢管或线槽进行过水沟、过轨防护，避免踩踏造成线缆损坏。

5.6.3　信号室内设备安装工程

1. 室内进场准备

【策划目标】

（1）“照明充足”：设备房照明充足，确保安装、配线照明强度不影响施工。

（2）“环境良好”：设备房外部条件符合进场条件，例如室内门窗安装、室内地面环境、施工温湿度等。

（3）“区域管理”：室内进行分区域管理，设备材料按照划分的区域堆放。

【操作方法】

（1）“照明充足”：若机电单位移交信号设备房时照明强度不足，则应安装节能灯泡或节能灯带来增加临时照明强度，确保室内配线施工照明强度。

（2）“环境良好”：若机电单位移交信号设备房时地面未刷地坪漆，则应铺设地板革并增加挡鼠板进行防尘防鼠，同时推荐使用鞋套机，室内施工时穿戴鞋套，保持室内卫生。针对湿度较大城市的信号设备室，还应增设临时空调、除湿机、悬挂温湿度计，保证室内设备运行环境并实时监测。

(3)“区域管理”：室内消防设施、临时电箱、临时工具材料、临时设备、清洁工具及垃圾等摆放点均用黄黑警戒带划分摆放区域并张贴区域名称标识，专区专管。

【示例照片】

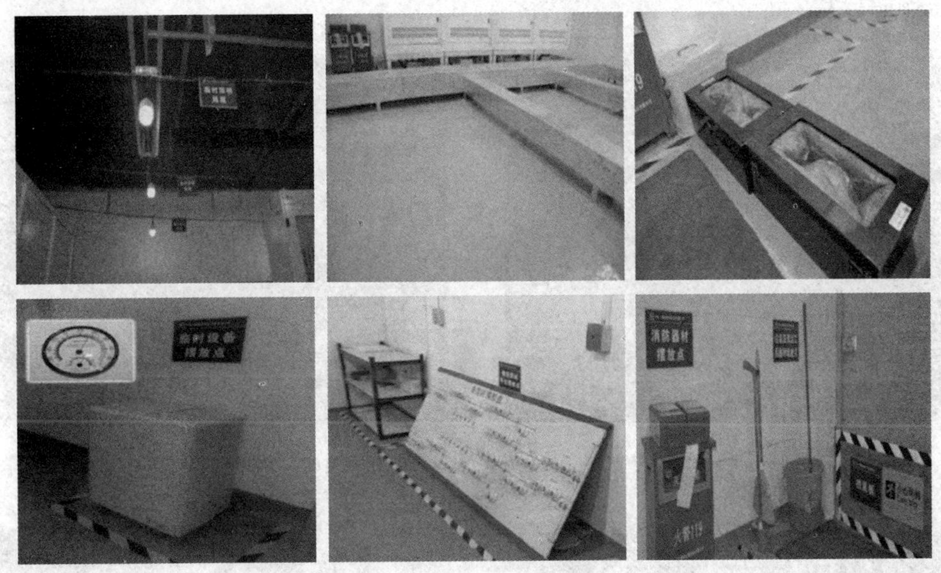

图 5-159　室内文明施工

【效果点评】

图 5-159 中，信号设备室内进场前做好施工准备，创造良好的施工环境，有利于施工管理，提升施工质量。

2. 机柜及走线槽/架安装

【策划目标】

(1)“精准测量”：依据设计图纸测量机柜安装位置准确，控制误差。

(2)“优化布局”：机柜及走线槽/架布局位置合理，满足设计要求。

(3)“绝缘可靠”：走线槽内采取绝缘保护措施。

(4)“线槽防护”：走线槽边缘使用带钢带 U 形封边条，在施工过程中对线缆磨损进行有效防护。

【操作方法】

(1)“精准测量”：使用激光仪精准定位机柜底座安装位置，相邻底座要排列整齐，同一列底座的正面一侧应平直成一条直线，每米偏差不大于 3mm，机柜安装时用线坠和水平尺测量机柜底部和上部垂直误差，前后左右的倾斜小于机柜高度的 1‰，可使用金属垫片进行调整，最多调整三个底角。

(2)“优化布局”：应用 BIM 技术模拟现场真实环境，利用可视化模型提前规划室内设备布局、线缆走向，优化施工方案，机柜安装位置上方应避开空调出风口，按照机柜布置进行走线槽就位，走线槽应尽量避免设置成环状，受现场实际情况制约而不能避免环状时，通过增加绝缘板的方式使线槽形成梳状。

（3）“绝缘可靠”：走线槽出线口及边缘安装橡胶护口进行防护，槽内铺设阻燃型绝缘材料，用以起到防火阻燃作用，并防止线缆在线槽内敷设时刮伤。

（4）“线槽防护”：走线槽边缘安装带钢带 U 形封边条，有效避免线缆在施工过程中划伤，提升工艺美观度。

【示例照片】

图 5-160　机柜底座安装齐平

图 5-161　机柜安装在同一直线

图 5-162　机柜安装水平测量

图 5-163　机柜安装垂直测量

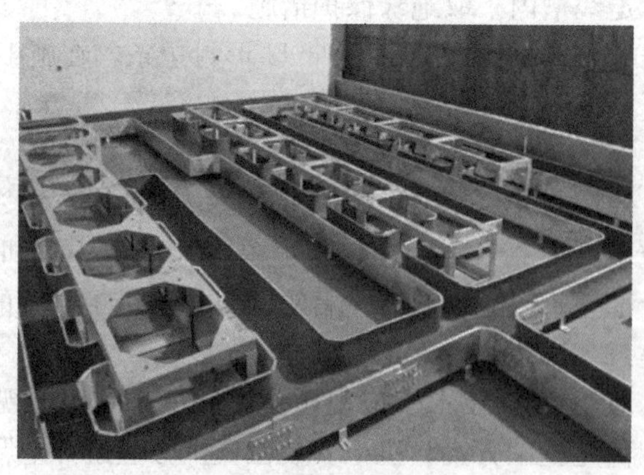

图 5-164　走线槽布局合理，安装横平竖直

图 5-165　走线槽内加装绝缘板阻燃

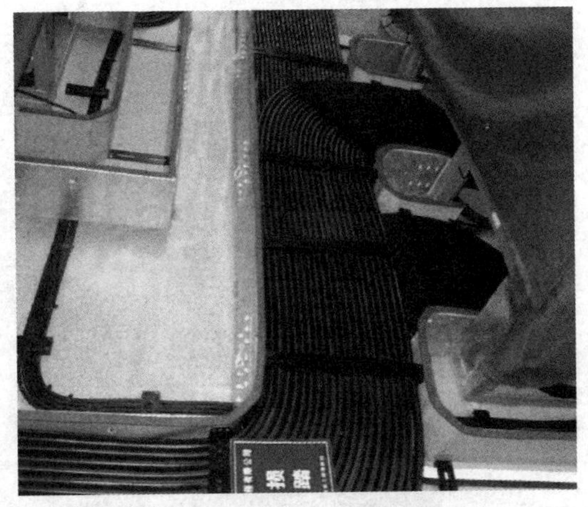

图 5-166　走线槽边缘加装封边条

【效果点评】

(1) 图 5-160～图 5-163 中，精准测量使得机柜底座安装齐平，保证了每排机柜/架的正面在同一直线上，高度在同一平面，机柜排列横平竖直、不倾斜、平稳牢固，整齐美观。

(2) 图 5-164 中走线槽在满足设计要求的前提下布局更加合理，方便布线施工，减少形成闭环，机柜位置避开空调出风口以防漏水滴入机柜损坏设备。

(3) 图 5-165 为走线槽内铺设阻燃型绝缘材料，起到了防火阻燃作用，并防止线缆在线槽内敷设时刮伤。

(4) 图 5-166 为走线槽边缘安装带钢带 U 形封边条，有效避免线缆在施工过程中划伤，提升工艺美观度。

3. 电源设备安装

【策划目标】

(1) "防护可靠"：电池线缆连接端子加装防护胶帽。

(2) "箱体规整"：电源箱体安装位置规整。

(3) "开关准确"：电源屏的每个送电开关正确无误。

【操作方法】

(1) "防护可靠"：采用与电池接线端子大小匹配的胶帽，先穿入线缆后再压接线环，与电池连接后将胶帽套在端子上，正极为红色，负极为黑色。

(2) "箱体规整"：电源防雷箱中心距地面或防静电地板面为 1500±200mm，外电网监测箱底面应与电源防雷箱底面平齐，线槽与箱体匹配。

(3) "开关准确"：测试电源屏的开关转动灵活，动作一致，限位装置可靠，开关位与位置指示对应，送电前确认线缆配线无误，进行导通测试，观察有无短路，严格清理干净电源设备底部及周围，不得有金属碎屑。

【示例照片】

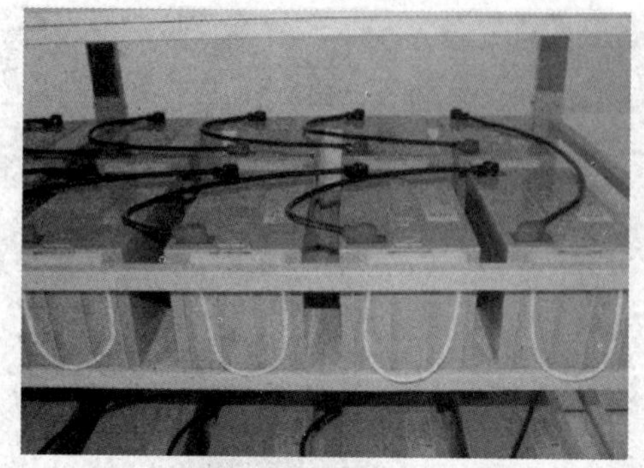

图 5-167　电池接线端子使用胶帽防护

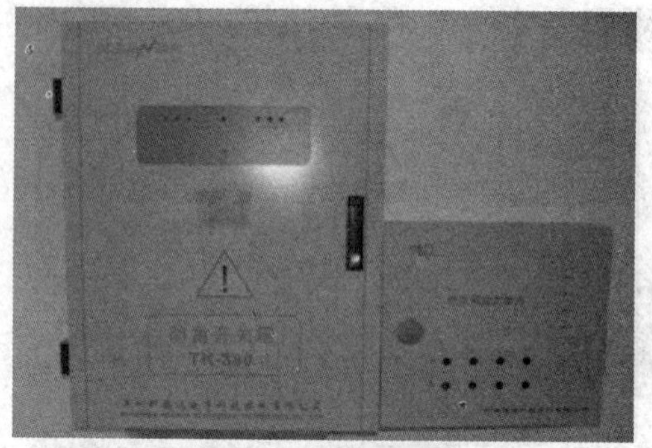

图 5-168　电源箱安装整齐

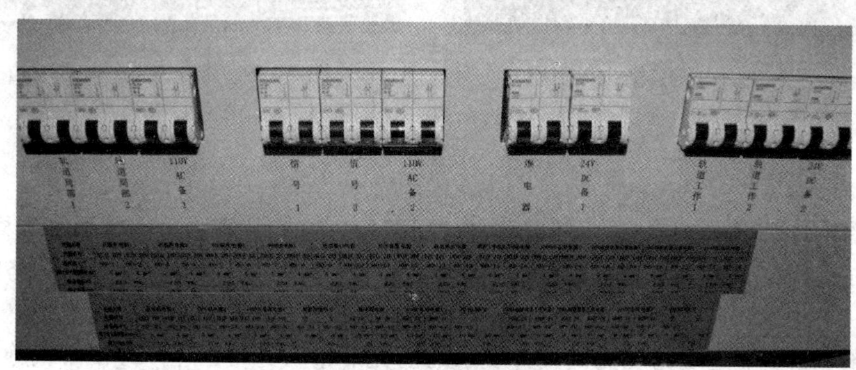

图 5-169　电源屏控制开关标签清晰正确

【效果点评】

（1）图 5-167 中电池摆放排列整齐，距离均匀一致，使用绝缘胶帽有效防护了正极与负极接线端子。

（2）图 5-168 中电源防雷箱、外电网监测箱安装水平、方正，连接紧固。

（3）图 5-169 中电源屏控制开关标签正确无误，一一对应，线缆经过导通校准，避免了送电时短路跳闸。

4. 线缆布放及配线

【策划目标】

（1）“直”：走线布线笔直。

（2）“齐”：配线整齐划一。

（3）“圆”：线缆转弯圆润。

【操作方法】

（1）“直”：通过 BIM 应用软件模拟线缆布放，规划线缆走向，并对每根线缆的排列布局进行优化，近端的线缆靠线槽内侧敷设，远端的线缆靠外侧敷设，敷设时每根线缆排列整齐，采用集成线缆，使用固线器固定牢靠。

（2）“齐”：侧面端子配线时，使用专用卡尺，卡在侧面端子左侧或右侧，按照卡尺标示的端子位置留好配线长度，保证每个组合的侧面配线长度都能保持一致。

（3）“圆”：线缆在转弯处弧度统一，并排布放不留空隙。

【示例照片】

图 5-170　走线布线笔直

图 5-171　线缆拐弯圆润

图 5-172　侧面端子配线整齐

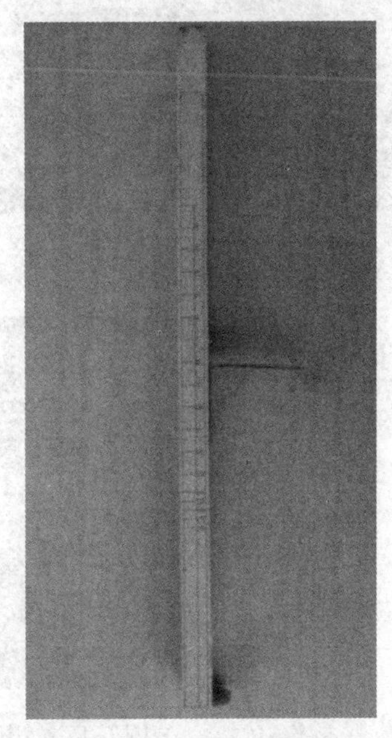

图 5-173　配线专用卡尺控制预留长度

【效果点评】

(1) 图 5-170 中线缆布放平顺笔直，无背扣、无交叉，固线器间距均匀。

(2) 图 5-171 中线缆走向统一，转弯弧度一致，排列整齐美观。

(3) 图 5-172、图 5-173 中侧面端子配线整齐美观，芯线长度一致。

5. 光电缆引入及成端

【策划目标】

(1)“设计合理”：设计制作具有针对性的电缆备用架，满足现场需求。

(2)“盘留整齐”：确定线缆布放路径，排布整齐，满足设计要求及弯曲半径要求。

(3)“成端美观”：使用成端盒接地，统一安装于电缆备用架。

【操作方法】

(1)“设计合理”：依据现场光电缆引入间的大小及形状，充分考虑线缆走向，设计定制具有针对性的电缆备用架。

(2)“盘留整齐”：光电缆引入后，留好余留量，余留量不应小 5m，再由内向外依次绑扎在备用架上，线缆排布平整，扎带顺同一方向绑扎，转弯及余留量的布放应均匀圆滑，在引入口处应用防火胶泥等防火材料封堵，加挂铭牌标明电缆编号及去向。

(3)“成端美观”：在电缆备用架上依次将每根电缆在同一水平位置开剥后，将钢带和铝护套通过排流导线与电缆成端盒的接地端子连接，用喉箍固定成端盒，灌胶口朝上，将封灌胶充分混合后灌入成端盒，待胶完全凝固后，用接地铜排将成端盒连接。

【示例照片】

图 5-174　电缆备用架设计满足现场需求

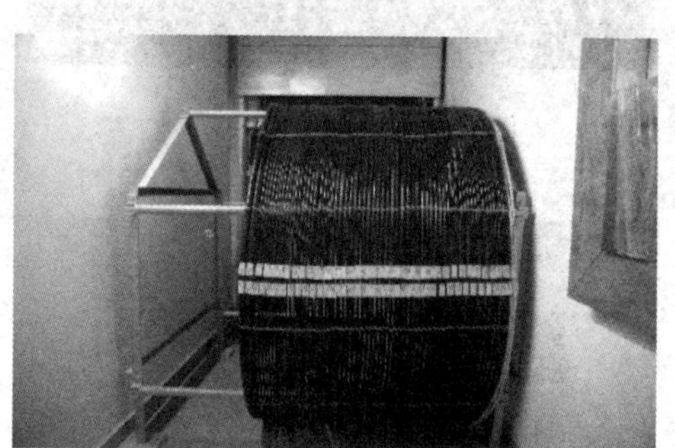

图 5-175　线缆盘留绑扎均匀整齐

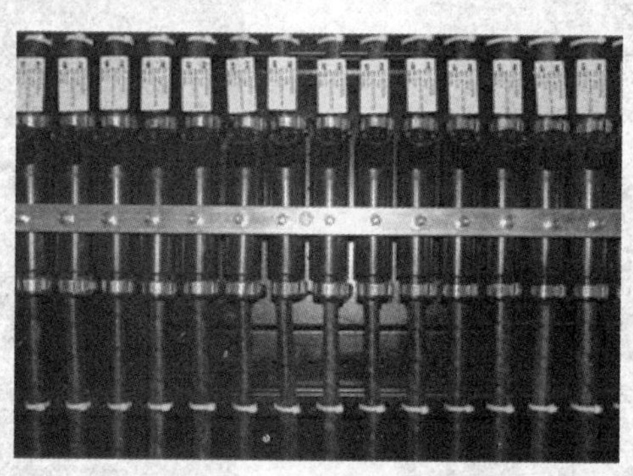

图 5-176　电缆成端盒安装美观

【效果点评】

(1) 图 5-174 中电缆备用架安装牢固，能承受电缆总体重量，满足现场使用需求。

(2) 图 5-175 中线缆盘留排列整齐无交叉，无硬弯或背扣现象，并符合电缆弯曲半径的要求。

(3) 图 5-176 中电缆成端整齐美观，层次分明，接地可靠。

5.7 供 电 工 程

城市轨道交通地铁供电工程包括变电所、环网电缆、牵引供电、杂散电流系统等。为避免与第 4 章及本章第 5.1 节、第 5.11 节相关内容重复，本节不再讲述变电所土建、装饰装修、设备安装等内容，仅讲述环网电缆、接触网及杂散系统三个部分，其中接触网分接触轨、刚性接触网、柔性接触网三种类型进行描述。

5.7.1 环网电缆工程

环网电缆敷设于区间及变电所夹层之中，用于连接全线变电所，环网电缆敷设质量直接影响到整条线路的供电可靠性。

【策划目标】

（1）“质量管控”：对于电缆支架的选型以及安装位置进行严格控制。

（2）“平稳有序”：制定合理的线缆敷设方式以确保电缆敷设的质量。

（3）“防护有效”：对于需要进行埋设或过轨敷设的电缆进行穿管防护。

（4）“生产合规”：在电缆终端头以及中间头的制作过程中严格控制制作环境以及制作质量。

（5）“标识清晰”：电缆敷设完毕后及时进行固定与挂牌。

（6）“长度预留”：对于区间之中敷设的电缆以及电缆支架接地扁钢，在敷设时进行合适长度的预留。

（7）“保护有效”：运输过程保护电缆不受损伤，施工完成后标识成品保护牌，保证电缆施工质量。

【操作方法】

（1）“质量管控”：电缆支架的选型、安装必须与供电系统电缆敷设施工图配套进行，在不同安装场所或地段、专业选用对应类型的支架，在结构断面发生变化时，变化处及端头需安装电缆支架，以保证电缆能顺接；隧道内电缆支架和附件的材质、规格、型号、承载力、耐腐蚀性应符合设计要求和相关产品标准的规定。电缆支架的层间允许最小距离值：控制电缆 120mm；10kV 及以下电力电缆 150mm；电缆支架最上层至沟顶或楼板的距离：电缆隧道及夹层 300～350mm，最下层至沟底或地面的距离：电缆隧道及夹层 100～150mm。受结构影响除外。

（2）“平稳有序”：电缆敷设时电缆应从盘的上端引出、避免电缆与支架或地面摩擦，此外电缆敷设过程中不得发生绞拧现象。采用机械敷设电缆时，牵引速度不宜大于 15m/min，且牵引平稳，牵引张力不得超过电缆允许范围，确保电缆免受损伤。

（3）“防护有效”：对于需要进行穿管敷设的电缆段，电缆保护管应无穿孔、裂缝及凸凹不平等缺陷，电缆保护管的型号、规格、质量应符合设计要求和相关产品标准的规定；电缆保护管内壁和管口光滑、无毛刺，固定牢靠，防腐性能良好，对于交流单芯电缆，电缆保护管应采用非磁性、防涡流、阻燃、防水性能材质；弯曲半径不小于电缆的最小允许弯曲半径；出入电缆夹层、构筑物和轨道道床下的保护管口应封堵严密。

（4）“生产合规”：电缆终端头和中间头制作时应严格遵守制作工艺规程，电缆终端头和中间头制作地点应清洁、干燥，防止尘埃、杂物落入绝缘层内；三相电缆中间接头间隔距离为 5～10m，电缆中间接头的安装位置以及固定方式应符合设计要求。并列敷设的电缆，其接头的位置宜相互错开，其距离不小于 500mm。于电缆支架敷设的接头，采用托板托置固定，托板伸出电缆头的两侧不小于 200mm，电缆头处金属护层及铠装层应接地良好，所采用的接地铜绞线或镀锡铜编织线的截面面积应满足电缆截面面积在大于

16mm^{2}而小于120mm^{2}时，接地线截面面积不小于16mm^2；相线电缆截面面积150mm^{2}及以上时，接地线截面面积应不小于25mm^2。

(5)“标识清晰”：电缆敷设完成后，及时挂电缆标牌，电缆标牌要求清晰、准确，电缆终端头、电缆接头、拐弯处、夹层内、隧道及竖井两端、人井等地方，电缆上应装设标志牌；电缆两端头应有明显的相色标志，且与系统的相位一致，标志牌上应注明线路编号，当无编号时，应写明电缆型号、规格及起讫点，并联使用的电缆应有顺序号。标志牌的字迹应清晰，不易脱落，标志牌规格宜统一，标志牌应能防腐，挂装牢靠。电缆在每个悬挂点处进行固定。在电缆进出设备、支/桥架、转弯处以及垂直敷设时，每隔3个支架用非铁磁性材料刚性电缆卡子固定，其余每个位置用电缆卡带固定牢固。

(6)“长度预留”：在环网电缆敷设的过程当中，对于大区间中间电缆以及环网电缆支架接地扁钢应当进行合适长度的预留。电缆在敷设过程中应考虑一定的弛度，且应满足电缆转弯半径的要求，在伸缩缝处应留有约0.6m的电缆余量，在电缆中间头两端各预留约3m的电缆余量，在变电所电缆夹层内每根电缆应留约8m的电缆余量，以避免施工损坏导致更换的严重情况，同时满足后续维修处理的备用需要。

(7)“保护有效”：在运输装卸过程中，严格按要求使用吊车或者叉车装卸，不使电缆及电缆盘受到损伤，电缆盘不平放运输或平放储存。电缆敷设完成后，及时挂设电缆成品保护牌，成品保护牌统一，并有防腐性能，挂装牢靠。成品保护牌注明该电缆名称、电缆等级、施工单位、施工负责人及联系方式。

【示例照片】

图5-177　环网支架区间安装高度统一

图5-178　站台板下环网支架排布均匀

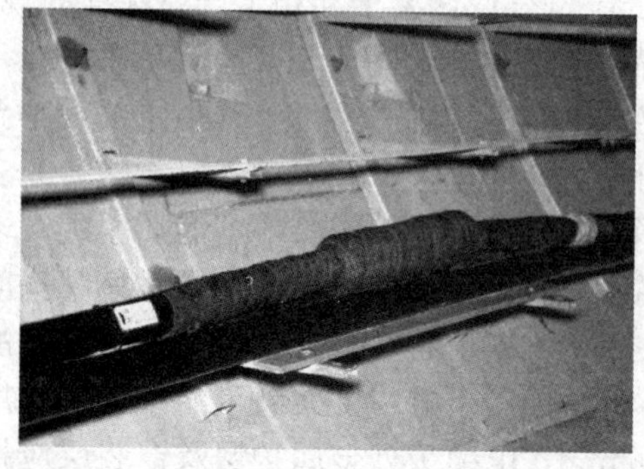

图5-179　环网中间头固定牢靠

图5-180　环网中间头预留美观

图 5-181 环网电缆敷设“品”型排布标准

图 5-182 环网电缆刚性固定牢靠

图 5-183 环网支架接地扁钢连接平直

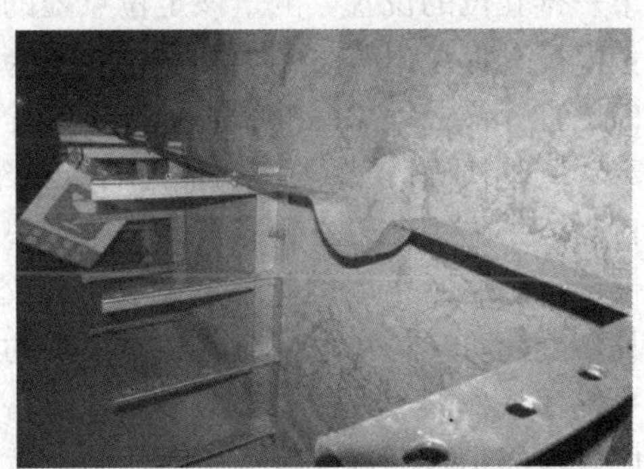
图 5-184 接地扁钢伸缩预留弯度美观

【效果点评】

(1) 图 5-177、图 5-178、图 5-183、为环网电缆支架在环网电缆敷设的全区间范围内，在支架上悬挂接地扁钢，保证了支架与接地扁钢之间的牢固连接，在门、孔洞等特殊地点无法架设接地扁钢时，利用接地电缆进行代替，一定范围内避免了漏电的存在。

(2) 图 5-179 为在环网电缆中间头制作完成后，对于中间头所在部位进行辅助加固，并使得环网电缆中间头位于空中，避免因为水渍、油渍等污染造成电缆二次损坏。

(3) 图 5-180 为在环网电缆敷设的过程当中，对于区间电缆以及环网支架接地扁钢长度进行适当长度的预留，可以有效避免因施工导致的电缆更换问题，同时为今后可能出现的电缆维修工作创造有利的条件。

(4) 图 5-181、图 5-182 为环网电缆在敷设完成后，及时地进行固定与绑扎，有效地避免了意外的电缆损坏，同时对于施工人员人身安全在一定范围内起到了保护作用。

(5) 图 5-184 为考虑区间、车站涉及伸缩缝等位置时，支架扁钢设置伸缩弯，保证支架安装牢固不易变形。

5.7.2 接触网安装

1. 接触轨

接触轨系统工程施工主要从三个方面进行阐述，分别是底座及绝缘支架安装、接触轨安装、接触轨电缆敷设及防护罩安装。

(1) 底座及绝缘支架安装

接触轨系统在施工前首先要进行锚栓打孔及底座安装，底座安装的精度决定着后期接触轨细调的速率，在前期安装底座时要做到底座安装平正、位置准确、安装牢固等，这样能够保证后期绝缘支架安装的准确率。

【策划目标】

1）“预埋准确”：预埋深度满足设计要求，螺栓外露螺纹完好、位置准确、安装端正。

2）“调整精确”：绝缘支架安装应端正，接触轨卡爪面与轨面连线平行。

【操作方法】

1）“预埋准确”：确认轨道状态满足测量要求后，将测量道尺纵向中心线对齐钢轨上的纵向测量标记，并将其垂直于线路中心线放置。根据设计尺寸首先测量确定出整体绝缘支架第一排孔位的位置，测量该定位点处的轨面至道床或轨枕高度、外轨超高等数据。套用测量模板，标记出孔位的中心点，并记为“×”，在需要打孔的孔位使用打孔模具标记出孔的位置。锚栓埋深标准统一，要求锚栓埋深 125mm，外露 80mm。

2）“调整精确”：将支座的带齿面放到绝缘支架的带齿面，对齐孔位，检查齿部是否啮合良好。从绝缘支架一侧穿入带有方形垫块和防转垫片的螺栓，从支座一侧放入垫片，拧入螺栓，采用专用加长套筒扭矩扳手，交替紧固螺栓，紧固力矩为 120N·m。采用专用工具，撬起防转垫片，使其紧贴螺栓头的一个六方面，将卡爪放在安装好的支座之上，对齐孔位，从外侧穿入带有方形垫块和防转垫片的螺栓。调整整体绝缘支架，检测接触轨接触面与轨面是否平行，避免接触轨面发生偏磨现象。调整接触轨扣件及接触轨托架，在保证接触轨高度、限界和平行度的基础上满足接触轨在温度变化时能顺线路自由滑动，检查各绝缘支架紧固件是否齐全稳固，用扭矩扳手紧固螺栓。

【示例照片】

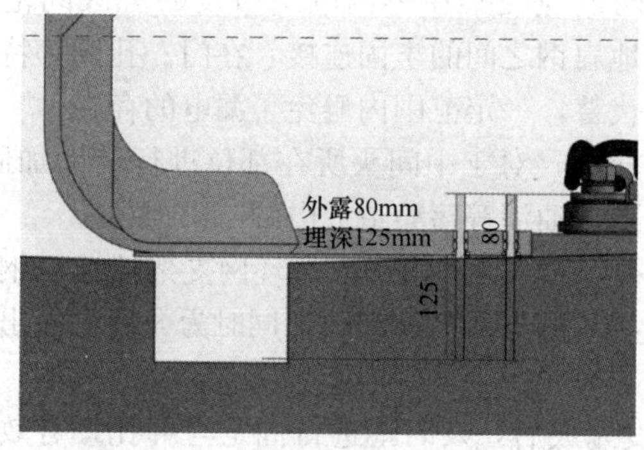

图 5-185　锚栓埋深及外露符合要求

图 5-186　绝缘支架安装端正

【效果点评】

1）图 5-185 为锚栓安装时，对孔内的灰尘进行清除，有利于保证锚栓埋深达标，并且保证锚栓外露满足底座安装的需要。

2）图 5-186 为绝缘支架安装时调节底座上的调节螺栓，使得绝缘支架卡爪面与钢轨面连线平行，这样做的好处是保证后期接触轨面与集电靴接触面更加平整。

（2）接触轨安装

接触轨安装主要包括接触轨本体架设、中间接头安装、中心锚结安装、膨胀接头安装。

【策划目标】

1）“架设顺直”：接触轨架设曲线圆顺，无硬弯。

2）“安装精确”：接触轨中间接头、中心锚结安装位置距离绝缘支架的距离准确。

【操作方法】

1）“架设顺直”：将接触轨轻轻抬起，推送到位，接触轨腰腹部放置到支座的固定颚上。操作时将接触轨慢慢放下去，与已安装到位的相邻接触轨相对接，接触轨落到位后不要移动，将卡爪零件卡住接触轨，调整卡爪位置，使接触轨位于正确的位置。调整到位后，将螺栓依次穿过止动垫片、方形垫片、卡爪、支座，拧入螺母使用矩扳手拧紧，待整个线路段调整完毕，将止动垫片向上撬起，使其与螺栓的一个六方平面紧贴。

接触轨本体架设应顺直，曲线段应圆顺、无硬弯，接触轨接缝处间隙应小于 2mm，左右错开缝隙应小于 0.5mm，其不锈钢接触表面的高度差应小于 0.2mm，特殊区段也应符合要求，嵌合的不锈钢带不可有翘边或缺损。

2）“安装精确”：中间接头距绝缘支架的距离为≥500mm，将装置到位的接触轨末端及对接处的相近接触轨末端清理干净，并涂上接触油脂。将中间接头安装到要加以连接的接触轨端点的轨腹处，并将 4 根螺栓用工具拧紧到中间接头上，要确保在直线方向上接触轨的对接缝已牢牢定位。

接触轨中心锚结用于防止接触轨长轨向两侧不均匀窜动的固定连接件，安装在长轨的中部，使用打孔机在选定部位进行打孔，将所有配合表面清理干净，使用干净的垫子或中粒度磨料钢丝刷打磨，并在中心锚结本体的界面连接表面处涂上一层极薄的接触油脂，将中心锚结本体安装到要加以连接的接触轨端点的轨腹处，并将螺栓拧紧到普通接头上，接着拧紧其他螺栓。再次检查接触表面，将接头处多余的接触油脂擦干净。

【示例照片】

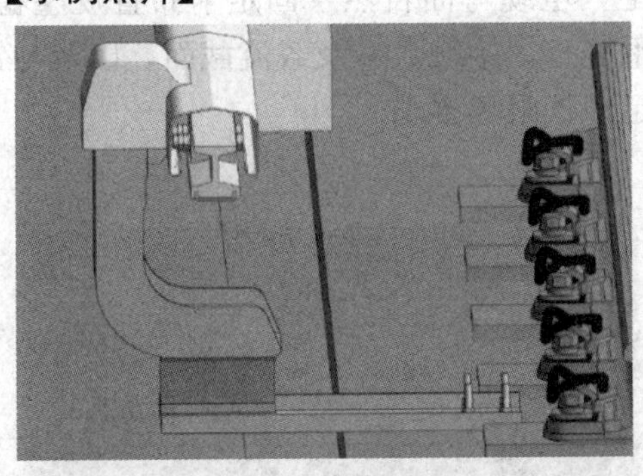

图 5-187　接触轨架设圆滑

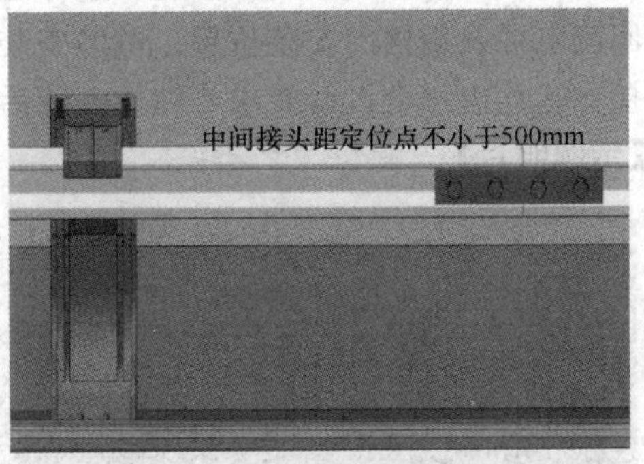

图 5-188　中间接头定点准确

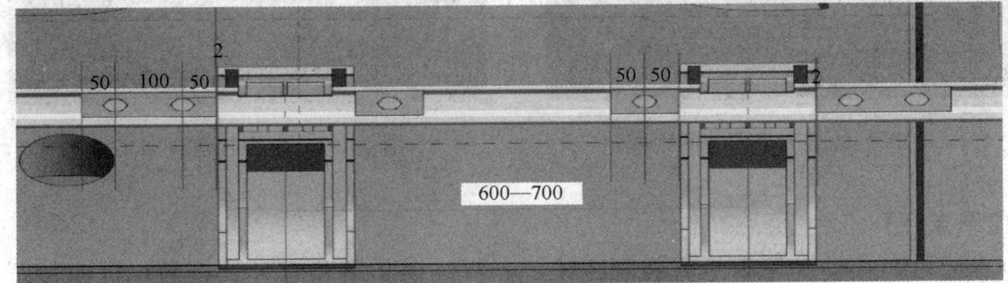

图 5-189　中心锚结安装间距精确

【效果点评】

1）图 5-187 中接触轨架设无硬点，圆滑，接触轨与集电靴接触面能够有效解除。

2）图 5-188 为安装中间接头时保证中间接头距离相邻的绝缘支架满足 500mm 距离，满足接触轨在热胀冷缩时产生的前后移动距离。

3）图 5-189 中因接触轨热胀冷缩会产生位移，故在安装中心锚结时必须与支架之间留有一定的间距。

（3）接触轨电缆敷设及防护罩安装

【策划目标】

1）“安装平顺”：防护罩安装牢固、平顺，搭接应紧密牢固。

2）“布线美观”：电缆接续排布整齐、横平竖直。

【操作方法】

1）“安装平顺”：将防护罩支撑每 500mm 间隔，从开口处手工转位跨坐在接触轨上，待安装防护罩。按接触轨实际跨距测量并计算所需接触轨防护罩长度，按该测量长度使用专用防护罩切割工具截取防护罩，切口要磨平且保证防护罩在加工过程中无损坏，防护罩沿接触轨长度方向紧密搭扣在防护罩支撑上。防护罩通过防护罩支撑卡覆盖在接触轨上，防护罩支撑卡每隔约 500mm 安装一个（在绝缘支架处对称放置），在绝缘支架、电连接等处防护罩的安装选用特殊的防护罩形式。防护罩搭接长度不少于 200mm，保证防护罩不掉落，防护罩安装牢固、平顺，搭接应紧密牢固。

2）“布线美观”：确定均、回流电缆与钢轨的焊接点，信号“S”棒应已安装或位置应已确定，按照设计焊接位置，现场复核与信号“S”棒的距离是否符合要求，焊接点距信号“S”棒中心距离应符合信号专业要求。电缆沿电缆支架敷设，敷设规整绑扎稳固，至钢轨焊接点部分采用固定卡固定在整体道床上，电缆弯曲自然，固定卡布置规整稳固。均、回流电缆及箱体的安装位置、电缆安装横平竖直，接线数量及载流截面，以及与钢轨的连接方式均应符合设计要求，箱体安装后满足地铁限界要求。

【示例照片】

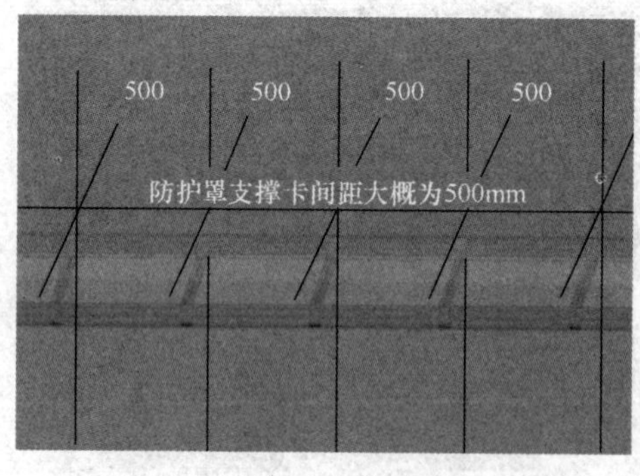

图 5-190　绝缘卡爪安装间距统一

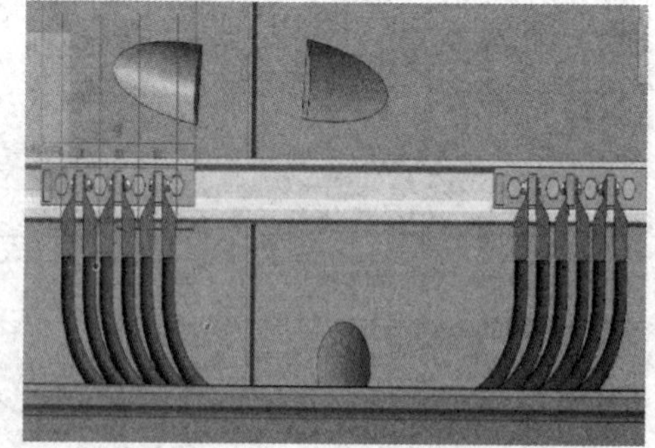

图 5-191　电缆接续排布美观

【效果点评】

1）图 5-190 中防护罩卡爪安装间距统一，提高防护罩稳定性，有效保证防护罩不易脱落，对行车集电靴进行保护。

2）图 5-191 中电缆安装必须满足设备限界要求，电缆敷设在不伤电缆的情况下横平竖直，提高施工工艺美观。

2. 刚性接触网工程

刚性接触网主要从以下三个方面进行阐述：悬挂装置安装、接触线及架空地线架设、设备安装及电缆敷设。

（1）悬挂装置安装

【策划目标】

1）“预埋准确”：埋入杆件的埋设位置、埋设深度、外露尺寸无误。

2）“安装精确”：悬挂装置底座应紧贴隧道壁，悬挂角度与轨平面一致。

【操作方法】

1）“预埋准确”：通过激光测距仪测量轨道平面距隧道顶部净空高度，根据测量记录的隧道类型、隧道净空高度、曲线外轨超高等数据，选择相应的悬挂类型，计算 T 型螺栓长度、斜垫片的型号、锚入杆件型号及外露尺寸，确定埋设深度，编制装配表并按照精准计算数值进行预埋。

2）“安装精确”：悬挂装置安装，槽钢底座应水平安装，悬吊角钢与安装地点的轨道平面应保持平行，平坡线路上悬垂吊柱及 T 型锚栓应铅垂安装，倾斜度误差一般均不应大于 10°，但位于坡道上的悬垂吊柱及 T 型锚栓顺线路方向铅垂度偏差应以汇流排安装在悬挂金具内后能保证汇流排伸缩为原则。提前测量计算导高处于 4050mm 处槽钢下沿高度，对安装完成的悬挂装置进行粗调，使槽钢的高度达到要求值，紧固 T 型螺栓的螺母及备母，紧固力矩为 70N·m，安装完成后的悬挂底座处于水平状态，悬挂槽钢与轨面连线平行。

【示例照片】

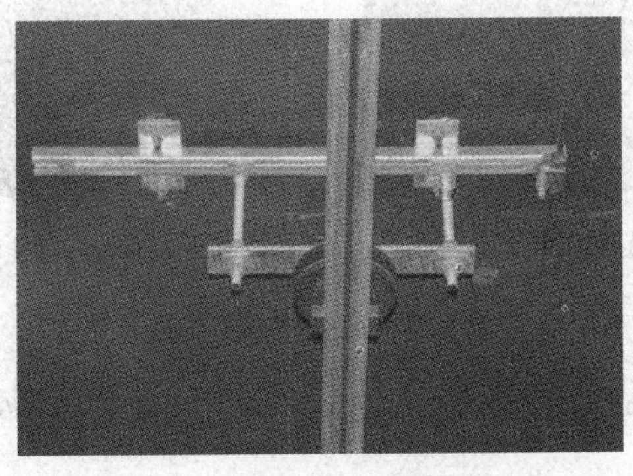

图 5-192　悬挂装置安装精准

【效果点评】

图 5-192 中安装悬挂装置底座保证与隧道面紧贴，有效保证悬挂装置的稳定性，T 型螺栓的长度露头满足导高调整要求，保证安全供电距离。

（2）接触线及架空地线架设

【策划目标】

1）“架线平顺”：接触线轴线保持与受电弓滑板严格垂直，在锚段内无接头、无硬弯。

2）“转换平滑”：转换悬挂点处受电弓双向通过时应平滑无撞击。

【操作方法】

1）“架线平顺”：在第一、二个悬挂定位点两端，用锚固线夹卡住汇流排，使汇流排在放线时不能滑动，用排刷将导电油脂均匀涂抹在导线两凹槽内，导线工作面向下，不得翻转。在汇流排上安装好架线小车，调整架线小车，将接触导线从汇流排终端端头嵌入汇流排，紧固汇流排终端上的紧固螺栓，按设计和产品安装技术要求做好导线端头。架线小车用拉线固定于前端牵引支架上，由车辆带动前进，牵引支架适时调整使牵引方向始终位于汇流排正下方，牵引支架与接触线铜导槽组联动，接触导线展放顺滑自然。接触线架设至汇流排末端时，在架线小车到达汇流排弯曲端前，放线车辆停车。人工匀力拉动架线小车，把接触线导入汇流排终端，锁紧终端螺栓，接触线沿终端方向顺直外露 100～150mm，用断线器断开接触线，并用锉刀将端头打磨平整光洁。从汇流排卸下架线小车。

接触线及架空地线架设，架空地线的弛度应符合设计要求，在最大弛度时必须保证架空地线及其金具距接触网带电体的距离大于 150mm，对运行车辆的受电弓距离不小于 100mm。

2）“转换平滑”：两支接触线在关节中间悬挂点处应等高，转换悬挂点处非工作支不得低于工作支，可以比工作支高出 1～3mm；且在冷滑试验中受电弓双向通过时应平滑无撞击。

【示例照片】

图 5-193　架空地线架设距离安全

图 5-194　悬挂转换点接触线平顺

【效果点评】

1）图 5-193 中架空地线架设保证接地体距离带电体的静态安全距离在 150mm 以上，动态距离在 100mm 以上。

2）图 5-194 中接触线架设保证关节位置处的工作支低于非工作 1～3mm，有效避免受电弓出现打弓现象，保证车辆运行安全。

（3）设备安装及电缆敷设

【策划目标】

1）“限界分明”：设备、电缆安装满足安全限界要求。

2）“布线美观”：电缆敷设在满足电气性能的要求下，保持电缆走向的美观性。

【操作方法】

1）“限界分明”：根据设计图纸核对隔离开关的安装高度及安装限界（限界

≥2100mm），根据图纸上操作机构箱的高度1200mm和隔离开关本体底座的高度3400mm画出隔开安装孔位，多组隔离开关安装时保证底座在同一水平面上。隔离开关本体安装完成后，不断地进行隔离开关的闭合操作，观察隔离开关刀闸是否能完全打开和完全闭合，允许偏差5mm，刀闸对于接地体的安全距离满足500mm以上。检查操作机构箱的行程是否与隔离开关刀闸相符，并进行调整，直至行程符合要求。

2）“布线美观”：现场查看绝缘锚段关节位置，构思隔离开关至锚段关节电缆路径，一般为了工艺美观性，要确保电缆敷设时电缆走向横平竖直，拐弯处的电缆转弯半径满足要求。根据构思的电缆路径测量电缆长度，裁剪好电缆，进行电缆敷设时再次确认电缆路径是否与裁剪电缆路径吻合，防止因电缆路径发生变化导致敷设完成后的电缆长度不够。电缆固定卡安装间距为500mm，按要求进行电缆固定卡安装及电缆保护管敷设，电缆保护管存在接头时需对接头进行处理，防止后期敷设电缆过程中刮伤电缆。上网电缆及电连接线无松散、断股现象，安装应顺直、工艺统一，绑扎固定电缆选用不易老化的复合材料。

【示例照片】

图5-195　设备安装限界安全

图5-196　电缆敷设排布整齐

【效果点评】

1）图5-195中设备安装保证隔离开关分闸状态下刀头距离接地体满足供电安全距离，提高供电安全可靠性。

2）图5-196中电缆敷设在满足电气性能的要求下，采用合理的电缆固定手段以及线缆排布方式不但可以增强美观性，而且可为后期电缆的维护以及检修提供便利。

3. 柔性接触网工程

柔性接触网一般分为弹性简单悬挂、简单链型悬挂两种类型，一般适用于车辆段、停车场。

（1）杆坑处理

【策划目标】

1）“位置准确”：基础放样进行不断复核，保证基础坑位的准确性。

2）“标识清晰”：确认坑口测量标记，复核辅助桩侧面限界。

3）“尺寸一致”：坑底尺寸应与坑口尺寸保持一致。

【操作方法】

1）“位置准确”：根据接触网平面布置图，与轨道专业图纸进行核对，核对无误后按照接触网平面布置图基础所示位置及基础设计限界要求，计算出支柱基础和拉线基础位置坐标及基础面水平高程。

接触网支柱基础坐标计算时一般每个基础计算 A、B、C 三个坐标点的坐标值（A 点为基础对应线路中心点坐标，B 点为基础中心点至线路方向退 1m 坐标，C 点为支柱中心点坐标），拉线基础坐标计算时，每个基础同样计算 a、b、c 三个坐标点的坐标值（a 点为拉线基础在锚支延长线上向支柱基础方向移 2m，b 点为拉线基础中心点坐标，c 点为拉线基础在锚支延长线上向支柱基础反方向移 2m）。杆位因地形、地物需调整跨距以避让时，跨距调整幅度为设计跨距－2m～设计跨距＋1m，调整后的跨距不得大于设计允许最大跨距。

2）“尺寸一致”：按照坑位测量标记及设计的基坑类型尺寸，沿坑口先用白灰画线，画出坑口尺寸；基坑开挖时采用小型挖机挖掘机开挖施工，根据设计的基坑类型尺寸进行开挖，基坑开挖时坑口尺寸每边应留 100mm 及接近基底标高时应留 200mm 人工清挖，基坑严禁超挖，松动部分应清除，基坑开挖过程中不宜间断，堆土应远离坑口不小于 2m，以防止堆土荷载影响导致基坑塌方。开挖过程中，随时检查基坑限界，修整坑壁，基础开挖时严禁超挖或少挖，坑底尺寸应与坑口尺寸保持一致。

【示例照片】

图 5-197　基础放样测量准确

图 5-198　杆坑测量标记清晰

图 5-199　基础开挖尺寸达标

【效果点评】

1）图 5-197 为基础放样进行多次复核，保证基础坑位的准确性，有效确保接触网钢柱与线路达到安全距离。

2）图 5-198、图 5-199 为基础坑口测量标记和基础开挖现场，要确认坑口测量标记，复核辅助桩侧面限界。

（2）支柱及门型架组立

【策划目标】

1）“预配准确”：连续横梁安装长度以毫米为单位进行测量，充分考虑测量误差。

2）“安装精确”：安装完成后支柱斜率满足标准，误差可控。

【操作方法】

1）“预配准确”：确认基础型号和图纸一致，将水准仪安放稳固，调平后分别测出每个法兰盘顺线路和垂直线路上共四个点的标高，确认标高误差符合设计要求，并用经纬仪检测两法兰盘间螺栓的垂直对应度，并做好记录。用钢卷尺测出每两个基础法兰盘中心的距离，计算每个法兰盘 4 个测量点的高差，并根据计算结果确定所需垫片的型号和数量。在基础制作完成后需要进行支柱及门型架的组立，由于门型架安装完成后若出现尺寸错误，将很难拆除，故在组立前需要技术人员仔细核对支柱类型及门型架的尺寸。

2）“安装精确”：支柱组立完成后，需要施工人员将支柱整正，顺线路方向支柱应垂直，误差为±0.5%，曲线外侧和直线上的支柱横线路方向允许外倾≤0.5%，曲线内侧支柱向受力的反向倾斜≤0.5%，单拉线锚柱允许向拉线侧倾斜 0～50mm，其他支柱顺线路方向应直立，最大允许施工误差为 50mm。直线同侧下锚转换柱应向线路侧倾斜 0.5%～1%，施工误差为向受力反方向倾斜 50mm。曲外和直线腕臂柱应向非悬挂侧倾斜 100～150mm。同组横梁支柱中心连线应垂直线路中心线，允许偏差为 3°。根据测量值，调整支柱并按需要添加垫片，调整完毕后，拧紧螺母，用经纬仪测量偏移值是否满足标准要求。

【示例照片】

图 5-200　门型架安装准确

图 5-201　支柱调整到位

【效果点评】

1）图 5-200 为门型架安装，提前将门型架组装完成后再进行组立，在组立前对支柱及门型架尺寸进行复核，确保一次组立成功。

2）图 5-201 为支柱及门型架在组立后，对门型架及支柱进行整正，斜率满足要求，安装正确美观。

（3）软横跨预配及安装

【策划目标】

1）“预配精确”：通过测量数据，精准计算安装数值。

2）“高度一致”：各节点零部件安装正确，在安装时，各支柱抱箍间高度应一致，符合设计要求。

【操作方法】

1）“预配精确”：通过测量支柱倾斜、测高差、测侧面限界和股道间距等数据，计算软横跨结构安装参数，并严格按照参数进行预配安装。根据施工设计图纸和硬横梁固定绳的节点形式及所采用新型材料的尺寸对“软横跨计算软件”的数据库进行必要的修改，整理测量数据。然后将数据输入计算机，计算出各部分尺寸。将计算得出的上部固定绳（如软横跨预配图中 $L_{上1}$、$L_{上2}$、$L_{上3}$、$L_{上4}$）和下部固定绳（如软横跨预配图中 $L_{下1}$、$L_{下2}$、$L_{下3}$、$L_{下4}$）和直吊弦（如软横跨预配图中 $L_{直1}$、$L_{直2}$）中各段尺寸标注在软横跨预配图中供预配和安装时参考。

2）“高度一致”：将水准仪安放稳固，调平后分别测出每个基础底面与同一钢轨间的高差，从而得出各基础间高差值，确认标高误差符合设计要求。然后采用接触网激光测量仪定出各支柱上下底座抱箍安装位置，安装时严格按照安装位置进行安装，误差控制在5mm 内，在软横跨安装完成后，采用经纬仪及接触网激光测量仪对各底座标高进行复核，确保高度一致，误差在允许范围内。

【示例照片】

图 5-202　软横跨预配及安装准确

【效果点评】

图 5-202 中软横跨预配及安装同组硬横跨两基础底中心间距允许偏差为±50mm。硬横跨两基础间距符合横梁跨长的要求，施工偏差±20mm，且每个基础的位置符合侧面限界要求。

5.7.3　杂散系统

【策划目标】

(1)“功能可靠”：设备功能正常，运行稳定。

(2)“布局美观”：设备安装、接线布局合理。

【操作方法】

(1)“功能可靠”：安装智能传感设备、参比电极、排流柜等设备，利用道床结构钢筋作为主收集网，隧道钢筋（内衬墙钢筋）纵向联通形成电气通路作为辅助收集网，通过系统设备将杂散电流排出。有效控制杂散电流从钢轨泄漏至道床结构，再从道床结构向其他结构如隧道、车站结构泄漏，避免对埋地金属管线和混凝土主体结构中钢筋的腐蚀。

（2）“布局美观”：将参比电极引线穿入防护管，并用管卡固定，参比电极安装完毕，道床表面和隧道侧墙表面应进行平整处理；传感器和转接器应安装牢固、可靠、端正，不得侵入限界；线缆敷设布局美观实用，接线整齐划一。

【示例照片】

图 5-203　参比电极安装平整

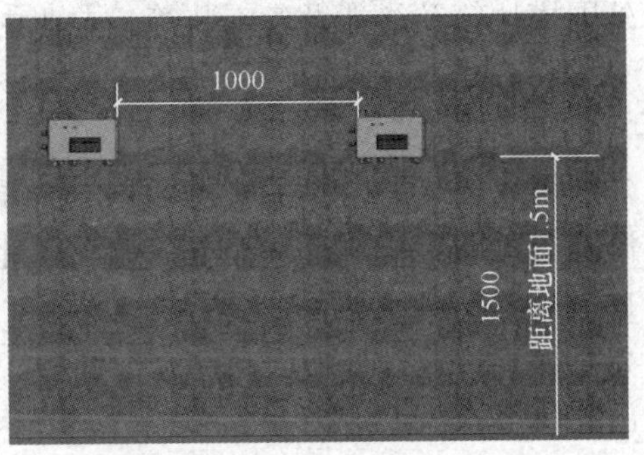

图 5-204　传感器安装高度统一

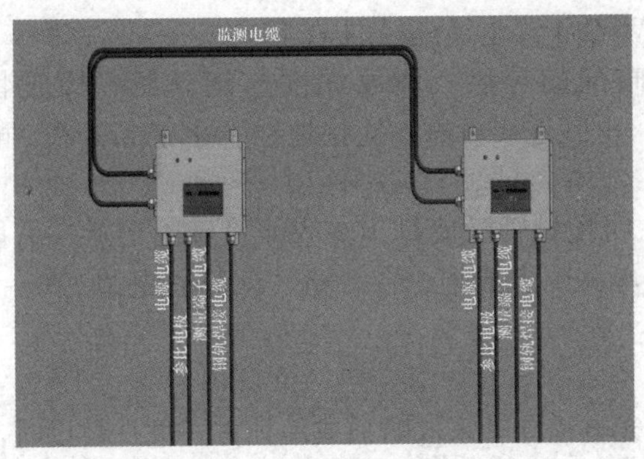

图 5-205　监测装置接线清晰

【效果点评】

（1）图 5-203 为参比电极安装完成后，道床表面和隧道侧墙表面进行平整处理，电缆敷设过水沟、过轨时穿管进行有效防护。

（2）图 5-204 中传感器的安装位置端正、整齐划一，预留电缆应进行盘圈处理，并用 Ω 型卡子固定整齐、牢固。

（3）图 5-205 为监测装置的安装示意图，电缆接线前先进行校线或全线统一根据线芯颜色确定回路，避免接线错误。

5.8　综合监控工程

地铁综合监控的主要功能包括对机电设备的实时集中监控与各系统之间协调联动两大

部分。一方面，通过综合监控系统，可实现对电力设备、火灾报警信息及其设备、车站环控设备、区间环控设备、环境参数、站台门设备、电扶梯设备、照明设备、门禁设备、自动售检票设备、广播和闭路电视设备、乘客信息系统即时系统等进行实时集中监视和控制的基本功能；另一方面，通过综合监控系统，还可实现晚间非运营情况下、日间正常运营情况下、紧急突发情况下和重要设备故障情况下各相关系统设备之间协调互动等功能。

综合监控系统工程施工主要从三个方面进行阐述，分别是外围管线安装、机房设备安装、外围模块箱及终端设备安装等。专业内未述及内容参见本书其他相关章节。

5.8.1 外围管线安装

外围管线安装的内容主要包括光电缆导管敷设、光电缆敷设及桥架安装三部分。本节主要涉及光电缆导管敷设和光电缆敷设两部分内容，桥架安装见相关章节内容。

1. 光电缆导管敷设

光电缆导管敷设分为明敷和暗敷两种，主要分布在公共区吊顶以上、设备区终端设备处、出入口以及风道内。

【策划目标】

(1)“布置合理”：导管布置美观合理，避免交叉，并排布置间距相等，弯曲弧度一致，容许最小弯曲半径不小于光电缆外径的12倍。

(2)“安装规范”：暗配的导管，埋设深度与建筑物、构筑物表面的距离不小于15mm。导管连接规范，电气连接可靠，连接地线不小于4mm^2。同时综合监控系统导管符合耐火防火要求。

(3)“固定牢靠”：明配导管沿墙每1000mm设置固定点，吊挂时每1000～2000mm设置吊挂点，在终端、弯头中点或柜、台、箱、盘等边缘的150～500mm距离范围内设置管卡。

【操作方法】

(1)“布置合理”：光电缆导管采取贴顶或吊挂方式进行敷设时，要横平竖直，工艺美观，导管并排敷设要间距均匀，水平或垂直敷设明配管允许偏差值，管路在2m以内时，偏差为3mm，全长不应超过管子内径的1/2。

(2)“安装规范”：导管暗敷时，在出墙面位置可加设86盒一只，方便检修和维护。暗配的导管，埋设深度与建筑物、构筑物表面的距离不应小于15mm。镀锌钢管跨接采用≥4mm^2 接地线进行。保护管在出入箱柜处时，采用防火泥进行封堵，封堵严实，伸入箱(柜)体的钢管也要进行密封处理。导管要进行至少两遍防火处理，保证防火涂料均匀且无漏刷现象。

(3)“固定牢靠”：导管的连接采用螺纹或专用接头连接，严禁采用包括对口熔焊连接和套管熔焊连接等在内的任何形式的熔焊连接。管箍丝扣连接外露丝应不多于2扣，并进行防腐处理；导管与接线盒连接时，接线盒内外均有锁紧螺母，露出锁紧螺母的丝扣为2～4扣。镀锌钢管与金属软管的连接采用专用的接头、锁母。在终端、弯头中点或柜、台、箱、盘等边缘150～500mm范围内设置管卡。

【示例照片】

图 5-206　导管套丝与连接

图 5-207　导管毛刺打磨

图 5-208　导管间距一致

图 5-209　电源导管和数据线导管分置

图 5-210　导管吊挂安装

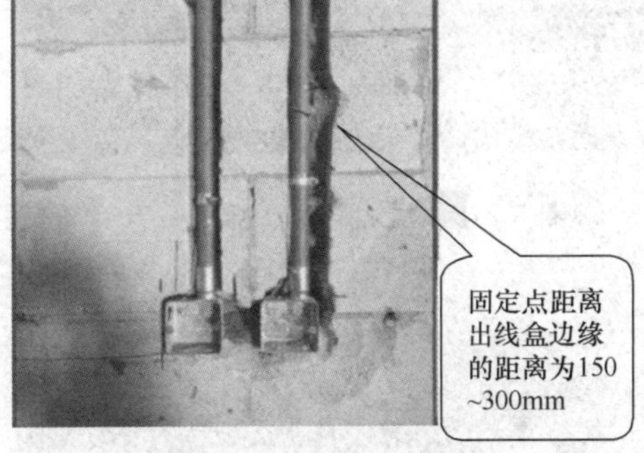

图 5-211　导管暗敷

【效果点评】

（1）图 5-206、图 5-207 在导管敷设时需对切口处进行打磨处理。

（2）图 5-208～图 5-210 中并排布置的导管间距和弯曲度保持一致，同时可使电源线导管与数据线导管分开。

（3）图 5-211 中房间内导管的敷设应采用暗敷方式进行，要求埋深不低于 15mm。

2. 光电缆敷设

综合监控系统工程线缆敷设主要包括综合监控系统机房到各模块箱（柜）的主干光电

缆，以及各模块箱（柜）至外围终端设备间的线缆敷设。一般情况下轨道交通工程综合监控系统区间主干光缆采用通信系统传输通道，因此这里主要针对站内部分进行说明，区间干线光电缆敷设参见通信传输系统区间光电缆敷设相关内容。

【策划目标】

（1）“强弱分置”：电源缆与控制缆分开敷设。

（2）“分层有序”：线缆敷设顺序远近分开，先远后近。

（3）“内外有别”：若光电缆需要拐弯时，内侧电缆先敷设，外侧电缆后敷设。

【操作方法】

（1）“强弱分置”：即在线槽设计和使用时，可采用分腔式、独立式桥架，以达到电源线与数据线的分离，避免信号干扰与系统安全隐患。

（2）“分层有序”：即线缆敷设时，先远后近，远处光电缆优先敷设，近处光电缆后敷设，这样就比较容易实现线缆的分层，方便施工和检修，也能达到较好的观感质量。

（3）“内外有别”：即在敷设电缆时充分考虑引入机柜的先后顺序，近处的先拐弯、远处的后拐弯，注意敷设顺序可有效地避免在引入机柜时线缆的交叉和扭绞现象。

（4）在施工中可根据需要增加理线器，方便线缆的固定与施工。

【示例照片】

图 5-212　强弱分开、弧度一致

图 5-213　强弱分开、绑扎等距

图 5-214　分层分路

图 5-215　内外有别

图 5-216　缆线分路和弯曲

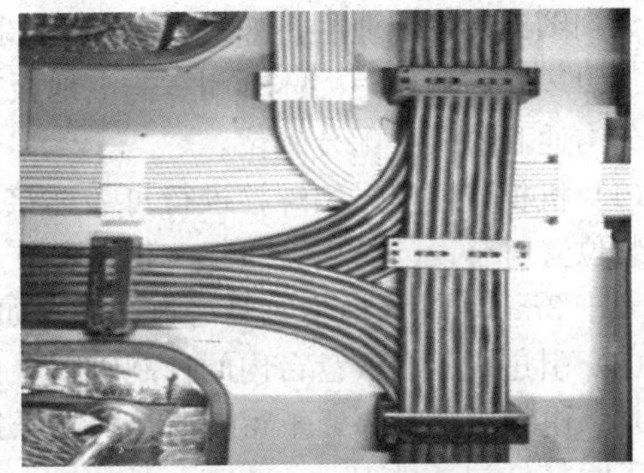

图 5-217　缆线分层和弯曲

【效果点评】

（1）图 5-212、图 5-213 为光电缆敷设时，电源线、数据线等分开敷设，不可混放。这样做不但有利于检修和维护，也可有效避免信号的干扰从而提升系统可靠性。

（2）图 5-214、图 5-215 通过分层分路、内外有别，避免了机房内缆线杂乱无章、扭绞严重的现象，也有利于线路检查和故障排除。

（3）图 5-216、图 5-217 是缆线分路和分层的效果，在实施中可根据同类线缆设为一路，或引往相同机柜（设备）的线缆设为一路的做法，结合缆线终端远近和缆线强弱情况，即可达到敷设有序、提升观感、方便检修的目的。

5.8.2　机房设备安装

1. 基础及控制柜安装

综合监控设备房设备安装主要包括综合监控机柜安装、开关柜、UPS 等设备安装。通常情况下还包括环控电控室内 PLC 柜的安装。

【策划目标】

（1）“工厂化预制”：机柜底座完成后上表面与静电地板平齐，误差不超过 2mm。底座采取工厂预制和整体镀锌的方式，避免现场加工。

（2）“一体化设计”：机柜线槽根据机柜安放位置进行定制，一体化设计，确保进线位置及结构符合安装要求。线槽电气连接可靠，并与接地网进行等电位连接，要求采取多点接地的方式，而且线槽、设备等的等电位连接不得进行串接，采取星形连接方式。

（3）“整体化考虑”：柜体安装位置与机电单位进行核对，避免机柜上方空调冷凝水对机柜运行安全造成影响。机房下引的风管应避开机柜安装位置，以免导致机柜门开启不便。

【操作方法】

（1）“工厂化预制”：结合车站内标高（1 米线由机电专业提供）、静电地板标高，采用经纬仪和水平仪对房间进行准确测量，确定底座加工高度，保证底座上平面与装修静电地板完成面保持平齐。采用“工厂化预制”的加工方式，以提高工艺水平及整体镀锌效果。

（2）“一体化设计”：机柜下方线槽采用“一体化设计”，根据施工图纸和现场实际情况，进行一体化设计和加工，既减少了现场动火作业，又提高了工艺水平，有利于提高作业效率。

（3）“整体化考虑”：基础及机柜安装位置，应与机电专业一起进行综合考虑，统一协调。拿到图纸后，在业主、监理的统一协调下集中放样与定位，避免风口处于设备正上方、下引风管影响机柜门体开闭、静电地板支撑与底座位置冲突等现象的发生。施工中需要充分沟通和协调，配合到位。

（4）机柜与底座采用螺栓进行可靠连接，同时底座采用 M12 膨胀螺栓进行固定。设备安装位置符合设计要求。机架（柜）安装与地面垂直、平稳。机柜安装牢固，垂直偏差度不大于 3mm，柜面标示完整清晰，漆面如有脱落要及时补漆。

（5）引进机柜内或盘台内的控制电缆应排列整齐，避免交叉，电缆型号、规格符合设计要求。电缆固定牢靠，不得使所接的端子排受到机械应力。电缆头一般宜固定于最低端子排下距最低端子排 150～200mm 处。

【示例照片】

图 5-218　机柜底座工厂预制

图 5-219　机柜线槽一体化设计

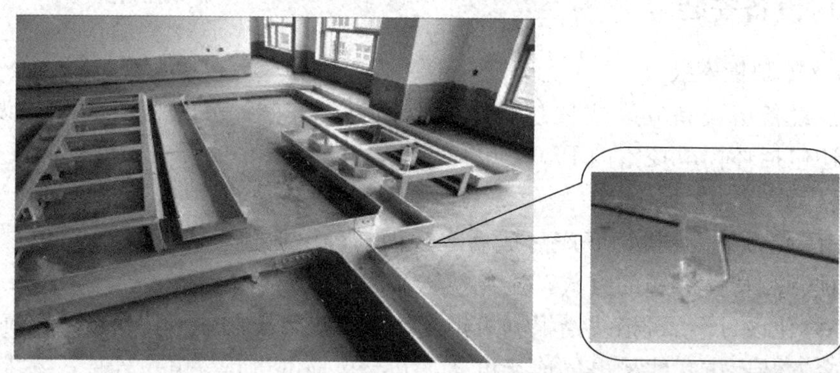

图 5-220　线槽、底座安装

图 5-221　机柜下方线缆敷设

图 5-222　机柜引入线缆敷设

图 5-223　机柜颜色高低一致、排列整齐

图 5-224　机柜成品保护

图 5-225　柜体及门体接地

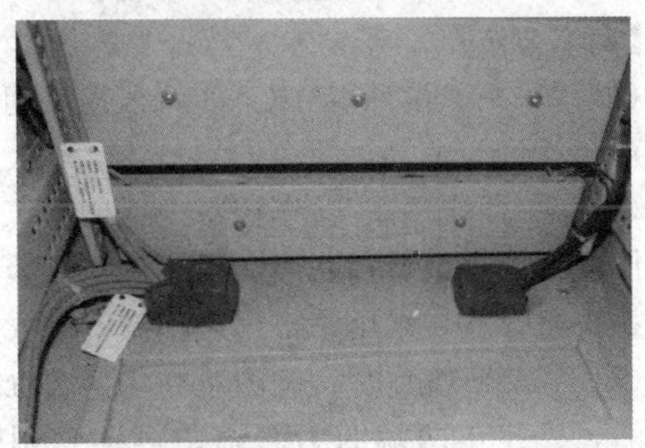

图 5-226　机柜进出孔防火封堵

【效果点评】

实施过程中，先对每个车站的房间进行测量，找出统一高度点，避免底座高度不一致造成整体效果较差的现象。同时为了避免现场进行底座加工所带来的易生锈和加工质量不高的情况，如图 5-218 所示，机柜底座要采用工厂化预制的统一加工方式，保证标准统一，外观统一。

(1) 图 5-219、图 5-220 是机柜线槽的展示，为了提高机柜（设备）安装质量，线槽可以根据机柜位置进行一体化设计。

(2) 图 5-221、图 5-222 是机柜下方和引入缆线敷设的情况，为了提高机房及机柜安装质量，可采用理线器方式进行。

(3) 图 5-223、图 5-224 为机柜在安装时应保证机柜前面平齐、高低一致、垂直度达标。由于机柜内安装有大量的设备，因此在安装时做好机柜的成品保护非常重要，尤其是在地铁潮湿和灰尘大的环境中，设备安全需要格外注意。

(4) 图 5-225 是机柜接地展示，图 5-226 是缆线引入机柜进行防火封堵的情形。柜门、机柜及底座须可靠接地。引入机柜的缆线孔要做严密的防火封堵。

2. 车控室 IBP 盘及一体化设施安装

IBP 盘安装于车站车控室内，与相关专业的接口和线缆较多，是综合监控专业的重点工程之一。

【策划目标】

（1）“一站一设计”：一体化设计，充分利用房间尺寸和空间，即 IBP 盘及一体化柜整体考虑。

（2）“工厂化预制”：设备底座及车控室地槽需要根据现场实际情况进行测量后，在工厂进行预制和整体镀锌处理，安装时要注意保证底座安装上表面与装修静电地板完成面保持同一水平。

（3）“安装规范化”：控制安装误差，确保安装质量优良，重点解决安装整体水平度和垂直度，以及接缝的处理等。设备安装充分结合现场尺寸，保证前后左右距离合理，整体效果优良。盘（柜）与机电接地网可靠连接。

（4）“集中化施工”：IBP 盘安装于车控室内，体积大、各专业线缆多、接口复杂，在施工中需要保证安装位置合理，管线综合考虑，并加强工艺控制。

【操作方法】

（1）“一站一设计”：施工前，根据房间结构和尺寸，采取“一站一设计”的思路进行二次深化设计与定制，使车控室整体美观大方，功能可靠，方便施工和维护。

（2）“工厂化预制”：车控室内地槽施工，应根据每个车控室的具体情况及设备摆放位置不同进行综合设计，从而实现“过路”线槽与房间内线槽布局合理，方便施工。同时底座根据设备尺寸，采用“工厂化预制”方式，施工简便，工艺美观。

（3）“安装规范化”：按图纸将 IBP 盘放于基础型钢上找准垂直度，成排 IBP 盘各台就位后，先找正两端的 IBP 盘，再逐台用垫片找平找正中间部分。IBP 盘找正时采用 0.5mm 厚垫铁进行调整，每处垫铁不能超过 3 片，并用螺栓固定。“安装规范化”，重点保证整体水平度与垂直度，同时要保证接缝处的处理。

（4）“集中化施工”：车控室布局应与机电静电地板统一考虑，尽量避免与静电地板设计与施工冲突，从而实现房间整体的效果。如 IBP 盘底座及地槽施工尽量避开静电地板支撑，尽量不要槽跨静电地板接缝等。因此综合监控专业深化设与机电专业房间排版图应协调一致，考虑整体效果。同时车控室地板下方，各专业接口较多，各承包商施工组织与工序安排不尽一致，对整体进度、工艺影响较大，因此“集中化施工”可有效解决工序不协调、干扰大的问题。

【示例照片】

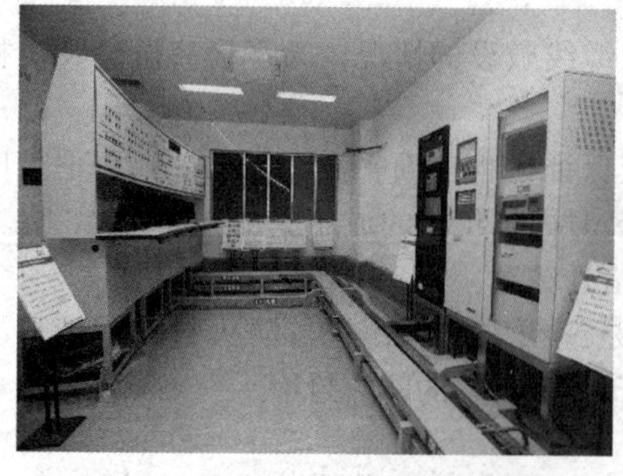

图 5-227　IBP 盘、一体化设施整体设计

图 5-228　线槽分层布置合理

图 5-229 相关专业设备安装避开出风口

图 5-230 整体效果简洁大方

【效果点评】

（1）图 5-227、图 5-228 是 IBP 盘及一体化设施下方桥架的施工效果图，室内强弱分离，与过路桥架分开，整体规划，方便了 IBP 盘安装与线缆成端。

（2）图 5-229、图 5-230 是安装完成后的效果，整体安装效果与环境相协调，简洁大方。

3. 系统布线与调试

综合监控系统工程系统布线主要包括综合监控系统与其他子系统的接口布线（如传输系统、智能低压、电扶梯、电梯、智能照明、FAS 系统、信号系统、AFC 等系统），同时包括综合监控机房机柜内及外围模块箱内的布线与成端工程。

【策划目标】

（1）"强弱分置"：电源缆与控制缆分开敷设。

（2）"分层有序"：线缆敷设顺序先远后近，实现远处或过路光电缆先敷设，近处光电缆后敷设。

（3）"内外有别"：若光电缆需要拐弯时，内侧电缆先敷设，外侧电缆后敷设。

（4）"适当预留"：设备、箱柜成端和电缆井处做好光电缆的预留。

（5）"可靠接地"：光电缆铠装层、控制缆屏蔽层做好可靠接地。

（6）"绑扎有序"：线缆敷设完成后，等间距地进行光电缆的绑扎。

（7）"标识清晰"：线缆成端与绑扎完成后要进行线缆标识。

【操作方法】

（1）"强弱分置"：是系统布线的基本要求，机柜（箱）及设备布线时强电与弱电要分侧布置，分别绑扎到位。室内桥架敷设时同样尽可能采用分腔或独立桥架，将电源线与数据线分开。

（2）"分层有序"：重点强调远先近后的原则，远近缆线一起敷设时，先敷设远处的缆线，后放近处的线缆可以很好地将远处的缆线与近处的缆线进行分层，便于施工与维护。机柜（箱）及设备配线数量较多，应尽可能多分层，避免系统布线时机柜（箱）内布线混乱。

（3）"内外有别"：重点强调同路或同层缆线敷设时先拐弯的置于内侧，后拐弯或直行的缆线置于外侧，从而避免了过多的交叉与杂乱现象。

（4）"适当预留"：是为了在设备移位或维护时，在不破坏整体绑扎的情况下，不需要再接续便可以方便地进行恢复与接线，是一种常用的方法，对后期工程维护有很大作用。

（5）“可靠接地”：强调工作接地与设备接地分开，光电缆铠装层、光缆加强芯及控制缆屏蔽层应接地。设备接地不能串接，每个设备都应单独接地，柜（箱）门、底座均应做可靠电气连接与接地。

（6）“绑扎有序”：强调机柜（箱）及设备布线时等距绑扎，在接线抽头处、拐弯处等适当增加。同路、同层线缆尽可能作为一个独立单位进行绑扎。

（7）“标识清晰”：柜（箱）及设备处布线的标识非常重要，是检修维护不可或缺的组成部分，大量的系统布线需要标识清楚，标识时一般采用套管、挂牌、悬挂台账的方式进行。每根线的名称、规格、走向、系统归属等信息完整清晰。

【示例照片】

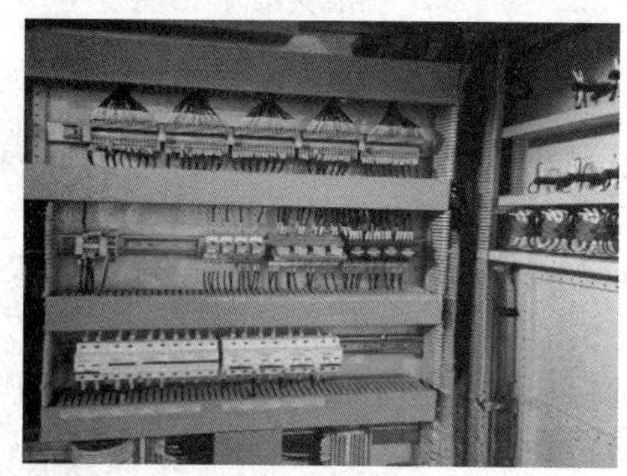

图 5-231　强弱分侧分层布置

图 5-232　配线绑扎、横平竖直

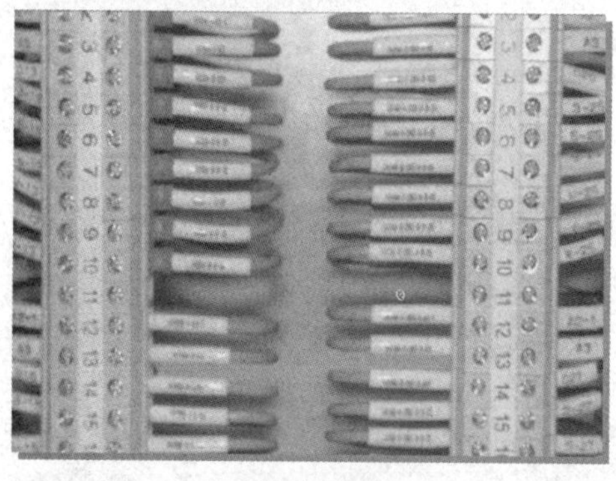

图 5-233　硬线接口配线（一）

图 5-234　硬线接口配线（二）

图 5-235　箱（柜）内配线、标识

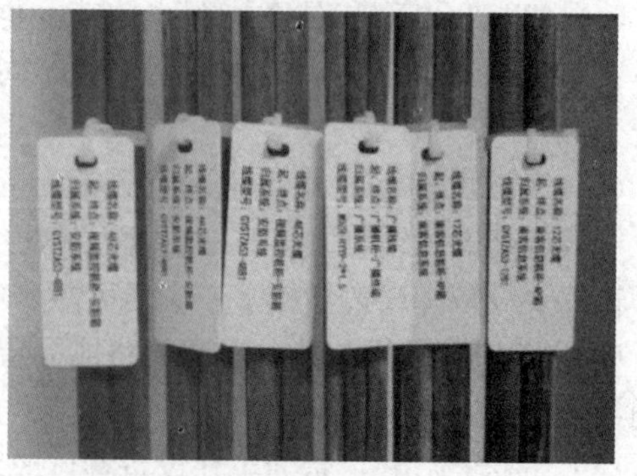

图 5-236　光电缆挂牌标识图

图 5-237　系统线缆适当预留

图 5-238　设备、箱（柜）处预留

【效果点评】

（1）图 5-231、图 5-232 在机柜（箱）内布线时电源线与数据线尽可能分侧布置，电源接线端子与数据接地端子分层布置，线缆绑扎整齐。

（2）图 5-233、图 5-234 在布线时横平竖直，整齐划一，接线牢靠美观。

（3）图 5-235、图 5-236 中对挂牌和套管形式进行标注，为在施工、检修中迅速准确地识别出所需的线缆提供了方便。

（4）图 5-237、图 5-238 在进行系统布线时应适当进行预留，以保证紧急情况下系统的安全可靠性。引入机柜的干线光电缆预留不小于 3m，引入控制箱的干线光电缆不小于 0.5m。

5.8.3　外围模块箱及终端设备安装

1. 模块箱安装

综合监控系统模块箱担负着车站、车辆段、停车场、控制中心等场所内相关设备的监控功能，具有安装分散，数量众多和出线较多的特点，是综合监控系统的前端数据采集与执行环节。各站点的模块箱一般通过总线形式，首尾相接，共同构成各个站点的监控网络。一般情况下，每个车站由三个光纤冗余环构成。

【策划目标】

（1）“统一规划”：与机电单位充分对接，保证所有箱体安装位置合理，管线不交叉，位置不冲突。箱体安装高度保持协调一致。

（2）“绑扎有序”：箱（柜）内配线整齐，电源线与控制缆分开布置，绑扎和走线美观。

（3）“标识清楚”：电源及地线成端处搪锡并做热缩处理，成端完成后挂牌标识。控制端子排接线端子处线缆密集，采用套管打印机打印套管进行标识。

（4）“封堵严实”：进出箱（柜）体的线缆进行防火封堵时应严实无缺省。

【操作方法】

（1）“统一规划”：模块箱安装位置一般集中在照明配电室、环控室等房间内，经常出现与机电、FAS 系统箱体位置冲突，整体不协调的现象。因此在安装时需要“统一规划”，统一放样，以达到定位合理、管线协调的目的。

（2）“绑扎有序”：箱体安装时，若均为下进线方式，则底部高度应保持一致。若均为上进线，则可考虑顶部高度保持一致。一是整体美观协调，二是便于整体布线需要。箱（柜）内布线“绑扎有序”，整体美观。

（3）“标识清楚”：进入箱（柜）的线缆除了挂牌、套管、标签标识外，需要悬挂详细分配台账的，将台账进行塑封后张贴或悬挂于箱（柜）内。

（4）“封堵严实”：要求伸入箱（柜）的导管进行防火封堵，同时箱（柜）进线孔也用防火泥封堵严实。

【示例照片】

图 5-239 桥架统一规划

图 5-240 高度、间距一致

图 5-241 模块箱配线和绑扎

图 5-242 配线及套管标识

【效果点评】

（1）图 5-239 为下进线安装，图 5-240 为上进线安装。两种安装方式除了考虑所有专业的柜体大小位置外，还对桥架进行了整体规划，节省了空间，提升了整体观感质量。

（2）图 5-241、图 5-242 中，柜块箱内线的绑扎和成端要横平竖直，并做好标识。接线完成后进线孔还应及时进行防火封堵。

2. 工作站安装

工作站的安装主要包括车控室和控制中心工作站的安装。

IBP 盘面上工作站一般包括许多专业的工作站，如 ATS 管理工作站、FAS 管理工作站、ISCS 管理工作站、CCTV 管理工作站、OA 系统管理工作站、AFC 系统管理工作站等，根据需要部分工作站可以置于临窗工作台上。

【策划目标】

（1）“布局合理”：车控室工作站主机应考虑嵌入式安装，放置于 IBP 盘面下方或临窗桌台下，确保操作台布局合理，干净整洁。

（2）“操作简便”：工作站及终端设备安装位置要与其他系统相协调，保证操作方便，符合运营操作习惯。

（3）“高度适中”：显示器可采用背部悬挂，悬挂装置高度符合人机工程学标准。

【操作方法】

（1）“布局合理”：由于车控室工作站较多，因此每个专业的工作站需根据不同的功能定位，结合车控室 IBP 盘、防火观察窗的位置进行工作站位置的深化，以方便运营人员的操作和维护。综合监控工作站一般情况下应安装在靠近观察窗和 IBP 盘的位置。

（2）“操作简便”：在设计时计算机主机置于操作台下，显示器置于操作台面上，一体化设计，使整体更加紧凑美观。

（3）“高度适中”：显示器常用的安装方式有两种，一种是用自带的底座直接安放于操作台上，一种是在深化设计时，与 IBP 盘进行一体化设计，提前在侧板上安装滑槽，并在滑槽上安装显示器固定支架。安装高度符合人机工程学标准。

【示例照片】

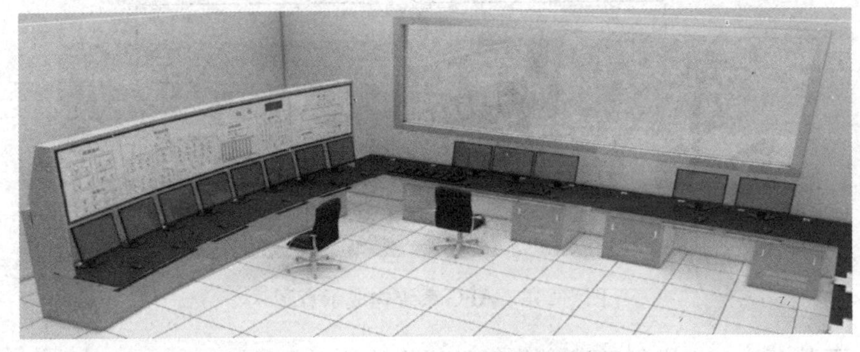

图 5-243　车控室局部效果图

图 5-244　车控室工作站

图 5-245　控制中心工作站

【效果点评】

（1）图 5-243 是车控室工作站安装效果图，工作站集中在观察窗与 IBP 盘下方，显示器置于台面，主机置于下方柜内，整体美观大方。同时也方便在运营过程中更加有效地进行管理。临窗台工作站显示器可直接放置在台面上，IBP 盘处显示器建议采取背挂式安装在滑槽上，整体效果更加紧凑美观。

（2）图 5-244 是车控室工作站实际效果。

（3）图 5-245 是控制中心工作站安装效果。工作站安装应方便操作，显示器高度应与观察者高度相协调。

5.9 自动售检票系统

自动售检票（AFC）系统作为城市轨道交通向公众提供服务的窗口，是城市轨道交通系统运营服务的核心子系统。自动售检票系统主要由轨道交通 AFC 清算管理中心（ACC）、线路中心（LC）、车站 AFC 系统（SC）、终端设备和车票五部分组成。系统构成如图 5-246 所示。

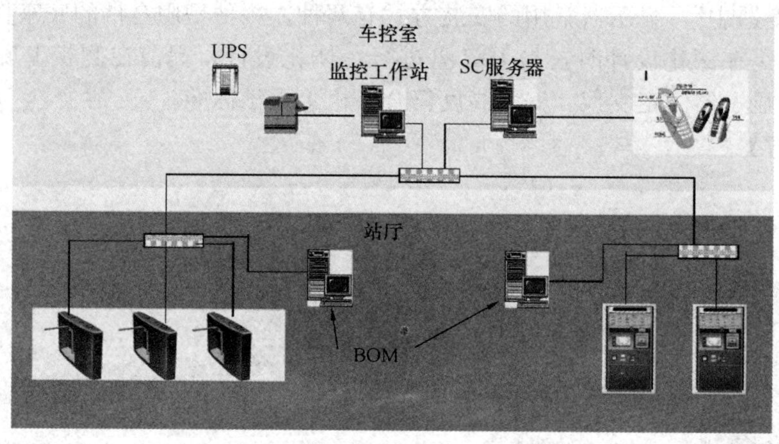

图 5-246 AFC 系统构成示意图

本节主要从两个方面进行阐述，分别是防水线槽、车站终端设备安装。AFC 专业内未述及内容参见本书其他相关章节。

5.9.1 防水线槽安装

防水线槽安装的施工内容主要包括防水线槽安装、气密性测试两个部分。

1. 防水线槽安装

【策划目标】

（1）“连接紧密”：槽体与槽体之间、槽体与分向盒之间连接紧密。

（2）“固定牢靠”：防水线槽安装应固定牢靠。

（3）“定位精准”：防水线槽出线口定位精准，提高终端设备安装质量。

【操作方法】

（1）“连接紧密”：图纸深化时，保持防水线槽出线口与车站终端设备底部引入口对准；使用防水连接器将两段线槽连接时，仔细观察标记线与防水连接器边缘吻合且平行，保证线槽接口紧密。

（2）“固定牢靠”：使用内膨胀螺栓在地面上定位紧固，固定支架的间距不超过 2m。根据线槽、分线盒位置及卡箍开孔位置确定固定点，间隔 20cm 左右。

（3）“定位精准”：深化设计图纸时，需对每段线槽进行编号；常规槽体长度为 2.5m 每段，与分向盒连接的槽体为非常规长度。根据深化图纸及终端设备型号，采购组合式防水线槽，线槽在终端设备安装中心点处设置出线口。

【示例照片】

图 5-247　槽体连接紧密

图 5-248　连接器安装牢固

图 5-249　槽体固定可靠

图 5-250　出线口设置精准

【效果点评】

（1）图 5-247、图 5-248 中将防水连接器与线槽端头 68mm 处的红色标记线对齐，保证了防水线槽两段槽体之间的紧密连接。

（2）图 5-249 采用专用固定支架在防水连接器两端 20cm 处进行固定，防止槽体松动导致连接器不紧密，达到了固定牢靠的效果。

（3）图 5-250 依据终端设备安装位置及底部引入口大小，确定防水线槽出线口位置，实现防水线槽出线口与设备底部孔位精确对准。

2. 气密性测试

【策划目标】

“气压恒定”，通过往防水线槽内注入气体来检测检验线槽的防水性能。

【操作方法】

“气压恒定”：防水线槽一般选取 50～100m 的长度进行分段测试，压力表读数会在

4～5kPa上保持（由于加压的原因，线槽的橡胶产生张力，压力会下降 1～2kPa 为正常）。如果压力下降太快则就说明线槽系统漏气。一般压力保持 10min，即单位时间内判断压力表上指针的变化，并观察压力判断是否合格。

【示例照片】

图 5-251　气密性测试

图 5-252　气压测试恒定

【效果点评】

图 5-251、图 5-252 采用这种气密性测试方法代替朝线槽内注水测试效率更高，且测试后不会对线槽进行二次污染，更加环保便捷。

5.9.2　车站终端设备安装

主要设备包括有自动售票机（TVM）、半自动售票机（BOM）、自动检票机（AG）、自动充值机、自动查询机（TCM）等。

1. 自动售票机（TVM）、自动充值机、自动查询机（TCM）

【策划目标】

（1）“定位精准”：自动售票机（TVM）、自动充值机的安装关键在于设备定位，设备定位要便于服务、便于乘客购票、便于运营维护。

（2）“安装牢靠”：售票机安装需固定，植入锚栓，进行固定。

（3）“美观协调”：安装位置须位于乘客进站线路中且不影响行人。

【操作方法】

（1）“定位精准”：终端设备底部孔位与地面画线打眼位置相吻合，横向偏差 2mm 以内，设备通道内偏差 3mm 以内，设备垂直向偏差 3mm 以内。依据终端设备底部各孔位位置制作相对应的安装定位模板，终端设备在安装之前使用安装定位模板确定终端设备安装位置及地面开孔位置。

（2）“安装牢靠”：在定位模板孔位处用记号笔标记打眼位置，使用手持冲击钻对大理石地面开孔，开孔深度应满足植入锚栓的长度。

（3）“美观协调”：安装位置符合设计文件（方案）的规定，并尽量居中安装。

【示例照片】

图 5-253　定位精准

图 5-254　美观协调

【效果点评】

图 5-253、图 5-254 中定位模板确保防水线槽出线口位于终端设备线缆引入口的中间，提高了终端设备安装的精准度。

2. 自动检票机（AG）

可分为：进站检票、出站检票、进/出站双方向检票三种类型。

【策划目标】

（1）“养护到位”：检票机安装需采用锚栓固定，锚栓养护周期要足够。

（2）“防护到位”：终端设备安装固定做好防水处理，启用前应做好成品保护。

（3）“整齐美观”：设备安装完成后，应保持设备前后齐平。

【操作方法】

（1）“养护到位”：锚栓须加平垫和弹垫，以保证设备的固定牢靠。锚栓养护时间不短于 2～3h。预埋螺栓时在混凝土中进行紧固，搭配配套的化学药液植入锚栓，预埋螺栓规格为 M12×100 化学锚栓。

（2）“防护到位”：终端设备固定完毕后，在设备底部与地板衔接处加补防水密封胶，勾缝处理；设备启用前应采用防尘罩或者木箱将设备罩起。

（3）“整齐美观”：设备安装时参照已标出的距墙面尺寸位置，运用激光垂直水平仪和卷尺测量出售票机、出入站闸机设备安装位置；相邻闸机间距满足技术要求。检票机保持设备前后齐平。

【示例照片】

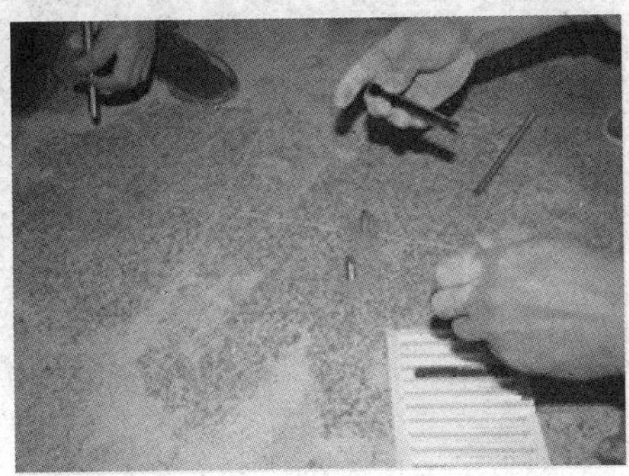

图 5-255　化学锚栓药液植入

图 5-256　锚栓养护期

图 5-257　防水勾缝到位

图 5-258　完工整齐美观

【效果点评】

（1）图 5-255、图 5-256 中锚栓植入深度应符合要求，锚栓紧固度满足要求。锚栓在植入后的 2～3h 之内处于养护期，并在锚栓四周涂抹防水密封胶。锚栓必须养护期间，不允许安装终端设备，并做好防水处理。

（2）图 5-257 在设备与大理石地面衔接处涂抹密封胶，防止水渍流入设备内部引起机器故障，保证了设备运行安全。

（3）图 5-258 为检票机安装完工后的效果，前后排列整齐。

3. 半自动售票机（BOM）

半自动售票机（BOM）一般安装在站厅层售票厅或补票亭中。

【策划目标】

“摆放整齐”：在人工台上摆放整齐，满足使用功能需求且桌面整洁。

【操作方法】

“摆放整齐”：将发票机、打印机、显示器、乘客显示器有序摆放在操作台上，不可遮挡售票窗口，有利于地铁工作人员操作。

【示例照片】

图 5-259　设备搬运

图 5-260　精度安装

【效果点评】

图 5-259、图 5-260 为在售票厅安装及在补票亭安装两种模式。两种安装模式下半自动售票机（BOM）摆放整齐、美观。

5.10 给水及排水工程

地铁给水排水及水消防系统主要包括车站和区间的给水系统、排水系统。给水系统由生产、生活给水系统和消防给水系统组成，排水系统由污水系统、废水系统和雨水系统组成，采用分流制的排水方式。另外，还设置有手提式灭火器，以迅速扑灭初期火灾。

给水及排水工程施工主要从套管预留预埋、支吊架制作安装、管道及部件安装、设备安装等方面进行阐述。

5.10.1 套管预留预埋

给水排水工程与土建、装修专业配合紧密，对土建的套管预留精度要求高，由于给水排水图纸出图较晚且结构预留工作开始较早，易出现因套管错留、漏留而造成的施工难度增加、美观度降低、使用不便利，甚至出现主体结构渗漏水等现象。

预埋完成后，对套管埋设的方式、方法、规格、型号、位置、标高等进行检查。

【策划目标】

(1)“类型清楚”：套管主要分为刚性套管和柔性套管两种。埋设套管时应根据使用情况正确选用套管类型。

(2)“定位精准”：预埋时应结合土建图纸、安装图纸、装修图纸综合考虑套管定位位置，确保套管的规格、位置满足使用功能。

(3)“封堵密实”：套管与管道之间应封堵严密，对于穿防火分区的管道还应采用防火封堵进行处理。

【操作方法】

(1)“类型清楚”：当地下室或地下构筑物外墙有管道穿过时，应采用防水措施。对有严格防水要求的建筑物，必须采用柔性防水套管。管道穿过墙壁和楼板，宜设置金属或塑料套管。

(2)“定位精准”：套管规格应较管道外径大 1～2 号（若管道有保温层，还需考虑保温层的厚度)。穿墙套管两端应与墙体完成面平齐；穿楼板套管顶部应高出装饰地面 20mm（安装在卫生间及厨房的套管内，其顶部应该出装饰地面 50mm）且底部应与楼板面平齐。成排套管定位时应根据管道保温完成面及管阀部件的最大外径尺寸合理确定各套管之间的间距。

(3)“封堵密实”：预埋的套管应随主体结构同步施工，对于漏埋或增加的套管，主体结构与套管之间必须封堵严密，并做好防水。套管内的填料应在管道安装完成后，用阻燃材料充填，且封堵密实、牢固、无遗漏，且端面光滑。穿过楼板的套管与管道之间缝隙应用阻燃密实材料和防水油膏填实。穿墙套管与管道之间缝隙宜用阻燃密封材料填实。

【示例照片】

图 5-261　管道穿墙采用刚性套管

图 5-262　管道穿墙采用柔性套管

图 5-263　立管穿楼板套管及封堵

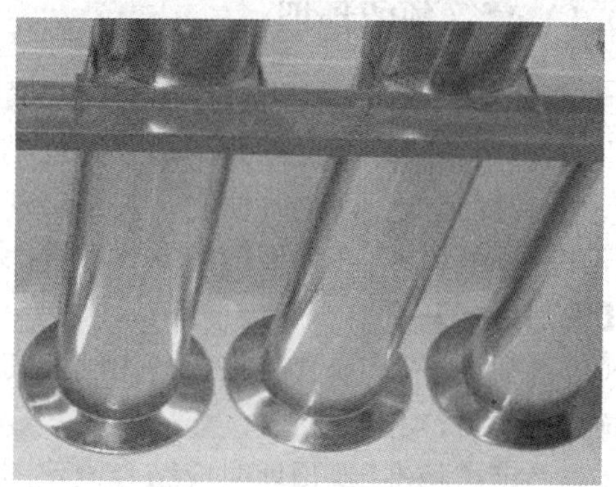

图 5-264　保温管道穿墙套管及封堵

【效果点评】

（1）图 5-261（刚性套管）、图 5-262（柔性套管）根据所穿构筑物的厚度及管径尺寸确定套管规格、长度，翼环及钢套管加工完成后将刷防锈漆做防腐处理。套管安装应在主体施工时进行配合预埋，固定牢靠，特别是防水套管安装时，必须随混凝土施工一次性浇筑于墙（壁）内，如图 5-262 所示。穿墙套管两端应与结构完成面平齐。

（2）图 5-263 为穿楼板高出装饰地面 20mm（安装在卫生间及厨房的套管内，其顶部应该高出装饰地面 50mm），以免地面存水沿套管下漏。

（3）图 5-264 在套管预埋时充分考虑保温层厚度和管道中管件接头尺寸，施工时管线定位应准确，确保管线中心与套管中心相重合。套管与管道之间封堵密实、美观。

5.10.2　支吊架制作安装

管道支吊架的种类较多，按工程和用途可分为承重支吊架、限制性支吊架、防震支吊架三大类。按制作形式又分“T”、“F”、“L”、“三角”、“Π”（门型）等多种形式。

【策划目标】

（1）“选型准确”：根据管线和设备的部位、用途并结合相关规范、标准要求合理确定支架形式。

(2)“间距恰当”：支架间距确定应综合考虑各种管道材质和规格，综合考虑各种管道安装的规范、工艺标准，确保管道安装稳固，便于检修操作。

(3)“美观牢固”：管线排布整齐、紧凑、层次清晰，支架设置尽量成排成线，有序排列，整齐有序，且支吊架的结构件应具有足够的强度和刚度。

【操作方法】

(1)“选型准确”：管道支架加工制作前应根据管道的材质、管径大小以及安装部位和系统功能要求等进行选型。对于规范无明确要求的支架形式，应由设计单位确认。

对于管线密集区域可利用BIM技术综合考虑各系统管线排布定位，尽量采用共用支架，合理确定支吊架形式和型钢规格。对于规范、图集以外的支架应由设计单位确认。

(2)“间距恰当”：支吊架的定位应充分考虑各类管道的安装要求，结合各类管道的规范、技术标准确定支架间距。

一般来说在靠近设备处；荷载集中处；管道弯头和大直径三通分管处等部位必须设置支吊架。

(3)“美观牢固”：采用切割机下料，台钻钻孔，支架开孔的直径比螺杆直径大2mm为宜。支架沿顶板或墙体边缘整齐排列，以管道保温后（若有）外径尺寸为依据，保持管道之间，管道与支架立杆之间间距均匀。支吊架的结构件应具有足够的强度和刚度，除选用标准图纸中的形式及支吊架零部件外，支吊架的结构和连接还应进行强度和刚度计算，由设计单位确认。

【示例照片】

图5-265 边墙型“T”型支架

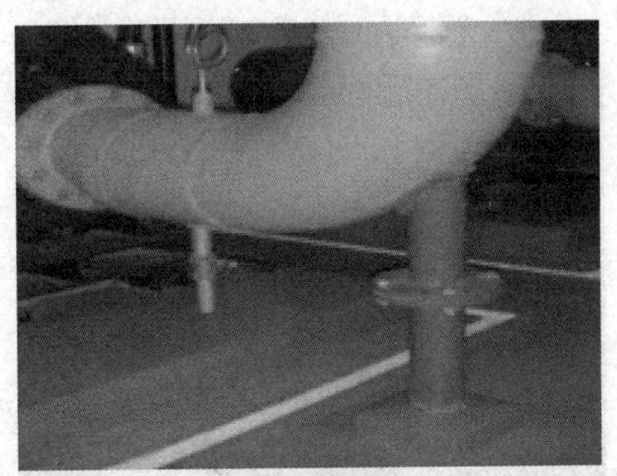

图5-266 管道弯头托架

图5-267 垂直管道承重支架

图5-268 垂直管道非承重支架

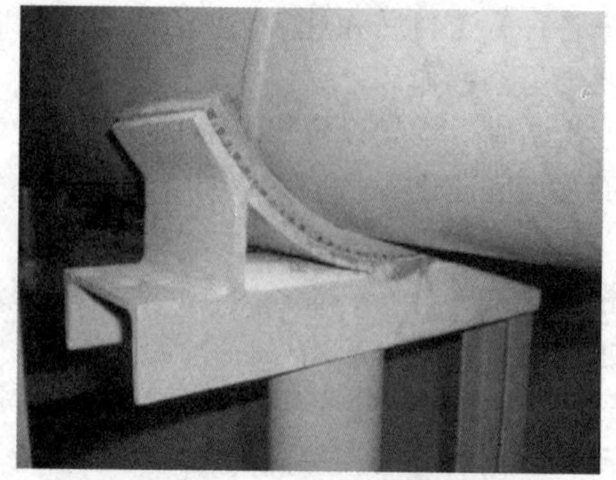
图 5-269　管道减振支架

图 5-270　管道防晃支架

图 5-271　区间管道弯头靠背支架

图 5-272　各管线共用支架

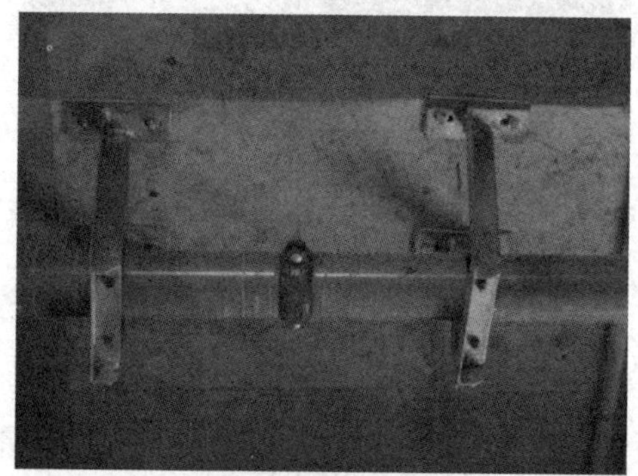
图 5-273　管道连接处设置支架

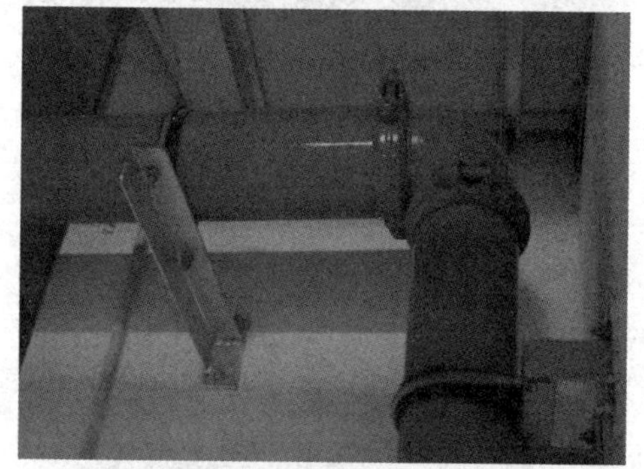
图 5-274　管道弯头处设置支架

图 5-275　三通处设置支架

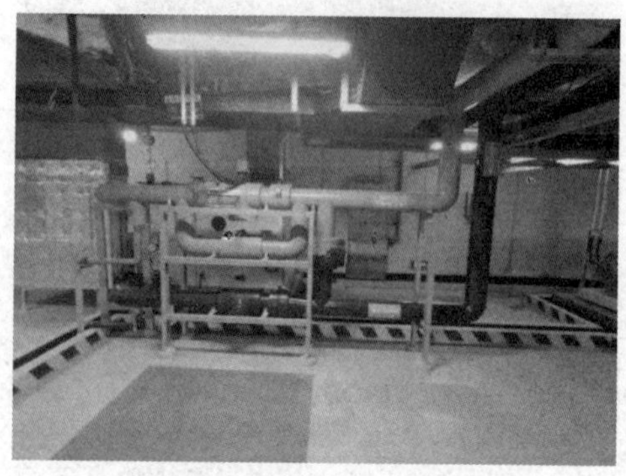
图 5-276　阀门集中处设置支架

图 5-277　支架拼缝焊接细部处理

图 5-278　支架螺栓孔细部处理

图 5-279　保温支架细部处理

【效果点评】

（1）图 5-265～图 5-272 为根据管道系统功能，使用部位以及综合排布合理确定支架形式，确保管道安装稳定可靠。

（2）图 5-273～图 5-275 为综合考虑各类规范要求，确定支架间距及位置，在管道连接处、弯头处、三通处等部位均设置支吊架，确保管线系统、设备运行安全、平稳。

（3）图 5-276 中管道与设备连接时应在进出口处、阀门集中处设置支架；大口径的阀门和部件处应设支架，不得由设备承受管道、管件的重量。

（4）图 5-277、图 5-278 中焊缝饱满、平滑；支架安装牢固、平整；螺栓孔径大小适宜；油漆均匀、光亮。

（5）图 5-279 中保温管道的保温木托与支架同宽，保温木托与保温材料同厚。

5.10.3　管道及部件安装

【策划目标】

（1）“定位精准”：管道安装应做到横平竖直、排列整齐、接口正确，各种形式接口均不允许设在墙内或楼板内。

（2）“不渗不漏”：管道间接口、管道与设备间接口应不渗不漏。

（3）“运维方便”：管道、设备安装位置要便于观察和检修，应留有检修空间，对于隐蔽部位的设备应设置检修口。

【操作方法】

（1）“定位精准”：

1）根据施工图纸及综合管线图综合考虑确认管线安装位置，对土建结构进行实际结构的净空高度、外形尺寸的实测实量，在土建结构墙、板、柱上弹出管道中心线，用不同颜色笔分别标出支架点、阀门、分支点等。

2）根据装修标高要求合理调整管线标高，在施工过程中及时请装修人员现场确认管线标高走向、预留空间等因素。

3）重力排水管、空调冷凝水管、透气管等管道属于无压管道，应力求水管管线短，避免过多转弯，管线交叉时，应将无压管道对标高的要求作为首要条件，满足坡度要求。

4）空调风管、空调水管、冷凝水管、部分消防水管等管道均需保温，需要充分考虑保温层厚度，预留合适的保温空间，特别要考虑阀门部件等的保温空间。

（2）“不渗不漏”：

1）各种承压管道系统和设备应做水压试验，非承压管道系统和设备应做灌水试验。对于暗埋管道应采取分段试压方式，即对暗埋管道安装一段，试压一段，隐蔽一段。

2）因站内管线较多，交叉施工现场严重，因此需结合各单位施工进场及施工进度计划，编制工筹计划和施工进度计划，尽量避免交叉作业导致的半成品及成品破坏。

3）保温工程施工完成后应及时进行成品保护。保温管道采用钢带绑扎时，每段至少捆扎两道，绑扎间距为200～300mm。

（3）“运维方便”：公共区阀门、部件等在装修单位喷涂防霉防潮涂料后及时进行重新标识，并与装修单位积极配合，要求其设置相关检修口以方便后期运营维护。管线安装后，还有后续保温、调试等工作，应根据二次施工内容预留出足够的空间。

【示例照片】

图5-280　公共区管线综合布置

图5-281　走廊内管线综合布置

图5-282　螺纹连接管道

图5-283　卡箍连接管道

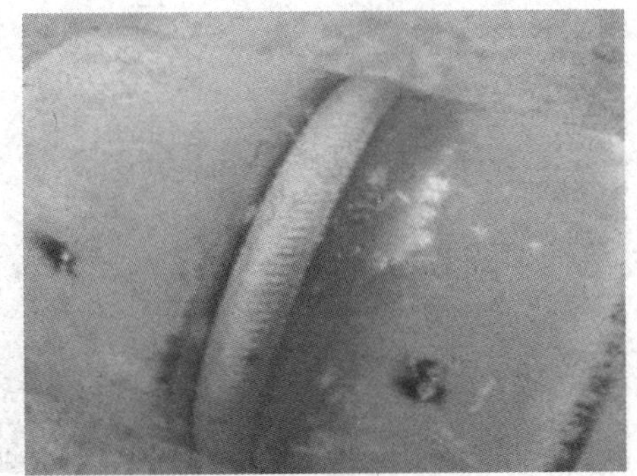

图 5-284　焊接管道

图 5-285　法兰连接管道

图 5-286　管道及设备保温

图 5-287　设备封头保温

图 5-288　管道标识

图 5-289　管道部件标识

图 5-290　阀门保温

图 5-291　伸缩缝处设置软接

图 5-292 重力排水管检查口安装

图 5-293 水表安装

【效果点评】

(1) 图 5-280、图 5-281 为综合考虑装修吊顶标高、其他专业管线走向与功能实现，对各类管线进行综合排布，美观整齐。

(2) 图 5-282～图 5-285 为根据管道规格、材质确定的不同连接方式。

1) 图 5-282 为螺纹连接：保证螺纹连接管道安装后的螺纹根部应有 2～3 扣的外露丝扣。

2) 图 5-283 为卡箍连接：采用专用滚槽机和开孔机加工，对切口处清除毛刺，并进行防腐处理。

3) 图 5-284 为焊接：管道焊接应焊缝饱满，光滑。焊口表面无烧伤、裂纹和明显的结瘤、夹渣及气孔，焊波均匀一致。

4) 图 5-285 为法兰连接：镀锌钢管如用法兰连接，连接处应进行二次镀锌或防腐。法兰连接时衬垫不得凹入管内，其外边缘以接近螺栓孔为宜，不得使用双层、多层或倾斜型垫片。

(3) 图 5-286、图 5-287 中管道、设备保温（绝热）层包裹紧密、无空隙、封口严密，无结露现象，且外形细腻美观。保温（绝热）保护层与装饰风格相协调，一般用彩钢板、不锈钢板和抛光板作为保护层，美观耐用。

(4) 图 5-288、图 5-289 中各类管道和部件标识清晰、准确，便于运营使用、维护。

(5) 图 5-290、图 5-291 中管道阀门等部件单独保温，管道在车站沉降缝设置不锈钢金属软管，支架设置符合规范要求。

(6) 图 5-292、图 5-293 中检修口、水表等部件离墙距离设置合理，便于检修，暗埋管件设置装修检修口。

5.10.4 设备安装

给水排水系统涉及设备较多，主要包括各类水泵、水处理设备、水箱、消防箱、消火栓及水泵接合器、地漏、洗脸盆、大便器、小便器等。

【策划目标】

(1) “定位合理”：设备布局合理、美观，基础平整稳固，尺寸大小适宜，预埋螺栓（孔）定位准确，深度适宜。

（2）“安装稳固”：传动设备振动及噪声不超标，无安全隐患；降噪措施完备，减振的设备稳定可靠。

（3）“排水通畅”：水泵、水箱等大型设备基础四周不得形成积水，排水设备排水通畅，周边无渗漏。

（4）“美观实用”：设备间距均衡、标高一致，装饰区给水排水设备与装修风格相匹配且便于操作、使用与维护。

【操作方法】

（1）“定位合理”：待设备型号确定后，以配筋图纸为基础，结合具体设备对基础的要求制作设备基础。设备就位安装前，应对设备基础的基础位置、标高、尺寸大小、混凝土强度、表面平整度、预埋件或预留螺栓孔的设置等方面进行交接验收检查并形成记录。

（2）“安装稳固”：水泵的减振设备、垫铁等安装符合规范要求，与设备相连的管道坡向正确，柔性接头、支架安装位置正确，不能给设备造成额外载荷；消火栓箱等安装在轻体隔墙上或独立安装时应采取加固措施，并征得设计同意。

（3）“排水通畅”：基础四周应设有排水设施，并保证排水通畅；最低点设置排水地漏或集水坑。排水系统的通水试验可与给水系统的通水试验同时进行或先于给水系统通水试验完成。设备调试前应进行设备的卫生清理和检查，确保设备的运转方向，设备注意事项准备到位，以免造成设备损坏。

【示例照片】

图 5-294　水泵安装

图 5-295　水箱安装

图 5-296　阻尼减振器安装

图 5-297　橡胶减振垫安装

图 5-298　水泵外设置网套进行保护

图 5-299　设备四周排水沟

【效果点评】

（1）图 5-294、图 5-295 中设备基础平整、坚实，大小适宜，观感效果好。

（2）图 5-296 中阻尼减振器安装平整、稳固；图 5-297 中橡胶减振垫周边超出水泵底座，减振效果佳。

（3）图 5-298 中水泵安装前务必进行泵坑交接，安装前在泵体外设置钢丝网套进行保护，避免杂物进入。

（4）图 5-299 中水泵周边设置连续贯通的排水沟，且排水方向正确、无倒坡，排水沟深度、宽度符合设计要求，满足排水要求。涂刷黄黑警示带，既避免杂物堵塞又便于人员通行，实用、美观。

5.11　消防与疏散工程

消防与疏散工程介绍的是城市轨道交通中的消防与救援设施，属于固定设施和装备。具体内容包括：火灾自动报警系统、气体灭火系统、水消防系统和应急疏散平台等。专业内未述及内容见其他相关章节。

5.11.1　火灾自动报警系统

火灾自动报警系统包括：控制中心、各车站、区间隧道、主变电站、车辆段、停车场及其有关建筑物的火灾自动报警系统主机、分机、现场操作设备、警报设备和消防装置控制单元等，借助于通信传输网络完成系统的信息流通和控制功能。火灾自动报警系统管理体系，为防灾控制中心（中央级）和车站、车辆段、停车场的综合控制（车站级）两级管理模式，控制方式为中心监控、车站监控和就地监控三级控制模式，系统中还包括与通信（电话、广播和闭路监控电视）综合监控、空调送排风、消防水、低压配电、电梯、环控等系统密切相关接口设备的联动控制及信息互通。

气体灭火控制子系统由就地控制盘、火灾探测器、警铃、声光报警器、联动控制设备等组成。平时是由本系统独立的报警控制子系统监视各保护区的状态，发生火灾时接收火灾自动报警系统信号或自动按预先设定的程序进行联动控制，启动管网子系统，释放灭火剂，达到扑灭防护区火灾的目的 。

火灾自动报警及气体灭火控制系统范围主要包括四个方面，分别是控制器类设备的安装、火灾探测器安装、手动火灾报警按钮及消火栓按钮、火灾应急广播及消防电话等末端设备安装。专业内未述及内容见其他相关章节。

1. 控制器类设备的安装

【策划目标】

（1）“安装牢固”：控制器类设备应安装牢固，高度应符合规范及设计要求。

（2）“整齐清晰”：设备内部配线应整齐，标识标牌清晰。

（3）“规程明确”：设备操作指示牌明确设备操作步骤。

【操作方法】

（1）“安装牢固”：对照施工图纸现场查看设备安装位置是否满足安装条件，然后制作控制器类设备安装的图纸模板；将图纸模板固定在预安装控制器类设备的位置处，对照图纸模板打孔；去掉图纸模板后，完成设备安装。

（2）“整齐清晰”：将引入线缆整理平整，并预留不小于200mm余量；对照图纸使用打码设备对引入线缆进行打码编号，对线缆接头进行压接处理，对照设备说明书进行接线并设置各类标识标牌，核实接线的正确性并进行绑扎；对引入管口进行防火封堵。

（3）“规程明确”：控制器类设备粘贴永久性操作标识，遇见紧急情况时能快速响应并采取对应处置措施。

【示例照片】

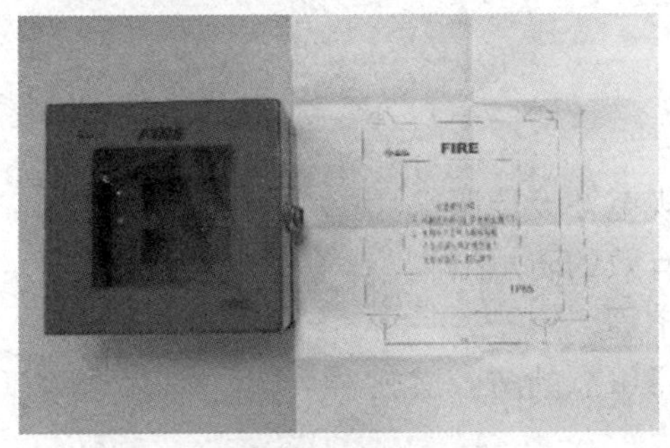

图 5-300　图纸模板指导设备定位

图 5-301　壁挂式火灾报警控制器安装牢固

图 5-302　控制器类设备线缆标识清晰

图 5-303　控制器类设备内部绑扎整齐

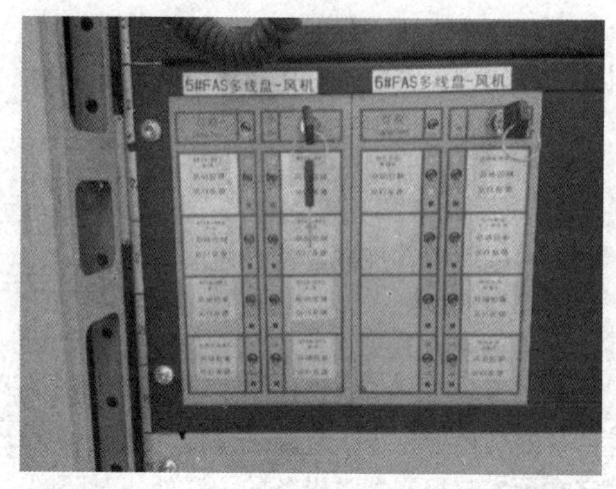

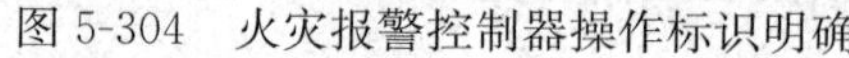
图 5-304　火灾报警控制器操作标识明确

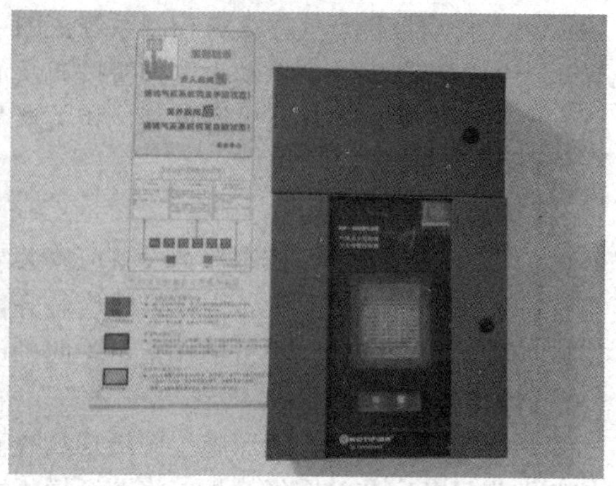
图 5-305　气体灭火控制盘操作规程明确

【效果点评】

(1) 图 5-300、图 5-301 为采用设备安装图纸模板法进行打孔固定，能有效避免设备安装过程中导致的设备安装倾斜等问题，确保了设备安装牢固、美观。

(2) 图 5-302、图 5-303 采用打码设备对线缆进行编号，能确保字体清晰且能保证长期不褪色，线缆绑扎整齐，便于后期维护。

(3) 图 5-304、图 5-305 为在控制器类设备上粘贴永久性操作标识，遇见紧急情况时能快速响应，有效防止误操作。

2. 火灾探测器安装

【策划目标】

(1)“布置合理”：探测器点位布置应符合规范及设计要求。

(2)“防水有效”：点型火灾探测器应采用有效的防水措施。

(3)“安装牢固”：探测器安装及接线确保牢固。

(4)“防尘可靠”：吸气式感烟探测器应采用可靠的防尘措施。

【操作方法】

(1)“布置合理”：点型火灾探测器在安装前与机电单位核对风管、风口位置，与装修单位核对灯具的位置，确定探测器底座的安装位置；对照设备安装图进行底座安装；对照编码图对探测器进行编码，安装探测器。

(2)“防水有效”：点型火灾探测器安装在潮湿环境时应安装防水底座，确保火灾探测器性能可靠。

(3)“安装牢固”：感温电缆采用正弦波接触式敷设工艺，安装时应使用专用的卡具固定；感温光纤敷设时应自然平整，每 1.5m 设置一个专用固定夹，特殊隧道地段可适当增加。

(4)“防尘可靠”：空气采样管应每隔 1.5m 应安装专用管卡进行固定，以避免管道下垂或弯折，空气采样管采用专用的防积尘采样孔接头；采样管路应加装管路吹洗阀门组件及可拆洗的外置式过滤装置。

【示例照片】

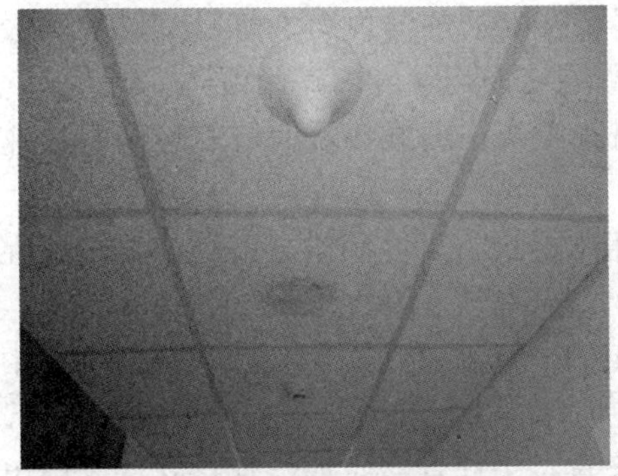

图 5-306　点型火灾探测器安装位置合理

图 5-307　与周围装饰融合

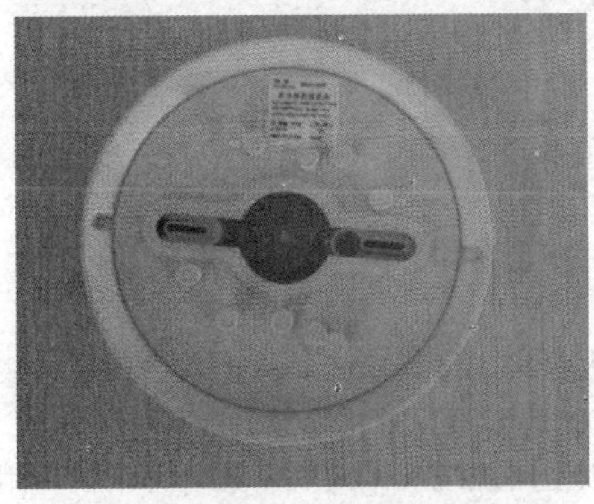

图 5-308　点型火灾探测器防水底座

图 5-309　点型火灾探测器防水底座接线

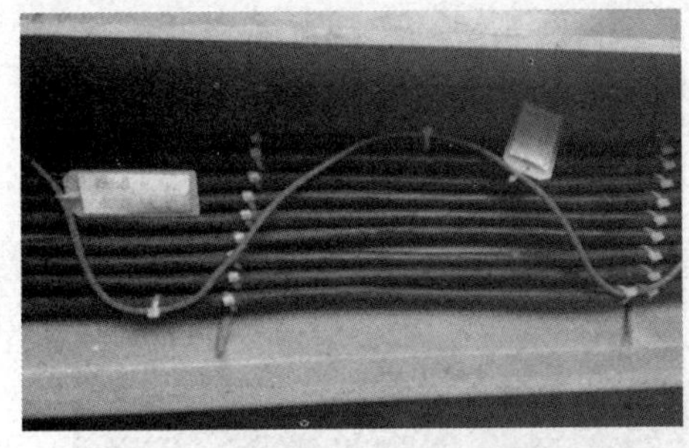

图 5-310　感温电缆安装牢固

图 5-311　感温光纤安装牢固

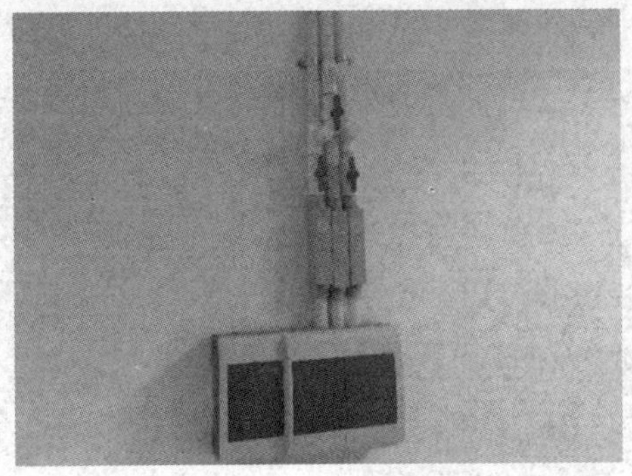

图 5-312　吸气式感烟探测器安装牢固、位置合理

【效果点评】

（1）图 5-306、图 5-307 为点型火灾探测器，在安装前与风口、灯具、广播等吸顶设备统筹布置，距离风口、墙柱位置合理，且与周围装饰相融合，确保顶面美观大方。

（2）图 5-308、图 5-309 中，点型火灾探测器安装在潮湿环境时应安装防水底座，确保火灾探测器性能可靠。

（3）图 5-310 中感温电缆安装时应采用专用卡具进行绑扎固定，避免感温电缆在敷设过程中受到机械损伤和产生锐折。

（4）图 5-311 中感温探测器安装时使用专用的卡具固定，避免光纤在敷设过程中受到机械损伤，每隔 100m 盘留 1m 光纤，用于意外损坏时进行修复。

（5）图 5-312 中采样管应固定牢固，横平竖直，采样管路应加装管路吹洗阀门组件及可拆洗的外置式过滤装置，确保采样管内空气清洁。

3. 手动火灾报警按钮及消火栓按钮

【策划目标】

（1）“定位准确”：按钮点位布置应符合规范及设计要求，设备安装及接线确保牢固，设备安装应方便后期检修及测试的便利性。

（2）“底盒固定”：安装在离壁装饰面板上的报警按钮采用专用底盒固定。

【操作方法】

（1）“定位准确”：消火栓按钮应安装在消火栓箱内按钮安装底板上，设备引入线缆应整理平整，并预留不小于 150mm 余量，按钮应安装牢固，并不得倾斜。

（2）“底盒固定”：按钮安装在离壁装饰面板上时线缆应采用软管敷设并增设专用底盒固定安装。

【示例照片】

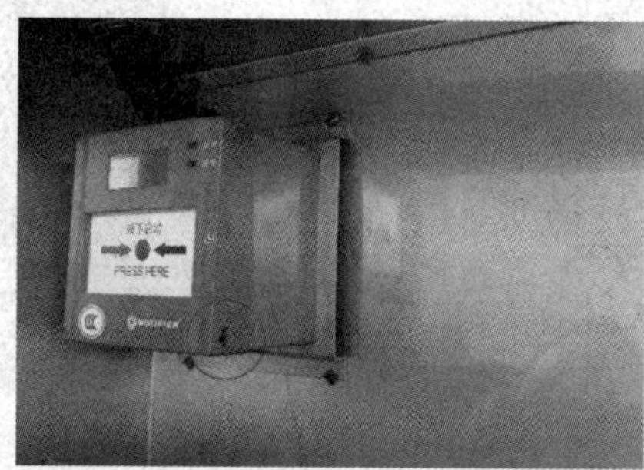

图 5-313　消火栓按钮测试口

图 5-314　手动火灾报警按钮高度一致

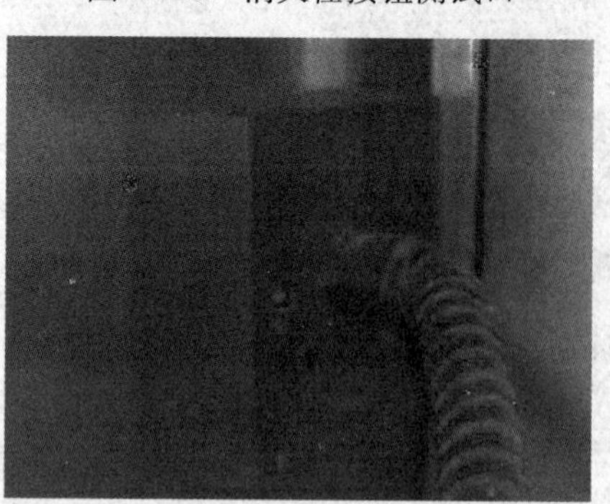

图 5-315　手动火灾报警按钮安装底盒

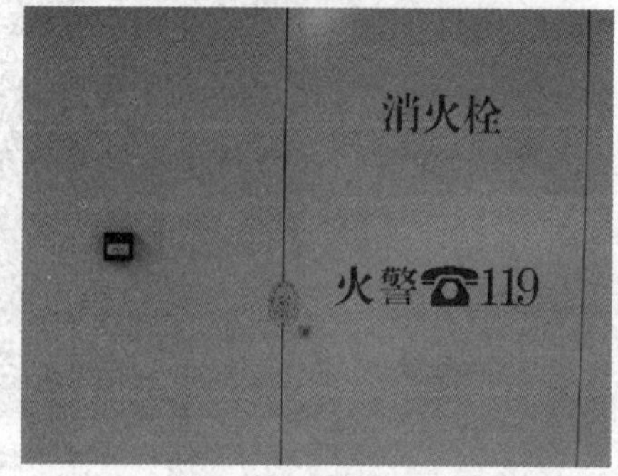

图 5-316　手动火灾报警按钮

【效果点评】

（1）图 5-313 为消火栓按钮测试口，在设计前，应与供货商进行资料互提，确保消火栓按钮测试插孔在外侧，便于后期测试。

（2）图 5-314 为手动火灾报警按钮，应安装在明显和便于操作的部位，安装高度应与开关面板、门禁读卡器等设备统一高度。

（3）图 5-315、图 5-316 为安装在离壁装饰面板上的报警按钮，采用专用底盒固定，能确保设备安装牢固且便于后期维护更换。

4. 火灾应急广播及消防电话等末端设备安装

【策划目标】

（1）“布置协调”：吸顶广播嵌入式安装应和其他吸顶设备协调布置。

（2）“集成安装”：消防电话主机集成嵌入安装到消防立柜中。

（3）“保护有效”：消防电话分机应采用防护箱进行有效保护。

【操作方法】

（1）“布置协调”：应急广播采用吊顶吸顶式安装时应与其他外部专业进行有效配合，开孔时应采用专用设备整体开孔，确保与其他吸顶设备协调布置。

（2）“集成安装”：消防电话选用嵌入式安装主机，集成在消防立柜或操作台桌面中。

（3）“保护有效”：每个消防壁挂电话配有保护箱体，箱体采用镀锌金属防锈材质，且箱体上有消防电话标识或图符。

【示例照片】

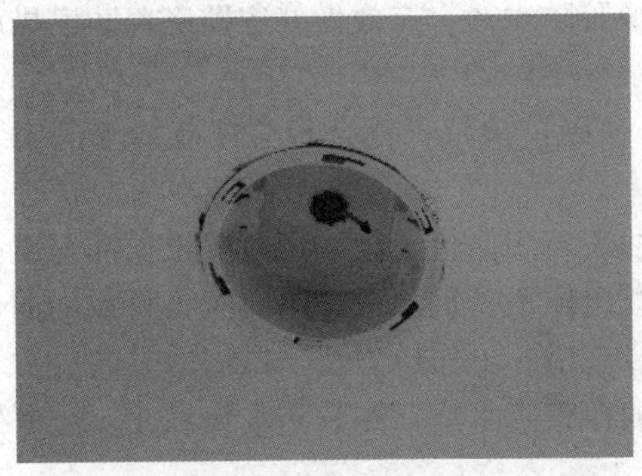

图 5-317　扬声器安装开孔及专用安装底盒

图 5-318　扬声器安装牢固

图 5-319　消防电话主机立柜

图 5-320　消防电话分机箱

【效果点评】

（1）图 5-317、图 5-318 中吸顶式安装的设备开孔采用整体开孔设备，能确保开孔大小的准确性及与其他吸顶设备协调布置。

（2）图 5-319 中消防电话主机选用嵌入式安装主机，集成在消防立柜或操作台桌面中，便于运营操作人员的日常使用。

（3）图 5-320 中消防电话分机在安装后设置保护箱，不仅可以防止误碰造成的报警情况，还能对消防电话起到保护作用，更加美观，消防电话和电话插孔应有明显的永久性标志。

5.11.2 气体灭火系统

气体灭火系统由储存灭火介质的管网子系统和进行联动控制子系统组成。管网子系统包括储存装置、启动装置、选择阀、喷嘴、输送管道及其他附件。

气体灭火管网子系统范围主要包括四个方面，分别是灭火剂储存装置安装、集流管安装、阀体及阀驱动装置安装、喷嘴安装。专业内未述及内容见其他相关章节。

1. 灭火剂储存装置安装

【策划目标】

（1）“安装牢固”：储存容器的支、框架应固定牢靠，并应做防腐处理。

（2）“标识明确”：储存容器宜涂红色油漆，正面应标明灭火剂名称和储存容器的编号，系统选择阀、连接储存容器与集流管间的单向阀的流向指示箭头应指向介质流动方向。

（3）“防腐可靠”：灭火剂储存容器底部加橡胶防水垫，有效做好容器底部防腐措施。

【操作方法】

（1）“安装牢固”：储存容器的框架为工厂预制，预留了符合相关规范要求的安装孔洞，并采用喷塑工艺做防腐处理。

（2）“标识明确”：储存容器表面喷涂红色油漆，用白色油漆采用喷漆工艺标明灭火剂名称和储存容器的编号；系统选择阀材料采用奥氏体不锈钢制造，单向阀材料采用铜合金制造，在明显部位永久性标出了生产单位、型号规格、工作压力及介质流动方向。

（3）“防腐可靠”：灭火剂储存容器底部应加橡胶防水垫，橡胶防水垫尺寸应比框架投影尺寸大 5cm。

【示例照片】

图 5-321 储存容器及框架排布整齐

图 5-322 储存容器标识清楚

图 5-323　灭火剂储存容器底部加橡胶防水垫

【效果点评】

（1）图 5-321 中储存容器的框架为工厂预制，现场拼装，确保防腐处理效果。

（2）图 5-322 中储存容器表面标明了灭火剂名称和储存容器的编号，便于设备应急启动操作及后期维护保养。

（3）图 5-323 在灭火剂储存容器底部加橡胶防水垫，有效预防储存容器底部直接和地面接触，确保储存容器底部的防水防腐性能。

2. 集流管安装

【策划目标】

（1）“防腐可靠”：集流管采用内外热镀锌无缝钢管，具有优良的耐腐蚀性。

（2）“操作安全”：集流管上的泄压装置的泄压方向不应朝向操作面。

（3）“标高一致”：集流管出管组件和灭火剂输送管道连接法兰中心线应控制在同一标高。

【操作方法】

（1）“防腐可靠”：集流管采用国标加厚的内外热镀锌无缝钢管，其内外镀层均匀，镀锌层厚度不小于 15μm，不破坏螺纹。

（2）“操作安全”：集流管设安全泄压装置，其由泄压膜片座、膜片及压紧螺块组成，其安全泄压压力不小于设计压力的 1.25 倍，泄压装置的泄压方向不应朝向操作面。

（3）“标高一致”：系统出管组件在工程预制时按照法兰中心线同一标高控制，和出管组件连接的灭火剂输送管道立管应控制管后（外壁）在同一立面上。

【示例照片】

图 5-324　集流管内外热镀锌处理

图 5-325　集流管泄压装置安装到位

图 5-326　连接法兰中心线高度一致

图 5-327　立管管后在同一立面

【效果点评】

（1）图 5-324 中集流管制作工艺先进合理，焊接质量高，防腐处理符合环保要求，外形美观，在恶劣的环境下长期工作而不被腐蚀。

（2）图 5-325 中集流管上的泄压装置的泄压方向不应朝向操作面，避免造成人身伤害。

（3）图 5-326 中集流管出管组件和灭火剂输送管道连接法兰中心线应控制在同一标高，安全可靠、美观大方。

（4）图 5-327 为与出管组件连接的灭火剂输送管道立管，应控制管后（外壁）在同一立面上，便于统一设置防晃支架。

3. 阀体及阀驱动装置安装

【策划目标】

（1）“标牌稳固”：选择阀上应设置标明防护区或保护对象名称或编号的永久性标志牌。

（2）“保险安全”：电磁阀应具有电磁启动和机械应急启动功能，电磁型驱动装置应有良好的保险销，并明确表明复位和启动方向，保险销应铅封。

（3）“防护可靠”：高压金属软管本体材质为不锈钢金属编织网，安全可靠。

【操作方法】

（1）“标牌稳固”：选择阀标识标牌材质为不锈钢，标牌应平整光洁、色泽均匀，文字、符号、线条应清晰、整齐，标牌上的内容采用黑色字体刻印方法。

（2）“保险安全”：电磁启动装置上设置了专门的安全保险装置，只有先拔出安全保险装置（保险销）后，才能手动压下机械应急启动手柄，达到开启瓶头阀的目的；在电磁铁和阀芯之间设置了止动挡片，止动挡片抽出时，才能进行系统操作。

（3）“防护可靠”：高压金属软管采用不锈钢波纹管外裹不锈钢编织网，扎紧后与不锈钢接头进行焊接，安装在瓶头阀与液流单向阀之间，使灭火剂能顺利地由瓶头阀流向单向阀，连接管两端采用不锈钢活接头连接方式。

【示例照片】

图 5-328　设置永久性标志牌

图 5-329　安全保险装置和止动挡片

图 5-330　高压金属软管采用不锈钢编织网外套防护

【效果点评】

（1）图 5-328 中选择阀、驱动气瓶上应设置标明防护区或保护对象名称或编号的永久性标志牌，并应便于观察，便于后期维护与保养，标牌上的内容采用黑色字体刻印方法，保证其字迹在整个使用期内不易磨灭。

（2）图 5-329 中电磁启动装置上设置了专门的安全保险装置和止动挡片，有效防止在运输和安装过程中的误动作。

（3）图 5-330 中高压金属软管采用不锈钢金属软管，确保长期使用无锈蚀和老化现象。

4. 喷嘴安装

【策划目标】

（1）“装饰美观”：安装在吊顶下的喷嘴，应加装装饰罩。

（2）“防堵可靠”：管道末端安装喷嘴处应采取防止堵塞措施。

（3）“灭火安全”：喷嘴安装时要与高压柜保持安全距离。

【操作方法】

（1）“装饰美观”：指安装在吊顶下的不带装饰罩的喷嘴，其连接管管端螺纹不应露出吊顶；安装在吊顶下的带装饰罩的喷嘴，其装饰罩应紧贴吊顶。

（2）“防堵可靠”：要求喷嘴处的连接应采用三通、集污管加管帽的安装方式，不宜采用弯头直接安装。

（3）“灭火安全”：喷嘴安装时要与高低压配电专业协调，统筹布置，保持安全距离。

【示例照片】

图 5-331 喷嘴装饰罩

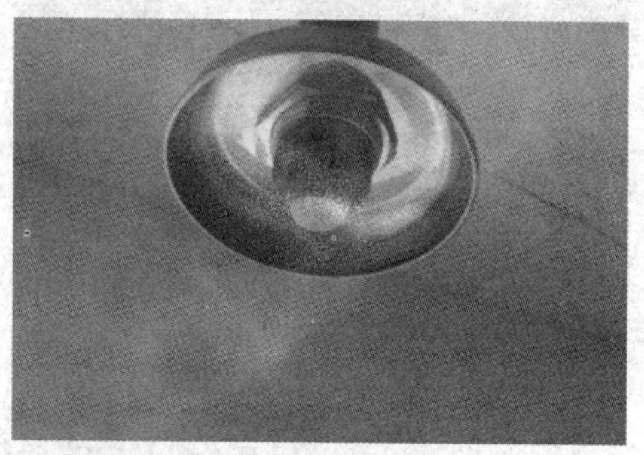

图 5-332 喷嘴装饰罩安装牢固

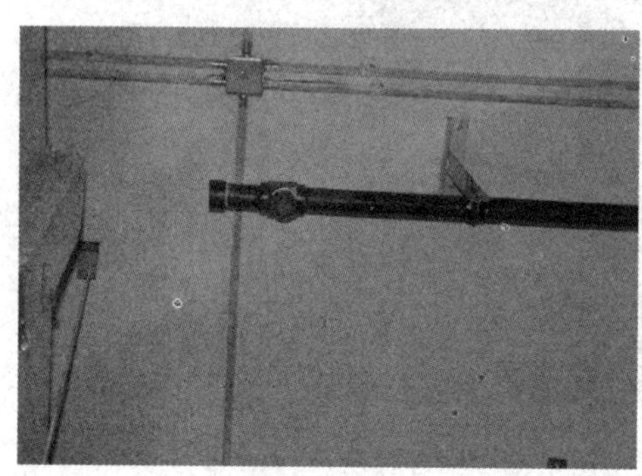

图 5-333 喷嘴处三通安装，防止堵塞

图 5-334 喷嘴与高压柜安全距离恰当

【效果点评】

（1）图 5-331、图 5-332 为安装在吊顶下的喷嘴，应加装装饰罩，美观大方。

（2）图 5-333 中喷嘴处的连接应采用三通、集污管加管帽的安装方式，不宜采用弯头直接安装，有效防止喷孔堵塞，确保系统功能安全可靠。

（3）图 5-334 中喷嘴安装时要与高压柜保持安全距离，确保设备用电安全和消防安全。

5.11.3 水消防系统

水消防系统的主要功能是为了保护车站工作人员及乘客的人身安全，保证车站内的设备处于安全状态。水消防系统包括消火栓灭火系统、自动喷水灭火系统、自动水喷雾灭火系统等。地下车站较常使用的是消火栓灭火系统，对于有附属商业开发的区域，通常会另外布置自动喷水灭火系统。

1. 套管、管卡设置

地铁车站内水消防系统的套管、管卡设置主要包括管道穿越主体结构、人防结构、砌筑墙体的套管敷设以及主管道、支管道在支吊架处的管卡设置。一般情况下水消防系统出水端支管道的套管及管卡设置是施工质量控制的重点部位，一旦水消防系统投入使用，该部位管道的稳定性极为重要。因此这里主要针对该部位进行说明，其他部位的套管、管卡设置参见给水及排水工程。

【策划目标】

(1)"准直有序"：消火栓支管穿圈梁处套管位置准确、竖直，确保管道安装空间。

(2)"安装可靠"：支管管卡设置确保管道安装牢固。

(3)"绝缘有效"：支管管卡设置确保管道绝缘有效。

【操作方法】

(1)"准直有序"：即在支管穿圈梁处设置套管时，可将套管与圈梁内配筋焊接固定，测设好与墙体完成面的间距。

(2)"安装可靠"：即支管管卡安装时，在支管竖管及横管均设置管卡固定，在管道振动明显处增设管卡固定。

(3)"绝缘有效"：即支管管卡安装时，在管卡与管道间安装不小于5mm厚绝缘橡胶垫。

(4) 在施工中可根据需要增加管卡设置，确保管道的稳定。

【示例照片】

图 5-335　位置准确、安装竖直

图 5-336　支架安装牢固

图 5-337　管道管卡间绝缘有效

【效果点评】

(1) 图 5-335 在支管道套管设置时，套管与圈梁内钢筋焊接紧固，距离精准。这样做不但避免圈梁浇筑时套管移位，也可有效避免套管预设位置不满足安装要求时对结构的破坏。

（2）图 5-336 通过出水端管道的增加管卡布置，增加了管道的牢固性。

（3）图 5-337 通过出水端管道与管卡间设置绝缘垫隔绝，不仅增加了管道的减振性，也保证了管道的绝缘。

2. 消火栓管道与支架安装

消火栓管道安装主要包括公共区管道安装、设备区管道安装、室外管道安装以及泵房内管道安装；支架安装主要包括主管道、支管道支吊架安装以及泵房内支吊架安装。一般情况下水消防系统泵房内管道与支架受空间影响严重，布局较为紧凑，存在多系统交叉布置，是施工质量控制的重点部位，因此这里主要针对该部位进行说明，其他部位的管道与支架设置参见给水及排水工程。

【策划目标】

（1）“整齐划一”：泵房内管道布局整齐，排列划一，确保操作空间及视觉美观。

（2）“转换得当”：水泵吸水管道变径设置得当、管径转换无气囊。

（3）“精简牢固”：机房内管道支架布置简约，管道固定牢靠。

【操作方法】

（1）“整齐划一”：即在管道安装前策划好设备安装位置，合理优化管道路径，减少管道在机房内的交叉布置，相似部位管道成排布置。

（2）“转换得当”：即水泵进水口与连接管道采用偏心异径管连接，连接时异径管顶部保持水平。

（3）“精简牢固”：即机房内管道支架应综合布置，相邻的支吊架合并放大规格布置，简化空间。

【示例照片】

图 5-338　布局整齐、排列划一

图 5-339　变径管顶平接

图 5-340　支架牢固、布置简约

【效果点评】

（1）图 5-338 在管道布置时，先按照设备布局做好规划，使管道成排布置，这样做不仅美观大方，便于集中操作检修，而且节省泵房的空间。

（2）图 5-339 在水泵进水口与连接管道采用偏心异径管管顶平接，这样做有效地将设备与管道连接成一体，且避免了变径连接处存在气囊而造成管路水压紊乱。

（3）图 5-340 将机房内支架合并布置，这样做不仅保证管道固定的牢固，而且节约了机房的大量空间，便于检修维护。

3. 阀门及附件设置

水消防系统阀门及附件设置主要包括主管道上闸阀、蝶阀、报警阀、波纹补偿器、排气阀等的设置，支管道上消火栓、末端试水装置、泄水阀等的设置，室外管道上室外消火栓、水泵接合器的设置。一般情况下水消防系统消火栓设置、泵房内阀门及附件设置、人防结构处阀门设置是施工质量控制的重点部位，消火栓设置直接影响消防系统使用的效率，泵房内阀门及附件布置体现检修使用的便利性，人防结构处阀门关系到战时保护单元内管路系统的安全可靠性，因此这里主要针对上述部位进行说明。

【策划目标】

（1）“便利合规”：消火栓的安装符合消防规定，使用便利。

（2）“操作舒适”：泵房内经常操作的阀门安装便于操作。

（3）“简短牢固”：人防结构处阀门安装简单不超距，牢固易操作。

【操作方法】

（1）“便利合规”：即消火栓安装时，栓头安装高度精准测量，栓口方向垂直墙面。

（2）“操作舒适”：即泵房内经常操作的阀门按照人体工程学数据进行布置，成排排布。

（3）“简短牢固”：即人防结构处的阀门安装尽量缩短阀门与人防结构的距离，阀门直立安装。

【示例照片】

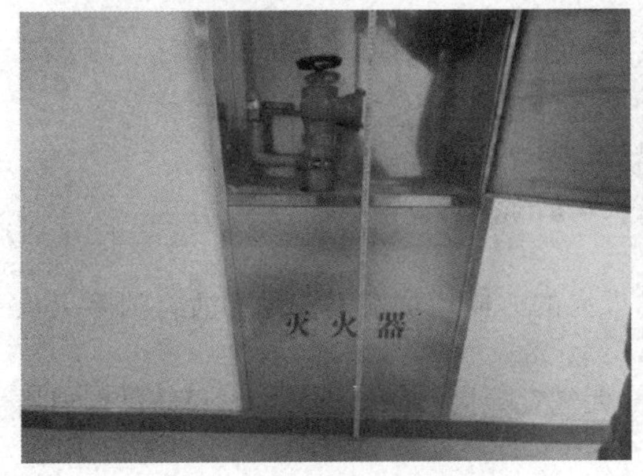

图 5-341　消火栓头高度合规

图 5-342　阀门操作便利、布置齐整

图 5-343　阀门与人防结构距离合理

【效果点评】

（1）图 5-341 在消火栓安装时，栓头安装高度精准测量，栓口方向垂直墙面，这样确保满足消防规定的栓头距装饰完成面 1.1m 的要求，而且使用时操作便利。

（2）图 5-342 中泵房内经常操作的阀门按照人体工程学数据进行布置，成排排布，这样既方便检修人员操作阀门，又视觉美观。

（3）图 5-343 中人防结构处的阀门安装尽量缩短阀门与人防结构的距离，阀门直立安装，这样既确保了阀门距离结构小于 200mm，又使得阀门安装牢固、经久耐用。

4. 特殊条件水消防措施

地铁车站内水消防系统特殊条件水消防措施主要包括障碍物周边喷头设置、露天管道防冻、管道过变形缝措施。一般情况下这些控制点是水消防系统特殊条件下的关键环节，大尺寸障碍物周边喷头设置直接影响灭火有效范围，露天管道防冻措施体现冬季外露管路部位的安全性，管道过变形缝处的设置表现出管路系统对结构相应位移的适应性，因此这里主要对上述部位进行说明。

【策划目标】

（1）“上下兼顾”：障碍物周边喷淋头增加设置，有效灭火。

（2）“隔绝有效”：露天管道外增设防冻措施，避免爆管。

（3）“补偿合理”：变形缝处采用金属软连接，消除结构位移隐患。

【操作方法】

（1）“上下兼顾”：即在障碍物遮挡喷淋灭火的方向增加喷淋头的布置，消除灭火死角。

（2）“隔绝有效”：即在露天管道或与外部大气直接接触的管道外部增设防冻保温措施，并做保护层。

（3）“补偿合理”：即在金属管道穿越变形缝两侧时，在变形缝处采用金属软连接来连接两边金属管道。

【示例照片】

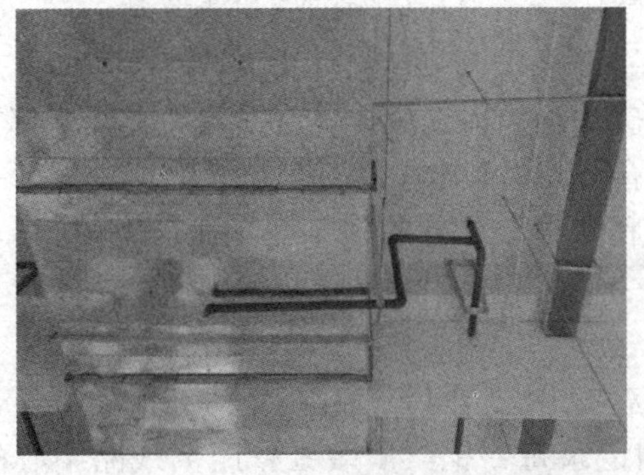

图 5-344　上下两个喷头灭火兼顾得当

图 5-345　变形缝处金属软接安全合理

图 5-346　管道防冻保温隔绝有效

【效果点评】

（1）图 5-344 在障碍物遮挡喷淋灭火的方向增加喷淋头的布置，消除灭火死角，这样确保满足消防规定的灭火效果的要求，而且施工操作简便。

（2）图 5-345 在金属管道穿越变形缝两侧时，在变形缝处采用金属软连接来连接两边金属管道，以连接件本身变形补偿管道位移，这样既确保了管道不会因结构位移而爆管漏水，又减轻了管路内因启泵造成的管道振动。

（3）图 5-346 在露天管道或与外部大气直接接触的管道外部增设防冻保温措施，并做保护层，这样既避免了因外部温度过低使得爆管，又减少了保温层的破损。

5.11.4　应急疏散平台

疏散平台设置在区间行车方向的左侧，为保证乘客安全，列车在区间隧道行驶过程中发生火灾、事故和灾难情况下，组织乘客从列车侧门离开列车，通过沿隧道设置的疏散平台、联络通道疏散至对侧的隧道、车站等安全区域，让乘客在最短的时间内逃生至安全区域。

1. 支架安装

【策划目标】

（1）“整齐划一”：支架安装高低一致，间距一致。

（2）“限界安全”：所有的支架不能侵入车辆限界。

（3）“位置准确”：疏散平台支架位于隧道壁中心，避开结构拼缝和变形缝。

【操作方法】

（1）“整齐划一”：支架在安装前先经过精确的测量后定位，确保安装的支架全部在一条水平线上，左右间距保持一致，安装疏散平台支架时按照支架编号一一对应安装，平台支架按图纸要求位置靠结构侧墙进行锚栓定位和安装，装上平台支架后固定上排锚栓，之后检查、校正平台支架，保证支架水平并在同一平面上，固定下排锚栓，使得锚栓承重在满足胶体凝固时间要求后方可承重。

（2）“限界安全”：疏散平台钢梁测量时，对隧道结构每一变化段落进行断面测量，依据现场测量数据得出平台实际安装宽度。详细记录每一钢梁安装处壁距离线路中心的距离、隧道类型、直线和曲线段等信息，以便根据这些参数选择和统计疏散平台钢梁、疏散平台面板。疏散平台支架经测量确定安装位置及每一根支架的长度后进行加工生产，生产时对每一根支架进行编号。

（3）“位置准确”：测定钢梁位置从起测点开始定测，首先根据区间疏散平台与车站站台板端连接布置图图纸尺寸确定出第一根钢梁的位置，即区间疏散平台起终点里程，然后按设计要求，用红色油漆在管片上顺写阿拉伯数字作为钢梁编号。在进场前对每个区间进行编号，用大写英文字母表示，由英文字母和阿拉伯数字构成的编号就可以确定钢梁所在的准确位置。疏散平台支架不得安装在结构拼缝和变形缝处，应避开孔、洞，并满足锚栓安装要求的最小边距。

【示例照片】

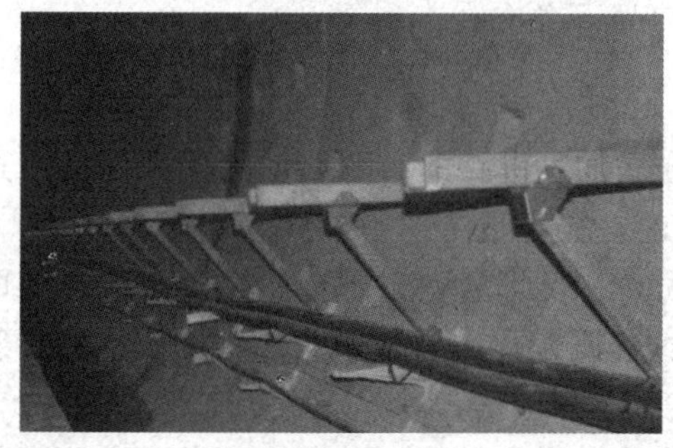

图 5-347　疏散平台复合支架高度统一

图 5-348　疏散平台钢支架固定可靠

【效果点评】

（1）图 5-347 为复合材质的疏散平台支架，安装的高度统一，水平误差小，通过精确测量确保不与环网电缆及支架发生冲突。

（2）图 5-348 为钢梁安装完后，设专人对钢梁进行复测，通过钢梁复测工序将钢梁高度准确定位，检查锚固螺栓拧紧，调整疏散平台钢支架高度统一，保证锚栓安装符合安装标准，确保满足车辆限界。

2. 平台安装

【策划目标】

（1）“界限分明”：疏散平台安装后不能侵入车辆限界。

（2）“稳定可靠”：疏散平台板稳定可靠，不会晃动及移位。

（3）“试验达标”：平台板安装完成后，承重值试验达到标准要求。

（4）“步梯平稳”：平台步梯水平，步梯末端与水沟的混凝土面结合平稳牢固。

【操作方法】

（1）“界限分明”：每个区间平台面板安装完毕后，由测量人员进行平台板尺寸限界复测，复核尺寸根据已完成轨道边线进行，保证不侵限。

（2）“稳定可靠”：疏散平台的平台踏板产品进场后，严格检查产品材质、工艺、规格、外观有无起泡、翘曲、裂纹、裂缝等缺陷；根据施工测量表记录中核对计算平台板长度，并选择所在里程、区段间平台板长度、类型进行安装；安装完成后及时进行复测，若有轻微翘起或下凹的现象出现，采用在平台板及钢梁之间加橡胶垫片的方式调整，以保证平台平面的平整性及稳定性，并使得疏散平台上表面与车厢门平面一致。

（3）“试验达标”：承重力必须满足要求。平台板安装完成后，必须要做平台板的承重力试验，承重值达到设计要求，并且在锚栓安装时每一个锚栓必须进行拉拔试验。

（4）“步梯平稳”：步梯安装时，结合限界要求，进行现场钢梁和步梯型号的对比，在进行步梯调整时，步梯的安装高度和水平度，结合现场的安装角度进行安装调整。平台步梯应保证水平，平台步梯末端与水沟的混凝土面结合平稳牢固，平台步梯安装前对已安装完成的平台与道床面进行测量，从而计算出钢梯及钢梯立柱的高度。

【示例照片】

图 5-349　复合支架安装面板固定牢靠

图 5-350　钢支架安装面板平顺

图 5-351　疏散平台区间钢梯稳固

【效果点评】

（1）图 5-349、图 5-350 中面板安装后要用 T 型卡子将面板与支架进行固定，防止平台板移动，使平台固定牢靠，保证不侵限界。

（2）图 5-351 在疏散平台钢梯安装时对实际情况进行勘察，依据地形进行加工，保证美观稳固。

3. 扶手安装

【策划目标】

（1）“部件稳固”：扶手安装稳定牢固。

（2）“边角光滑”：扶手安装后光滑，无毛刺。

（3）“扶手连续”：扶手安装连续无断点，设有平台的部位均设扶手。

【操作方法】

（1）“部件稳固”：疏散平台扶手沿疏散平台、平台步梯内侧连续布置，扶手选用管径为 $\phi51\times3$ 的复合材料，扶手沿隧道壁纵向长度为 6m，扶手距疏散平台面板标高 950mm，扶手安装后应保证扶手杆不发生滑动、不转动。

（2）“边角光滑”：扶手切割后，对边角进行打磨刨光处理，保证扶手表面、边角光滑无毛刺。

（3）“扶手连续”：扶手固定安装间距为 1.5m，特殊情况可调整但必须≤1.5m；除在联络通道及信号机、防淹门、人防门、配线端处扶手断开；其余设置平台部位均设置扶手。

【示例照片】

图 5-352　疏散平台扶手安装牢固

图 5-353　疏散平台扶手平滑连续

【效果点评】

（1）图 5-352 中疏散平台的扶手每隔 1.5m 安装扶手卡子，卡子与扶手必须密贴结合防止扶手窜动，保证扶手安装稳定牢固。

（2）图 5-353 中扶手与疏散平台平行、连续布置，不应该有断点，扶手光滑，无毛刺。

5.12 动力与照明工程

5.12.1 配管安装

动力与照明专业配管主要包含照明配管及动力配管。

【策划目标】

(1)“横平竖直”：配管安装横平竖直，布置合理。

(2)“安装牢固”：配管安装牢固，固定间距符合规范要求。

(3)“接地良好”：接地连接可靠、美观。

【操作方法】

(1)“横平竖直”：根据房间内灯具/设备安装位置，进行弹线定位安装配管，做到配管间间距统一、横平竖直。

(2)“安装牢固”：配管安装牢固，固定间距符合下列要求：壁厚小于等于 2mm 配管管卡最大间距：管径 15～20mm 的为 1m，管径 25～32mm 的为 1.5m；壁厚大于等于 2mm 配管管卡最大间距：管径 15～20mm 的为 1.5m，管径 25～32mm 的为 2m，管径 40～50mm 的为 2.5m，管径 65mm 以上的为 3.5m。

(3)“接地良好”：跨接线采用截面不小于 $4mm^2$ 的黄绿双色铜芯软导线，接地线两端外露部分需做搪锡处理，防止铜芯氧化。

【示例照片】

图 5-354　车站配管安装

图 5-355　区间配管安装

图 5-356　暗埋管接地跨接

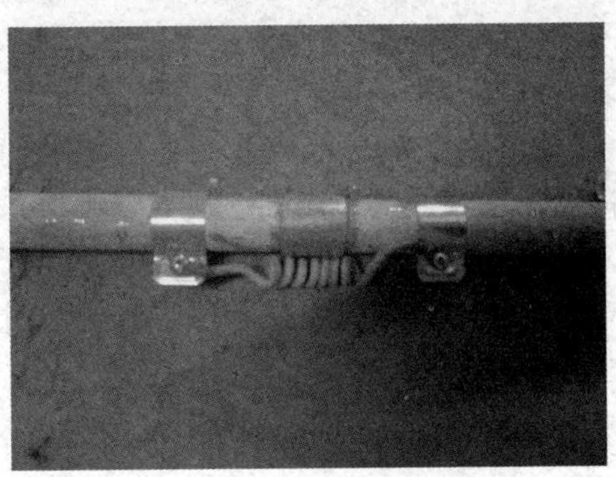

图 5-357　明配管接地跨接

图 5-358　配管与设备连接（水泵）

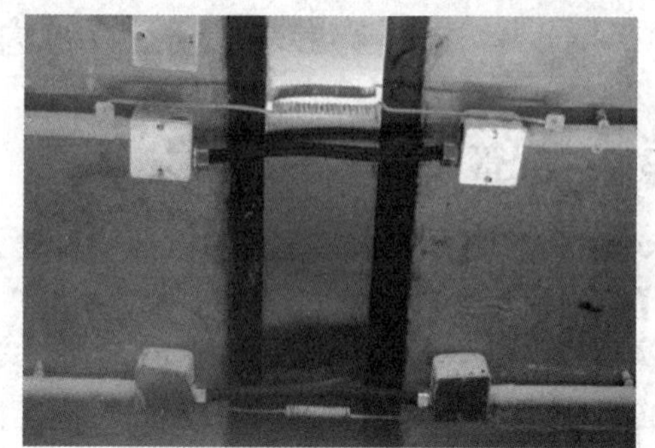

图 5-359　伸缩缝处采用软连接

【效果点评】

（1）图 5-354、图 5-355 中配管排列整齐，横平竖直。

（2）图 5-356 中接地跨接线多股芯线搪锡处理、连接紧密，暗埋管套丝连接处做防腐处理。

（3）图 5-357 中明配管接地跨接用压接端子连接，多股芯线搪锡处理。

（4）图 5-358 、图 5-359 中配管与设备连接、过伸缩缝处采用软连接，保证管线安全。

5.12.2　槽盒安装

地铁车站槽盒安装主要包括水平安装及竖直安装两种安装方式。

【策划目标】

（1）“布置合理”：桥槽盒布置美观合理，并支架 排布置间距相等，弯头弧度一致。

（2）“安装规范”：支架固定间距符合规范要求。

（3）“接地可靠”：接地跨接可靠。

（4）“补偿合理”：变形缝处设置补偿装置，消除结构位移隐患。

【操作方法】

（1）“布置合理”：槽盒不宜敷设在有腐蚀性气体管道和热力管道上方及腐蚀液体管道下方，当无设计要求时，与管道最小净距为：一般管道水平净距 0.4m，交叉净距 0.3m。

（2）“安装规范”：槽盒的弯曲半径不应小于槽盒内电缆最小弯曲半径，槽盒与支架固定水平段之间的间距为 1.5～3m；垂直安装的支架间距不大于 2m，首末端 200mm 以及转向转弯处加装支吊架。

（3）“接地可靠”：镀锌槽盒连接板的两端可不做跨接地线，但连接板两端应不少于 2 个有防松螺帽或放松垫圈的连接固定螺栓；非镀锌槽盒应用专用跨接螺栓跨接铜芯接地线（不小于 $4mm^2$）槽盒接地端子与跨接地线需采用爪型垫片压接。

（4）“补偿合理”：直线段槽盒长度超过 30m、建筑物变形缝处设置补偿装置。

【示例照片】

图 5-360 槽盒间距符合规范要求

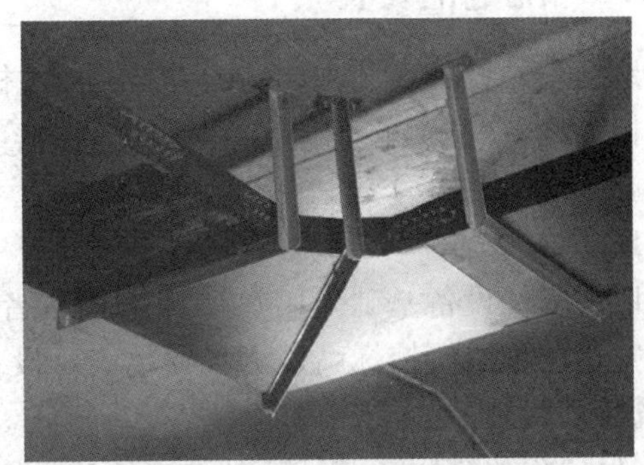

图 5-361 槽盒弯头设置安装

图 5-362 跨接地线

图 5-363 主干接地点

图 5-364 伸缩缝补偿装置

图 5-365 异型桥架漏斗安装

【效果点评】

（1）图 5-360、图 5-361 中槽盒与管道距离符合设计及规范要求；三通、弯头制作符合相关规范要求。

（2）图 5-362、图 5-363 中接地跨接连接可靠，接地点标识清晰。

（3）图 5-364 在变形缝处设置补偿装置，消除结构位移隐患。

（4）图 5-365 中桥架进配电柜统一采用成品弯头封闭型桥架，安全性好、整体美观牢固。

5.12.3 配电柜安装

地铁车站设备安装主要包含 400V 开关柜、EPS 柜、风机风阀控制箱、配电箱、环控电控柜等设备的安装。设备安装施工的内容主要包括设备基础、设备安装、设备与管线连接。

1. 设备基础

地铁车站设备基础采用热镀锌角钢或者热镀锌槽钢制作，按照设计图纸位置准确安装，安装过程要严控标高，测量要精确，设备基础要与接地网可靠连接。

【策划目标】

（1）“深化排版”：柜体前后检修空间满足规范要求，机柜顶部无水管、风口等设备，照明灯具位于检修通道。

（2）“定位准确”：按照图纸设备尺寸制作设备基础，并安装在预定位置。

（3）“标高控制”：设备基础安装要严格控制标高，测量准确。

（4）“接地可靠”：设备基础要与接地网可靠连接。

【操作方法】

（1）“深化排版”：依据施工图纸设备尺寸保证机柜距墙距离满足规范要求，根据机柜位置优化和排布顶部各类管线、风口、多联机室内机、灯具等设备位置，避开机柜正上方。

（2）“定位准确”：依据施工图纸设备尺寸用热镀锌槽钢或者热镀锌角钢制作设备基础，并安装在土建预留的孔洞或者设计图纸位置，复核设备基础与墙体的距离，必须与图纸要求尺寸保持一致。

（3）“标高控制”：施工过程中使用水准仪、塔尺、水平尺测量，基础安装完成后要高出装修完成面 100mm，结构地面不平整时利用热镀锌角钢调整，确保设备基础水平度满足要求，作业前对作业人员进行技术交底和安全交底，保证标高准确。

（4）“接地可靠”：设备基础用热镀锌扁钢接到接地网，每处设备基础不少于 2 处，逐个检查焊缝是否满焊，确保焊接牢靠，并用防锈漆做好防锈处理。

【示例照片】

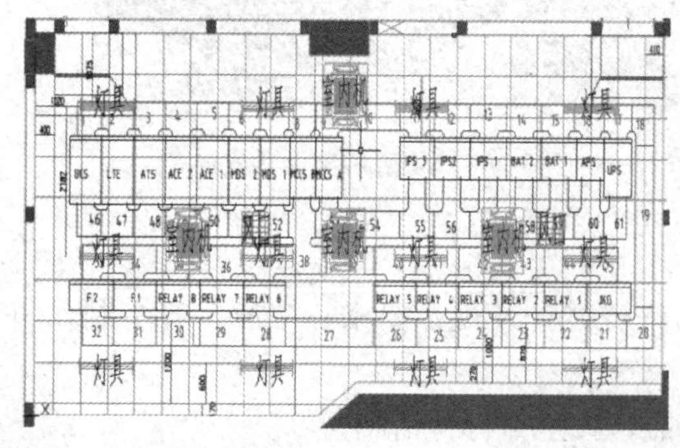

图 5-366 深化排版

图 5-367 机房布置图

图 5-368　成排设备基础

图 5-369　分散设备基础

图 5-370　标高采用热镀锌角钢调整

图 5-371　槽钢基础高于装修完成面

图 5-372　设备基础接地

图 5-373　扁钢连接到接地干线

【效果点评】

（1）图 5-366、图 5-367 中严格按照深化图纸安装机柜、灯具、多联机、风口等设备，机柜上方无水管、出风口、灯具等。

（2）图 5-368、图 5-369 中严格按照设计图纸采用 10 号热镀锌槽钢制作设备基础，并安装在土建结构预留的 400V 开关柜孔洞上。

（3）图 5-370、图 5-371 在结构面不平整时利用热镀锌角钢调整，保持设备基础平直，热镀锌槽钢基础安装完成后要高出装修完成面 100mm。

（4）图 5-372、图 5-373 对设备基础使用热镀锌扁钢连接到接地网，搭接尺寸大于扁钢宽度的 2 倍，并满焊牢靠，用防锈漆做好防锈处理。

2. 设备安装

设备安装位置要准确，与设计图纸一致，安装后保证横平竖直，设备前后预留合理空间，操作维修便利。

【策划目标】

（1）“位置准确”：设备安装位置要与设计图纸一致。

（2）“横平竖直”：安装偏差控制在合理范围内，横向成排，竖向垂直。

（3）“操作便利”：设备前后预留合理空间，便于人员操作及检修。

【操作方法】

（1）“位置准确”：设备安装前先在基础上标注出设备安装位置编号，对照图纸二次复核无误后从一边开始逐台安装。

（2）“横平竖直”：施工过程中使用水准仪、水平尺测量，柜、台、箱、盘安装垂直度允许偏差不应大于 1.5‰，相互间接缝不应大于 2mm，成列盘面偏差不应大于 5mm，作业前对作业人员进行技术交底和安全交底，保证误差控制在合理范围内。

（3）“操作便利”：设备前后留出至少 1m 的操作空间，便于人员操作及检修，400V 开关柜前后要铺设 1m 宽的绝缘胶垫，保护操作人员的安全。

【示例照片】

图 5-374　成排设备落地安装

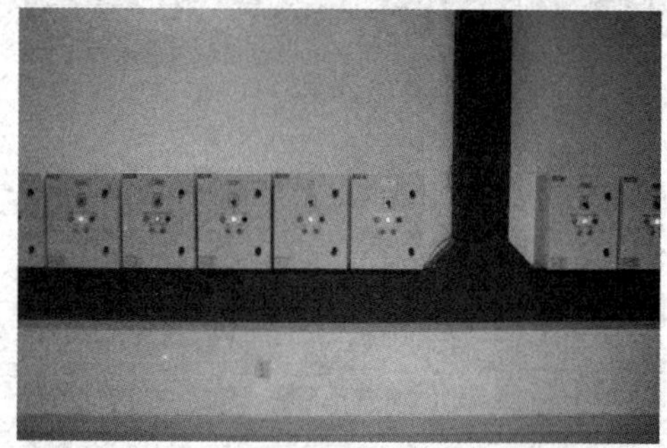

图 5-375　成排设备挂墙安装

图 5-376　成排柜安装要求

图 5-377　配电箱安装垂直度要求

图 5-378　成排开关柜前操作空间

图 5-379　成排控制箱前操作空间

【效果点评】

(1) 图 5-374、图 5-375 预先在基础上标注出开关柜、控制箱安装位置编号，对照图纸二次复核无误后从一边开始逐台安装。

(2) 图 5-376、图 5-377 在施工过程中及时测量，严格保证柜、台、箱、盘安装垂直度允许偏差不应大于 1.5‰，相互间接缝不应大于 2mm，成列盘面偏差不应大于 5mm。

(3) 图 5-378、图 5-379 中，开关柜、控制箱等设备前后留出至少 1m 的操作空间，便于人员操作及检修，400V 开关柜前后要铺设 1m 宽的绝缘胶垫，保护操作人员的安全。

3. 设备与管线连接

设备与管线连接要符合规范要求，成排成列管线与设备连接方向保持一致，美观整齐，设备与管线之间接地良好，连接形成一个整体接地网。

【策划目标】

(1)“连接规范”：不同设备采用不同的材料连接。

(2)“方向一致”：成排成列管线与设备连接方向须保持一致。

(3)“接地可靠”：设备及管线之间连接可靠，形成整体接地网。

【操作方法】

(1)“连接规范”：设备与管线连接要符合规范要求，不能跨专业乱用。比如：采用桥架与低压柜连接，采用镀锌钢管与分集水器连接。

(2)“方向一致”：与设备连接的桥架、钢管等管线保持弯曲方向一致，美观大方，作业前对作业人员进行技术交底和安全交底，作为施工中的把控重点。

(3)“接地可靠”：设备及管线之间用接地电缆，接地电缆用螺栓与接地装置可靠连接，连接完成后测试接地电阻符合要求。

【示例照片】

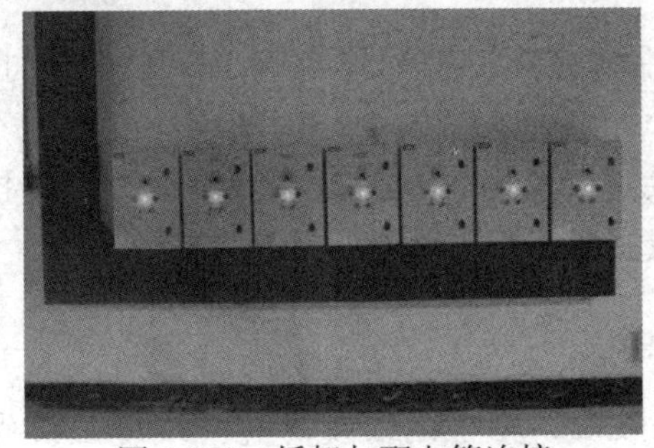

图 5-380　桥架与配电箱连接

图 5-381　钢管与接地箱连接

图 5-382　配管与水泵连接

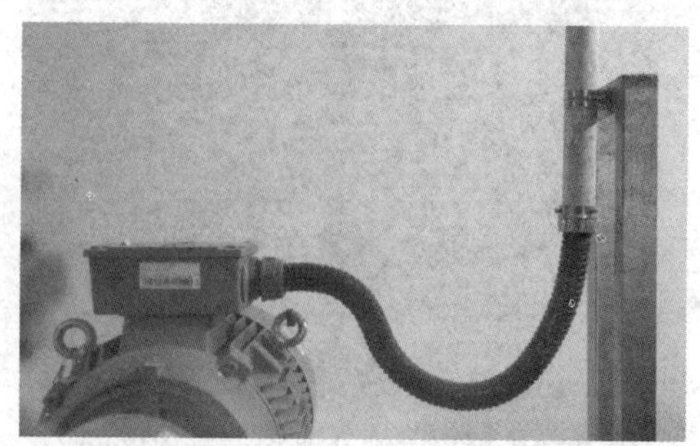

图 5-383　配管与电机连接

图 5-384　配管与风机连接

图 5-385　配管与底盒连接

图 5-386　配管与疏散指示灯底盒连接

图 5-387　钢管与槽盒连接

【效果点评】

(1) 图 5-380、图 5-381 中槽盒与配电箱、接地箱、配电柜连接牢固且美观，符合规范要求。

(2) 图 5-382～图 5-384 中配管与设备采用软连接，符合规范要求，配管方向一致，排列整齐，美观大方。

(3) 图 5-385～图 5-387 中配管与底盒连接时线盒内外均需设置锁紧螺母，丝扣露出管箍 2～3 扣，配管与槽盒连接利用接线盒引线安装，整体美观、牢固。

5.12.4　线缆敷设

线缆敷设主要包含车站内的动力照明线缆敷设、箱柜内线缆绑扎。线缆敷设先远后近，分层有序，电缆头与设备压接牢靠，电缆始末端标识清楚，信息齐全，一目了然。

【策划目标】

（1）“分层有序”：线缆敷设顺序远近分开，先远后近。

（2）“压接牢靠”：电缆头要与设备接线端子压接牢靠，不能虚接。

（3）“标识清晰”：电缆始末端标识要清楚，一目了然。

【操作方法】

（1）“分层有序”：线缆敷设时，以上级设备为起点，先远后近，远处线缆优先敷设，近处线缆后敷设，方便施工和后续检修。

（2）“压接牢靠”：线缆终端头要与断路器等设备压接牢靠，大截面采用铜终端头液压压接，小截面采用开口线鼻压接。

（3）“标识清晰”：按照回路，线缆两端及拐弯处挂电缆标识牌，包含回路名称、规格型号、起始端等信息。

【示例照片】

图 5-388　电力电缆敷设（一）

图 5-389　电力电缆敷设（二）

图 5-390　配电柜内电缆绑扎（一）

图 5-391　配电柜内电缆绑扎（二）

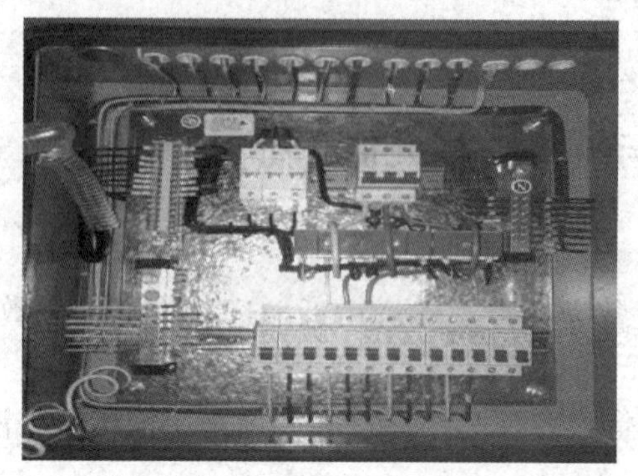

图 5-392　配电箱内电缆

图 5-393　控制电缆用号码管标识

【效果点评】

(1) 图 5-388、图 5-389 中电缆排列整齐、挂牌清晰、整齐，线缆先远后近，远处线缆优先敷设，近处线缆后敷设，即可达到敷设有序、提升观感、方便检修的目的。

(2) 图 5-390、图 5-391 中配电柜内电缆排列线缆先远后近，固定间距统一，矿物电缆接地连接线牢固可靠。

(3) 图 5-392、图 5-393 配电箱内线缆绑扎整齐，动力电缆采用电缆牌作为标识，标注回路名称、电缆规格型号、起始点设备名称等信息，控制电缆采用号码管作为标识，标注到每芯线，标识起始点、设备名称及编号。

5.12.5　配电箱安装

配电箱明装和暗装方式各异，安装过程中严格控制底标高，控制水平度和垂直度误差，配电箱铭牌标识清晰，信息全面准确。

【策划目标】

(1) “明暗有别”：明装和暗装配电箱有分别，安装方式不一样。

(2) “标高一致”：安装过程中严格控制底标高，保证横平竖直。

(3) “标识清晰”：配电箱铭牌标识清晰，信息全面准确。

【操作方法】

(1) “明暗有别”：明装配电箱一般挂墙安装，用镀锌角钢作支架，暗装配电箱暗装在墙体内，不用支架。

(2) “标高一致”：配电箱安装要控制好底标高，一般箱体底标高距地 1.5m，箱体高度超过一定高度时，底标高可适当降低。

(3) “标识清晰”：配电箱箱面要标识配电箱编号、用途等主要参数信息，便于检修和维护。

【示例照片】

图 5-394　配电箱明装

图 5-395　配电箱暗装

图 5-396　配电箱距地 1.5m 安装

图 5-397　配电箱距地 1m 安装

图 5-398　控制箱标识

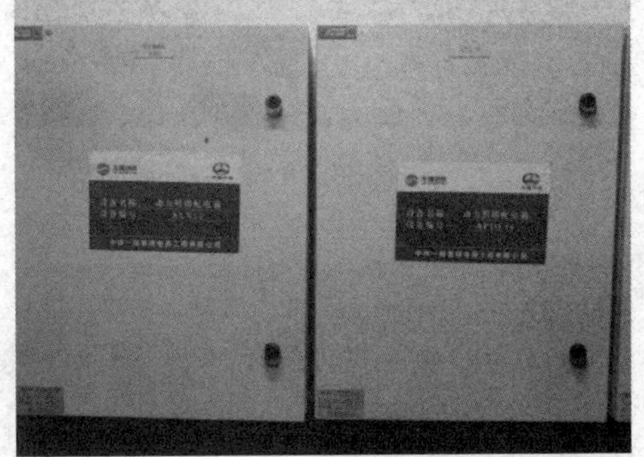

图 5-399　配电箱标识

【效果点评】

（1）图 5-394、图 5-395 为严格按照设计图纸要求安装配电箱，明装配电箱采用镀锌角钢支架固定，暗装配电箱镶嵌在墙体预留孔洞内。

（2）图 5-396、图 5-397 为一般情况下，高度小于 800mm 的配电箱距地 1.5m 安装，高度大于 1200mm 的配电箱距地 1m 安装，便于检修操作。

（3）图 5-398、图 5-399 在箱面标识清楚配电箱编号、用途等主要参数信息，便于检修和维护。

5.12.6 照明灯具、开关、插座安装

照明灯具尺寸要与装修龙骨尺寸相匹配，精准配合，安装后横看成排，竖看成行，整齐美观，消防疏散灯具方向准确；开关、插座固定时使面板端正，与墙面平齐，灯具、开关、插座高度符合规范要求。

【策划目标】

(1)“尺寸精准”：灯具的尺寸要与装修龙骨尺寸相匹配，精准配合。

(2)“成排成行”：灯具、开关、插座安装横看成排，竖看成行，整齐美观。

(3)“方向准确”：消防疏散灯具方向准确，符合规范要求。

【操作方法】

(1)“尺寸精准”：灯具生产前要与装修顶棚排版图核对，确定准确的长度、高度、宽度，安装过程中保持与顶棚龙骨间隙一致，可用塞尺测量控制间隙。

(2)“成排成行”：用红外线测量，保持灯具在中间位置，用水平仪控制平整度。

(3)“方向准确”：消防疏散灯具方向指向最近的疏散通道，方向必须准确无误。

【示例照片】

图 5-400　六边形灯尺寸与吊顶匹配

图 5-401　条形灯尺寸与吊顶匹配

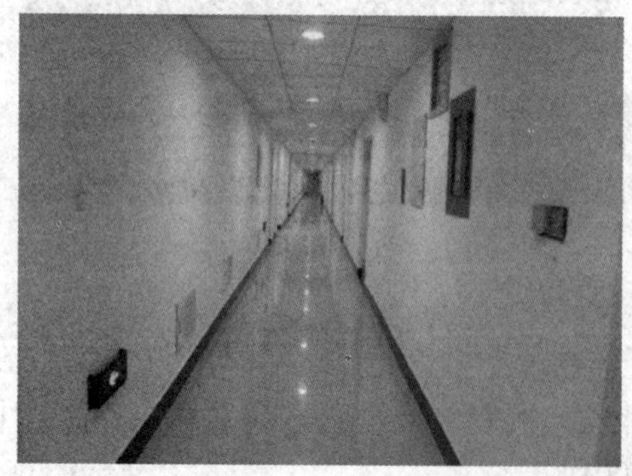

图 5-402　设备区灯具居中安装成排

图 5-403　公共区灯具成排成行

图 5-404　墙面疏散指示灯

图 5-405　地面疏散指示灯

图 5-406　开关安装

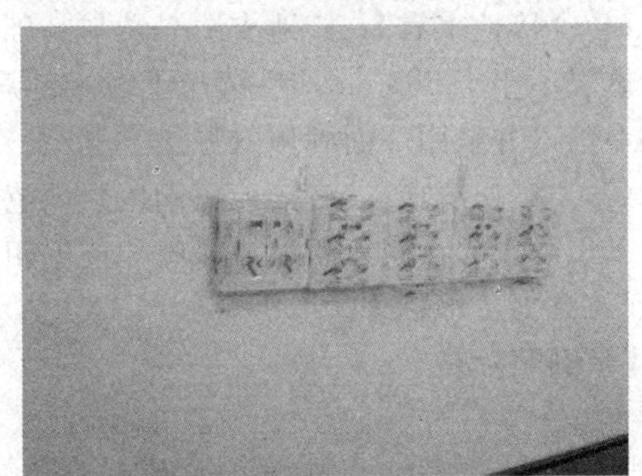

图 5-407　插座安装

【效果点评】

（1）图 5-400、图 5-401 中灯具生产前要与装修顶棚排版图核对，确定准确的长度、高度、宽度，安装后灯具与顶棚之间的缝隙要满足要求。

（2）图 5-402、图 5-403 安装过程中用红外线测量，保持灯具在中间位置，同型号同规格的灯具、开关、插座安装后要横看成排，竖看成行，整齐美观。

（3）图 5-404、图 5-405 中消防疏散灯具方向指向最近的疏散通道，灯具之间间距不大于 10m，安装高度不大于 1m。

（4）图 5-406、图 5-407 中成排安装开关、插座高度统一，排列整齐紧密。

5.12.7　接地

1. 接地扁钢安装

地铁车站在供电房间、设备区主干、公共区设置接地扁钢主干线，相关设备、支架连接至接地干线上。

【策划目标】

（1）“标准统一”：接地干线、支持件、螺栓等金属钢材的型号规格应标准统一。

（2）“预埋准确”：接地干线、支线过门或横穿人行通道预埋位置准确。

（3）“布局美观”：安装时做到横平竖直、间隙一致、高度一致、标识一致。

（4）“接地牢靠”：接地干线、支线安装焊接牢靠。

（5）“标识清晰”：接地干线、支线统一标识。

【操作方法】

（1）“标准统一”：扁钢、槽钢、膨胀螺栓的规格、型号、镀锌层厚度及镀锌重量应符合设计要求。

（2）“预埋准确”：接地干线使用 50mm×5mm 热镀锌扁钢，按设计要求在过门或横穿人行通道时，将预制好的扁钢在未浇筑装修层之前安装在合适的位置并加以固定，预埋在地板的装修层下。

（3）“布局美观”：接地干线沿墙侧水平敷设，扁钢上边沿距最终地面距离为 300mm，与侧墙间隙为 10mm。根据装修 1 米线确定接地扁钢的上沿位置，在墙体上进行放线（与最终地面保持水平）。接地扁钢采用 S 型卡子固定，S 型卡子间距为 1000mm。

（4）“接地牢靠”：接地支线一端与基础预埋件焊接，另一端引至侧墙根部并引上，露出装修层不小于 350mm，后续与干线接地扁钢可靠焊接。焊接时焊接面必须大于扁钢宽度的 2 倍，并采用 3 面满焊的方法。

（5）“标识清晰”：将接地扁钢按照规范要求牢固安装在 S 型卡子上，扁钢敷设过程中用水平尺调平。在其表面涂上绿色和黄色相间的条纹，条纹间距为 20mm，条纹倾斜角度为 45°，并做接地标识。

【示例照片】

图 5-408　接地干线排布均匀

图 5-409　接地干线排弯美观

图 5-410　接地连接点

图 5-411　公共区接地引下线

图 5-412　公共区接地干线

图 5-413　设备区接地干线

【效果点评】

(1) 图 5-408、图 5-409 在安装时横平竖直、间隙一致、高度一致、标识一致，做到了均匀排布固定间隔，合理布局，提高了整体施工工艺。

(2) 图 5-410 设置临时接地连接点便于连接，采用合理的固定以及排布方式增强美观性，接地支、干线通过采用 3 面满焊的方法，增强接地连接的牢固程度，有效提升了设备接地可靠性。

(3) 图 5-411～图 5-413 中接地干线固定间距统一，布局合理，沿结构柱引下。防火门门框与接地主干线连接，搭接长度符合规范要求，对焊缝进行防腐、防锈处理。

2. 设备接地

地铁机电系统设备接地主要包含风机、水泵、空调柜、消声器等设备。设备保护接地是防止设备漏电危及操作、维护人员安全的重要措施。

【策划目标】

(1)“安全可靠”：接地连接安全、牢固、可靠。

(2)“位置醒目”：接地点设置位置醒目，便于检查。

(3)“整体美观”：接地点标准统一，整体美观。

【操作方法】

(1)“安全可靠”：设备接地点均采用镀锌扁铁，在地面垫层内预埋至设备处引出，采用多股铜芯线与设备连接，可避免接地线损坏。

(2)“位置醒目”：所有设备接地点均预埋至基础内距边 50mm 处，位置醒目。

(3)“整体美观”：所有设备接地点均预埋至基础内距边 50mm 处，露出基础 100mm，顶部倒圆角，涂刷黄绿双色油漆，整体统一、美观。

【示例照片】

图 5-414　空调水泵接地

图 5-415　消防泵接地

图 5-416　风机接地

图 5-417　消声器接地

图 5-418　空调柜接地

图 5-419　环空柜基础槽钢接地

【效果点评】

（1）图 5-414～图 5-418 中各类设备接地做法标准统一、安全可靠、接地点位置醒目。

（2）图 5-419 为环空柜槽钢基础在垫层内采用接地扁钢与接地干线连接，搭接长度符合规范要求，焊缝饱满，焊缝进行防腐防锈处理。

3. 管线、线槽跨接

地铁机电系统管线接地主要包括管线、桥架、风管以及各类设备接地等。在地铁所有接地施工中镀锌钢管接地数量最多，容易忽略且质量控制较难；风管接地由于风管位于管线顶层，往往最容易遗漏。管线接地不良容易对后期运营安全造成不良影响。镀锌钢管接地主要采用专用接地卡进行连接。

【策划目标】

（1）“连接可靠”：接地连接安全、牢固、可靠。

（2）“位置醒目”：接地点设置位置醒目，便于检查。

（3）“整体美观”：跨接地线标准统一，接地线中间缠绕 8 圈，整体紧凑美观，接地卡距管箍 20mm，镀锌管跨接地线长度整体控制在 100mm 内，风管、设备接地线整体长度控制在 200mm 以内。

【操作方法】

（1）“连接可靠”：接地线两端外露部分需做搪锡处理，防止铜芯氧化，采用端子连接时连接牢固、无松动。

(2)“整体美观”：跨接线采用截面不小于 $4mm^2$ 的黄绿双色铜芯软导线，根据长度提前制作跨接接线。

距离管箍两端各 20mm 处先安装接地卡，连接地线后紧固螺丝，无松动，跨接线整体紧凑美观。

【示例照片】

图 5-420　暗埋管跨接

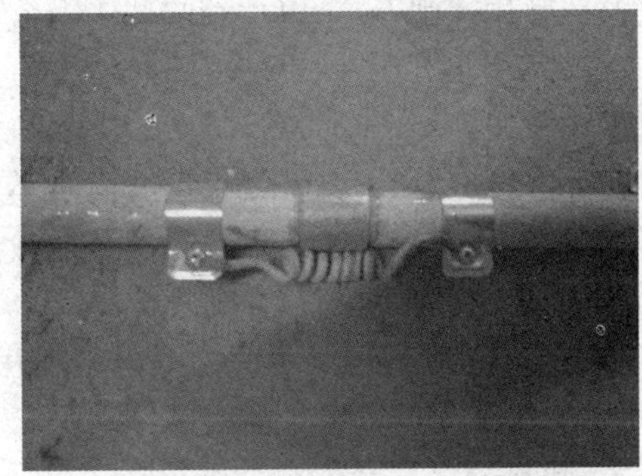

图 5-421　明敷管跨接

图 5-422　风管与空调柜跨接

图 5-423　桥架跨接

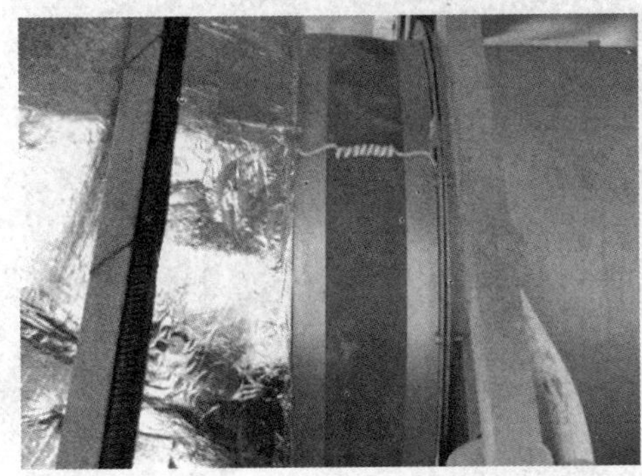

图 5-424　风管与风机跨接

图 5-425　水管橡胶接头跨接

【效果点评】

图 5-420～图 5-425 中严格按照接地线要求进行制作，安装时严格按照策划要求进行

接地线固定。跨接地线标准统一、安装紧凑、整体美观。

4. 等电位连接

地铁机电系统等电位连接主要包括卫生间管线、静电地板接地铜箔、配电箱/柜门等电位接地。

【策划目标】

(1)“连接可靠”：等电位连接安全、牢固、可靠。

(2)“整体美观”：等电位箱暗装于台盆下方或静电地板下方，隐藏安装，使房间整体美观。

【操作方法】

(1)“连接可靠”：跨接线采用截面不小于 $4mm^2$ 的黄绿双色铜芯软导线，根据长度提前制作跨接接线，接地线两端外露部分需做搪锡处理，防止铜芯氧化，采用端子连接时连接牢固、无松动。

(2)“整体美观”：卫生间、静电地板房间等电位箱体暗装于台盆下方或静电地板下方，不影响房间整体风格，房间整体美观。

【示例照片】

图 5-426　卫生间等电位箱安装

图 5-427　静电地板房间等电位连接

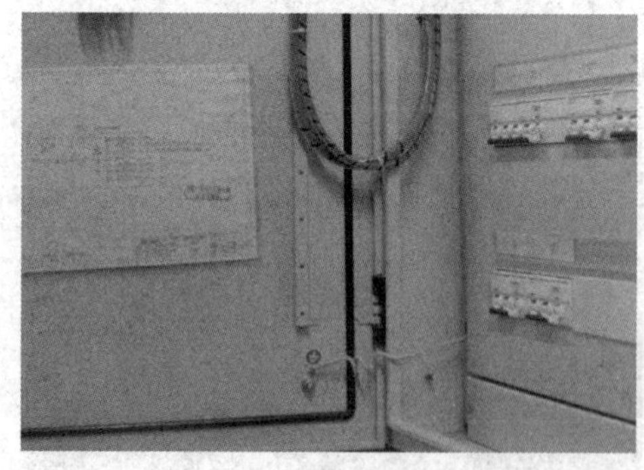

图 5-428　配电箱门等电位连接

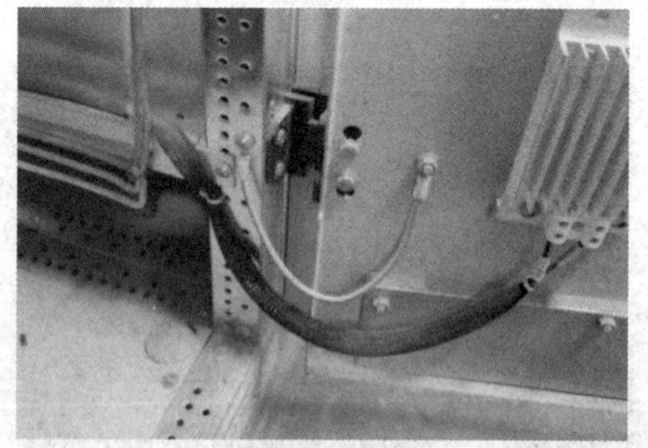

图 5-429　配电柜门等电位连接

【效果点评】

(1) 图 5-426、图 5-427 中静电地板接地铜箔、卫生间内设备管线进行等电位连接，等电位箱暗装于台盆下、静电地板下方，房间整体简洁、美观。

（2）图 5-428、图 5-429 中配电箱/柜外壳采用 6mm^{2}铜编织线跨接接地，确保用电安全。

5. 出入口、风亭防雷接地

防雷接地是保证建筑物及人员安全的重要技术措施，施工过程中严格按照设计图纸施工，严控施工质量，预埋接地扁钢位置要准确，接地体及接地管线之间连接要牢固可靠，接地标识清晰，经久耐用，易于辨识。

【策划目标】

（1）“预埋准确”：接地干线、防雷引下线、接地体预埋位置要准确。

（2）“接地牢靠”：接地主干线之间、接地物与接地线网可靠连接。

（3）“标识清晰”：接地标识清晰，经久耐用。

【操作方法】

（1）“预埋准确”，接地扁钢要预埋在接地设备基础附近，避雷网支撑杆间隔 1m 预埋，拐角处加设，建筑物四周垂直接地体离建筑物 3m 以上距离，间隔 5m 预埋，防雷引下线、接地体预埋位置要准确。

（2）“接地牢靠”，接地采用编织软铜线或者软电缆，并留有余量，用专用螺栓固定可靠，经久耐用。

【示例照片】

图 5-430　接地扁铁埋深 0.8m

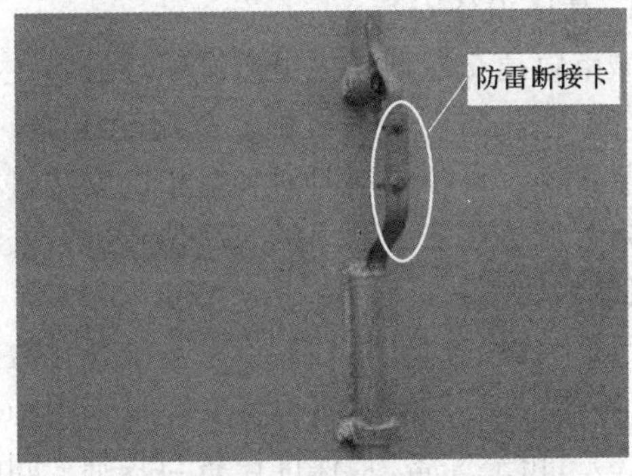

图 5-431　防雷断接卡安装

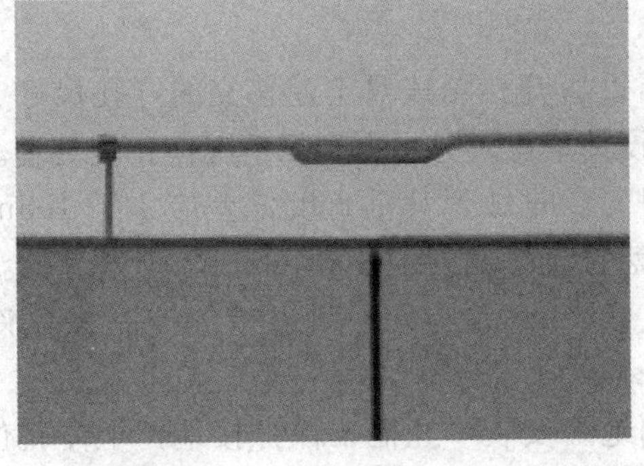

图 5-432　防雷接地安装

图 5-433　防雷引下线及标识

【效果点评】

（1）图 5-430 中接地扁钢要预埋在接地设备基础附近，建筑物四周接地体离建筑物

3m 以上距离水平布置，埋深 0.8m。

（2）图 5-431 中防雷接地引下线在距地 0.3～1.8m 位置设置接地断接卡。

（3）图 5-432、图 5-433 中防雷接地圆钢与圆钢双面焊，满焊，焊缝饱满光滑，无夹渣咬肉现象，搭接长度为 $6D$；防雷引下线用黄绿漆间隔涂刷，附近设计防雷接地引下点标识；防雷接地测试点设置在建筑物外墙明显位置，并设置测试点专用标识，材质美观大气，与建筑外墙装修风格匹配。

5.13 配 套 工 程

城市轨道交通地铁工程中的配套工程较多，除主要专业工程外还有变电所、人防工程、控制中心、派出所等。因本指南划分有“结构可靠”、“安装规牢”、“装修精巧”三章，如果单独编写控制中心工程、派出所工程，其中的结构、装饰装修、接地、封堵等内容会与上述三章“通用工程”相关内容重复，因此，本节仅讲述变电所内高压设备安装、高压电缆敷设、防护类附属装置，以及人防工程等。

5.13.1 变电所

1. 高压设备安装

城市轨道交通地铁供电系统所涉设备主要包括：35kV 高压开关柜，控制信号屏，交、直流屏，整流器柜，负极柜，整流变压器，配电变压器，1500V 直流开关柜，钢轨电位限制装置等。设备进场时对各盘柜的安装进行总体规划，按顺序放置在基础预埋件上及预埋件附近，按照安装顺序的对应位置进行安装。

【策划目标】

（1）“数量齐全”：核对设备基础开孔数量以及规格符合要求。

（2）“误差可控”：将设备安装过程中柜体间偏差控制在合理范围内。

（3）“可靠完备”：保证设备与基础之间的绝缘安装以及标识牌的完备悬挂。

（4）“规整划一”：保证设备内线路排布整齐有序。

（5）“保护有效”：在受保护设备附近施工时应当做好成品保护措施。

【操作方法】

（1）“数量齐全”：施工前应根据各变电所设备开孔图核对土建移交的开孔尺寸、位置、数量是否准确，如有不一致，应及时通知设计单位，并根据现场情况作相应处理。

（2）“误差可控”：即在盘、柜单独或成列安装时做到其垂直度偏差应小于 1.5mm，相邻两盘顶部水平偏差应小于 2mm，相邻两盘的盘面偏差应小于 1mm，成列盘的盘面偏差应小于 5mm，盘、柜间的接缝偏差应小于 2mm，其次各项偏差应控制在允许范围内。

（3）“可靠完备”：1500V 直流开关柜采用绝缘安装，经框架保护接地，柜体就位安装后需对设备外壳进行绝缘试验，采用 1000V 兆欧表测量时绝缘电阻应不小于 0.5MΩ；开关柜上的设备编号及名称、标志牌、标志框，保证齐全、清晰、正确、不易脱色。

（4）“规整划一”：高压设备内母线排列整齐，采用线槽或线把布线的回路固定方式，编号正确、清晰，端子及插件连接良好；直流屏外接母线及电缆应固定牢固，极性标志正确，直流输出电压等级有明显标志。

(5)“保护有效”：在基础槽钢上进行焊接作业时应对柜体、绝缘板加以防护，防止烫伤或污染柜体、绝缘板；在绝缘板安装前就焊好固定角钢或槽钢，设备绝缘板安装后只能进行钻孔等作业，不得有焊接、烘烤等作业。

【示例照片】

图 5-434　35kV GIS 开关柜排列整齐

图 5-435　整流变压器防护到位

图 5-436　配电变压器安装到位

图 5-437　1500V 直流开关柜整齐划一

【效果点评】

(1) 图 5-434、图 5-437 在开关柜组的拼装过程中，将开关柜柜间间隙以及柜前、柜后位移偏差控制在合理的范围内，不但可以提高开关柜组的拼接美观程度，而且还可以提升开关柜组的整体稳定性能。

(2) 图 5-435、图 5-436 中变电所用整流变压器以及配电变压器在安装完成后及时地进行网栅防护或变压器箱壳防护，有效地减少了因为设备的意外损坏从而导致供电系统供电可靠性下降问题。

2. 高压电缆敷设

变电所用电缆包括一次电缆与二次电缆，一次电缆是指实现各个设备之间相互连通的主回路电缆，一般为高压、中压型电缆；二次电缆是指连接各设备之间的保护以及实现逻辑闭锁功能的控制型线缆。敷设时统一电缆的弯曲、预留长度、接地连接等工艺，达到实用、美观、统一的要求。

【策划目标】

(1)“标准统一”：电缆以及附件的型号规格应标准统一。

(2)“方案先行”：电缆敷设前制定合理的电缆敷设计划及敷设路径。

(3)“标识完备”：电缆敷设过程中应对不同功能电缆进行区分。

(4)“分层分区”：电缆在支架上的敷设按照电压等级及电缆类型分层排布。

(5)“标识清晰”：电缆敷设完毕后及时进行固定与挂牌。

【操作方法】

(1)“标准统一”：电力电缆及控制光电缆的规格、型号、长度及电压等级应符合设计要求。电力电缆及控制光电缆的绝缘电阻值应符合采购合同规定。电缆中间接头及终端头的附件规格、型号及电压等级与电缆互相吻合，且符合设计要求。

(2)“方案先行”：电缆敷设前，技术人员应根据电缆走向、长度和交叉等情况，编写出适宜的施工方案，包括电缆敷设顺序、质量控制要点等。同时，对主要材料提出质量要求，如：电缆上不应有铠装压扁、绞拧和护层折裂等机械性损伤。

(3)“标识完备”：为确保整理、核对电缆方便，在电缆敷设过程中可临时用胶带纸缠绕并标明电缆编号。电缆应有一定的弛度，且按设计规定的路径敷设，以减少与其他电缆的交叉，电缆在支架、桥架上排列整齐。

(4)“分层分区”：电力电缆与控制类电缆不应在同一层支架上；高、低压电力电缆，强电、弱电控制电缆按由上而下的顺序分层配置，但大截面电力电缆引入盘、柜时，为满足弯曲半径的要求，宜由下向上配置；当电缆沟内两侧均有电缆支架时，低压电缆及控制电缆宜与高压电缆敷设在不同侧支架上，单芯电缆按设计要求固定，要求单芯交流电缆固定夹具不构成闭合磁路，电缆外皮无损伤、绝缘良好。

(5)“标识清晰”：电缆敷设完成后，及时挂电缆标牌，电缆标牌要求清晰、准确。电缆在每个悬挂点处进行固定。在电缆进出设备、支/桥架、转弯处以及垂直敷设时，每隔4个支架用非铁磁性材料刚性电缆卡子固定，其余每个位置用电缆卡带固定牢固。

【示例照片】

图 5-438　控制电缆敷设排布整齐

图 5-439　控制电缆入柜标识清晰

图 5-440　交直流屏内接线统一有序

图 5-441　预留圈固定可靠

图 5-442　电缆刚性固定可靠

图 5-443　相序接线标识清晰

【效果点评】

(1) 图 5-438～图 5-440 在电缆的敷设过程中，采用合理的电缆固定手段以及线缆排布方式不但可以增强美观性，更有益于后期电缆的维护和检修。

(2) 图 5-441、图 5-442 对电缆进行刚性固定可以增强电缆的连接牢固程度；电缆预留圈制作，可以在后续需要进行电缆维修时保证充足的电缆供应，可有效提升供电系统供电可靠性。

(3) 图 5-443 在电缆始端、末端、转弯处、分支处挂设电缆牌，多条电缆并排时电缆牌挂设方向统一、整齐美观。标识牌挂设易于查看，不仅可以为运行检修人员进行正确的日常维护和异常事故处理提供正确保证，同时也为后人提供了帮助，即使新上岗人员，只要按照标识就会容易清晰辨识电缆属性。

3. 附属装置

附属装置是指为变电所内辅助性的配套防护装置，主要有：防护牌类制作、防鼠板制安、设备绝缘垫采购安装等。

【策划目标】

(1)“保护有效”：在设备存储、安装以及后期运行过程中进行设备保护。

(2)“防火封堵”：电缆敷设完毕及时对于电缆孔洞进行封堵。

（3）“防鼠保全”：在设备房大门处进行生物防护。

（4）“配置齐全”：变电所配备完备的日常防护用品。

【操作方法】

（1）“保护有效”：变电所模拟盘在安装过程中应当注意进行安装防护，在模拟盘安装完成后，及时利用彩条布进行遮盖，以防止灰尘、水汽、油渍等因素对盘面产生污染，造成不必要的麻烦。

（2）“防火封堵”：在电缆敷设完毕后，对电缆敷设路径上的电缆井和各种沟、槽、管、洞等进行封堵，其中电缆夹层、电缆井分区进行防火封堵。

（3）“防鼠保全”：在变电所设备安装完成后，在设备房大门口应当设置防鼠挡板、防护网等，以防止对于带电设备的运行产生干扰与危害。

（4）“配置齐全”：对于进入值班状态的变电所，应当配置干粉灭火器、应急照明灯、操作手柄和钥匙、临时调度电话等设施，要求配置齐全，并能完好使用。

【示例照片】

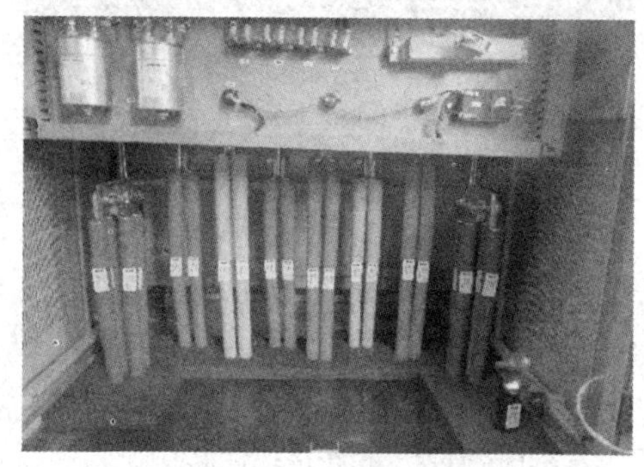

图 5-444　防火封堵

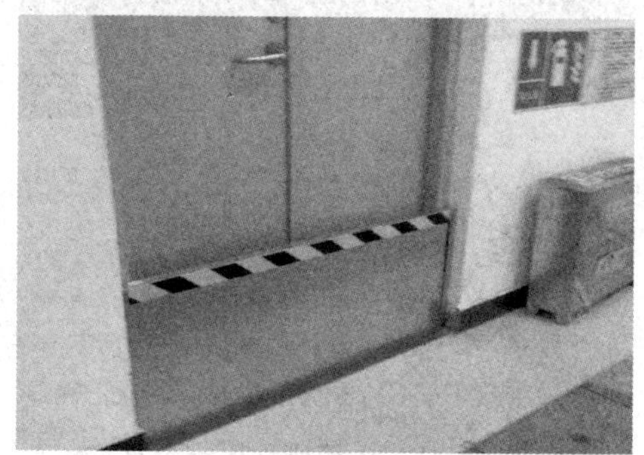

图 5-445　防鼠板安装牢靠

【效果点评】

（1）图 5-444 在电缆敷设完毕后对于电缆敷设路径以及电缆进入设备内部的通道及时地进行封堵，可以有效地避免火灾以及其他不可抗力因素对于电缆造成的损伤。

（2）图 5-445 对防鼠板安装尺寸逐一定制，防鼠板安装在设备房内每一处通道处，防止老鼠等小动物进入变电所，有效地避免其他生物对于电缆造成的损伤。

5.13.2　人防工程

人防工程是地铁工程的重要组成部分。对地铁人防工程而言，既考虑到战时防空的需要，又考虑到平时经济建设、城市建设和人民生活的需要，具有平战双重功能。人防防护设备作为人防工程的主要防护设施之一，直接关系到人防工程的战时防护性能，作为平战转换时的快速转换的设备，必须要保证其使用的可靠性。

地铁人防设备主要分为三大部分：①出入口（含消防疏散口）人防门；②风亭人防门；③区间人防门（含防淹门），其中出入口人防门涉及装饰装修，区间人防门涉及轨道铺设及汇流排施工，对人防门安装精度要求极高。

1. 人防门门框安装

人防门门框的安装是人防设备施工的重要环节，是保证人防工程整体质量的基础之一，门框安装质量直接影响平战转换时设备的正常使用。

【策划目标】

（1）“三线控制”：门框安装三要素（门框中心线、门框墙边线、门槛标高线）控制到位。

（2）“两度精准”：门框的垂直度和水平度满足设计要求。

（3）“支撑稳固”：门框支撑设置要满足设计要求，保证纹丝不动。

（4）“锚钩规范”：门框锚钩焊接规范，间距合理，焊缝齐整。

（5）“吊环预留”：门框上部顶板设置预留吊环，保证门扇吊装安全。

【操作方法】

（1）“三线控制”：门框三线数据由土建施工单位提供，出入口及消防疏散口门框下槛标高与土建单位，装饰装修单位进行三方确认，区间隔断门及防淹门门槛标高由土建单位提供，安装完后由土建测量组复核，第三方测量进行二次复核，并出具第三方检测报告，并形成书面资料存档。

（2）“两度精准”：门框的垂直度通过线坠和红外线测量校正，门框水平度通过水平尺和红外线测量调平，“垂直度”和“水平度”在支撑加固后复核一次，模板固定后复核第二次，门框墙浇筑完毕后复核第三次。

（3）“支撑稳固”：门框宽度不大于 4m 时门框两侧各设置 4 根钢支撑共计 8 根，大于 4m 时门框两侧各设置 6 根共计 12 根钢支撑，支撑直径不小于 60mm，壁厚不小于 4mm，并带有双头调节装置，支撑与地面角度应不小于 45°且不大于 60°，人防门支撑应该独立设置，不得与土建脚手架等相关物件有连接点。

（4）“锚钩规范”：门框锚钩间距不得大于图纸设置要求，锚钩双面满焊，焊缝整齐饱满无焊渣残留，锁盒位置两侧锚钩数量加密，铰页板位置按照规范采用 U 形双锚钩，上下设置双面满焊。

（5）“吊环预留”：出入口及风亭人防门门框上部单扇设置单个吊环，双扇设置两个吊环，封堵框按照型号设置一排吊环，区间隔断人防门及防淹门按照 L 形设置吊环，纵向三个吊环，横向三个吊环。

【示例照片】

图 5-446　铰页板 U 形锚钩上下布置

图 5-447　吊环预留到位

图 5-448　锚钩间距合理

图 5-449　支撑到位

【效果点评】

(1) 图 5-446 中，门框铰页板锚钩 U 形设置，上下分布，间距符合设计要求，锚钩伸入门框墙主体钢筋内部，形成有效握固连接。

(2) 图 5-447 中，门框上部顶板吊环预留到位，便于后期门扇安装及维护使用。

(3) 图 5-448 中，门框下槛锚钩焊接美观整齐，弯钩伸入下槛钢筋内，形成有效握固连接。

(4) 图 5-449 对门框支撑定位准确，焊接牢固，立面垂直，下槛水平，支撑独立设置。

2. 人防门扇安装及调试

地铁工程人防门扇体积大，重量重，构配件多，要保证门扇安装过程中的安全，在保证安全的基础上确保门扇的安装质量，门扇安装完毕应进行构配件调试，保证门扇启闭灵活。

【策划目标】

(1)“稳缓准顺”：门扇安装要保证起吊平稳，落钩缓慢，安装精准，启闭平顺。

(2)“密闭到位”：门扇密闭条安装要满足规范要求，保证门扇关闭后与门框的贴合度和密闭性。

(3)“启闭灵活”：门扇构配件运转灵活可靠，门扇启闭力满足设计要求，门扇起闭顺畅无卡阻。

(4)“定位可靠”：门扇调试完毕后应保持常开状态，门体开启到设计位置并固定到位，保证门体常开状态。

【操作方法】

(1)“稳缓准顺”：门扇吊装采用水平吊装法，起落钩平稳无倾斜自转，安装就位时构配件齐全，门扇门轴准确插入门框铰座，门扇各传动构件及铰座位置涂抹黄油保证开关顺畅。

(2)“密闭到位”：单扇人防门的密闭条接头不得超过 2 处，双扇人防门密闭条接头不得超过 6 处，接头应采用 45°斜口接头，用胶粘剂粘牢，门扇关闭后，门扇密闭刀口应压在密闭条上，并有相应嵌压深度，形成有效密闭。

(3)“启闭灵活”：门扇传动部件及锁头微调后能顺利插入锁孔，手轮轴承位置需加注润滑油，锁头及连杆机构需涂刷黄油，门扇手轮转动顺滑，无阻滞感，保证门扇启闭力满足要求。

（4）"定位可靠"：门扇端部按照设计要求安装千斤顶定位装置，门扇开启到设计位置，定位装置固定牢靠。

【示例照片】

图 5-450 吊装平稳

图 5-451 构件涂刷黄油

图 5-452 门扇调试

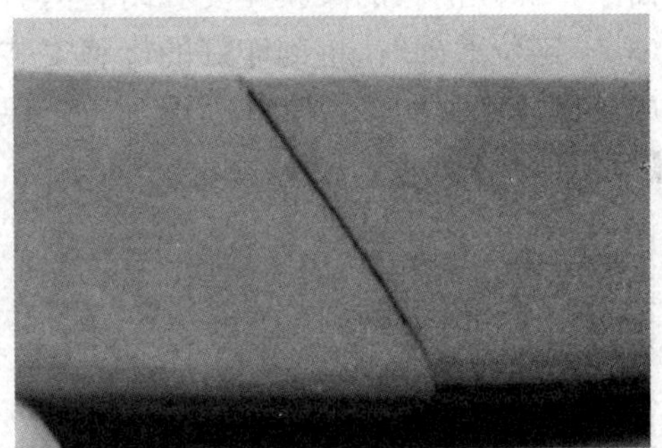

图 5-453 密闭条搭接可靠

图 5-454 区间门扇安全定位

【效果点评】

（1）图 5-450 中，门扇吊装采用两根钢丝绳水平吊装，安全平稳。

（2）图 5-451 中，门扇安装完毕及时涂刷黄油，既防锈又润滑。

(3) 图 5-452 中，门扇调试构配件灵活，启闭顺畅无阻滞。

(4) 图 5-453 中，密闭胶条采用 45°斜头搭接，保证门扇与门框的密闭性。

(5) 图 5-454 中，门扇定位准确，三道防护，安全可靠。

3. 油漆及标识标牌

油漆及标识标牌按照《人民防空工程设备设施标志和着色标准》RFJ 01—2014 施工，保证门框门扇的表面平整光滑，观感良好，标识标牌位置准确，字体喷涂清晰明了。

【策划目标】

(1)“先清后补”：门框门扇表面清理完毕后，打磨平整再补刷底漆。

(2)“喷涂均匀”：门框门扇及构配件均匀喷涂两道厚型环氧面漆，保证边缝位置喷涂到位。

(3)“定位准确”：门框内侧标牌位置安装准确，门扇喷涂开关标识及字体。

【操作方法】

(1)“先清后补”：清除门框门扇上的浮尘及污染物，对门框门扇表面进行打磨，并对部分底漆破损的位置进行补漆。

(2)“喷涂均匀”：底漆补漆完成后，喷涂第一道面漆，等待第一道面漆干透再喷涂第二道面漆，保证油漆的漆膜厚度和附着力。

(3)“定位准确”：将刻印好的标牌安装在门框内侧，通过用符合标准要求的字体模板将门扇表面各部位的标识字体喷涂到位，保证字体鲜明醒目。

【示例照片】

图 5-455 门框门扇修补底漆

图 5-456 门扇面漆均匀

图 5-457 门扇字体及标识清晰

【效果点评】

(1) 图 5-455 中，门框门扇表层清理到位，底漆完好，达到防锈防腐要求。

(2) 图 5-456 中，门扇喷涂两道面漆，表面整洁光滑，观感良好。

(3) 图 5-457 中，门扇型号字体清晰醒目，标识准确，开关指向清楚。

4. 人防封堵与人防排水装置

地铁人防工程为了保证各类电缆线、信号线、水管等管线的正常使用，在防护密闭隔墙上（主要是防护密闭隔断门四周）设计了数量众多、大小不一、密集排布的穿墙套管。考虑地铁兼顾人防的战时使用要求，必须对管线与穿墙套管间隙以及未穿管线的套管采取措施实现防护密闭的功能。

地铁人防排水装置主要设置在区间隔断门门槛两侧、进排风亭及人行出入口三个部位，主要是保证平时雨水及污水的顺利排出，保证战时防护区内不会向内进水，对地铁站人防区起到防护密闭的作用。区间隔断门采用的是排水沟装置，进排风亭及人行出入口采用的是防爆地漏，为保证人防排水的顺利使用，人防排水装置安装时要严格按照人防专业施工图进行施工。

【策划目标】

(1)“套管封堵”：套管预留，未穿管线，采用封堵装置涨紧挤压封堵。

(2)“套管穿线”：套管预留，一管一线，采用封堵装置柔性橡胶封堵。

(3)“套管穿管”：套管预留，套管穿管，封堵装置紧固封堵。

(4)“标高精准”：排水沟标高与轨道排水沟要保持一致，保证区间污水在流经区间隔断门时能顺利排出。防爆地漏标高不得高于进排风亭及人行出入口找平层标高，保证雨水能顺利通过防爆地漏排水。

(5)“焊接牢固”：排水沟定位完毕后与下槛钢筋焊接，一次性浇筑完毕。防爆地漏与预留钢管对接后满焊，保证排水通畅无漏水。

(6)“转换便捷”：排水沟战时封堵方便快捷，操作简单灵活，密闭效果良好。防爆地漏逆时针旋转后完全密闭，外部污水无法进入，保证人防区的防护密闭效果。

【操作方法】

(1)“套管封堵”：将两块涨紧片和橡胶块预装好后，塞入穿墙套管内，通过螺钉的紧固使两刚性涨紧片挤压柔性橡胶，使其径向变形，形成摩擦力，达到防护密闭的效果。

(2)“套管穿线”：电缆线由带有锥度的柔性橡胶的压缩变形使其达到密闭的效果，端面的密闭靠卡箍的径向压缩来实现，并达到抗爆要求。

(3)“套管穿管”：由定制的快速封堵装置将穿管刚性管线箍紧固定并采用化学锚栓及粘钢将封堵装置与墙体固定到位。

(4)“标高精准”：排水沟安装时与铺轨单位核对区间排水沟的标高数据，确定排水沟的水平位置，利用钢筋定位保证标高一致。防爆地漏安装前与装饰装修单位核对结构完成面的最终标高，安装时标高应比完成面低约 10mm。

(5)“焊接牢固”：排水沟利用钢筋固定与区间隔断门下槛钢筋焊成一体，一次性浇筑成型。防爆地漏与预留镀锌钢管采用丝扣连接，保证无漏点。

(6)“转换便捷”：排水沟采用可拆卸防护板密闭通过密闭装置与门框的另一侧密闭连接，可拆卸防护盖板与门框间有密闭条，操作简单，稳定可靠，密闭性好。防爆地漏平时处于开启状态，人防工程内部积水可以通过防爆地漏自由流到人防工程外部积水井内，平战转换时，逆时针旋转紧闭排水口，防止冲击波、毒气等进入人防工程内部，并可以遏制地下水倒灌。

【示例照片】

图 5-458　套管封堵

图 5-459　套管穿线封堵

图 5-460　套管穿管封堵

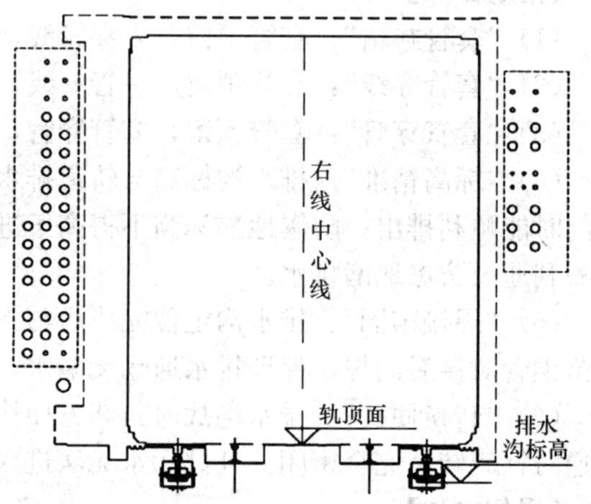

图 5-461　排水沟标高精准

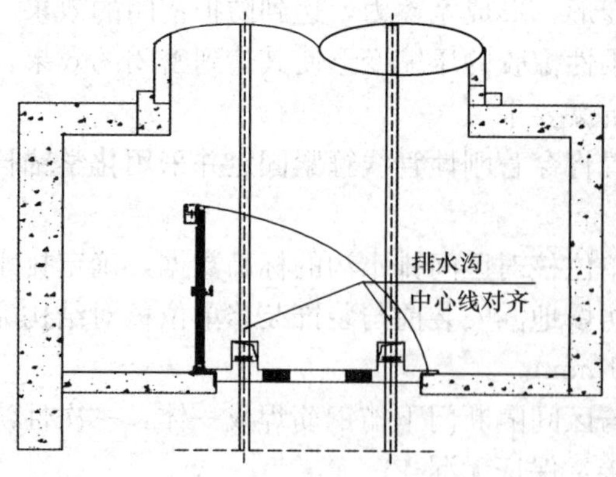

图 5-462　排水沟水平对齐

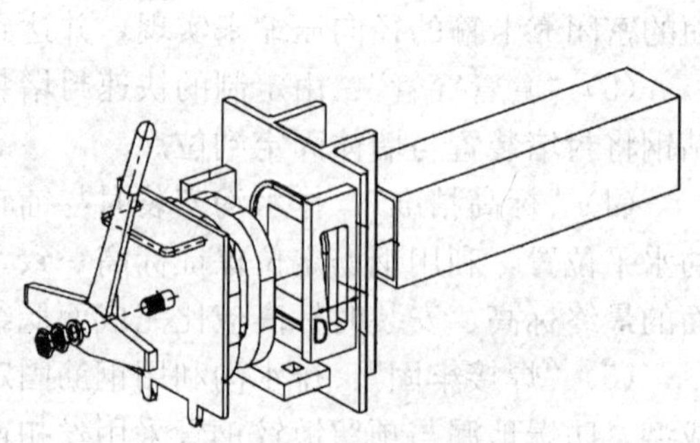

图 5-463　排水沟密闭

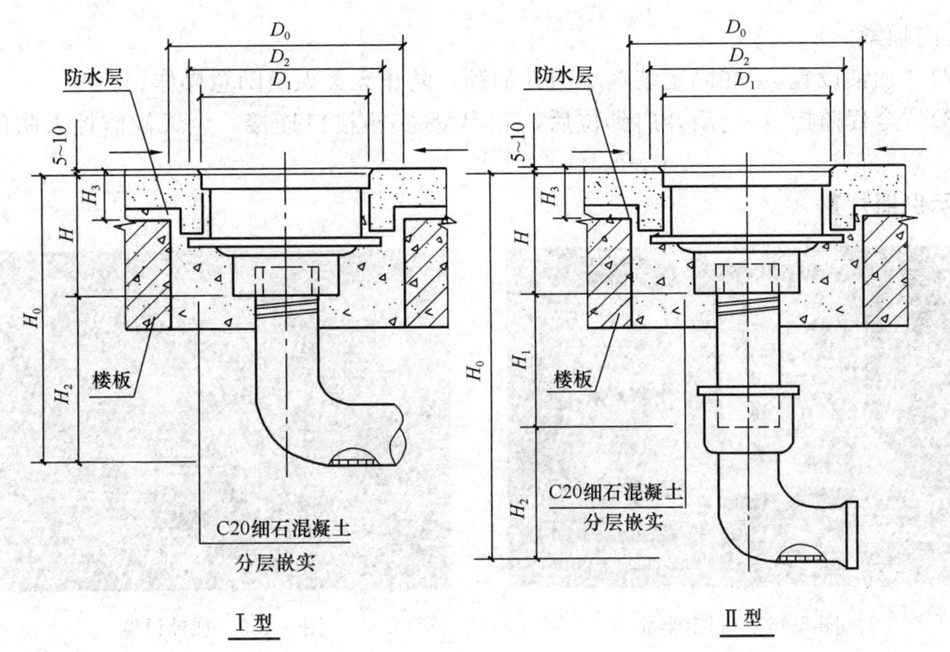

图 5-464　防爆地漏安装

【效果点评】

(1) 图 5-458 为预留套管无穿管穿线，涨紧片挤压橡胶块密闭到位。

(2) 图 5-459 为预留套管穿柔性线缆，套管内柔性橡胶挤压变形包裹线缆，卡箍径向固定到位。

(3) 图 5-460 为预留套管穿刚性管线，快速封堵装置箍紧穿墙管，封堵装置与墙体之间采用化学锚栓定位，利用粘钢使接触面紧密粘合，固定牢靠。

(4) 图 5-461、图 5-462 中，排水沟装置与排水沟标高及中心线位置一致，区间污水排水通畅。

(5) 图 5-463 中，排水沟装置构件制作简单，安装便捷，密闭效果好。

(6) 图 5-464 中，防爆地漏安装标高低于结构面，排水通畅无漏水。

5. 区间隔断门固定装置

区间隔断门设置在地铁列车运行正线上，一是列车高速运行时，在列车尾部形成负压，可对门扇可产生几百公斤的拉压力，因此应采用固定装置锁住门扇；二是门扇长时间处于开启状态，门扇承载于铰页，会产生下垂，故在门扇远离铰页侧端采用千斤顶与地面预埋装置顶紧予以支撑，可有效避免由门扇自重引起的下垂，所以区间隔断门固定装置极为重要。为了保证行车安全，需要区间隔断门定位装置固定牢靠，有效。

【策划目标】

(1) “固定牢靠”：限制区间隔断门自由开关，防止门扇因自重下垂。

(2) “加锁设置”：防止无关人员关闭门扇。

(3) “全程监控”：门扇状态在车控中心实时显示。

【操作方法】

(1) “固定牢靠”：在门扇安装调试完成后，在门扇前后用角钢夹牢，用千斤顶插入预埋锁孔内顶紧。

（2）“加锁设置”：在固定装置小门处加锁，防止无关人员随意操作。

（3）“全程监控”：门扇开启到位后，和 BAS 实施接口连接，全天候监控人防门实时状态。

【示例照片】

图 5-465　固定牢靠

图 5-466　加锁设置

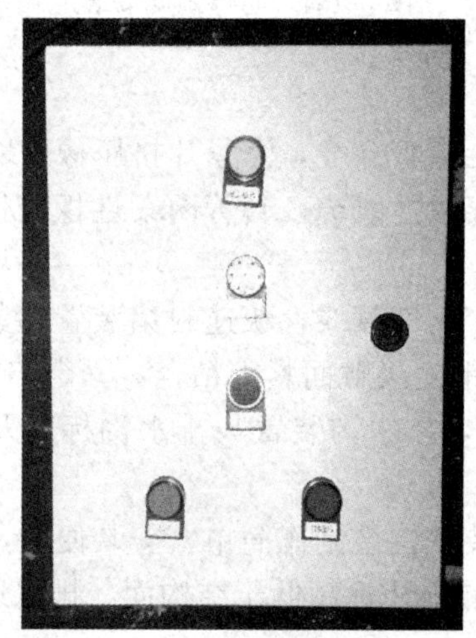

图 5-467　全程监控

【效果点评】

（1）图 5-465 中，前后角钢夹紧门扇，千斤顶插入锁孔，使门扇不得随意摆动，对人防门形成有效支撑。

（2）图 5-466 在固定装置加锁，防止无关人员意外操作。

（3）图 5-467 中，信号箱设置有指示灯，用于门扇开启到位或未到位的指示和报警。

第6章 创 新 环 保

城市轨道交通工程中创新环保就是在工程设计、施工中积极应用新技术、新材料、新工艺、新设备，大力推进装配式技术、绿色施工技术、节能环保技术、信息化技术等热点技术。鼓励引导企业创新应用，提高企业的创新能力，以创新环保技术改善工程施工环境，降低工程施工综合成本，促进城市轨道交通工程可持续发展，打造城市轨道交通高品质工程。

6.1 创 新 与 应 用

“创新与应用”介绍的是城市轨道交通工程中的创新技术或成果应用，旨在倡导和鼓励设计、施工单位在城市轨道交通工程中积极开展技术创新和技术成果的转化应用。本节收集了八个具体内容予以介绍：装配式车站、车站二次结构装配式构件、低净空拔桩技术、盾构混凝土箱体+泡沫轻质土接收技术、盾构隧道顶管法联络通道技术、盾构刀盘和土仓结泥饼处理技术、地下现浇混凝土抗裂防渗技术、人防门新型涂装烘干设备。

6.1.1 装配式车站

装配式车站采用多块预制构件错缝拼装而成。底板预制构件直接安放在基底垫层上面，与基底垫层紧密接触。这里介绍基底垫层施工、整体防水及衬砌环平整度控制要求等。

1. 基底垫层施工

装配式车站采用多块预制构件错缝拼装。底板预制构件直接安放在基底垫层上面，与基底垫层紧密接触。基底垫层施工的平整度直接影响到整环预制构件的拼装精度。基底开挖至设计标高后，通过机械结合人工整平、预埋注浆管、浇筑素混凝土垫层、安装精平条带等方式，达到基底坚实、平整的目的，满足设计承载力的要求。

【策划目标】

(1)“基底坚实”：基底验槽合格，经试验检测满足设计承载力要求。

(2)“受力均匀”：精平条带之间缝隙注浆应饱满，浆液硬化后应微膨胀或无收缩。

(3)“表面平整”：精平条带平整度误差控制在±1mm。

【操作方法】

(1)“基底坚实”：开挖至基坑底设计标高后，采用机械结合人工的方式进行压实整平，经验槽及检测合格后，方可浇筑素混凝土垫层至设计标高。

(2)“受力均匀”：在精平条带之间设置预留注浆管凹槽，采用无收缩水泥灌浆料进行注浆。严格控制灌浆配合比及灌浆量，确保浆液硬化后满足要求。

(3)“表面平整”：垫层找平主要采用精平条带，严格控制误差。精平条带局部不达标的地方，采用磨石机进行处理。同时控制基坑内明排水，避免泥岩膨胀，导致精平调带上浮。

【示例照片】

图 6-1　基底找平

图 6-2　预埋注浆管示意

图 6-3　精平条带安装

图 6-4　精平条带打磨找平

【效果点评】

(1) 图 6-1 为基底开挖至设计标高后，采用挖机结合人工的方式进行压实及整平，确保基底坚实，基底承载力满足设计要求。

(2) 图 6-2 在垫层浇筑之前预埋注浆管，并预先对精平条带交界处基底进行灌浆处理，确保精平条带安装之后整体受力均匀。

(3) 图 6-3、图 6-4 在精平条带安装完毕后，对精平条带平整度进行测量，对不满足设计要求的地方采用磨石机进行打磨处理，确保整体平整度满足要求。

2. 整体防水

装配式车站不同于常规现浇车站，装配式车站的防水主要体现在预制构件自防水、壁后回填注浆防水以及接缝防水、顶板防水，其中以接缝防水为重点。防水作为地下车站的一个控制重点，直接影响到整个地下车站的使用寿命。通过在预制构件四周设置卡槽粘贴防水密封条，同时在构件上设置注浆孔进行壁后注浆等方式，确保防水满足设计及规范要求。

【策划目标】

(1) “粘贴牢固”：确保防水密封条粘贴牢靠，无翘边、空鼓及凸起。同时确保防水密封条无破损及残缺。

(2)“注浆饱满”：注浆完成且达到设计天数后经红外检测满足设计要求。

(3)“防水达标”：结构防水等级标准为一级（不允许渗水，结构表面无湿渍）。

【操作方法】

(1)“粘贴牢固”：为满足防水构造要求，在预制衬砌环内外侧分别设置一道防水凹槽。防水凹槽内粘贴防水密封条，粘贴前对凹槽内进行清理，确保干燥及无灰尘，确保防水密封条粘贴牢靠。在对预制构件的吊运及安装过程中，尽量避免密封条的碰撞及摩擦，确保密封条完好。

(2)“注浆饱满”：预制构件上预留注浆孔，施工完毕后，采用环氧树脂混合液进行注浆，严格控制注浆压力，注浆压力控制在 0.4MPa 左右。

(3)“防水达标”：预制衬砌环内侧设置嵌缝，后期进行嵌缝防水处理。同时采用防水涂料对顶板进行防水处理。

【示例照片】

图 6-5　涂抹胶水

图 6-6　密封条安装

图 6-7　注浆效果

图 6-8　顶板防水

【效果点评】

(1) 图 6-5、图 6-6 为安装前对凹槽内进行清理，确保胶水涂抹均匀，密封条安装紧密无空鼓。

(2) 图 6-7 为严格控制注浆浆液配合比和注浆压力，注浆完成后不急于拔除注浆头，确保浆液凝固及方便补注浆。

（3）图 6-8 在顶板回填之前需对顶板进行防水处理，防水涂料涂抹均匀，确保防水效果。

3. 衬砌环平整度控制要求

预制构件的平整度控制包含轴线控制、垂直度控制、接缝宽度控制以及接缝高差控制。构件整体的平整度，不仅影响整个装配式车站的美观，也影响到车站的防水和使用。通过采用专用定制台车、精轧螺纹钢连接以及人工复测相结合的方式，确保车站整体美观，平整度满足设计要求。

【策划目标】

（1）“定位精确”：施工机械和反力架能满足安装精度和进度要求。

（2）“连接牢固”：预制衬砌环与环、块与块之间连接牢靠，满足结构平整度、抗震和防水要求。

（3）“偏差合规”：环缝间隙、纵缝相邻块间隙、环纵向预紧装置锁紧轴线定位、相邻环竖向高差、相邻环水平向偏差、相对车站中心线偏差等满足设计要求。

【操作方法】

（1）“定位精确”：采用专用定制台车进行拼装，拼装装备由门架、走行机构、可调式挂架、顶部拼装平台、张拉平台以及液压电控系统等部门组成。

拼装台车选用钢箱梁结构，结构刚度大、耐久性好。台车能实现整体同步顶升及下落、三维平移及三维微量转动功能。采用液压设备，体现机械化施工优点。

选用反力架对首环预制衬砌进行精准定位。反力架与首环预制块间预留不小于 5mm 间隙。

（2）“连接牢固”：预制构件环向与纵向采用榫槽与榫头连接，榫头内设置定位抗剪销。各构件纵向与环向采用精轧螺纹钢张拉连接锁紧。

（3）“偏差合规”：预制构件设置十字线定位标识。采用全站仪测量轴线偏差，每 3 环复核及校正一次。采用激光垂准仪测量侧墙纵向及环向垂直度，然后利用千斤顶调整，每 1 环复核及校正 1 次。同时同步控制张拉力和接缝宽度，张拉力及缝宽均控制在设计允许的范围之内，调整张拉力的大小对辅助纠偏也有较大效果。确保满足下列要求：相邻环的环缝间隙 6.0～7.0mm；纵缝相邻块间隙为 3.0～4.0mm。环向、纵向预紧装置锁紧轴线定位偏差±5.0mm。相邻环竖向高差±2.0mm；相邻环水平向偏差±2.0mm。衬砌环相对车站中心线偏差±2.0mm。

【示例照片】

图 6-9　拼装台车

图 6-10　反力架

图 6-11　精轧螺纹钢

图 6-12　预制块拼装

图 6-13　千斤顶调整

图 6-14　侧面微调

【效果点评】

(1) 图 6-9、图 6-10 利用反力架对第一环预制构件进行精确定位，同时利用定制化拼装台车进行顶部预制块拼装，能保证拼装精度。

(2) 图 6-11、图 6-12 采用经张拉后的高强度精轧螺纹钢进行环与环及块与块之间的连接，能够确保连接牢靠，不易变形。精轧螺纹钢预应力应同步、对称，避免超拉、欠拉。

(3) 图 6-13、图 6-14 经过人工复核，内部采用拼装台车自带的千斤顶，外部采用小型千斤顶，对衬砌环平整度进行调整，确保各项偏差控制在设计允许的范围之内。

6.1.2　车站二次结构装配式构件

装配式结构作为建筑工业化的核心技术，具有高效节能、绿色环保、降低成本、易实现复杂外形、提供使用功能及性能等诸多优势。预制构件在预制场提前集中生产，构件的标准化、规格化模具可重复使用，提高了工业化程度同时降低了综合成本。当前地铁车站的二次结构仍采用现浇为主的施工方式，施工过程存在着施工单位二次进场、多专业交叉作业、施工作业空间狭小、结构施工质量降低等问题。采用二次结构预制装配式构件可以提高施工工效、降低施工成本、改善施工环境、提高施工质量及促进施工工艺的改进。

1. 装配式轨顶风道

轨顶风道是地铁车站通风系统中重要的内部结构构件，悬挂于车站中板和结构侧墙的交接位置。在地铁车站应用装配式轨顶风道可以提高二次结构的施工质量，节省施工工期，也有效地避免了各专业交叉作业，保证了施工安全，具有良好的经济、社会和环境效益。

【技术要点】

（1）技术参数：装配式轨顶风道采用钢筋混凝土，用于拼装的单块构件，每块构件均包括底板、高墙、低墙，为减轻轨顶风道重量，底板设计厚度为 130mm。预制风道高墙厚 250mm，高 1250mm。低墙厚 150mm，高 830mm。高低墙与底板连接处增设 ϕ12 斜筋，增加预制风道整体性。

装配式轨顶风道悬挂于车站中板和结构侧墙交接位置，预制轨顶风道构件混凝土等级为 C35，保护层厚度为 30mm。

（2）施工工艺：地铁车站板钻取安装下挂梁的螺栓孔（对应每块下挂梁上的预留螺栓），每个螺栓孔直径为 50mm，预埋壁厚为 2.5mm 的 ϕ50 无缝钢管，钢管内留空不填充混凝土，每块预制轨顶风道由 8 根 M22 级螺栓与中板连接。拼接时，由工人辅助定位将预制轨顶风道上螺栓插入中板预留钢管内后，再进行灌浆处理，灌浆料采用 C40 级 CGM 灌浆料。待灌浆结束后，装配钢管、配套垫块并拧紧螺母。装配式轨顶风道构件下挂段侧墙企口采用橡胶密封条密封。

【示例照片】

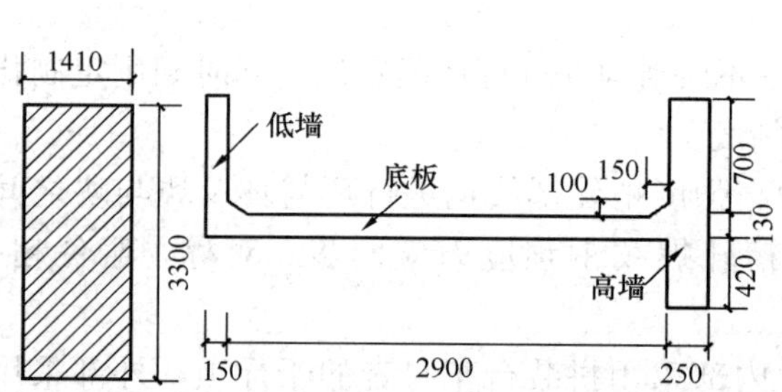

图 6-15　装配式轨顶风道单构件尺寸示意图

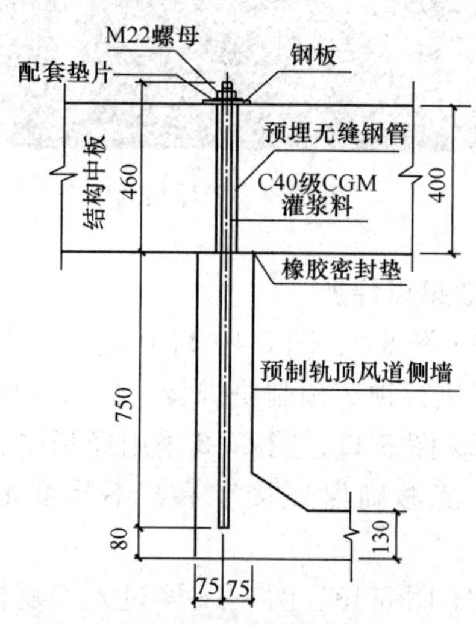

图 6-16　装配式轨顶风道拼接节点示意图

图 6-17　叉车＋吊装箱托举

图 6-18　定位

图 6-19　拧紧螺母

图 6-20　装配式轨顶风道安装效果图

【效果点评】

(1) 图 6-15、图 6-16 中装配式轨顶风道构件有效地控制结构及安装尺寸和位置。

(2) 图 6-17～图 6-19 为装配式轨顶风道预制件经过液压托举、对准、螺栓锚固、注浆等多道工序安装。

(3) 图 6-20 中装配式轨顶风道逐件安装平顺、整体美观。

2. 装配式车站站台

装配式车站站台构件集中标准化生产，构件施工质量高。在地铁车站应用装配式车站站台可以提高车站站台的施工质量，大大提高施工工效，节省施工工期，保障施工安全。

【技术要点】

(1) 技术参数：装配式地铁车站站台采用钢筋混凝土，包括预制站台板、用于承托预制站台板的预制门式构件，每块预制门式构件均包括底板、牛腿、侧墙。单块预制站台板重 2.8t，站台板长 2970mm、宽 1800mm、板厚为 200mm；单块预制门式重 5.1t，侧墙高 1260mm、厚 200mm；顶板总长 2300mm、厚 250mm；牛腿承台宽 200mm。此外，预制站台构件混凝土等级为 C35，保护层厚度为 30mm。

(2) 施工工艺：预制门式构件固定于车站底板，采用 C60 级高强灌浆料固定，并用高强浆料封堵后防水砂浆抹平。预制站台板短边两端分别固定于预制门式构件和车站底板纵梁上。每块站台板由 3 根 M16 级螺栓连接于门式构件牛腿上，门式构件预制过程中于牛腿处预埋好 M16 级螺栓，预制站台板制作时与门式构件相接一端预留 ϕ50 孔洞；与纵梁相接站台板一端纵筋外伸并现浇于地铁车站纵梁上，形成固定端。

【示例照片】

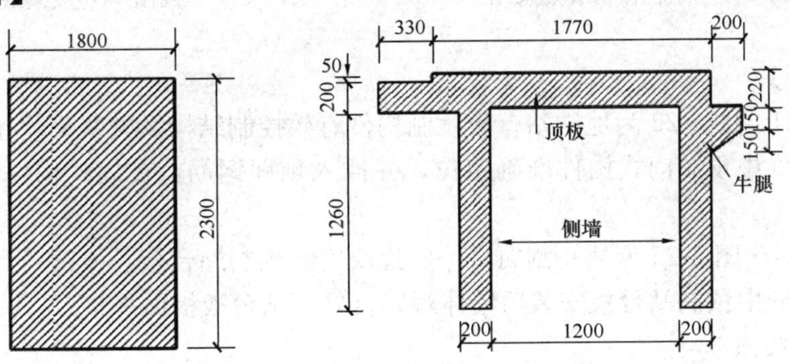

图 6-21　单块预制门式构件示意图

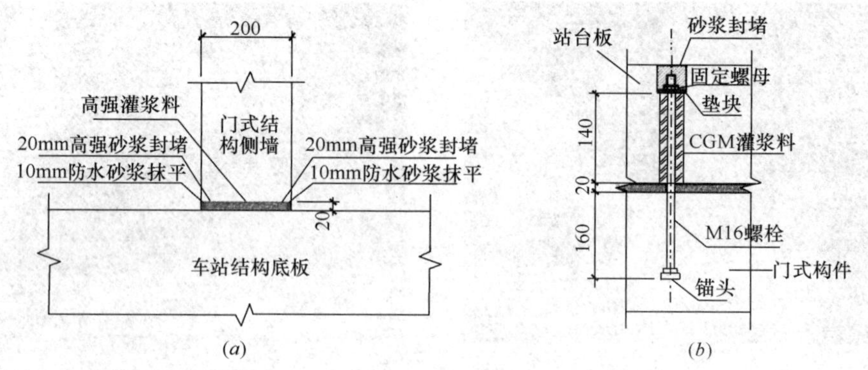

图 6-22 地铁车站站台拼装节点示意图

(*a*) 预制门式构件；(*b*) 预制站台板

图 6-23 预制门式构件安装

图 6-24 预制站台板安装

图 6-25 预制站台板安装效果图

图 6-26 预制站台板安装成型后

【效果点评】

(1) 图 6-21、图 6-22 为地铁站台板预制构件有效控制结构及安装尺寸和位置。

(2) 图 6-23 中预制门式构件准确定位，并插入预埋钢筋，在门式构件侧墙底部进行灌浆。

(3) 图 6-24、图 6-25 为从一侧向另一侧逐块安装预制站台板。

(4) 图 6-26 中预制站台板安装后整体观感良好，站台板板面平整。

3. 装配式楼梯

与传统楼梯相比装配式混凝土楼梯建造时不需要搭建模板及支撑框架，可以提高楼梯的施工质量，节省施工工序，加快施工工期。

【技术要点】

(1) 技术参数：预制楼梯仅预制楼梯梯段，并将预制梯段拼装至现浇梯梁。预制梯段板分为上口、下口梯段，其尺寸构造相同。预制梯段板由高、低端平台及踏步组成。预制楼梯踏步共 15 级，每级高 150mm、宽 300mm；高端平台宽 600mm、高 240mm；低端平台宽 484mm、高 240mm。除此之外，预制梯段板混凝土等级为 C35，保护层厚度为 30mm。

(2) 施工工艺：地铁车站预制楼梯为高低端均带平板型，采用两段栓接固定铰形式连接预制混凝土和平台。该种形式的具体连接方式为在现浇楼梯梁、楼梯支座中各预埋 4 根 M16 级螺栓，在预制楼梯高低端拼台对应位置处设定四个支座孔，支座孔需与螺杆相互配合，通过后期孔内灌浆的方式实现两者的连接。上下端预留一定的安装间隙，在楼梯完成安装和调整之后通过使用灌浆聚苯填充物封堵缝隙。使用该连接形式时无需考虑预留胡子筋，但是需要在梯板两端预留支座孔。支座孔的预留可使用埋件预留方式，在钢筋笼就位后，模具的组装过程相对简单。

【示例照片】

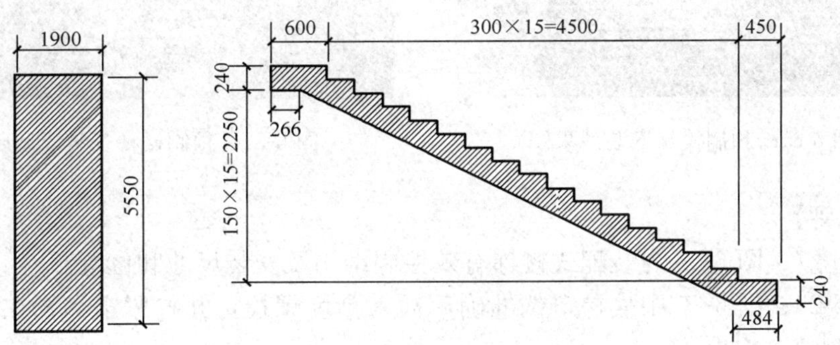

图 6-27　单块预制梯段板尺寸示意图

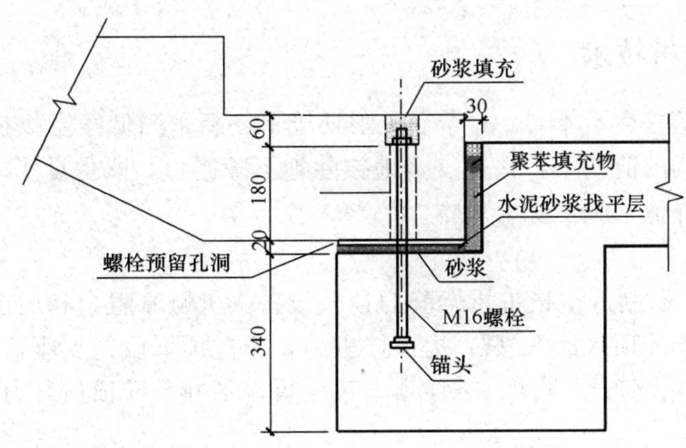

图 6-28　预制楼梯连接节点示意图

图 6-29　拧螺丝

图 6-30　空缝倒浆

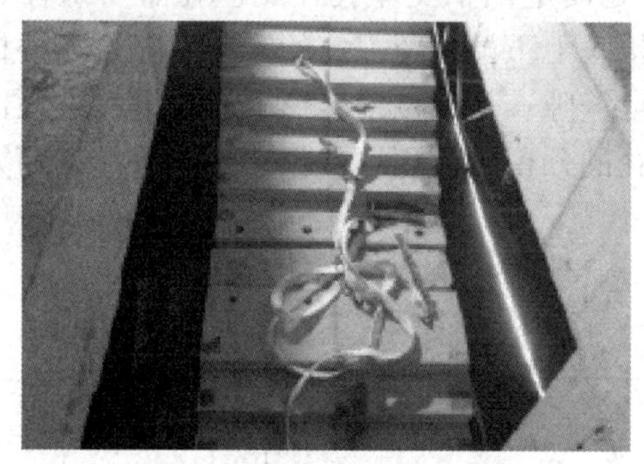

图 6-31　预制楼梯安装效果图

图 6-32　预制楼梯安装成型后

【效果点评】

(1) 图 6-27、图 6-28 为装配式楼梯有效控制结构及安装尺寸和位置。

(2) 图 6-29、图 6-30 中楼梯定位准确后插入预埋螺栓，并拧紧牢靠，在缝隙中灌入高强砂浆，且灌注饱满。

(3) 图 6-31、图 6-32 为楼梯安装工序完成，待灌浆料填充凝结后，在梯板预埋铁上焊接楼梯护栏。

6.1.3　低净空拔桩技术

在城市箱式通道立交下不足 5m 净空受限环境下创新采用低净空拔桩施工技术，实现了在不拆除立交结构的前期下，快速安全地拔除地下障碍桩，既保证了立交结构质量，也节省了施工工期，降低了施工综合成本。

【技术要点】

(1) 技术参数：研制低空拔桩机架静力顶升设备。桩侧摩阻力和通道底板的极限承载力计算表明用 4 只千斤顶（200t/只）提供拔桩力，千斤顶下设置支座，顶部和支架相连，压铁 100t 配重。利用钢管及支架、千斤顶自重压重，平衡千斤顶顶升力。

(2) 施工工艺：

1) 通道抗浮加固。为减少开挖工作量，减少对市政管线的影响，采用牛腿＋搭板的方式，利用搭板自重及其上铺装物作用于箱体，以提高抗浮能力。

2）深井泵降水施工。降水井井深设计为11m，插入箱体底板以下10m，滤水管为4～10m，沉淀管1m。根据计算共需6口降水井，降水井在通道两侧对称布置，单侧3口井，沿纵向根据拔桩数均匀布置，采用真空深井泵降水措施，具体施工时应避开桩位，同时尽量靠近桩位以便井口固定。降水井降水要确保水位降至通道底板下2m左右。

3）拔桩施工作业。采用不破坏通道主体结构的低净空拔桩工法，拔桩设备由千斤顶提供拔桩力。拔桩应采用先横断面后纵断面拔出通道底板下抗拔桩的施工顺序，可最大限度减小通道底板的不平衡应力。拔桩时，先用小型回转钻机沿钻孔灌注桩周围钻一圈小孔，在一圈内探明障碍物，并用拔桩架压入钢套管，选取压钢套管（壁厚16mm），每节钢套管管节长1.8m。施工时，每压入一节钢管，吊装上一节钢管；上下节钢管对口的间隙为2～4mm。位置对准后，先定位点焊临时固定，然后由2人进行对称多层焊接，每层焊缝的接头应错开，每层焊后应清除焊渣；焊接后待冷却1～5min后再继续沉桩。

考虑轻型机架压桩力不能过大，采用注浆减摩方式，用小回转钻机清障和探明成桩情况，采用高压旋喷设备在桩周围注入膨润土泥浆，实现桩土分离和降低摩阻力，在砂层地基中形成泥膜，对桩孔实现护壁，防治塌孔，有效控制对周围地层的扰动影响，保证上部结构安全。

4）桩孔回填及通道底板修复。采用黏土进行桩孔分层回填，回填过程中使用重锤进行夯实，即每回填3m高度黏土使用重锤进行夯实一次，最终回填至地坪标高。然后对底板进行结构修复和防水处理，保证承压水作用下底板的结构稳定性和防水性能。

【示例照片】

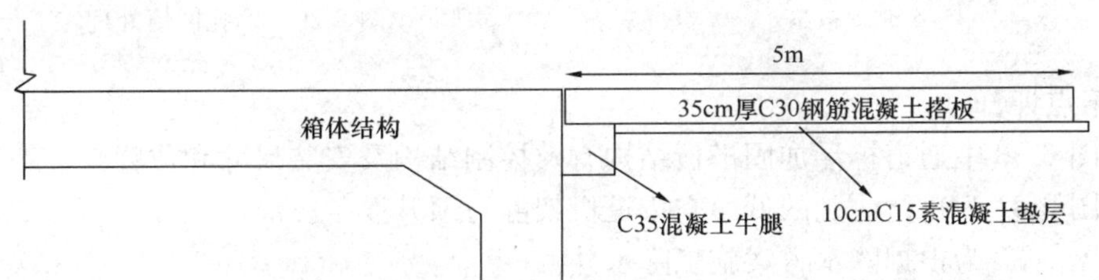

图6-33　搭板结构示意图

图6-34　研制低净空拔桩设备

图6-35　降水井施工

图 6-36　打孔注浆减摩

图 6-37　开始拔桩

图 6-38　拔桩

图 6-39　旧孔回填处理

【效果点评】

(1) 图 6-33 中通道抗浮加固搭板结构有效控制结构及安装尺寸和位置。

(2) 图 6-34 为自行研制的低净空拔桩机架静力顶升设备。

(3) 图 6-35 为根据降水方案施工降水井。

(4) 图 6-36 为小型回转钻机沿钻孔灌注桩周围钻孔注入膨润土泥浆。

(5) 图 6-37、图 6-38 应用低净空拔桩机架静力顶升设备拔桩。

(6) 图 6-39 为灌注桩拔除完后用黏土及时分层回填旧孔，回填至结构底板施做防水，绑扎钢筋网片，浇筑混凝土。

6.1.4　盾构混凝土箱体＋泡沫轻质土接收技术

盾构到达接收是盾构法隧道施工的最后一个关键环节，是盾构法施工的重点和难点。接收端周边环境复杂、地层地质条件复杂、无法进行地面端头加固情况下，采用钢筋混凝土箱体回填泡沫轻质土体，辅助水平注浆＋土体水平冻结加固接收，可以有效地控制盾构接收的风险，确保盾构安全接收。

【技术要点】

箱体接收施工工艺流程主要包括：端头加固、箱体施工、测量控制（接收架定位）、洞门凿除、冷冻管拔除、箱体回填、盾构掘进、洞内内封、箱体凿除。

(1) 水平注浆＋水平土体冷冻加固

端头地层情况复杂且地面不具备施工条件，加固施工采用水平双液注浆施工方案，即在洞门周边和洞门底板以上一定高度内布置钻孔，进行双液浆注浆，加固洞体四周，使之形成一道帷幕，从而达到止水加固的目的。采用前进式注浆方法，每次进尺为 0.5～1m；注浆施工采用先上后下、左右对称交替进行。上半圆从外圈向内圈进行，下半圆从内圈向外圈进行。注浆时严格控制浆液浓度及压力，根据注浆量及压力的变化，及时调整浆液浓度，直至达到设计终压值 1.5～2.0MPa。

水平冷冻加固采用“杯形”水平冻结加固，接收端外圈加固长度 9m，内圈加固长度 2m。端头井圆柱体冻结孔沿开洞口 ϕ7.8m 圆形布置，开孔间距为 0.76m（弧长），冻结孔数 32 个，土体内长度为 10m（接收端），冻结管规格选用 ϕ89×8mm。板块冻结孔沿开洞口 ϕ5.2m、ϕ2.6m 圆形布置，冻结孔数 24 个，冻结管规格选用 ϕ89×8mm，冻结孔长度按 2.8m（土体内长度 2m）。开洞口中心布设 1 个冻结孔，冻结管在土体长度 2m（土体内长度）。测温孔 5 个，其长度与冻结管一致。盐水冻结 28d 左右可进行探孔打设，在探孔打设过程中，如发现有渗水涌砂现象，要及时进行封堵，以防水土流失，影响冻土墙交圈；探孔进入冻土内深度控制在 10～15cm。

（2）钢筋混凝土箱体施工

综合接收施工现场空间、盾构机尺寸、混凝土箱体受力、泡沫轻质土性能、冷冻管路布置等因素，对混凝土箱体构造、泡沫轻质土配合比参数、斜撑架设、接收基座高度等进行具体设计。采用增设墙身方式与既有结构连接，墙身厚度为 80cm，混凝土箱体结构内钢筋与盾构井结构植筋连接。箱体混凝土强度为 C30，抗渗等级为 P8，钢筋为 HRB400 级，保护层厚度 30mm。同时，考虑后期泡沫混凝土回灌及洞门封堵施工，可在中板凿开 2 个人行通道（1.5m×1.5m），人行通道口采用密封钢门，并在箱体结构预埋压力表，通过预留人行通道口对箱体内进行泡沫混凝土灌注，在回填泡沫混凝土后关闭人行通道口，并检查密封性能。

箱体施工过程中钢筋绑扎、模板铺设期间将箱体浇筑泵管连接到位。注意控制箱体结构与车站结构的连接，确保箱体的密封性，施作完成后认真检查其密闭效果。

考虑盾构到达后将在站内调头，因此采用转向基座。转向基座为钢结构加工成榀，盾构基座位置拟按盾构到达的预定姿态和洞门实际位置准确放样，安装时按照测量放样的基线，吊下井就位焊接。由于盾构到达后箱体为封闭结构，无法判别盾构刀盘与基座的位置关系，为防止盾构机磕碰或卡在接收基座上，控制基座轨道标高低于洞门钢圈 2cm，基座与箱体间采用型钢支撑牢固。

在盾构机到达前，应确保箱体结构达到设计强度，同时应完成盾构接收地层加固并达到相应强度和抗渗性要求。

（3）冷冻管拔除

采用高精度的温度计或测温仪进行量测，如探孔温度均达到－5℃，可进行破壁。破壁时不能一次完成，分 2 层剥离破除。

在凿除洞门 0.7m 后，通过探孔分析确定冻土帷幕与槽壁胶结良好且无渗水后，盾构靠近内圈冻结管约 1m 停止推进，即可拔除洞门圈范围内冻结管，拔出期间每隔 30min 空转刀盘 1 次，防止刀盘被冻结。

拔管顺序：洞门内共两圈管及中心管，拔第二圈管的同时，第一圈、中心管继续冷冻。第二圈管拔除完毕后继续拔第一圈管，拔第一圈管时，要间隔拔出，未拔出的相邻管，继续冷冻，最后拔除中心管。

(4) 泡沫轻质土浇筑

冻结加固管拔出完成后，开始回灌泡沫轻质土。泡沫混凝土采用现场制作，通过软管直接由预留施工孔进行回灌浇筑。为确保浇筑密实，拟采用分层浇筑方法，控制泡沫混凝土面与中板底部 5cm 净距。单个箱体浇筑共分 5 层浇筑，浇筑进度 3h 内完成 1.8m 的浇筑高度，间隔 3h 后进行第二层浇筑。同时，为确保整个浇筑层泡沫混凝土的均匀性，对浇筑层高度≤0.9m 的泡沫混凝土湿密度控制在 950～1000kg/m^3，对浇筑层高度≥0.9m 的泡沫混凝土湿密度控制在 1000～1050kg/m^3。泡沫混凝土浇筑过程中，按照根据当天每个时间段的交通状况制定起始浇筑时间以确保水泥浆供应的连续性，确保水泥浆不间断供应。此外，为确保盾构到达万无一失，在浇筑洞圈底部、洞圈中心及洞圈上部过程中，对这三个部位泡沫混凝土进行取样分别制作三组抗压试块，采用同等养护方式，在盾构机进入箱体前进行试块强度检测，为盾构到达接收提供数据支持。

(5) 盾构接收

在泡沫轻质土浇筑期间保持刀盘每 30min 转动一次，以防盾构机刀盘和管路冻结。泡沫轻质土浇筑完成后，在等待强度上升的同时恢复盾构机掘进，同时进行二次注浆，保证管片与土体之间的空隙填充密实，隔断土体中的渗水通道。待泡沫轻质土强度达到设计值后，刀盘进入混凝土箱体开始切削轻质土，后续的管片拼装和二次注浆紧随其后。

待盾构机刀盘掘进至箱体内，盾构机保持缓慢推进，推进速度控制在 5～10mm/min，土压降控制在 0.12MPa 左右，注浆压力控制在 0.3MPa，注浆量保持不变，推力控制在 1200t。在管片拖出盾尾 5 环后从管片注浆孔处进行二次注浆封环箍，封死管片与原状土之间的缝隙，减少后部来水的可能。盾构机继续在箱体内缓慢推进，严格控制出土量，注意观察切口里程。在盾尾有 1m 在连续墙内时停止掘进，进行二次注浆封环施工，二次注浆采用双液浆，对距连续墙 11m 范围内进行二次注浆，当检测二次注浆区域注浆孔打开无水流出时，盾构机再次向前推进。

待盾构机掘进至箱体内，采用双液浆对盾构机与加固体及钢环之间的间隙进行封堵，在加固区内形成有效环箍，在洞内检查无漏水情况时，方可进行下一步工序的施工。

(6) 箱体凿除

为了配合下步洞门封堵作业，需对箱体侧面及端面轻质泡沫土进行局部破除施工，人工放坡凿出通道至背覆钢板环外弧面顶端。在洞门封堵施工通道形成后，逐步暴露出背覆钢板环外弧面及钢洞圈端面，以自上而下、自左向右同步施工的方式采用弧形钢板对钢洞圈及背覆钢板环形进行焊接。根据洞圈封堵的顺序，同步降低封堵施工通道破面，直至整个洞门封堵完成。在洞门封堵结束后，对整个洞门进行注浆填充作业。

洞门封堵完成后，对箱体和泡沫轻质土进行破除，采用人工破除方式，自洞门边往箱体外进行破除，箱体与泡沫混凝土同时进行破除并割除钢筋，清理碎渣。

【示例照片】

图 6-40　箱体制作

图 6-41　冷冻管拔除

图 6-42　泡沫轻质土回填

图 6-43　泡沫轻质土浇筑完成

图 6-44 混凝土箱体破除

图 6-45　盾构机清理

【效果点评】

（1）图 6-40 为箱体钢筋绑扎及接收托架定位。

（2）图 6-41 中箱体结构强度达到设计要求，盾构接收准备到位后开始拔除冷冻管。

（3）图 6-42、图 6-43 为冻结加固管拔出完成后，开始浇筑泡沫轻质土。

（4）图 6-44、图 6-45 为洞门封堵完成后，对混凝土箱体和泡沫轻质土进行破除，清理垃圾。

6.1.5 盾构隧道顶管法联络通道技术

顶管联络通道施工技术是采用机械化装备和配套设计工艺开展自动化的联络通道施工技术，是指在轨道交通主隧道的联络通道设计位置，拼装特殊钢混复合管片作为预留联络通道 T 接位置，通过专用顶进切削装备，以顶管法完成联络通道工程结构建设的施工技术。与传统联络通道施工采用冷冻法＋矿山法、地面加固＋矿山法施工技术相比，克服了施工造价较高、工期较长、风险相对较高、占用地面空间等缺陷。新技术施工能节省工期，同时能更好地控制沉降，避免冷冻法施工带来的冻胀融沉等问题。

【技术要点】

联络通道顶管法掘进机采用套筒密封，切削洞门混凝土始发。其施工工艺流程主要包括：设备下井组装调试、始发掘进、衬砌管节拼装、到达接收、洞门止水注浆、设备拆除。

（1）顶管法掘进机设备：由刀盘系统、主驱动系统、盾体系统、渣土输送系统、后配套系统、推进系统、泡沫系统、密封润滑系统、循环水系统、工业空气系统、注浆系统、液压系统、动力供电系统、PLC 控制系统及数据采集、导向系统、消防系统、通信照明与监视系统组成。

刀盘布置有中心鱼尾刀、双刃滚刀、单刃滚刀、焊接撕裂刀、保径刀、切刀、边刮刀、刀盘喷口和搅拌棒，在刀盘圆环外弧面设置大圆环保护刀＋耐磨复合钢板。

（2）联络通道洞门加固：采取水平注浆加固，确保顶管法机械掘进施工安全。在联络通道管片前后各 3～5 环进行环箍注浆；洞门破除方向进行注浆加固，加固范围为联络通道开挖线外 3m 范围，沿联络通道纵向加固长度为 5m。

（3）套筒始发：精确测量定位始发钢套筒和顶管机的姿态，使用微调装置调节始发姿态。在始发套筒内设置两道钢丝刷＋盾尾油脂进行密封，保证始发过程中顶管机主机与始发套筒、主机进洞后联络通道管节与始发套筒间的间隙。

（4）管节拼装：管节分块拼装，由上下两部分组成，由管节吊机将管节吊至拼装位置，先拼装下部，后拼装上部，管节与管节之间错缝拼装。在掘进下一环时进行减摩注浆，采用触变泥浆，主要材料为膨润土、水，起到支撑土体及减阻的作用。

（5）套筒接收：顶管法联络通道接收采用钢套筒接收。接收套筒运输至接收端位置后进行接收套筒调整，并从套筒内部将套筒前端与特殊管节预留洞门焊接成整体。钢套筒上预留了多个注入孔，并安装对应尺寸球阀。套筒连接到位，且支撑体系加载完成后，在外圈采用 20 号工字钢（或钢板拼接）沿套筒轴向及环向加固。加固到位后对钢套筒进行密封实验，使其密封保压满足要求。

在刀盘距接收端管节 500mm 时，停止掘进，采用挤压泵将填充砂浆混合料泵送至钢套筒内，并填充满。按照钢套筒接收的方案和技术要求进行顶管机的接收，待顶管机到达指定位置后，对洞门进行注浆封堵。

【示例照片】

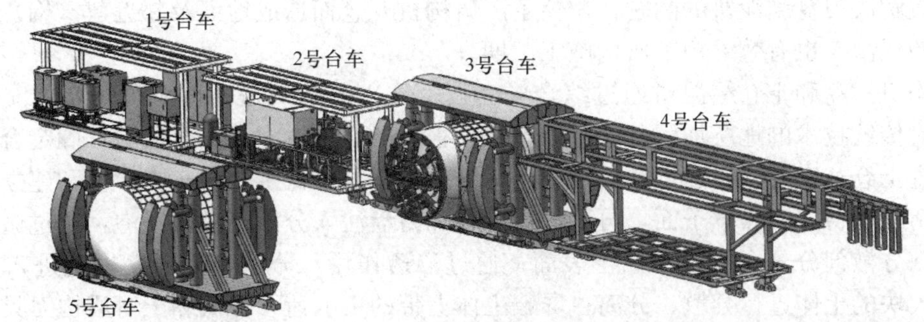

图 6-46 顶管法掘进机整机布置图

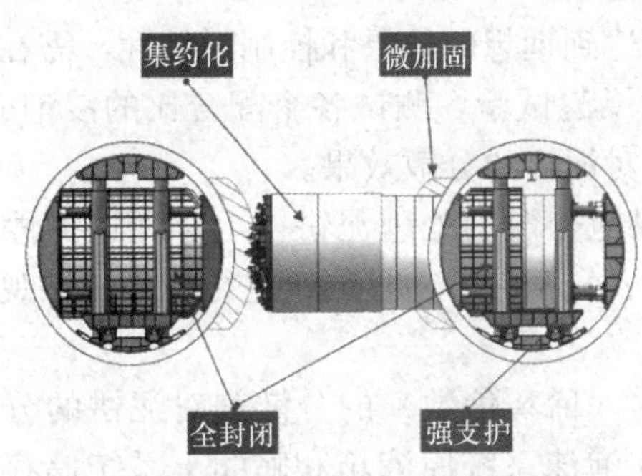

图 6-47 顶管法联络通道施工示意图

图 6-48 联络通道顶管机

图 6-49 管节

图 6-50 成型联络通道

【效果点评】

(1) 图 6-46～图 6-48 中顶管法联络通道整机包含主机和 5 节后配套台车，3 号台车和 5 号台车是顶管机始发和接收工作平台。

(2) 图 6-49 中顶管法联络通道衬砌环共分为 2 块，分别由 1 块小块 150°与 1 块大块 210°组成，管节之间采用弯螺栓相连。

(3) 图 6-50 中成型后的联络通道外观质量优良，管节拼装无错台和渗漏水。

6.1.6 盾构刀盘和土仓结泥饼处理技术

复杂地层中，盾构掘进施工常常会遇到刀盘结泥饼这一难题，它的存在关系到掘进的安全性、设备的耐久性和施工组织的合理性。采用在不开仓情况下盾构泥饼处理施工技术可以有效解决刀盘结泥饼的问题，避免了因盾构机开仓而造成地面及邻近建（构）筑物发生沉降的风险，也有效缩短了盾构施工工期。

盾构机刀盘和土仓结泥饼通过综合成套技术注入分散剂是处理泥饼较简单安全的方法，相对传统技术的地层加固和开仓处理减少很大的经济成本和安全风险；确定合理停机位置检查土仓气密性，通过土仓内渣土土气置换方法，降低土仓内实土含量和建立土仓半气压平衡模式稳定刀盘掌子面，再通过往土仓和刀盘注入分散剂进行浸泡，通过微观电荷作用力，分散剂分子会吸附于黏土表面；通过渗透作用，分散剂分子慢慢地进入土体内部，将大块的土体进行分散、分离；屏蔽土体上带的负电荷，降低黏土对盾构刀具和其他机械的黏附力；并伴随转动刀盘搅动，使土仓内的泥饼充分均匀浸泡和搅拌扰动脱落，改善土仓渣土结构，从而有效解决刀盘结泥饼的问题。

(1) 分散剂配合比试验：为使注入的分散剂达到理想的效果和控制时效性，需在注入盾构机土仓浸泡之前对工程地层渣土进行分散剂浸泡试验，测试各个配合比的浸泡效果，通过试验分析不同配合比（稀释倍数）的分散剂对泥饼的分散效果。

(2) 盾构机停机位置选择：在进行盾构机浸泡分散剂处理泥饼前，合理选择停机位置，尽量选择无管线、无建筑物，地层自稳性好、气密性好，且便于进行地面区域观察和沉降监测的区域。

(3) 盾构机内分散剂拌制：根据不同配合比（稀释倍数）的分散剂对泥饼的分散效果，选择原液∶水＝1∶1配合比的分散剂分别在泡沫系统原液箱和膨润土系统储存箱各拌制一定量的分散剂混合溶液，使用搅拌器充分搅拌均匀。

(4) 土仓内渣土土气置换：自动保压系统设定土仓压力平衡值，用盾构机保压系统往土仓注入压缩空气把土仓内原有的渣土置换一部分出来（8～11m^3），土仓土气置换过程中时尽量控制土压压力值波动在最小范围内，确保刀盘掌子面稳定。

(5) 刀盘和土仓注入分散剂：通过泡沫系统（不使用泡沫系统气体功能）将按配合比混合好后的分散剂溶液注入刀盘；同时使用膨润土系统将按配合比混合好后的分散剂通过土仓壁球阀注入土仓内；注入过程中适当低转速左右转动刀盘，使分散剂能均匀喷射到刀盘和土仓上，充分搅拌渗透到泥饼中直到分散剂混合液注完，同时过程中注意观察土仓压力变化。

(6) 定时转动刀盘进行浸泡：土仓注入分散剂后隔半个小时转动一次刀盘以利于分散剂和土体的充分混合，确保注入的分散剂溶液能够充分地分解刀盘和土仓上包裹的泥饼。在刀盘转动的过程中观察刀盘扭矩的变化并作记录，通过对比每次转动时刀盘扭矩的变化，对刀盘的浸泡情况进行大致分析。

(7) 恢复掘进进行试推：分散剂浸泡24h后试掘进，因注入大量分散剂浸泡刀盘和土仓上包裹的泥饼分解及土仓处于半气压模式，试掘进时极易出现喷涌现象；应启动螺旋机保持一定转速主动取土，将土仓内的大石块、小碎石以及未完全分解开还有强度的泥饼转出来，并配合螺旋机闸门开度来控制出土节奏。

如果试掘进过程中刀盘扭矩逐步下降，土仓内分解掉落的泥饼逐步出来，渣土温度等各项掘进参数正常则可恢复正常掘进，如果试掘进效果不理想并有继续恶化的趋势就再次注入分散剂进行浸泡分解，第二次浸泡可以延长浸泡时间，如果掘进参数还是异常就需研究原因，如刀盘刀具是否出现磨损或有其他情况。

6.1.7 地下现浇混凝土抗裂防渗技术

地下现浇混凝土抗裂防渗应用技术是通过抗裂性专项设计、材料制备、施工工艺优化等多个环节控制，抑制结构混凝土收缩裂缝，提升其刚性自防水性能；在此基础上，进一步结合柔性防水技术，提升结构整体防水性能。

（1）结构混凝土抗裂性专项设计：对于超长、大体积、有结构自防水要求的地下现浇结构混凝土，应控制其非载荷收缩裂缝发生，混凝土开裂风险系数应不大于 0.70。开裂风险系数指由混凝土收缩变形引起的拉应力和其瞬时抗拉强度的比值。

结构混凝土开裂风险计算评估应综合考虑环境、结构尺寸、材料及施工工艺等因素的交互作用。作用参数宜通过试验确定，无试验数据时，常规工程可按推荐参数取值。

对于混凝土强度等级 C50 以下非岩石类地基结构，尤其开裂风险与防水要求较高的外侧墙与顶板结构，在不具备试验参数时，抗裂混凝土设计指标可按表 6-1 选取，其抗渗等级应满足现行国家标准《地下工程防水技术规范》GB 50108 的规定。

抗裂混凝土性能指标 **表 6-1**

序号	检测项目		性能指标	测试方法
1	限制膨胀率	水中 14d	≥0.025%	《补偿收缩混凝土应用技术规程》JGJ/T 178
		水中 14d 转空气 28d	≥−0.010%	
2	自生体积变形	7d	≥0.020%	《普通混凝土长期性能和耐久性能试验方法标准》GB/T 50082
		28d	≥0.010%	
3	绝热温升	终值	≤50℃	《普通混凝土拌合物性能试验方法标准》GB/T 50080
		初凝后 1d 值占 7d 值比例	≤50%	

板式结构施工缝间距宜小于 40m。侧墙施工缝间距应根据施工季节合理划分。夏季（每年 6～8 月）、春秋季（每年 3～5 月、9～11 月）、冬季（每年 12 月～次年 2 月）施工缝间距宜符合表 6-2 的规定。在昼夜平均温度低于 5℃或者最低温度低于−3℃时，按照冬期施工处理。

侧墙结构混凝土分段浇筑长度 **表 6-2**

工艺参数 \ 施工环境		施工季节			
		夏季		春、秋季	冬季
混凝土入模温度（℃）		≤30	≤35	≤25	≤15
施工缝间距（m）	墙体厚度＞50cm	20	15	20	25
	墙体厚度≤50cm	30	20	30	40

（2）混凝土原材料要求：

水泥应符合现行国家标准《通用硅酸盐水泥》GB 175 的规定。比表面积宜小于 350m^2/kg，碱含量宜小于 0.6%，C_3A 含量宜小于 8%；C_3S 含量宜小于 50%。

粉煤灰应符合现行国家标准《用于水泥和混凝土中的粉煤灰》GB/T 1596 的要求，质量等级不得低于Ⅱ级。粒化高炉矿渣粉应符合现行国家标准《用于水泥、砂浆和混凝土中的粒化高炉矿渣粉》GB/T 18046 的要求，宜选用 S95 及以上级别，比表面积宜小于 $450m^2/kg$。

细骨料宜选用符合现行国家标准《建设用砂》GB/T 14684 要求的Ⅱ区中砂。砂中含泥量≤2%，泥块含量≤0.5%。不得使用海砂、山砂及风化严重的砂和多孔砂。粗骨料应符合现行国家标准《建设用卵石、碎石》GB/T 14685 的要求，空隙率宜小于 45%。

减水剂应符合现行国家标准《混凝土外加剂》GB 8076 的规定，28d 干燥收缩率≤100%。

宜采用兼有降低混凝土温升、补偿混凝土收缩的抗裂剂，限制膨胀率≥0.035%；初凝之后的 24h 水化热降低率≥30%、7d 水化热降低率≤15%。限制膨胀率按现行国家标准《混凝土膨胀剂》GB 23439 进行测试，水化热降低率按现行国家标准《水泥水化热测定方法》GB/T 12959 中直接法进行测试，测试样品为内掺 10%抗裂剂的水泥样，基准为不掺加抗裂剂的水泥样。

（3）混凝土配合比设计：

混凝土配合比设计应符合现行行业标准《普通混凝土配合比设计规程》JGJ 55 的规定。

宜掺加矿物掺合料降低混凝土水化放热及收缩率。对于开裂风险较高的侧墙结构，宜单掺粉煤灰，不掺或少掺矿粉。

大体积混凝土宜采用 60d（56d）或 90d 龄期强度作为配合比设计依据。

（4）施工工艺：

施工工艺应符合现行国家标准《混凝土结构工程施工规范》GB 50666 的规定。

宜配置细而密的分布筋。侧墙、顶板每侧分布筋最小配筋率为 0.25%，钢筋间距宜为 100～150mm；底板每侧分布钢筋最小配筋率为 0.2%，钢筋间距宜为 100～150mm。

板式结构混凝土拌合物入模坍落度不宜超过 220mm。侧墙结构混凝土宜采用钢板进行浇筑，入模坍落度宜控制在 160～200mm。

板式结构混凝土宜进行二次抹面，以消除塑性裂缝，并及时进行保温、保湿养护。

侧墙结构混凝土带模养护时间宜根据温度历程监测情况确定，应在温峰过后 24h 内拆除模板，立即在墙体暴露于空气中的外立面表面贴覆保温、保湿养护材料，使其温降速率≤2℃/d，当墙体中心温度与气温之差小于 15℃时可去除外保温措施；不具备上述养护条件时，应延长拆模时间，原则上不宜少于 5d。

混凝土养护水的温度与混凝土表面温度之差不应超过 15℃，气温降至冰点以下时，不应采用水养或潮湿状态的养护材料。

（5）柔性防水：

防水工程应符合现行国家标准《地下防水工程施工质量验收标准》GB 50208 中的相关规定。

对于结构迎水面外包防水，宜采用预铺反粘防水卷材。

变形缝等可变形部位宜采用柔性防水或止水产品，施工缝等不变形或微变形部位采用钢板止水带或丁基自粘钢板止水带。

穿墙套管、管线及螺旋处宜采用止水环与遇水膨胀腻子条复合使用，或止水带与双面丁基自粘密封胶带复合使用，并采取防止转动的措施。

6.1.8 人防门新型涂装烘干设备

地铁人防门的施工环境复杂，门体表面污染和损伤难以避免，门框门扇安装完成后又将长期处于潮湿的环境中，所以要提高人防门涂层质量，完善工厂涂装工艺及设备。

【策划目标】

（1）“专用设备，整体喷涂”：定制大型人防门专用涂装设备，整体喷涂。

（2）“无气喷涂，保证质量”：采用高压无气喷枪，操作安全，质量可靠。

（3）“环保烘干，提高效率”：烘干涂层，缩短保养时间，提高工效。

【操作方法】

（1）“专用设备，整体喷涂”：将人防门框门扇整体吊入定制的涂装车间，开启通风设备，保证门框门扇涂装彻底，节约人工材料。

（2）“无气喷涂，保证质量”：由高压无气喷枪喷涂高固含环氧铝铁底漆，不间断喷涂油漆，操作过程简单安全可靠，保证漆膜厚度达到设计要求。

（3）“环保烘干，提高效率”：喷涂完成后转入烘干设备，快速高效，烘干完毕检测人防门漆膜厚度。

【示例照片】

图 6-51　门框底漆整体喷涂

图 6-52　门扇底漆整体喷涂

图 6-53　门扇面漆烘干

图 6-54　成品观感良好

【效果点评】

（1）图 6-51、图 6-52 中门框门扇整体喷涂，吊运安全可靠，边缝喷涂到位。

（2）图 6-53 中油漆快速烘干，漆膜附着良好，检测厚度达标。

（3）图 6-54 中成品表面油漆洁净，绿色环保无污染。

6.2 绿 色 施 工

绿色施工应坚持“节水、节能、节地、节材及环境保护”的原则。工地各责任主体应周密筹划，认真组织，实施科学有效的管理，控制现场的废水、扬尘及其他废弃物的排放，始终保持施工现场安全、文明、绿色、整洁、规范、有序。本节主要介绍工程建设中节水、节能、节地、节材和环境保护方面一些好的做法。

6.2.1 节水

工程建设中通过建立良好的节水制度、使用节水设施和设备、地下水回收利用、废水重复利用、雨水收集利用等措施，提高人员节约用水意识，实现水资源的节约。

【策划目标】

“节约用水，减少浪费”：采用节水设备、设施对雨水、地下水回收利用，施工废水收集重新再利用，减少施工用水量，降低用水成本。

【操作方法】

“节约用水，减少浪费”是施工过程应采取的管理措施。如：

建立良好的节水制度可以引导施工项目全面开展节水行为及采取有效的节水措施，对项目节水目标的实现有着重大意义。

办公区、生活区应选装质量可靠的供水设施，包括水管、龙头、花洒等，应选用有节水功能的水龙头或花洒，供水压力应调整至合适压力值，避免出现大流量浪费水。办公区、生活区用水地点主要为食堂、公共水池房、浴室和卫生间等，在各个用水点设置节约用水宣传标语，如“节约用水，人人有责”等。

施工现场出口设置节水的自动冲洗平台，在冲洗平台附近设置三级沉淀池和集水池，收集雨水和排水。冲洗车辆时优先使用收集的雨水、排水或地下水，减少自来水的使用。

地下车站基坑开挖阶段，合理设计降水方案，减少地下水抽排，同时收集地下水。

施工现场设有雨水收集利用的设施。雨水经路面沿坡度进入集水坑，经水泵抽水进入水箱。

海绵工地是由“海绵城市”建设理念延伸而成，即施工工地能够像海绵一样，在适应环境变化和应对自然灾害等方面具有良好的“弹性”，下雨时吸水、蓄水、渗水、净水，需要时将蓄存的水“释放”并加以利用，建设成智慧型、创新型工地。

【示例照片】

图 6-55 自动冲洗平台示意图

图 6-56 废水集水池示意图

图 6-57 降水井收集箱示意图

图 6-58 洒水车示意图

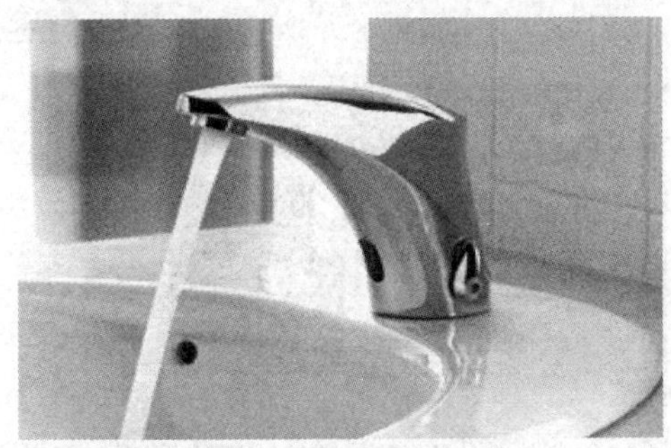

图 6-59 感应水龙头示意图

图 6-60 草坪砖停车场示意图

【效果点评】

(1) 图 6-55、图 6-56 在施工现场出口处设置自动冲洗平台和废水集水池，用于驶出工地的车辆冲洗，可大量地减少对水资源的浪费。

(2) 图 6-57、图 6-58 在现场设置降水井收集箱（罐），用于施工现场洒水、喷淋系统用水、车辆冲洗等，大大减少了自来水的使用，节约了水资源。

(3) 图 6-59 中项目临时用水应使用节水型产品，安装计量装置，采取针对性的节水措施。

(4) 图 6-60 对透水性材料进行合理使用。非机动车道采用大孔隙透水性混凝土、道路人行道采用透水人行道砖、项目部及其他临时场地采用透水性草坪砖。消除地表积水的同时确保了地表雨水能顺利下渗利用，达到良好的节水效果。

6.2.2 节能

在工程建设中采用技术上可行、经济上合理的设备或工艺，充分提高能源的有效利用率，减少能源的浪费，实现节能降耗。

【策划目标】

“节约能源，降低成本”：选用低能耗设备或者采用新技术、新工艺，且在经济上合理的设备或工艺，最大限度地节约能源、降低能耗。

【操作方法】

“节约能源，降低成本”：在施工现场主干道、生活区安装太阳能照明路灯，办公室、宿舍照明采用节能灯，车站内部、隧道内照明采用LED灯带等。

对公共区域不经常照明的灯具全部安装时控或声控开关控制器，最大限度地节约用电。

施工现场应采用变频式节能型设备，如变频空调、变频塔吊、变频电梯等。现场临电设备、中小型机具等采用带有国家能源效率标识的产品。

采用能源利用效率高的施工机械设备；选择功率与负载相匹配的施工机械设备，机电设备的配置可采用节电型机械设备，如逆变式电焊机和能耗低、效率高的手持电动工具等，以利节电。

工人生活区采用空气能热水设备，以少量电能为驱动力，通过机组循环转为热能，满足各项热水供应，节约电能。

【示例照片】

图6-61 太阳能路灯示意图

图6-62 时控开关示意图

图6-63 车站内照明灯带示意图

图6-64 隧道内照明灯带示意图

图 6-65　变频电梯示意图

图 6-66　逆变式电焊机示意图

图 6-67　空气能热水器示意图

图 6-68　风能太阳能路灯示意图

【效果点评】

(1) 图 6-61 在生活区安装太阳能路灯，从根本上节约了电能，还能保证主干道的基本照明。

(2) 图 6-62 在施工现场照明采用 LED 射灯＋时控开关，定时开启节约用电。

(3) 图 6-63、图 6-64 在地铁车站内部、盾构隧道内采用 LED 灯带作为照明灯，既增加了施工区域亮度，也保证了用电安全，节能环保又实用。

(4) 图 6-65、图 6-66 在施工现场采用变频式节能型设备和能源利用效率高的施工机械设备，以利节电。

(5) 图 6-67、图 6-68 中充分利用新能源，如风能、空气能、地热能等，以利节电。

6.2.3　节地

在工程建设中科学合理规划临时设施施工设计，减少土地资源的占用，提高土地资源的利用率。

【策划目标】

"保护土地资源"：在临时设施施工中，运用标准化、移动式、可拆卸式的临时设施代替永久设施，减少破坏原状土体，实现土地资源的节约。

【操作方法】

"保护土地资源"：依法保护土地资源，节约用地。

规范编制施工现场临时设施施工方案，科学规划、布置临时设施，减少施工用地临时征用。施工过程按照各阶段情况实施动态管理，绘制分阶段施工平面布置图，做到临时设施布置紧凑合理，减少废弃地及死角。

根据现场条件，合理设计场内道路，施工现场临时道路布置与原有及永久道路兼顾考虑。施工现场搅拌站、仓库、加工厂、作业棚、材料堆场等布置应尽量靠近已有交通路线或即将修建的正式或临时交通线路，缩短运输距离。

生活区办公区采用新型箱式房代替原有组装板房，既能重复周转，也能减小对土地资源的影响。

钢筋加工采用集约管理，设置集中钢筋加工场进行钢筋加工配送，构件制作工厂化。

取土、弃土在规定场所进行，采用防止水土流失的措施，施工完成后恢复植被，临建区域绿化利用既有移除绿化。

【示例照片】

图 6-69　集装箱板房示意图

图 6-70　原状路面示意图

图 6-71　封闭式钢筋加工厂示意图

图 6-72　施工便道示意图

【效果点评】

（1）图 6-69 在生活区、办公区布设集中箱板房，可以降低对土地资源的影响。

（2）图 6-70 在施工现场主干道采用原有路面，减少对土地资源的破坏，降低了施工成本。

（3）图 6-71 中钢筋加工采用封闭式钢筋加工厂，减少了分散设置钢筋加工场对土地资源的占用。

（4）图 6-72 中施工现场道路按照永久道路和临时道路相结合的原则布置。施工现场内形成环形通路，减少道路占用土地。

6.2.4　节材

在工程建设中通过施工工艺优化、定型产品使用、废旧材料的合理化利用等措施提高施工材料的周转次数，降低施工材料在使用中的消耗，提高施工材料的使用效率。

【策划目标】

“节约材料，提高周转率”：在施工过程中加大定型产品、施工工装的运用及材料的周转次数，减少施工材料的浪费，降低施工成本。

【操作方法】

“节约材料，提高周转率”：施工工地围挡可采用重复使用的可拆卸式围挡。工地现场临边孔洞防护采用定型化防护，提高周转次数。

车站结构施工采用承插型盘扣式钢管支架，可有效节约传统钢管的使用量。车站主体结构采用定型大钢模，可减少对木模的使用。玻璃钢圆柱模具有成型效果好、重量轻、施工简便、造价低、周转率高等多项优点，降低了工人劳动强度。

钢筋采用集中数控加工，可提高劳动生产率，相应的占地面积、人工费用、能源消耗都将大幅度降低，由于采用数控技术，使得操作者的劳动强度大为减轻。

可采用废弃钢材制作水沟篦子、地连墙槽口防护网、吊笼、接火盆等，使废弃钢材得到充分利用，降低成本。废模板可以制作花坛、爬梯、灭烟台、踢脚板、滚动移动式废料车等。

集装箱与板房相比，可以适用于各种复杂环境，同时减少材料消耗和建筑垃圾产生。集装箱可以制作成工具房、VR安全教育体验馆、消防器材仓库、门卫室、高旋闸门禁系统、总配电室等，方便周转且可以重复使用。

现场内主干道可采用多次周转使用的装配式施工道路，减少扬尘，减少混凝土材料浪费，可以重复使用。

【示例照片】

图 6-73　可拆卸式围挡示意图

图 6-74　定型化防护栏杆示意图

图 6-75　盘扣式钢管支架示意图

图 6-76　定型大钢模示意图

图 6-77　水沟篦子示意图

图 6-78　地连墙槽口防护网示意图

图 6-79　装配式混凝土道路示意图（一）

图 6-80　装配式混凝土道路示意图（二）

图 6-81　钢筋集中加工场示意图

图 6-82　钢筋集中数控加工示意图

图 6-83　电焊机防雨棚示意图

图 6-84　废旧模板电缆防护示意图

图 6-85　玻璃钢圆柱模板示意图

图 6-86　玻璃钢圆柱模板使用示意图

【效果点评】

（1）图 6-73 为可拆卸式围挡。底座为混凝土移动墩，立柱用膨胀螺栓固定在混凝土墩上，围挡板和立柱连接形成封闭围挡。

（2）图 6-74 为定型化防护栏杆。栏杆高 1200mm，宽 2000mm，底部设有 180～200mm 踢脚板，栏杆之间采用螺栓连接，立柱用膨胀螺栓固定在地面。

（3）图 6-75 为承插型盘扣式钢管支架。比传统脚手架稳定性好、承载力高，刚度高。承插型盘扣式钢管支架具有标准化构件，搭设拆除快、易管理、节省材料、绿色环保，大大提高了施工工效。

（4）图 6-76 为定型大钢模。使用大钢模可以提高施工工效，促进工程施工质量，减少木模的使用，减少了施工成本。

（5）图 6-77、图 6-78 用废旧钢筋制作水沟篦子、地连墙槽口防护网等，使废旧钢筋得到了合理化利用，减少了材料的浪费。

（6）图 6-79、图 6-80 采用多次周转使用的装配式施工道路，减少扬尘，减少混凝土材料浪费，可以重复使用。

（7）图 6-81、图 6-82 采用钢筋集中数控加工，钢筋加工场地由分散变为集中，实现了集中管理，统筹规划，减少了场地硬化、临水临电、作业防护棚设施的投入。钢筋集中加工还可以节省原材料，最大化减少原材料浪费。

（8）图 6-83、图 6-84 采用废旧钢材、模板加工工具作为防护设施，节约材料。

（9）图 6-85、图 6-86 中的玻璃钢圆柱模板重量轻、抗拉强度高、表面光滑、易安装、易脱模、易成型、耐磨、耐腐蚀，可多次重复利用、节约钢材。

6.2.5　环境保护

在工程建设中，要重点做好大气污染防治、噪声污染防治、水污染防治、固体废弃物处理等，实现保护环境的目的。

1. 大气污染防治

在工程建设中，通过施工区域硬化，非施工区域绿化、覆盖，场地洒水降尘等措施，降低施工现场大气污染，有效改善施工现场周边环境空气质量。

【策划目标】

(1)“绿化美化”：施工现场非施工区域外场地应采取绿化处理，减少施工场地内裸露的土体，既降成本又美化工地。

(2)“封闭施工”：对施工区内的渣土、散装材料等采取覆盖、封闭等措施，减少扬尘污染。

(3)“洒水降尘”：施工现场不定期洒水，减少因施工引起扬尘污染。

【操作方法】

(1)“绿化美化”：施工现场硬化场地外裸露地面宜种植草坪、花卉、灌木等绿植。对施工区域内裸露土体宜采用绿网100%覆盖。

(2)“封闭施工”：按照工程临时设施施工设计，在施工现场设置砂石料、袋装水泥、袋装膨润土等专用封闭库房，散装水泥、散装粉煤灰储存在专用罐体中，灌顶必须加装自动抑尘设备。所有材料按照相应物料存放标准要求储存。

(3)“洒水降尘”：施工现场配备洒水车、除尘雾炮机，定期进行洒水除尘。施工现场设置环境监测与自动喷淋设施联动系统，通过环境监测系统实时监测场地环境状况，由电子传感器控制喷淋设施，当PM2.5指数高于正常标准时，喷淋设施自动开启，起到降尘降温作用，当数据显示正常后自动关闭。

【示例照片】

图6-87　裸露土体绿化示意图

图6-88　裸露土体覆盖示意图

图6-89　散装材料库房示意图

图 6-90　雾炮除尘示意图

图 6-91　喷淋系统示意图

图 6-92　门吊喷淋示意图

图 6-93　料仓喷淋示意图

【效果点评】

（1）图 6-87 将裸露土体用草坪、绿植绿化处理，既美化了环境，也降低了施工成本。

（2）图 6-88 对施工现场堆放的渣土或裸露土体用密目网进行覆盖处理。

（3）图 6-89 对水泥、膨润土、砂石料等施工材料建立专门的封闭存储库房，散装水泥罐、粉煤灰罐罐体顶部安装自动抑尘设备，减少对环境的污染。

（4）图 6-90～图 6-93 在施工现场配置雾炮机、喷淋系统，不定期洒水降尘。

2. 噪声污染防治

在工程建设中，通过优化施工工艺，采用先进静音设备及施工现场全封闭等措施，减少施工过程中噪声对周围环境的影响。

【策划目标】

（1）“封闭施工”：在施工现场实施封闭式施工。通过将工地施工区域全部封闭、局部封闭或者某个工序封闭的形式，实现噪声污染的防治。

（2）“隔离防治”：在一些噪声敏感区域施工，通过对噪声源的隔离防治，降低噪声的污染。

【操作方法】

（1）“封闭施工”：在施工较小区域可搭设防护棚将施工区域全部封闭，减少噪声对周围环境的影响。在车站施工阶段，可搭设钢筋集中加工车间，统一加工钢筋半成品，降低噪声的污染。

（2）“隔离防治”：车辆进入办公区、生活区时禁止鸣笛，办公区入口、生活区入口设置“禁止鸣笛”警示牌。

施工现场应使用低噪声、低振动的机具，改进施工工艺和设备，减少施工噪声排放。如：机械尽可能采用液压设备，以摩擦压力代替机械振动降低噪声。

大噪声施工设备附近应安装消声器，设置临时隔声屏；在现场大噪声设备和材料加工场地周围设置吸声降噪屏。混凝土输送泵可搭设封闭降噪棚，木工车间采用封闭式或半封闭式车间。混凝土浇筑时，泵管可使用消声岩棉降噪，禁止振动棒空振、卡钢筋振动或贴模板外侧振动。道路施工临时垫设的钢板应在四角打孔，用铆钉固定，并垫设土工布和橡胶板，进行降噪处理。

【示例照片】

图 6-94　钢筋集中加工车间示意图

图 6-95　施工区域全包示意图

图 6-96　静音空压机示意图

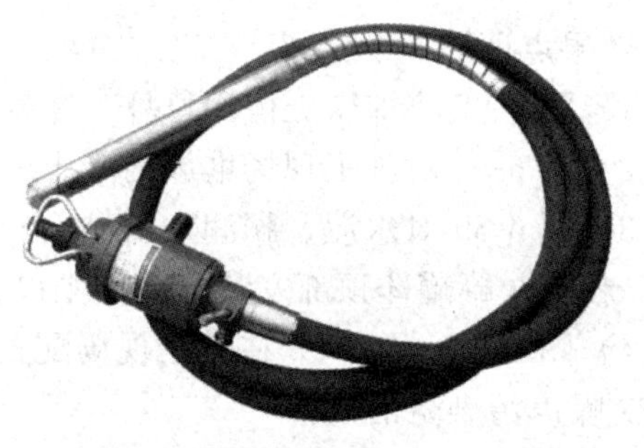

图 6-97　低噪声振动棒示意图

图 6-98　低噪声发电机示意图

图 6-99　安装隔声板示意图

【效果点评】

（1）图 6-94、图 6-95 将施工区域全包或者局部封闭，降低噪声对周围环境的影响。

（2）图 6-96～图 6-98 在施工现场采用静音设备，可大大降低噪声污染。

（3）图 6-99 在噪声源处安装隔声板，可降低噪声对噪声敏感区的影响。

3. 水污染防治

在工程建设中，设置排水沟、集水坑、沉淀池等各种排水设施，强化人员水污染防治意识，通过规范、有序的排水，实现水污染的防治。

【策划目标】

（1）“排水通畅”：现场排水设施确保排水顺畅。

（2）“沉淀过滤”：施工现场雨水、车辆冲洗水等排放需经三级沉淀池沉淀过滤后方可排入施工管网。

【操作方法】

（1）“排水通畅”：施工现场应有排水措施，设置排水设施，确保排水系统顺畅，避免出现排水不畅、积水坑洼现象。

（2）“沉淀过滤”：施工现场排放的施工废水要经沉淀池两次沉淀合格后，方可排入市政污水管线或回收用于洒水降尘，未经处理的泥浆水，严禁直接排入城市排水设施。

施工现场临时食堂的污水排放需设置简易有效的隔油池，并加强管理，定期掏油，防止污染。三级沉淀池应设置悬浮物过滤筛、池边防护栏杆、池顶覆盖等装置，并定期进行清理。

水上桩基施工过程中可以采用水上泥浆循环系统，避免泥浆入湖污染水源，水上平台下方设置彩料布防止泥浆和部分污染物外泄污染水源，在水上施工平台下方设置隔污带防止湖面油污染扩散，定期组织人员对隔离区内的污染物进行清理。

【示例照片】

图 6-100　排水沟示意图

图 6-101　三级沉淀池示意图

图 6-102　湖面施工设置隔污带

图 6-103　人员清理隔离区示意图

【效果点评】

(1) 图 6-100 在排水沟沿围挡边连续贯通设置，上方覆盖篦子防护。

(2) 图 6-101 中沉淀池高出路面，防止路面积水直接进沉淀池排水口。

(3) 图 6-102、图 6-103 设置隔离带可有效将洒落的设备用柴油、汽油以及其他可能掉落的垃圾限制在一定区域内，防止污染水体，方便定时清理。

4. 固体废弃物处理

建设工程施工现场常见的固体废弃物主要有：建筑渣土、生活垃圾、废旧材料、粪便等。

【策划目标】

“分类收集，定期清运”：施工现场垃圾按照建筑渣土、生活垃圾、废料分类收集存放，由各专业公司定期外运。

【操作方法】

“分类收集，定期清运”：将施工现场产生的垃圾按照建筑渣土、生活垃圾、废料分类收集。

在施工现场设置生活垃圾桶，生活垃圾处理按照厨余垃圾、可回收垃圾、有害垃圾、其他垃圾分类收集，由正规环卫公司定期收集；在施工现场设置临时渣土弃坑，将施工开挖的弃渣临时堆放存储，定期由正规渣土运输单位清运到政府部门指定位置；施工现场设置钢筋废料临时堆放点，定期由废料回收单位收集再利用；厕所化粪池需定期聘请专业单位进行清污抽排。

对可回收建筑垃圾、废弃物进行二次利用。如：现场废模板、木方，可制作辅材工具箱、电缆防护、之字形爬梯踏步和临边洞口的硬质防护等；废旧钢管可用于电线管活动支撑架，用于预埋期间板面堆放电线管；混凝土余料可用作室外散水、景观小品、硬化地面、道路、制作预制过梁；碎石和土石方类等应用作地基和路基填埋材料等。

【示例照片】

图 6-104 生活垃圾分类示意图

图 6-105 渣土坑示意图

图 6-106 建筑渣土外运示意图

图 6-107 钢筋废料池示意图

【效果点评】

(1) 图 6-104 中产生的生活垃圾应遵守《城市生活垃圾管理办法》有关规定，实行分类收集。

(2) 图 6-105、图 6-106 在施工现场设置渣土临时存放点，运输渣土时宜选用有液压自动封盖的车辆，出口处设洗车槽，车辆驶出应冲洗干净，不得带泥上路。运送袋装或散装材料的车辆要用帆布严密遮盖，防止遗撒及粉尘污染。

(3) 图 6-107 对施工产生的废钢筋，按长度、型号分类收集，利于废旧钢筋的重复利用。

6.3 节能环保材料应用

目前，新型节能环保型材料，在城市轨道交通工程装修中得到了广泛的应用，合理选择绝热、保温等新型节能环保型材料，不仅可以美化装饰装修效果，而且可以达到降耗、环保的目的，地铁车站节能环保材料主要应用在通风空调水管保温、复合风管、出入口玻璃棉屋面等部位。

6.3.1 保温节能材料选择

节能材料归属于保温绝热类别，绝热材料包括保温，也包含保冷，一般用于建筑围护中。为了满足地铁车站的热环境，节约能源，通风系统大系统的送回风管、空调风系统中的送回风管采用离心玻璃棉复合风管，空调系统水管、车站生活水管等管线保温采用离心玻璃棉管壳，车站出入口采用玻璃棉屋面。

(1) 绝热材料性能

绝热材料要有大的热阻，还要求导热系数小，以最大限度地阻抗热流。一般有机高分子要小于无机材料的导热系数；非金属要小于金属材料；气态物质要小于液态物质。因此要尽可能使用有机高分子，以提高保温绝热系数。保温绝热材料，要尽量降低材料本身的吸温率，必要时用防水材料覆盖。对于保温绝热材料要求能有一定的抗冲击荷载能力，要有一定的机械强度，粘结性要好，还要与环境相适应，要更加耐久。

(2) 离心玻璃棉

离心玻璃棉有阻燃、无毒、耐腐蚀、密度小、导热系数低、化学稳定性强、吸湿率低、憎水性好等诸多优点，是目前公认的性能最优越的保温、隔热产品，主要制品有：离心玻璃棉板、离心玻璃棉毡、离心玻璃棉管。

(3) 材料特性要求

双面彩钢复合风管：夹芯材料采用离心玻璃棉，离心玻璃棉具有 A 级不燃性能，且复合风管整体防火等级达到 A 级不燃并提供国家防火建筑材料质量监督检验中心的检测报告。风管内表面平整光滑，外表面色泽鲜艳。产品需要经过国家权威部门的检测，属于不燃 A 级材料，无烟、无毒、绝热性能好。抗压强度 300kPa，漏风量符合现行国家标准《通风与空调工程施工质量验收规范》GB 50243 要求。挠曲强度 40MPa，隔声指数在 25.0dB 左右。双面彩钢复合风管应无毒无害，符合国家相关卫生要求。对甲醛释放、板材中苯、甲苯、二甲苯 TVOC、氨的含量满足现行国家标准《室内空气质量标准》GB/T

18883 的要求。

离心玻璃棉管壳：具有 A 级不燃性能，并提供国家防火建筑材料质量监督检验中心的检测报告。性能参数要求如下：密度为 $64kg/m^3$，导热系数≤ 0.035W/(m·℃)、表面换热系数≥8W/(m·℃)，玻璃纤维直径≤6.5μm、渣球含量为 0。保温材料安装时应采用与贴面配套的专用密封胶带。保温材料贴面采用高强度防潮防火双面铝箔，贴面耐破强度≥$5.3kg/m^2$。水汽渗透率≤1.15ng/N·s，贴面无腐蚀无分层等现象，并采用 0.5mm 厚铝板包裹。

6.3.2 施工要求

(1) 管道保温施工要求

管道保温采用玻璃棉进行保温。保温时要粘接牢固，接缝错开，表面光滑。保温管壳与水管管壁之间、保温管壳接缝处，都必须用胶水粘贴密实，保温管壳接缝处还要用专用密封胶带粘贴，以保证不泄露空气。接触管道的支吊架、托架必须放在保温层外，并加防火、防腐垫木。管道上的阀门、法兰及其他可拆卸部件保温两侧应留有螺栓长度加 25mm 的空隙，但断面应封闭严密。阀门、法兰部位应单独进行保温。支托架处的保温层不得影响管道活动面的自由伸缩，与垫木支架接触紧密，管道托架内及套管内的保温，应充填饱满。阀门、过滤器及法兰处保温应能单独拆卸。保温后的阀门启闭标记明确，清晰、美观且操作方便。水管与空调设备的接头处以及产生凝结水的部位必须保温良好，严密无缝隙。管道保温后，保温层外贴高强度防潮防火带肋铝箔作为隔气保护层。

(2) 出入口玻璃棉屋面施工要求

1) 保温材料的密度、导热系数等技术性能，必须符合设计要求和施工规范的规定，应有相关试验资料。

2) 铺放玻璃棉卷毡时，贴面朝向室内一侧，垂直于檩条，在一面屋檐处多留约 20cm 的卷毡，用专用的夹具或双面胶带将其固定在最外侧檩条上。

3) 放卷时保证对齐和张紧，将玻璃棉卷毡铺设至另一面屋檐处，同样多留 20cm 的卷毡，用专用的夹具或双面胶带将其固定在最外侧檩条上。

4) 两卷棉之间通过在贴面飞边上用订书机装订的方法连接在一起。

5) 安装屋面彩钢板，拆去屋檐处的专用夹具，用预留的 20cm 贴面为玻璃棉收边。

6) 注意玻璃棉卷毡的张紧、对齐、卷与卷之间的接缝紧密，纵向需要搭接时，搭接头应安排在檩条处。

7) 根据工程需要，为避免冷桥的产生，可以考虑在檩条上垫一些硬质保温材料。

第7章 装 修 精 巧

装修工程的质量直观反映了一个工程的总体观感，既体现设计的总体面貌，又反映出施工单位是否以“工匠精神”打造精品工程。城市轨道交通要给乘客一个舒适方便的乘车环境，给乘客一个安全性、方便性、美观性的公共空间，就必须做到“做工精细、防空杜裂、平齐归一”。

车站公共区装修专业交叉多，装修较复杂，标准高，而地铁车站局部装修是影响整个车站装修的重要工序。本章主要涉及地面、墙（柱）面、吊顶的整体或局部造型、收口、边角装修处理。

7.1 通 用 工 程

装饰装修是车站最后一道施工工序，是车站的“点睛之笔”，因此与其他专业的接口配合是关键，主要涉及色彩协调、节点深化、接口顺畅、专业协调这些接口的配合程度深浅，决定着装修精巧的完美性。

7.1.1 接口配合

通道地面、吊顶与人防门、电扶梯接口，以及与电扶梯有关的栏杆、墙面封堵、顶棚、防攀爬栏杆等应衔接顺畅。

【策划目标】

（1）“色彩协调”：使设计的理念在现场完美呈现，从而给予乘客一个舒适的乘车环境。

（2）“节点深化”：通过节点深化设计，实现其使用功能。

（3）“接口顺畅”：人防门与电扶梯等的接口平顺连接，既要满足电扶梯和人防门的专项验收要求，又要实现接口的美观效果。

（4）“专业协调”：既要达到装修美观，又要实现其使用功能。

【操作方法】

（1）“色彩协调”：是对设计理念的具体呈现，以潘通色卡为基础，制作同一色号的深、中、浅的色板样品，参照设计效果图，对材料类型、尺寸规格、色调甄选和确认，最终形成现场施工“样本引路”的纲领。

（2）“节点深化”：在满足规范许可下，最大限度地满足各专业的使用功能，切实根据现场实际情况做好调整；以现场的结构实体为准，深化收边收口尺寸，确保收边收口美观实用；根据设计图纸深化厂家材料工艺，对材料进行最后的定型，对组合方式进行确认。

（3）“接口顺畅”：以人防门接口要求为例，通道地面、顶棚施工时应及时与人防门安装完成面进行标高核对，防止地面完成面高于人防门最低点，顶棚吊顶完成面在人防门下方，从而造成人防门不能正常开启关闭；人防门的伪装装饰门施工时应注意保证整体的分割效果和每扇装饰伪装门的开启，从而确保人防门定期保养时能正常打开和关闭；在人防门调试完成前装修专业不可进行此处的顶棚安装。

以电扶梯接口要求为例：装修顶棚完成面必须与电扶梯的安装完成面踏板净空不小于2.3m；电扶梯安装完毕的标高与装修地面标高不应该有误差，必须保持一致，同时电扶梯上下及周边的石材应该在电扶梯完成标高调整确认后再进行铺设；电扶梯安装完毕后扶梯扶手应与扶手与两边墙面安装防夹板；在电扶梯验收前装修单位应该完成与电扶梯有关的栏杆、墙面封堵、顶棚、防攀爬栏杆等工作。

（4）“专业协调”：吊顶施工前，应事先核对装修专业和风水电安装专业图纸，确认吊顶标高不存在冲突并现场检查。一般情况下管线的最低标高应大于装修完成面20cm；公共区装修专业在最终完成顶棚、墙面、地面排版后应和各设备安装单位进行图纸核对，设备安装单位确定装修工程顶棚、地面、墙面上设备预留开孔位置和需求，确保与装修排版一致，特别是墙面装饰板上的孔洞必须确保准确；在公共区装修开始前必须完成隐蔽验收会签工作：各设备专业的所有管线、风管、桥架、水管等安装完成后，土建单位与各有关设备专业检查、验收，签字后再开始施工；公共区装修工程在卫生间施工前必须和安装单位核对图纸，确认卫生洁具等安装位置满足设计规范要求；在不影响使用功能的条件下，设备安装单位的设备、管线应尽可能地在一块顶棚、石材、墙面的中间部位。

【示例照片】

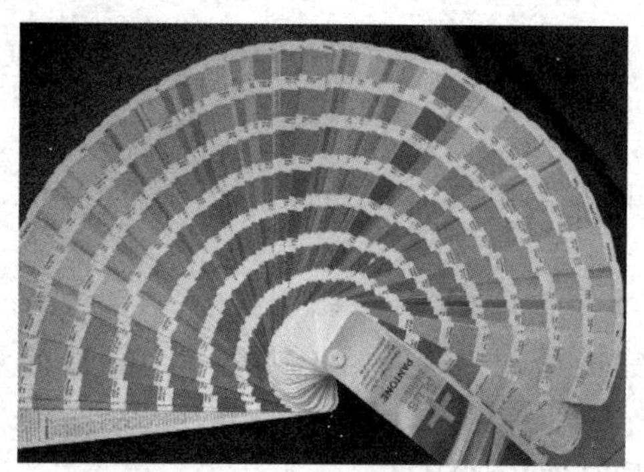

图7-1　材料颜色甄选

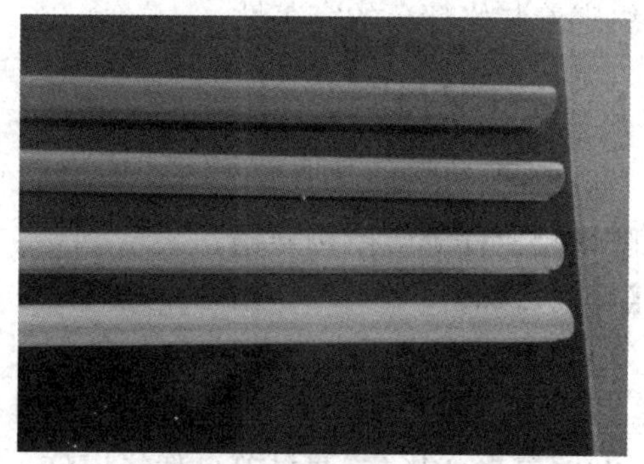

图7-2　材料规格型号确认

图7-3　龙骨体系深化

图7-4　方通45°角拼缝

图 7-5　开关居中布置

图 7-6　设备均匀布置

图 7-7　人防门盖板

图 7-8　电扶梯接口平整

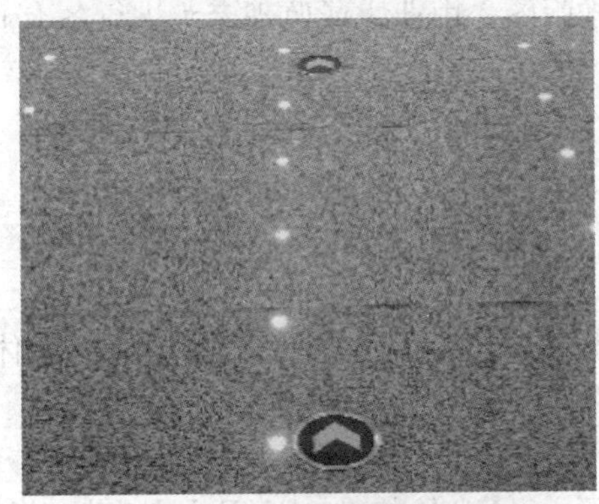

图 7-9　导向标识居中

图 7-10　闭门器安装到位

图 7-11　广告灯箱与墙面装饰面平齐

【效果点评】

（1）图7-1、图 7-2 中严格按照设计效果图，共同与设计者对材料进行颜色的确认，通过色板的制作比对，最终达到设计效果色调，为下一步材料的定型提供了依据。

（2）图 7-3 是对龙骨的深化，增强了其稳定性。

（3）图 7-4 是对组合方式的优化，做到严丝密缝。

（4）图 7-5 是对其他专业的具体要求，做到居中美观。

（5）图 7-6 是设备均匀布置从方通空隙中生根，同时实现了其功能。

（6）图 7-7 中人防门盖板固定牢固，接缝美观，未破坏人防门槛。

（7）图 7-8 中电扶梯接口平整，无高差。

（8）图 7-9 中导线标识居中，横纵为一条线。

（9）图 7-10 中闭门器安装高度和空间，不影响防火门的 90°打开。

（10）图 7-11 中广告灯箱与墙面装饰面齐平、四周留缝均匀。

7.1.2 排版原则（地面、墙面、顶棚）

车站墙面、地面、顶棚排版原则是在满足车站其他专业设备安装要求的前提下，进行测量放线，按照设计原则、规范要求、美观性以及材料加工生产的统一性进行排版，各专业在装修专业提供的排版图上对自己专业所需要的位置通过高度、长度、宽度、轴线等方式予以准确标注，最后装修专业予以最终版的排版图，由业主或监理牵头进行各专业的会签，各单位则按图施工。

1. 地面排版原则

【策划目标】

（1）“开孔合规”：在装饰面上要等均对称、齐缝、居中。

（2）“位置准确”：在栏杆生根处减少石材的拼接。

（3）“收口定尺”：确定石材收口尺寸，且原则上不小于 40cm，做到地面整体的美观性。

【操作方法】

（1）“开孔合规”：涉及地面插座、疏散指示、AFC 检修孔、地漏应事先核对低压配电专业为满足设备使用而布置的位置，再现场予以确认，AFC 专业检修孔核对其预留检修口位置，给水排水专业核对重力式排水管安装位置，以上位置确认后开孔，在装修专业排版时，原则是等均对称、齐缝、居中。

（2）“位置准确”：在符合对栏杆立柱之间间距设计的原则下，进一步对栏杆立柱的安装位置排版，与地面石材排版相结合，调整适当的距离，保证 80%栏杆立柱正好在石材缝中生根，在此方法下，栏杆立柱石材收口时，只需要切割石材一边，不会造成石材两边都切割，避免了石材的拼凑和保证了石材收口的美观性。

（3）“收口定尺”：涉及主要位置为站厅及站台柱周边、三角机房周边、公共区与设备区交界处设备房墙面线、屏蔽门前石材部位测量放线，核对其相对位置，确定石材收口尺寸，且原则上不小于 40cm。此工序完成后，与蓝图地面布置图相比较，完成地面排版图的深化，做到收口尺寸的美观性。

【示例照片】

图 7-12　检修盖板做法

图 7-13　栏杆生根

图 7-14　收口石材

图 7-15　屏蔽门石材尺寸

【效果点评】

(1) 图 7-12 为在前期与 AFC 专业核对位置，调整，在地面石材排版中体现，最终检修盖板居中布置安装。

(2) 图 7-13 通过栏杆间距的均匀调整，最终保证了栏杆立柱在石材缝中生根，无石材的切割。

(3) 图 7-14、图 7-15 对地面伸缩缝、屏蔽门处进行排版，最终形成石材的均匀对称和屏蔽门缝与石材缝的统一。

2. 墙面排版原则

【策划目标】

(1) “开孔合规”：在装饰面上要等均对称、齐缝、居中，凸显精致细腻。

(2) “收口定尺”：确定墙面收口尺寸，且原则上不小于 40cm。

(3) “接缝紧凑”：踢脚线下口与地面材料的交接缝必须紧实，缝宽窄一致，踢脚线上口与墙面装饰板空隙保持在 2mm 以内；踢脚线转角合拼应 45°角拼接。

【操作方法】

(1) “开孔合规”：主要涉及墙面 FAS、插座、疏散指示、配电箱、紧急疏散按钮、冲洗栓箱等。应事先核对低压配电和给水排水专业为满足设备使用而布置的位置，再现场予以确认，以上位置确认后，由装修专业排版时，原则是开孔位置居于墙面板中间或统一高度，等均对称、齐缝、居中。

（2）“收口定尺”：避免收口板在乘客的正面视觉范围内，收口板尺寸其宽度不能小于400mm，收口板尺寸尽量放在阴角处。

（3）“接缝紧凑”：柱或墙面踢脚线阳角与装饰板阳角不在同一个铅垂线上；踢脚线下口与地面材料的交接缝必须紧实，缝大小一致，踢脚线上口与墙面装饰板空隙保持在2mm以内；踢脚线转角合拼应45°角拼接。

【示例照片】

图7-16 插座居中安装

图7-17 踢脚线衔接平顺

图7-18 阳角收口圆顺

图7-19 石材盖板与立板接缝处理良好

【效果点评】

（1）图7-16中墙面排版对缝，插座居中安装。

（2）图7-17中踢脚线衔接平顺、无空隙。

（3）图7-18中墙面阳角收口、弧度圆顺，上下转角一致。

（4）图7-19中石材盖板与立板接缝宽度控制到位、线形良好。

3. 顶棚排版原则

【策划目标】

（1）“空间尺寸准确”：避免设备占用空间超出装饰面板安装空间。

（2）“设备位置规矩”：吊顶板及灯具、风口、喷淋头、烟感器等应横成行、竖成排、斜成线。

【操作方法】

（1）“空间尺寸准确”：对车站公共区测量放线，确定墙、柱面装饰板安装空间尺寸，再将各专业图纸置于吊顶布置图中，进行空间尺寸测量，如有冲突，进行空间位置或龙骨节点调整。

（2）“设备位置规矩”：各专业各自要实现功能的终端设备，在顶棚图上予以标注位置，装修专业根据各专业所标注的位置进行深化排版。

【示例照片】

图 7-20　顶棚与柱面过渡做法

图 7-21　吊顶与扶梯空间

图 7-22　终端设备位置均匀美观

【效果点评】

（1）图 7-20 在深化排版中，顶棚、墙面、柱面形成过渡处理。

（2）图 7-21 中电扶梯与吊顶的空间尺寸不小于 2.3m。

（3）图 7-22 中各种终端设备在排版图中予以绘制标注，经各专业确认，最终形成终端位置均匀美观的效果。

7.2 “四小件”工程

“四小件”工程包括地铁出入口、冷却塔、风亭、垂直电梯四个配套分项，均在地面设置。“四小件”装修时，应着重考虑其与周边环境的协调性和美观性，同时也要保证其实现各自的功能性。

7.2.1 出入口

1. 出入口雨棚

【策划目标】

（1）“弧度一致”：按照模数均分排版，收口铝板弧度一致。

（2）“排水顺畅”：屋面铝镁锰板坡度满足排水要求，无积水，排水顺畅。

（3）“接缝严密”：玻璃与石材接缝处密封胶密缝严实且胶封宽度一致。

（4）“吊顶对缝”：吊顶排版对缝，直线度美观。

【操作方法】

（1）“弧度一致”：在钢结构出入口施工完成后，对钢结构弧度复核，电脑排版收口铝板模型，以此调整钢结构弧度施工误差，最终形成收口铝板弧度一致。

（2）“排水顺畅”：钢结构屋面施工队完成后，安装屋面铝镁锰板龙骨时，调整坡度，复核高差，安装铝镁锰板面层时，严格控制坡度，保证顺畅。

（3）“接缝严密”：首先确保石材完成面平整度，在安装玻璃时参照石材完成面，调整高度，统一留缝，最后在接缝处用密封胶密缝。

（4）“吊顶对缝”：根据施工完成后的钢结构净空尺寸，测量排版，调整铝板长度，均分尺寸，铝板吊顶对缝。

【示例照片】

图 7-23 铝板弧度一致

图 7-24 屋面排水顺畅

图 7-25 接缝严密

图 7-26 吊顶对缝

【效果点评】

（1）图 7-23 中铝板弧度一致，视觉感美好。

（2）图 7-24 中铝镁锰板屋面无起翘板，保证排水顺畅。

（3）图 7-25 中玻璃与石材接缝严密，胶封宽度一致。

（4）图 7-26 中吊顶铝板尺寸均匀，铝板对缝。

2. 出入口栏杆

【策划目标】

（1）“高度规范”：靠墙扶手栏杆、隔离栏杆、玻璃栏杆高度满足规范。

（2）“可靠防摔”：固定牢靠，同时防止非专业人员攀爬。

（3）“坡道栏杆规范”：坡道栏杆固定牢靠，满足规范。

【操作方法】

（1）“高度规范”：靠墙扶手栏杆、隔离栏杆及玻璃栏杆高度规范均有具体的要求，因为斜面，在预埋件施工时，测量放线，保证高度且栏杆坡度一致。

（2）“可靠防摔”：采用玻璃栏杆或不锈钢栏杆固定牢固，与电扶梯接触面小于100mm，阻挡非专业人员攀爬。

（3）“坡道栏杆规范”：两侧栏杆的净空需满足轮椅的 360°旋转要求。

【示例照片】

图 7-27　栏杆高度满足规范要求

图 7-28　分割栏杆高度满足规范要求

图 7-29　玻璃栏杆高度满足规范要求

图 7-30　防攀爬不锈钢栏杆安装合理

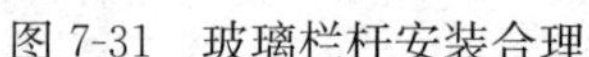

图 7-31　玻璃栏杆安装合理

图 7-32　坡道栏杆满足规范要求

【效果点评】

（1）图 7-27～图 7-29 中靠墙扶手栏杆、隔离栏杆、玻璃栏杆满足规范要求，安装美观。

（2）图 7-30、图 7-31 中防攀爬栏杆固定牢靠，防止攀爬标识醒目。

（3）图 7-32 中净空尺寸满足规范要求，方便使用。

3. 台阶与地面

【策划目标】

（1）“台阶均匀”：台阶高度一致，台阶长度以出入口宽度为基数均分铺贴，按照模数均分排版。

（2）“石材对缝”：按照模数均分排版。

（3）“接驳顺平”：室外休息平台达到与市政路面的顺平接驳，互不影响，实现各自的功能。

（4）“表面粗糙”：室外休息平台石材均采用毛面石材，抛光度为零。

【操作方法】

（1）“台阶均匀”：在出入口施工前完成出入口和市政标高的确认，提前对台阶高度和长度均分排版。

（2）“石材对缝”：以电扶梯平台周边收口石材起缝结合楼梯踏步模数，综合排版，确定石材的尺寸，原则上平台石材尺寸不小于 600mm×600mm。

（3）“接驳顺平”：市政道路盲道与休息平台处盲道对位顺接，台阶下方与市政道路无高差。

（4）“表面粗糙”：休息平台处石材采用毛面石材，防止雨天或雪天湿滑造成乘客摔倒。

【示例照片】

图 7-33 台阶高度均匀

图 7-34 石材对缝（一）

图 7-35 石材对缝（二）

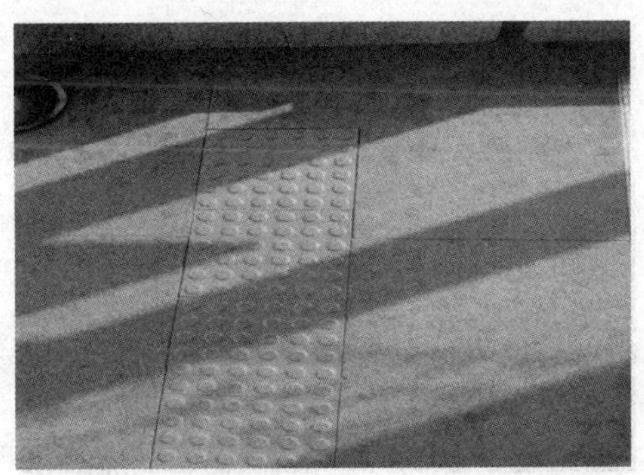

图 7-36 毛面石材

【效果点评】

(1) 图 7-33 中，台阶高度均匀，接驳顺平。

(2) 图 7-34 、图 7-35 中，进行石材的排版对缝。

(3) 图 7-36 为毛面石材，粗糙感明显，防滑效果好。

7.2.2 冷却塔

冷却塔一般由厂家供货带安装，施工单位应配合厂家做好基础施工和施工完成的围蔽。

【策划目标】

(1)“基础牢靠”：冷却塔地脚螺栓与预埋件的连接或固定应牢固。

(2)“位置准确”：冷却塔的出水口及喷嘴的方向和位置正确。

(3)“围蔽美观”：固定牢靠，同时防止非专业人员攀爬。

【操作方法】

(1)“基础牢靠”：各连接部件应采用热镀锌或不锈钢螺栓，其紧固力应一致、均匀。

(2)“位置准确”：冷却塔安装与基础位置准确，冷却塔基座无超出基础。

(3)“围蔽美观”：固定牢靠，采用方管氟碳漆喷涂防腐，同时与冷却塔周围隔离。

【示例照片】

图 7-37　基础固定

图 7-38　位置准确

图 7-39　围蔽美观

图 7-40　围蔽隔离警示

【效果点评】

（1）图 7-37 中基础固定牢固，螺丝对称。

（2）图 7-38 中冷却塔基座与混凝土基础连接位置适宜。

（3）图 7-39 中氟碳喷涂方管围蔽美观，与周围环境协调。

（4）图 7-40 中冷却塔位置显眼，隔离警示作用明显。

7.2.3　风亭

风亭有矮风亭和高风亭，在功能上有排风、新风、排烟区分，但在装饰装修上无功能的区分，主要起装修美观和警示区分。

【策划目标】

（1）“功能区分”：风亭隔开设置。

（2）“可靠防摔”：采用格栅栏杆，阻挡攀爬。

（3）“环境协调”：干挂石材与周围绿植结合，环境协调。

【操作方法】

（1）“功能区分”：风亭之间保持间距，一般在土建结构施工时设置。

（2）“可靠防摔”：采用方管焊接格栅栏杆，氟碳漆喷涂。

(3)“环境协调”：墙面采用干挂石材，周围种植绿植。

【示例照片】

图 7-41　风亭隔开设置

图 7-42　格栅栏杆设置

图 7-43　风亭围蔽

图 7-44　环境协调

【效果点评】

(1) 图 7-41 为不同功能的风亭，隔开设置。

(2) 图 7-42 为氟碳喷涂方管格栅栏杆，防止攀爬。

(3) 图 7-43 在风亭墙面干挂深灰色石材装饰。

(4) 图 7-44 在风亭干挂石材，格栅栏杆，种植绿植，与环境相协调。

7.2.4　垂直电梯

垂直电梯在公共交通运营环节中是一项必不可少的上下运输工具。它可以同自动扶梯一起确保乘客迅速疏散，同时可以协助行动不方便的乘客和携带重物的乘客上下运输。乘坐一部精品电梯是乘客安全的享受和心情舒畅的体现。为达到效果，主要从电梯安全、乘坐舒适度、电梯外观三个部分来阐述。

1. 电梯安全

首先电梯轿厢内张贴了安全标语及检验报告，能第一时间给乘客一种安全放心的感觉；然后是电梯轿厢内的安全监控均有效，比如厅门光幕有乘客进出时不会自动关闭，轿厢超载系统在电梯超载的情况下会自动报警；最后轿厢内的所有按键都有效，确保遇到电梯突发故障时乘客能第一时间通过电梯对讲系统联系救援人员。

【策划目标】

（1）“标语粘贴”：轿厢内张贴了安全标语及检验报告，能第一时间给乘客一种安全放心的感觉。

（2）“安全监控”：电梯轿厢内的安全监控均有效，比如厅门光幕有乘客进出时不会自动关闭，轿厢超载系统在电梯超载的情况下会自动报警。

（3）“对讲有效”：厢内的五方对讲系统有效，确保遇见电梯突发故障时乘客能第一时间通过电梯对讲系统联系到救援人员。

【操作方法】

（1）“标语粘贴”：在轿厢显著位置张贴好在有效期内的电梯年检安全检验标示牌；张贴好留有物业公司和电梯维修厂家联系电话的使用须知标示牌；张贴好乘梯注意事项。

（2）“安全监控”：新梯调试时须逐一将电梯厅门防夹系统、电梯超载系统、电梯精平层移位自动修复系统全部调试开通，并逐一测试确保所有功能均有效。

（3）“对讲有效”：调试时技术员会通过系统调试开通电梯连接监控室的通话和电梯连接物联网的通话并测试，以确保电梯在处于故障关人状态下，具有有效的对外保持安全通话的渠道。

【示例照片】

图 7-45　安全检验标示牌在有效期内

图 7-46　安全使用须知留有应急联系电话

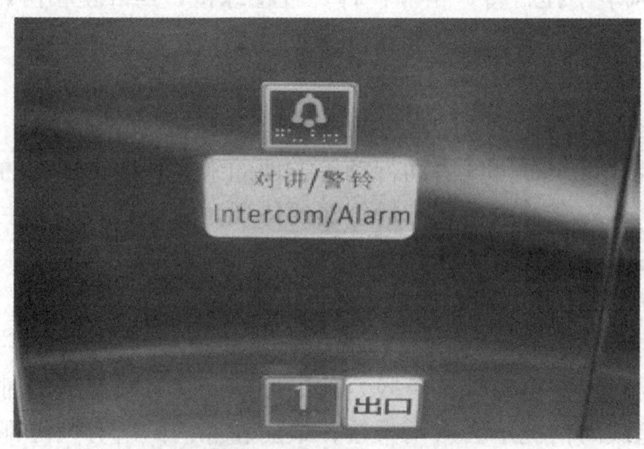

图 7-47　应急电话有标示

【效果点评】

(1) 图 7-45 在轿厢内将电梯安全检验合格证张贴在显著位置，并且在有效期内，轿厢显示有效。

(2) 图 7-46 将电梯使用注意事项张贴在醒目位置，上面留有物业公司或电梯维修公司的应急维修电话。

(3) 图 7-47 确保轿厢应急电话按钮有效，标示清晰，通话有效。

2. 乘坐舒适度

能带给乘客一次对电梯愉悦的乘坐体验，使电梯平稳地将乘客运送至目的楼层。

【策划目标】

(1) "运行平稳"：电梯平稳运行是乘客选定目的楼层后，电梯的启动平滑，不会出现猛地往上提拉的感觉或向下沉的感觉。

(2) "停车静音"：电梯在停站时，不会出现急加速急刹车的情况，并且停车抱闸动作声音很轻。

(3) "监控得当"：电梯在调试过程中，可以选用舒适感测试工具，对电梯调试过程进行监控。

【操作方法】

(1) "运行平稳"：电梯安装完成后，技术人员会通过系统对电梯各个楼层的运行作精细调试，确保电梯系统能精确计算出电梯在不同楼层、不同载荷的情况下启动时给出相对应的扭矩，避免启动下沉上窜，使电梯无论在何种情况下的启动都平稳舒适。

(2) "停车静音"：电梯在调试过程中，需要技术人员对电梯的各种负荷运行状态下都兼顾，抱闸调整做到零速动作，确保动作声音最小化。

(3) "监控得当"：电梯在调试过程中，可以选用舒适感测试工具（如 PMT，DT-6 等），对电梯调试过程中的运行曲线、电梯导轨的安装精度，进行有效监测，给安装人员提供改进的依据，可以大大提升电梯安装质量。

【示例照片】

图 7-48 电梯调试

【效果点评】

图 7-48 是电梯调试用 DT-6 测试工具，可以监控调试运行曲线，提升调试效果。

3. 电梯外观

电梯的井道、轿厢的表面、候梯大厅的干净整洁与否，都会给乘客带来最直观的感觉。

【策划目标】

（1）“井道部件有序”：井道整洁、玻璃干净、底坑干燥无污物、井道部件安装横平竖直、降温有效、井道顶部安装通风百叶窗、百叶窗布局与井道一致。

（2）“轿厢外观整洁”：轿厢清洁，不锈钢上没有划痕、胶印和残留保护膜，轿厢吊顶没有积灰，照明灯全部常亮。

（3）“大厅部件横直”：候梯大厅外呼按钮安装平直，楼层显示位置有效，电梯厅门门缝上下一致，门套与墙面结合平滑。

（4）“观光井道美观”：站内电梯绝大多数都是观光电梯，对美观要求非常高，要求钢结构表面的处理没有坑坑洼洼，玻璃与玻璃结合处平直，接缝处打胶平滑，玻璃外表面没有麻花点。

【操作方法】

（1）“井道部件有序”：井道底坑确保干燥，底坑积油盒中干净；交付使用前施工单位做好底坑的防水处理。井道部件安装平直，即导轨支架安装前画好线，井道内上下线槽安装前放好垂线，以确保井道部件横平竖直布设；观光电梯的井道夏天的温度通常会超过 50℃，大大超出电梯运行的环境温度，容易造成电梯控制系统因环境温度过高而死机。最有效的方法是在井道的顶部增加高度为 30cm 左右的百叶窗，确保井道内外形成空气对流，从而降低井道温度。百叶窗的设置与井道顶部布局一致，确保下雨天没有水渗入井道内。

（2）“轿厢外观整洁”：电梯厂家在发货时都会在围壁上贴上保护贴膜，安装人员在拼装围壁时可以把阴角处的膜先撕开，以确保接缝处无残留膜；在电梯运行前再将围壁上的保护膜撕去，可以确保在安装过程中围壁不受外来的划痕破坏；撕去保护膜后，不锈钢表面会留有胶印和指纹等污渍，可以用不锈钢清洁剂清洗表面，可以清洗掉胶印和灰尘；用吸尘器吸走吊顶上的积灰，这样可以确保轿厢整洁；检查照明灯是否都有效。

（3）“大厅部件横直”：首先电梯楼层显示准确，外呼按钮安装平直，面板贴紧墙面；其次大厅地砖铺贴与电梯门缝对齐；最后电梯门套与墙面接缝平滑，然后在接缝处用美缝胶均匀涂抹，确保接缝处平滑过渡。

（4）“观光井道美观”：观光电梯的钢结构要求厂家在出厂前对钢结构表面做好镀锌和喷漆处理，现场电焊操作污损点及时做好补漆处理。改变安装工艺，将电梯设备先行安装，完成后安装观光梯的井道玻璃，可以确保观光梯玻璃没有因焊接引起的麻花点；对于玻璃的平直，安装人员在安装玻璃前，需要对固定玻璃的棘爪点逐个复合尺寸并调整；对于接缝处的打胶，由专人一次性完成，可以确保平滑。

【示例照片】

图 7-49　底坑干燥，井道内干净整洁

图 7-50　线槽平直

图 7-51　通风百叶窗有效

图 7-52　轿厢干净整洁、不锈钢无划痕

图 7-53　拼装围壁去除阴角贴膜

图 7-54　电梯厅外装修接缝平滑

图 7-55 观光梯改变安装工艺

【效果点评】

(1) 图 7-49 中，底坑干燥，井道内干净整洁，积油盒内干净没有油污，形成一个良好的运行环境。

(2) 图 7-50 中，井道线槽安装平直，井道内没有不规则的线缆。

(3) 图 7-51 中，观光梯井道顶部设置百叶窗通风，与观光梯井道布局一致，确保降温与防雨效果。

(4) 图 7-52 中，轿厢清洁，不锈钢上没有划痕、积灰，轿厢吊顶没有灰尘。

(5) 图 7-53 中，轿厢围壁拼装前撕去阴角贴膜，确保围壁整洁。

(6) 图 7-54 中，电梯厅外装修地砖与门缝对直，装修与墙面平滑对接。

(7) 图 7-55 中，观光电梯改变安装工艺，先安装电梯设备，完成后安装井道玻璃，确保玻璃无焊点。

7.3 局部装饰装修

局部装饰装修在装修中是点睛之笔，是细节性的精致体现，是对使用功能的强化和提升，如房门、洁具、排水沟等，均是使用频率极高的兼具功能性和装饰性的设施，因此，需做好策划，精于实施。本节从三个主要细部进行阐述，分别是门窗、机房、卫生洁具等部分。

7.3.1 门、窗安装

【策划目标】

(1)“定位准确”：门、窗开启角度和方向定位准确。

(2)“灌浆适量”：防止灌浆过量门框变形影响房门或防火门的开启。

【操作方法】

(1)“定位准确”：房门或防火门均必须按照设计位置准确定位、准确安装，其中防火门安装更为重要。防火门安装前应首先确定疏散方向，明确防火门开启方向为疏散方向，防火门打开角度为 90°。装修进行门框的包边收口时应保证门正常打开 90°时，闭门器与门套不冲突，核对预留空间，确保闭门器安装到位和防火门的正常开启。

（2）“灌浆适量”：对于钢质防火门安装固定而言，需在门框内填充 1∶3 水泥砂浆。填充前应先把门关好，将门扇开启面的门框与门扇之间的防漏孔塞上塑料盖后，方可进行填充。填充水泥不能过量，防止门框变形影响开启。

【示例照片】

图 7-56　灌浆完成后的门框

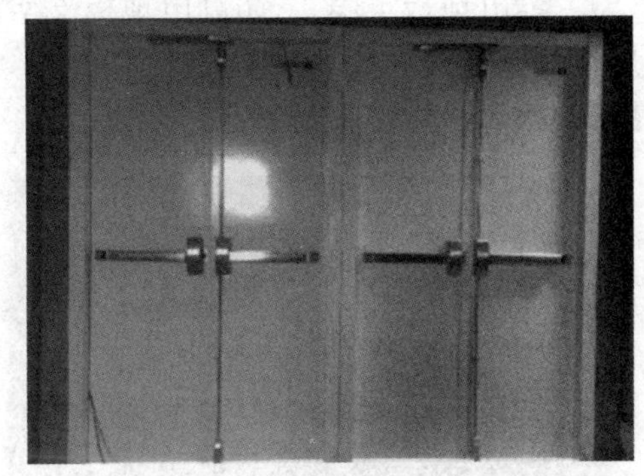

图 7-57　材料规格型号确认

【效果点评】

（1）图 7-56 为灌浆完成后，门框无变形，缝隙均匀，不影响防火门的开启。

（2）图 7-57 是疏散门推锁杆朝疏散方向安装。

7.3.2　机房装修

设备房装修工程与各设备安装专业的接口配合主要体现在设备基础、孔洞预留、顶棚、静电地板、墙面及各类设备的收口等，装修专业为常规机电设备安装提供必要的条件，以确保功能的实现。

【策划目标】

（1）“基础尺寸方正”：视觉良好，满足设备安装使用功能。

（2）“棱角边角包边”：降低碰挂风险，给运营人员一个舒适的环境。

（3）“沟槽牢固美观”：沟槽线形良好、涂刷线条显眼。兼备排水功能和提示作用。

（4）“饰面天墙地对缝”：装饰面天与墙、墙与地接缝对齐。

（5）“静电地板牢固”：静电地板安装支架独立牢固、接地连接布局美观。

【操作方法】

（1）“基础尺寸方正”：设备基础施工前应同机电专业再次确认基础的数量、形式、尺寸、预留预埋件等，设备基础尺寸的位置关系影响着设备就位安装以后，如：设备与基础不匹配、基础平整度不能满足设备安装要求，影响着设备的安全运行。与其他构筑物的检修相对空间，如设备基础距离墙体、柱子较近造成设备维修门打不开等设备使用和安装缺陷。

（2）“棱角边角包边”：对于阳角部位进行不锈钢的包边，包边高度宜为 1.8m；台基包边与其边长相等，且接头平齐。

（3）“沟槽牢固美观”：沟边及所有设备基础边角采用 40mm×40mm 镀锌角钢，并与接地母线连接。确保基础及边沟棱角分明，不易受损。所有基础侧边喷涂黄黑警戒条纹，间距10cm，倾斜45°。外露表面喷涂黄漆。沿沟边刷黄黑警戒条纹，并采用不锈钢篦子进行铺盖。

(4)“饰面天墙地对缝”：施工前期对整个房间测量放线，确定饰面起始铺贴方向，预留缝宽，确定天、墙、地不同装饰材料尺寸排列模数，当某一饰面面板尺寸较小时，应以模数的整数倍备料，避免铺贴时裁切对缝。

(5)“静电地板牢固”：防静电地板支架需独立设置，如遇线槽需设置加长支架，支架立柱应采用铜箔接地。

【示例照片】

图7-58　基础尺寸和排水沟

图7-59　不锈钢包边

图7-60　彩色涂刷

图7-61　室内天—墙、墙—地对缝

图 7-62　静电地板加长支架

图 7-63　立柱铜箔接地

【效果点评】

(1) 图 7-58 中，基础尺寸严格按照设计尺寸进行安装，外形美观坚固，保证功能正常使用。排水沟与基础顺接，保证了排水的顺畅。

(2) 图 7-59、图 7-60 中的不锈钢包边，既美观，又保护了墙体阳角。彩色涂料涂刷，给运营管理人员舒适的环境。

(3) 图 7-61 中，室内天—墙、墙—地对缝，其中天与墙模数比为 3∶1。贴饰效果整齐、美观。

(4) 图 7-62 中，当静电地板立柱与线槽冲突时，采用加长支架避开线槽，安装牢固、利于线槽检修。

(5) 图 7-63 中，立柱底座与接地铜箔连接紧密、接地铜箔布置美观。

7.3.3　卫生洁具及其他部位装修

1. 卫生间

【策划目标】

(1) “对缝规整”：卫生间墙砖、地砖、铝板吊顶对缝，形成天、墙、地三缝对齐，做到“一条缝到底，一种缝到边，整层交圈，整幢交圈”、“卫生间三维对缝”，避免错缝、乱缝、小半砖现象。

(2) “居中对齐”：小便器安装、感应开关安装均在墙砖居中安装，高度一致，地漏、蹲坑应与地面瓷砖结合居中安装，收口美观。

(3) “牢固可靠”：小便池牢固安装于墙面，且与墙面装饰接缝处理一致。

【操作方法】

(1) “对缝规整”：在施工前，需对整个房间测量放线，确定瓷砖的起始铺贴方向，在门洞临边瓷砖收口尺寸，综合考虑，进行顶棚、墙面、吊顶的排版，考虑一致的缝宽。

面砖预排时，应尽量避免出现非整块现象，如确实无法避免时，应将非整块的面砖排在较隐蔽的阴角部位，墙、地面不得出现小于 1/2 块的小条砖。

大墙面要排整砖，以及在同一墙面上的横竖排列，均不得有一行以上的非整砖。非整砖行应排在次要部位，如阴角处等同时要注意一致和对称，墙砖应压在地砖上面。门上口和水平缝，立框和砖模数对齐。

(2)“居中对齐”：卫生间施工前提前确定采用的卫生洁具型号尺寸等，保证深化精度；小便器、落地、上口、墙缝、两边和竖缝对齐；电器开关、插座，上口水平缝对齐；一中心：地漏在地砖中心，镶贴瓷砖时将瓷砖一分为四，向地漏找坡，瓷砖镶贴对称，地漏边缘与瓷砖之间要密实光滑，周边无渗漏。

(3)“牢固可靠”：小便池牢固安装于墙面，边缘与装饰面贴合严密、间距一致、排列整齐。

【示例照片】

图 7-64　顶棚墙面对缝

图 7-65　地面墙面对缝

图 7-66　洁具居中对齐

图 7-67　感应器居中安装

图 7-68　地漏缝中居中安装

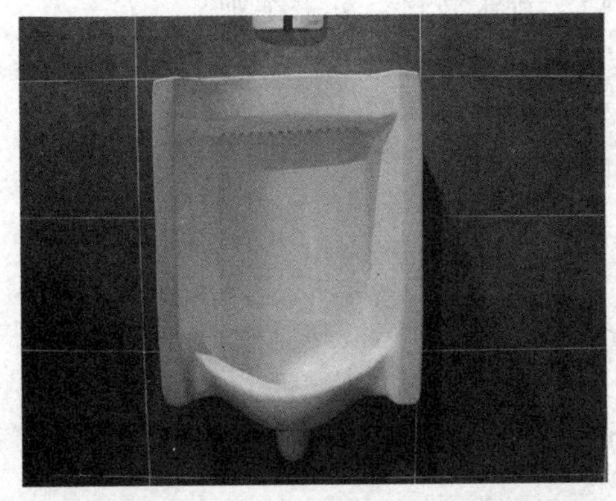

图 7-69　小便器安装效果图

图 7-70　台下盆安装

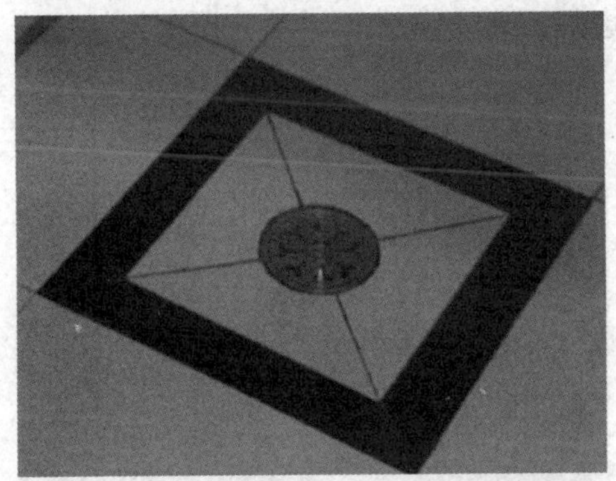

图 7-71　地漏安装

图 7-72　台下盆安装加橡胶垫

图 7-73　台下盆安装

图 7-74　不锈钢螺栓处加橡胶垫

【效果点评】

（1）图 7-64、图 7-65 中，墙面无小砖，顶棚与墙砖、地面与墙砖、墩台与地面对缝整齐美观，镜子边与砖缝对齐。

（2）图 7-66、图 7-67 中，洁具、感应器等居中布置，整体美观。

（3）图 7-68 中，地漏缝中居中安装，顺坡设置合理，利于排水。

（4）图 7-69、图 7-70 中，成排洁具布置间距均衡、标高一致，且卫生洁具安装前与装饰顶面、墙面、地面进行整体排布，做到布局合理、固定牢靠、协调美观。

（5）图 7-71 中，地漏处地砖采用八字形收口，排水效果，外形美观。

（6）图 7-72、图 7-73 中，洗脸盆支架安装时增加橡胶垫，防止损坏瓷器；支架采用可拆卸形式，便于检修、更换。

（7）图 7-74 中，不锈钢螺栓处加橡胶垫，防止损坏瓷器。

2. 台盆

【策划目标】

（1）“对缝整齐”：洗脸台板上口与墙砖对齐；台板立面挡板与墙砖对齐；镜子上下水平缝对齐，两侧对齐，竖缝对齐。

（2）“方便维护”：台下盆安装下方支架可拆卸，安装牢固、方便运营维护。

【操作方法】

（1）“对缝整齐”：根据墙面排版，适当调整台面、镜子高度及尺寸保证对缝整齐。

（2）“方便维护”：台盆支架焊接牢固、无虚焊。台下盆设置活动支撑支架保证安装牢固及运营拆除检修。

【示例照片】

图 7-75　台面、镜子对缝

图 7-76　支架焊接牢固美观

【效果点评】

（1）图 7-75 洗脸台板上口与墙砖对齐；台板立面挡板与墙砖对齐；镜子上下水平缝对齐，两侧对齐，竖缝对齐，整体美观。

（2）图 7-76 支架焊接牢固，设置合理，台盆支撑横道螺栓连接便于拆卸。

7.4　二　次　结　构

二次结构包括砌体、构造柱、圈梁，二次结构为非承重结构，但二次结构施工质量是提高房间抗震的一种有效措施，因此需要对圈梁、构造柱、砌体加强质量控制，严格按照策划、操作方法施工，确保二次结构的可靠性。

7.4.1　圈梁和构造柱

构造柱和圈梁是房屋抗震设防的一项重要构造措施，对提高砌体结构整体性能和抗震性能起着很重要的作用，马牙槎留置和圈梁贯通是提高砌体结构整体性的关键。

【策划目标】

(1)“接缝密实”：密实、美观，无错缝，不漏浆。

(2)“结构可靠”：构造柱、圈梁钢筋工程混凝土浇筑应密实，强度满足设计要求。

【操作方法】

(1)“接缝密实”：构造柱边缘与模板之间粘贴海绵条，海绵条粘贴必须平整顺直，墙柱模板的阴阳角拼缝必须严密，不错缝、不漏浆，做到严丝密缝。

(2)“结构可靠”：中构造柱上下端 600mm 范围内箍筋按@100mm 间距加密，箍筋弯钩为 135°，平直段不小于 10d 和 65mm。为保证构造柱浇筑质量，可在构造柱顶部将模板支成斜开口，方便振捣；混凝土浇筑完后会形成簸箕口，模板拆除后要及时将簸箕口剔除。

【示例照片】

图 7-77　接缝处理

图 7-78　柱钢筋间距

图 7-79　钢筋尺寸

图 7-80　构造柱外观质量

【效果点评】

(1) 图 7-77 对接缝处用海绵条粘贴。

(2) 图 7-78、图 7-79 中，柱钢筋严格按照规范要求施工，保证了结构的安全。

(3) 图 7-80 中，混凝土浇筑完成后外观质量较好，无蜂窝麻面，无缺棱掉角，混凝土色差一致。

7.4.2　砌体

墙体砌筑前，技术人员应将建筑与结构图纸叠图，主要目的是反映砌体墙与梁的位置关系、核对建筑与结构尺寸是否吻合图纸，再结合砌筑节点和砌体材料规格进行测量放线排版深化设计。

【策划目标】

（1）“墙体砌筑高度可控”：为后续专业施工进行预留，避免二次墙体破坏。

（2）“预留孔洞准确”：为设备进场安装预留通道，避免墙体被二次破坏。

（3）“砌筑压顶密实”：防止墙体装饰面裂缝。

（4）“马牙槎进退规矩”：马牙槎间距恰当，为后续施工预留接茬，以提高结合面的实体质量。

【操作方法】

（1）“墙体砌筑高度可控”：二次结构墙体砌筑至 2.4m 后（二次结构圈梁浇筑后），风水电专业穿墙预留洞口，待各类大型管线如风管、桥架等吊装安装完成后再进行砌筑。

（2）“预留孔洞准确”：车站大型轴流风机、变压器、冷水机组等必须在二次结构砌筑阶段由各安装单位根据设备尺寸的大小，确定现场是否预留运输通道。

（3）“砌筑压顶密实”：填充墙砌至接近梁、板底时，应留一定空隙，待填充墙砌筑完并至少间隔 14d 后，再将其补砌挤进，顶砌应对称向两边倒，且端部和中部采用三角形混凝土预制块，三角形预制块中心线小于 30°。

（4）“马牙槎进退规矩”：马牙槎应先退后进，且进槎砌块下角应切割成 45°。

【示例照片】

图 7-81　2.4m 砌筑高度

图 7-82　孔洞预留

图 7-83　马牙槎 45°斜角

图 7-84　墙体砌筑

【效果点评】

(1) 图 7-81 中，墙体砌筑 2.4m 高度，需要穿过墙体的其他专业同时施工。

(2) 图 7-82 为孔洞预留，门洞加设门柱。

(3) 图 7-83 中，马牙槎先退后进，砌块下角应切割成 45°。

(4) 图 7-84 中，墙体平整、对缝整齐、砂浆饱满、墙面无污染。

7.4.3 植筋

钢筋植筋的牢固性，是二次结构中抗震性能的关键因素，需要对植筋的工艺流程严格控制。

【策划目标】

(1)“打孔深度准确”：钢筋锚固深度按照规范要求满足 15d（钢筋直径）要求后进行打孔。

(2)“清孔干净”：孔内干净无灰尘。

(3)“牢固可靠”：植筋胶量饱满，提高锚固牢固性。

【操作方法】

(1)“打孔深度准确”：打孔深度测量数据大于钢筋锚固深度 15d。

(2)“清孔干净”：用气泵清孔，保持孔内干净，无灰尘、积水。

(3)“牢固可靠”：钢筋螺旋拧入，保证孔内植筋胶量溢出孔口为宜。

【示例照片】

图 7-85 锚固深度适当

图 7-86 牢固可靠

【效果点评】

(1) 图 7-85 中钢筋锚固深度大于 15d，满足锚固深度要求，确保锚固有效。

(2) 图 7-86 中孔洞及时预留，门洞加设门柱，便于后期植筋作业。

第8章 资 料 全 好

“资料全好”是指创精品工程的项目应收集必要的照片、视频、文档等资料，并按相关要求进行编辑整理，成册、成卷，做到齐全、完整、真实、准确、索引清楚，具有可追溯性。其中，电子档案符合相关要求；设计、审图、施工许可、质监、安监、档案等手续齐全，竣工资料整理和竣工备案齐全完整；施工组织设计、作业指导书等具有可操作性；有具体的质量标准、工艺参数，质量标准源于规范和标准，且关键单项控制指标高于规范和标准。

8.1 齐 全 完 整

建立健全管理制度，明确管理人员岗位职责，做好施工全过程资料的收集、整理工作，是创精品工程的必要条件，也是申报精品工程的前提。工程资料应根据国家现行标准《城市轨道交通工程档案整理标准》CJJ/T 180 和《建设工程文件归档规范》GB/T 50328 的要求进行收集和归档，工程档案资料的管理应贯穿工程建设全过程、全寿命周期，实现工程档案信息化管理。

8.1.1 管理制度

1. 组织机构与基本职能

创精品工程的项目应建立档案管理体系，成立由建设、设计、施工、监理单位组成的项目档案管理领导小组，建设单位分管负责人任组长，施工单位主管领导和项目专职档案管理员任副组长，指导、检查、督促和推进档案管理工作，提高项目档案管理水平。档案室设置在拟申报项目的施工单位，建设、设计、施工、监理单位指定专人为组员（资料员），明确档案室及各组员在档案管理中的职责，配备适当数量的档案管理人员和必要的设施设备。

施工单位负责制定项目档案管理制度，组员单位讨论通过并执行。同时，针对项目规模和特点明确档案室配置标准，负责档案室规划和建设，负责工程档案的收集、整理、归档、保存和移交。

各单位、各部门资料员负责收集和整理本业务部门职能范围内的工程档案。

各单位、各部门应对本单位形成的工程资料负责管理，并保证工程资料的可追溯性。由多方共同形成的工程资料，各自承担相应的管理责任。

2. 档案管理制度

档案室负责制定本项目档案管理制度，经项目档案管理领导小组审核同意后发布实施。应制定的管理制度一般包括：①文件、材料收集归档制度；②档案统计制度；③档案室管理制度；④档案借阅管理制度；⑤档案检查制度；⑥档案复制制度；⑦档案保密管理制度；⑧档案定期送交制度；⑨档案检查管理制度；⑩档案联系催要制度；⑪档案销毁制度。

8.1.2 工作职责

明确组长、副组长、组员职责。以档案员、资料员为例：要求档案员、资料员应接受过一定的档案管理、信息管理等方面的培训，具有作风严谨、有责任心、有团队合作精神；工作负责、细致认真；保密意识强等特质。档案员、资料员工作职责应包含以下主要内容：

（1）熟悉档案管理办法，严格执行档案资料保密制度。

（2）及时提交本单位、本职责或职能范围内的工程资料、档案，且齐全、完整。

（3）熟练掌握计算机档案管理信息系统的应用，严格执行档案入库制度，认真做好分类登记。

（4）熟练使用办公软件，档案分类、索引、标识应做到科学合理，便于查找。

（5）组员（资料员）应及时清理发现不完整资料、档案，并进行收集和补充。

（6）档案借阅应按规定办理登记手续，认真检查到期归还的资料是否完整无缺，发现问题及时报告和处理。

（7）按有关规定对档案进行例行的保养、管理或销毁。

8.1.3 文件和资料范围

用于创精品工程的技术资料不限于施工单位的相关资料，还应包括建设、勘察、设计、监理和第三方单位的相关资料，归档时可存档于本单位档案室，但应向创精品工程项目档案室提交相关清单，必要时必须提交正本。

1. 文书类资料

文书类资料指与工程相关的单位内部，与上级机关、组员单位之间，与地方相关方等往来的综合性文件。

文书类资料由办公室（综合管理部）按收发文统一登记，呈报相关领导和部门传阅后按内容转各部室归口管理，各部室根据文件内容分类登记，编排清单后归档保存。

2. 技术类资料

创精品工程项目的工程技术部负责设计文件资料、过程控制资料、施工技术管理资料的收集、整理和归档工作，工程测量组负责测量、监测资料的收集、整理和归档工作；试验室负责工程试验资料的收集、整理和归档工作。

创精品工程项目技术类资料应按照竣工资料的要求进行整理，以便工程竣工验交后进行资料移交，满足运营单位的应用需要。主要内容如下：

（1）勘察文件资料：包括工程地质勘察报告、勘察图纸、勘察交底、勘察质量报告等。

（2）设计文件资料：包括设计施工蓝图、设计变更图、设计交底、技术核定单、图纸会审等。

（3）过程控制资料：包括检验批记录、分部分项工程评定、施工日志、首件验收报告、条件验收报告、施工方案、技术交底、质量检查记录等。

（4）施工技术管理资料：包括项目形成的各种技术文件、会议记录和会议签到表、施工组织设计、施工规范及验收标准、质保体系、管理类方案、水土保持措施、施工技术小结或总结、竣工文件相关资料、施工过程验收及竣工验收记录、竣工验收报告等。

（5）工程试验资料：包括原材料试验检验报告、材料合格证、成品及半成品质量合格证、原始检查试验资料、理论配合比、施工配合比、进场检验、试件记录等。

（6）第三方检测、验收资料：包括有特殊要求的原材料试验检验报告、过程检测、抽样检测、特种设备装置检验与验收、特殊分部分项验收等。

（7）测量监测资料：包括测量方案、导线复测报告、检验批、测量报验单；监测方案、监测日报、监测周报。

3. 安全类资料

创精品工程项目的安全环保部（安全质量部）负责收集、整理和归档。

安全类资料主要包括：安保体系、特种人员报验资料、机械设备报验资料、人员进场三级教育、安全培训资料、危大工程安全管理资料、风险辨识清单、风险隐患排查记录、关键节点安全验收资料、应急预案与演练、事故管理资料等。

4. 合同类资料

创精品工程项目的计划合约部负责收集、整理和归档。

合同类资料包括：施工期间各类分包合同、协议，招标投标文件以及工程预概算，过程中对上、对下计量和决算资料等。

5. 物资设备类资料

创精品工程项目的物资设备类资料由物资机电部负责收集、整理和归档。

物资设备类资料包括施工期间产品检验、包装、工装图、检测记录；设备、材料采购、招标投标文件、合同、出厂质量合格证明；设备、材料装箱单、开箱记录、工具单、备品备件单；设备图纸、使用说明书、零部件目录等。

6. 财务类资料

创精品工程项目的财务类资料由财务会计部负责收集、整理和归档。

财务类资料包括：施工期间项目财务计划及执行、年度计划及执行、年度投资统计记录；工程概算、预算、标底、合同价、决算、审计及说明；主要材料消耗、器材管理财务往来凭证记录；交付使用的固定资产、流动资产、无形资产、递延资产清册；其他相关应归档的文件等。

7. 影像资料

根据现行行业标准《城市轨道交通工程档案整理标准》CJJ/T 180 声像资料归档要求，项目影像资料的内容及范围有：施工阶段的主体结构隐蔽工程施工影像，工程关键节点、部位、施工工艺、四新技术应用的影像，重要试验、测试影像，工程事故和处理情况影像及施工文物保护影像；竣工验收阶段工程竣工验收会议影像等。

各类影像资料要设置专人每月收集、整理，保存在指定的电脑或硬盘中。其中，施工单位项目部工程技术部负责施工阶段的主体结构隐蔽工程施工影像，工程关键节点、部位、施工工艺、四新技术应用的影像、施工文物保护影像，竣工验收阶段工程竣工验收会议影像的收集、整理和归档工作；施工单位项目部试验室负责重要试验、测试影像的收集、整理和归档工作；施工单位项目部安全环保部（安全质量部）负责工程事故和处理情况影像的收集、整理和归档工作。

国家优质工程奖、中国建设工程鲁班奖（国家优质工程）、江苏省优质工程奖“扬子杯”等各种精品工程在申报时应提供申报影像资料。以某工程申报国家优质工程奖为例，着重介绍申报影像资料的基本要求：

影像资料1份，申报国家优质工程奖项目控制在5min以内，金奖项目控制在8min以内。

影像资料要能够反映出一般项目的整体质量情况。包含工程概况、工程建设程序合法性、工程建设特（难）点、建设过程质量管控措施、重要部位及隐蔽工程的质量检验情况、关键技术及科技进步、节能环保措施与成效、工程获奖情况以及取得的经济和社会效益等。

影像资料各阶段所展现的主要镜头语言包括：

（1）工程概况：运用航拍镜头展示工程全貌、工程线路走向及各站点设计等与周围环境的关系。

（2）工程建设特（难）点：展示工程建设中的工程重点、难点分项的施工方法、技术措施。

（3）工程质量情况：运用特写镜头展示土建施工、机电安装、装饰装修等不同施工阶段的施工过程质量管控、隐蔽工程质量和竣工后的主要功能部位的美、好、精、细。

（4）工程技术创新及节能环保技术应用情况：运用镜头语言展示工程施工技术创新、建筑业新技术应用及节能环保设计、节能环保材料应用等，并用数据语言展示节能环保效果。

（5）工程获奖情况：展示工程各阶段获得的省级以上科学技术进步奖、质量奖、设计奖、新技术应用示范工程、工法、QC活动成果、绿色示范工程、文明工地、专利等荣誉和证书。

（6）取得经济效益、社会效益：运用数据语言展示工程所取得的经济效益和社会效益。

影像资料解说词脚本一般按200字/min左右控制，解说词采用标准普通话朗读，发音准确、语速平缓。影像画面所表达内容应和解说词相对应，使得声音和画面融为一体，充分展现工程建设整体施工质量。

8.2 真 实 准 确

资料的收集、整理应保证真实、准确、可靠，做到与施工进度同步，数据和图片来源于现场，且审签及时，手续齐全。

8.2.1 资料整理与施工进度同步

（1）归档的工程文件应为原件。

（2）资料整理必须与施工进度同步，其内容及其深度必须符合现行国家有关工程的技术规范、标准和规程。

（3）工程文件的内容必须真实、准确，与工程实际相符合。要求在施工过程中及时、准确地收集和整理，做到不丢弃、不漏项、不填错、图片和实际相符。

(4) 建立和完善相应的工程管理台账。台账应能准确反映工程实施过程中的各项要素，如时间、地点、人物、内容等，并与相应的工程资料及现场记录相对应，且随着工程进展得到及时更新。

(5) 各单位、各部门资料员应定期对部门业务内的档案资料进行梳理并更新、完善台账记录。对于临时性档案资料，可按时间顺序进行归档，本部门保存、备查；对于竣工验收所要求的归档保存的档案资料，相关业务部门应每月定期与档案室进行档案资料归档交接工作，并做好交接记录。

(6) 竣工图：

1) 所有竣工图均应加盖竣工图章。竣工图章应使用不易褪色的红印泥，应盖在图标上方空白处。

2) 竣工图章的基本内容包括："竣工图"字样，施工单位；编制人、审核人、技术负责人；编制日期；监理单位，现场监理，总监等。

3) 竣工图章尺寸统一为 50mm×80mm。

4) 利用施工图改绘竣工图，必须标明变更修改依据；凡施工图结构、工艺、平面布置等有重大改变，或变更部分超过图面 1/3 的，应当重新绘制竣工图，重新绘制的竣工图编号应使用原图编号。

5) 不同幅面的工程图纸应按现行国家标准《技术制图—复制图的折叠方法》GB/T 10609.3 统一折叠成 A4 幅面（297mm×210mm)，图标栏露在外面。

6) 竣工图的绘制与改绘应符合国家现行有关制图标准的规定。

(7) 纸质文件应采用耐久性强的碳素墨水，蓝黑墨水书写，不得使用红色墨水、纯蓝墨水、圆珠笔、复写纸、铅笔等易褪色的笔墨书写。计算机输出文字和图件应使用激光打印机，不应使用色带式打印机、水性墨打印机和热敏打印机。

(8) 文件应字迹清楚，图样清晰，图标整洁，签字齐全有效，盖章手续完备。

(9) 文件中文字材料幅面尺寸规格统一为 A4 幅面（297mm×210mm)，图纸宜采用国家标准图幅。

(10) 文件的纸张应采用能够长期保存的韧力大、耐久性强的图纸，不应低于 70g 纸张。图纸一般采用蓝晒图，竣工图宜是新蓝图。计算机出图必须清晰，不得使用计算机出图的复印件。

8.2.2 资料来源于现场

创精品工程的资料是申报、评审的基础性文件。其中，技术资料是竣工交付的必备文件，也是对工程进行检查、验收、管理、使用等的依据。因此，资料必须来源于施工现场。

以技术资料为例，其资料收集应按单位工程、分部、分项工程的施工进度随时发生随时收集、记录、整理，内容的填写必须真实、可靠、准确。

(1) 根据"档案管理资料目录"的内容，职责部门编制完成"档案资料清单"，并按"清单"内容收集、整理来源于施工现场的各项资料。

(2) 资料的形成应符合国家相关的法律、法规、施工质量验收标准和规范、工程合同与设计文件等规定。

（3）施工日志、旁站记录、技术交底、试验、测量、检验批等资料应真实反映工程质量的实际情况，并与工程进度同步形成、收集和整理。

（4）应确保各自资料的真实有效、完整齐全，严禁伪造、损毁或故意撤换。

（5）归档电子文件同时存在相应的纸质或其他载体形式的文件时，则应在内容、相关说明及索引方面保持一致。

（6）具有保存价值的电子文件，必须适时生成纸质文件等硬拷贝。进行归档时，必须将电子文件与相应的纸质文件等硬拷贝一并归档。

（7）存储移交电子档案的载体应经过检测，应无病毒、无数据读写故障，并应确保接收方能通过适当设备读出数据。

8.2.3　审签及时手续齐全

工程档案资料编制应严格按照现行国家标准《建筑工程施工质量验收统一标准》GB 50300规定，依据城建档案馆、业主档案管理、竣工资料及企业档案管理的要求进行编制，并应做到审签及时、手续齐全。

（1）设计交底、施工组织设计、施工方案、隐蔽工程验收、检验批、检测试验等资料的审签应及时完成，以保证施工顺利推进。

（2）审签的同一份文件需要同时归档电子文件与纸质文件时，审签人的签名、字迹应一致。

（3）同一份文件需要多个单位或部门联合审签时，签字盖章应清晰，如果有顺序要求，则应在审签时间上体现差异。

（4）保存与纸质等文件内容相同的电子文件时，要与纸质等文件之间建立相互对应的准确、可靠的标识关系。

8.3　索　引　清　楚

资料分类管理是提高资料使用效率的重要手段，要做到所有归档资料能看得见、查得着，首先应科学合理地对全部工程资料进行分类，再进行必要的索引和标示。

8.3.1　资料分类

创精品工程项目应做好档案资料管理工作，分类管理的原则：一是分类边界清晰，无模棱两可情况；二是易于检索，便于查找。项目工程的全部资料可以按照本章第一节“三、文件和资料范围”划分为7个类型，即：①文书类资料；②技术类资料；③安全类资料；④合同类资料；⑤物资设备类资料；⑥财务类资料；⑦影像资料。

在此基础上再进一步细分，如：项目施工文件按单项工程、单位工程或装置、阶段、结构、专业组卷；项目竣工图按建筑、结构，水电、暖通、电梯、消防、环保等顺序组卷；设备文件按专业、台件等组卷；管理性文件按问题、时间或项目依据性、基础性、竣工验收文件组卷；原材料试验按单项工程、单位工程组卷。

8.3.2 索引与标识

技术资料的有效管理离不开索引与标识，良好的索引与标识不仅便于查找，而且可以提高工作效率，并能够在相对短的时间内给自己带来有价值的信息。在创精品工程时，技术资料的收集不仅仅是全过程，而且是大量的和多种格式。就某一具体分项工程的技术资料而言，包括从施工图、原材料进场检验记录、工程检验批、施工日志，到测试、检验报告、竣工验收报告等，这些资料都离不开收集和归档，从而形成创精品工程技术资料数据库。

1. 索引编制

“索引”是对“数据库表”中一列或多列的值进行排序的一种结构。利用计算机管理时，索引的一个主要目的就是加快检索表中数据，亦即能协助信息搜索者尽快地找到符合限制条件的记录ID的辅助数据结构。从资料检索的角度看，“索引”即是文件名，包括文件夹和个体文件，在编制“索引”文件名时，应注意关键字、词的选择和使用，应利用单字或词汇找到在特定栏位中出现相同单字或词汇的资料。

（1）选用涵盖主要概念的词汇

具体的文件名应选择的关键字要能正确传达文件主题的中心概念。关键字必须能清楚地界定文件主题，尽量选用意义明确的词汇，如钢筋、水泥，而少用一般的、共通性的词汇，如原材料。类似于“原材料”这样的文件名只能用于大类别分级的文件夹，且在文件夹内应再细分“钢筋”、“水泥”等。

（2）选用的片语不宜太长

选用单字或简短的片语关键字，通过输入适当的词汇或短语命名文件。如果输入的片语或词组太长，反而不利于建档和查找。例如：不宜用“基坑开挖中的降水方法”当成一个索引，而应该以“基坑开挖”、“降水方法”来进行索引。

以结构工程为例，其索引编制包含且不限于以下内容：

1）立项审批；

2）规划设计；

3）工程报建；

4）合同类资料；

5）物资设备类资料；

6）原材料、成品、半成品合格证、试验报告；

7）隐蔽工程验收记录及工程质量验收记录；

8）桩基工程桩基承载力和桩身完整性检测报告；

9）天然地基、人工地基的承载力试验报告；

10）地下防水效果检查记录；

11）有防水要求的地面蓄水试验记录；

12）出入口幕墙及外窗气密性、水密性、耐风压检测报告；

13）沉降观测记录；

14）节能保温测试记录；

15）室内环境检测报告；

16）墙饰面砖粘结强度检测报告；

17）竣工验收；

18）影像资料。

2. 标示编制

“标示”是文件名的最简单描述，同一类文件中的不同文件，可以是编号，也可以是最简洁的文字。如某一类工程照片、不同里程的检验批文件、最终归档的文件等。

最终归档的文件要逐件编号，在首页右上端的空白处加盖归档章并填写相关内容，文件首页无法加盖归档章的要另附空白纸，填写文件提名后加盖归档章。归档章应设置全宗号、年度、室编件号、机构或问题、保管期限、页数等项。

附　录

创精品工程资料清单

一、合规性文件

1. 申报工程立项批文
2. 可行性研究报告
3. 初步设计的批复
4. 申报工程备案材料
5. 承担单位营业执照
6. 建设工程规划许可证
7. 建设工程规划核实合格书
8. 工程项目建议书的批复
9. 环境影响报告书的批复
10. 建设项目选址意见书
11. 建设用地规划许可证
12. 国有土地使用证
13. 建设用地批准书
14. 建设工程规划许可证
15. 施工图审查报告
16. 建设工程施工许可证
17. 开工批复文件
18. 建设工程规划验收许可文件
19. 建设工程消防验收许可文件
20. 建设工程环保验收文件
21. 建设工程人防验收许可文件
22. 建设工程档案验收意见
23. 建设项目水土保持鉴定书
24. 防雷接地报告
25. 安全评价报告
26. 建设工程质量监督报告
27. 特种设备备案文件
28. 票价批复文件

29. 卫生评价备案
30. 项目工程验收报告
31. 竣工验收报告
32. 建设工程竣工验收备案许可文件
23. 试运营安全评估报告
34. 无安全责任事故的证明
35. 无质量责任事故的证明
36. 无拖欠农民工工资的证明
37. 承建单位资质证书
38. 参建单位营业执照
39. 参建单位资质证书
40. 承建单位承建申报工程承包合同
41. 参建单位参建申报工程承包合同
42. 申报工程更名证明材料
43. 有关单位更名证明材料
44. 结算审计报告

二、工程获奖材料

1. 省（部）级以上科学技术奖
2. 省（部）级以上 QC 成果
3. 省（部）级以上工法
4. 省（部）级以上优质工程奖
5. 省（部）级以上文明工地
6. 省（部）级的建筑业新技术应用示范工程或绿色施工示范工程
7. 专利
8. 计算机软件著作权
9. 省（部）级以上优秀设计奖
10. 省（部）级先进单位或个人
11. 其他奖项（如发表论文与专著等）

三、勘察设计资料

（一）勘察

1. 综合文件

1.1 勘察单位企业法人、营业执照及资质等级证书
1.2 勘察合同
1.3 五方责任书
1.4 审图意见、审图意见回复单
1.5 勘察安全交底资料
1.6 验槽记录

1.7　勘察单位工程勘察检查报告

1.8　勘察单位质量自评报告

2. 勘察报告

2.1　工可报告

2.2　初勘报告

2.3　详勘报告

2.3.1　车站详勘报告

2.3.2　区间详勘报告

(二) 设计

1. 综合文件

1.1　设计单位企业法人、营业执照及资质等级证书

1.2　设计合同

1.3　五方责任书

1.4　设计交底资料

2. 初步设计

2.1　车站初步设计

2.1.1　建筑

2.1.1.1　说明书

2.1.1.2　附图

2.1.2　结构

2.1.2.1　说明书

2.1.2.2　附图

2.1.3　通风空调

2.1.3.1　说明书

2.1.3.2　附图

2.1.4　给水排水及消防

2.1.4.1　说明书

2.1.4.2　附图

2.1.5　动力配电与照明

2.1.5.1　说明书

2.1.5.2　附图

2.1.6　概算

2.2　区间说明及附图

3. 招标设计

3.1　车站招标设计

3.1.1　招标图

3.1.2　用户需求书

3.1.2.1　乙供设备

3.1.2.2　甲供设备

3.2　区间招标设计

4. 施工图设计（图册）

4.1　车站施工图设计

4.1.1　建筑

4.1.1.1　车站主体建筑

4.1.1.2　车站附属建筑

4.1.1.3　车站地面四小件施工图

4.1.1.4　车站出入口雨棚

4.1.2　结构

4.1.2.1　车站主体围护结构

4.1.2.2　车站主体结构

4.1.2.3　二次结构及孔洞预埋施工图

4.1.2.4　车站附属结构

4.1.2.5　车站地面结构

4.1.2.6　车站结构防水

4.1.3　通风空调

4.1.3.1　车站通风与空调

4.1.3.2　通风空调工艺

4.1.4　给水排水及消防

4.1.4.1　车站给水排水及消防

4.1.4.2　区间给水排水及消防

4.1.5　动力配电与照明

4.1.5.1　机电接地

4.1.5.2　动力配电

4.1.5.3　设备区、区间照明配电

4.1.5.4　公共区、出入口照明配电

4.1.6　装修

4.1.6.1　车站设备区装修

4.1.6.2　车站公共区装修

4.1.6.3　车站公共区乘客导向系统

4.1.7　综合管线

4.1.7.1　综合管线

4.1.7.2　综合支吊架设计

4.1.8　一期交通疏解及管线迁改

4.1.8.1　道路工程

4.1.8.2　交通工程

4.1.8.3　管线综合

4.1.8.4　雨水工程

4.1.8.5　污水工程

4.1.8.6 电力排管

4.1.8.7 信息排管

4.1.8.8 绿化迁移

4.1.8.9 照明工程

4.1.9 二期管线迁改、交通疏解及末期恢复

4.1.9.1 道路工程

4.1.9.2 交通工程

4.1.9.3 管线综合

4.1.9.4 雨水工程

4.1.9.5 电力排管

4.1.9.6 信息排管

4.1.9.7 景观工程

4.1.9.8 照明工程

4.1.9.9 管线接口

4.1.10 综合总图

4.2 区间施工图设计

4.2.1 结构

4.2.1.1 区间隧道平、纵断面设计图

4.2.1.2 区间管片结构设计图

4.2.1.3 特殊衬砌环设计图

4.2.1.4 隧道防水设计图

4.2.1.5 隧道接口及端头井加固设计图

4.2.1.6 联络通道（泵房）设计图

4.2.1.7 管片预埋滑槽设计图

4.2.2 疏散平台

四、施工资料

(一) 土建工程

1. 综合文件

1.1 工程质量、安全监督手续文件

1.1.1 安监备案资料

1.1.1.1 建筑业企业信用管理手册

1.1.1.2 临时设施备案表

1.1.1.3 已备案的施工承包合同（封面带二维码）

1.1.1.4 安监申报表

1.1.1.5 工程概况（包含在安监申报表内）、施工现场安全技术措施和平面布置图（包含在安监申报表内）

1.1.1.6 施工现场周边环境和地下设施情况交底表（包含在安监申报表内）

1.1.1.7 工程项目危险性较大的分部分项工程清单（包含在安监申报表内）和安全

管理措施

1.1.1.8　工程项目应急救援预案

1.1.1.9　安全文明施工措施费交付计划

1.1.1.10　三方单位安全生产文明施工承诺书（包含在安监申报表内）

1.1.1.11　工程项目参加工伤保险核定表

1.1.2　质监备案资料

1.1.2.1　施工合同、中标通知书

1.1.2.2　监理合同、中标通知书

1.1.2.3　施工图设计审查文件

1.1.2.4　五方责任书

1.2　施工许可证办理

1.2.1　工程项目立项批文

1.2.2　建设工程规划用地批准书和国土局用地批准书或土地证

1.2.3　建设工程规划许可证副本

1.2.4　施工合同、中标通知书

1.2.5　监理合同、中标通知书

1.2.6　施工图设计审查文件

1.2.7　接受工程质量和安全监督的证明资料

1.2.8　建设工程消防设计审核意见书

1.2.9　施工现场临时设施备案表

1.2.10　建设工程农民工工资支付承诺书

1.2.11　建设资金到位证明及支付担保保函（履约保函）

1.2.12　档案报送责任书

1.2.13　现场踏勘报告

1.2.14　使用预拌砂浆承诺书

1.2.15　工程所在地的社保中心出具的《××市工程项目参加工伤保险核定表》

1.3　工程概况及工程数量汇总表

1.3.1　工程概况

1.3.2　工程数量汇总表

1.4　开（停、复、完）工报告

1.4.1　春节工程暂停令及复工备案表

1.4.2　工程暂停令及复工备案表

1.5　施工总结

1.6　施工单位企业法人、营业执照及资质等级证书

1.7　专业分包单位企业法人、营业执照及资质等级证书

1.8　安全生产许可证

1.9　施工管理人员一览表

1.10　分包单位施工合同文件

1.11　（单位）子单位工程、分部、分项工程划分

1.11.1　子单位验收条件审批表
1.11.2　子单位分部、子分部、分项单元划分表
1.11.3　子单位工程质量验收监理评估报告
1.11.4　子单位验收自评报告
1.12　会议纪要
1.13　各级项目评优报奖申报资料、批准文件及证书

2. 工程管理类

2.1　施工组织文件
2.1.1　施工组织设计及审批表、重大方案审批记录
2.1.1.1　实施性施工组织设计及审批表
2.1.1.2　车站基坑开挖与支撑架设专项施工方案审批
2.1.1.3　车站地下连续墙专项施工方案审批
2.1.1.4　车站基坑降水专项施工方案审批
2.1.1.5　车站钢筋笼吊装专项施工方案审批
2.1.1.6　车站高支模专项施工方案审批
2.1.1.7　区间盾构始发、掘进、接收专项施工方案审批
2.1.1.8　区间盾构下穿重建构筑物专项施工方案审批
2.1.1.9　区间联络通道专项施工方案审批
2.1.2　各类施工方案
2.1.2.1　车站围护结构施工阶段场地布置策划方案
2.1.2.2　车站冠梁支撑施工方案
2.1.2.3　车站综合接地施工方案
2.1.2.4　车站主体结构施工方案
2.1.2.5　车站主体结构防水施工方案
2.1.2.6　车站梯笼安装方案
2.1.2.7　车站施工监测专项施工方案
2.1.2.8　车站夏季施工方案
2.1.2.9　车站冬季施工方案
2.1.2.10　车站绿色施工方案
2.1.2.11　区间施工场地布置方案
2.1.2.12　区间端头加固、降水井施工方案
2.1.2.13　区间管线保护方案
2.1.2.14　区间负环拆除方案
2.1.2.15　区间盾构停机方案
2.1.2.16　区间管片排环表与管片需求计划施工方案
2.1.3　管线、安监、质监等交底记录
2.1.3.1　地下管线调查交底
2.1.3.2　质监站交底
2.1.3.3　安监站交底

2.1.4　工程进度计划审批、工期调整等相关资料

2.1.4.1　月度计划保监审批

2.1.4.2　季度计划保监审批

2.1.4.3　年度计划保监审批

2.1.4.4　工期节点调整审批

2.1.5　施工大事记

2.2　图纸会审

2.2.1　设计图纸会审纪要

2.2.1.1　车站主体围护结构图纸会审

2.2.1.2　车站主体结构图纸会审

2.2.1.3　车站主体结构建筑图纸会审

2.2.1.4　车站结构防水图纸会审

2.2.1.5　车站综合接地图纸会审

2.2.1.6　区间平纵断面、管片模板、管片配筋、特殊衬砌、管片预埋滑槽、风险图纸会审

2.2.1.7　区间隧道接口及端头井加固图图纸会审

2.2.1.8　区间防水设计图图纸会审

2.2.1.9　区间联络通道及泵房施工图图纸会审

2.2.2　设计技术交底

2.2.2.1　车站勘察交底

2.2.2.2　车站风险源交底

2.2.2.3　车站主体围护结构设计交底

2.2.2.4　车站主体结构设计交底

2.2.2.5　车站结构防水设计交底

2.2.2.6　车站接地装置施工图设计交底

2.2.2.7　区间勘察交底

2.2.2.8　区间平纵断面、管片模板、管片配筋、特殊衬砌、管片预埋滑槽、风险设计交底

2.2.2.9　区间隧道接口及端头井加固设计交底

2.2.2.10　区间防水设计图设计交底

2.2.2.11　区间联络通道及泵房施工图设计交底

2.2.3　工程变更相关资料及汇总表

2.2.3.1　车站变更

2.2.3.2　区间变更

2.2.4　施工图汇总表

2.3　工程质量事故报告及处理记录

2.4　施工日志

2.4.1　车站施工日志

2.4.2　区间施工日志

3. 工程技术类

3.1　工程测量及监测资料

3.1.1　工程测量交接记录

3.1.2　控制点汇总表

3.1.3　加密平面控制点测量复核记录

3.1.4　加密高程控制点测量复核记录

3.1.5　施工放线报验单工程定位测量记录

3.1.5.1　区间始发托架、反力架定位资料报验

3.1.5.2　区间接收托架定位资料报验

3.1.6　施工放线报验单工程轴线测量记录

3.1.6.1　车站底板轴线放样

3.1.6.2　车站中板轴线放样

3.1.6.3　车站顶板轴线放样

3.1.6.4　区间联络通道中轴线放样

3.1.7　施工定位测量、复核记录

3.1.7.1　区间始发托架、反力架定位复核记录

3.1.7.2　区间接收托架定位复核记录

3.1.8　工程测量记录及测试、检测记录

3.1.9　净空测量检查

3.1.9.1　车站断面净空测量

3.1.9.2　区间断面净空测量

3.1.10　施工期间建（构）筑物沉陷观测记录

3.1.10.1　车站监测日报

3.1.10.2　区间监测日报

3.1.11　控制测量成果表（主要指竣工点位）

3.1.11.1　车站底板控制点联测报告

3.1.11.2　区间贯通测量报告

3.1.11.3　区间地下控制点恢复测量报告

3.1.12　监测月报、监测总结

3.1.12.1　监测月报

3.1.12.2　车站监测总结报告

3.1.12.3　区间监测总结报告

3.2　原材料、构配件出厂合格证及进场检（试）验资料

3.2.1　钢材、水泥、砖（砖块）、砂、石、外加剂及掺合料

3.2.1.1　围护结构导墙钢筋出厂合格证及进场检（试）验

3.2.1.2　围护结构地连墙钢筋出厂合格证及进场检（试）验

3.2.1.3　围护结构冠梁支撑钢筋出厂合格证及进场检（试）验

3.2.1.4　围护结构钻孔桩钢筋出厂合格证及进场检（试）验

3.2.1.5　车站钢支撑高强度螺栓出厂合格证及进场检（试）验

3.2.1.6　车站主体钢筋出厂合格证及进场检（试）验

3.2.1.7　车站紫铜排、紫铜管出厂合格证及进场检（试）验

3.2.1.8　车站高分子预铺冷自粘防水卷材出厂合格证及进场检（试）验

3.2.1.9　车站镀锌钢板止水带出厂合格证及进场检（试）验

3.2.1.10　车站水泥基渗透结晶性防水涂料出厂合格证及进场检（试）验

3.2.1.11　车站单组分聚氨酯防水涂料出厂合格证及进场检（试）验

3.2.1.12　车站膨润土橡胶遇水膨胀止水条出厂合格证及进场检（试）验

3.2.1.13　车站 PVC 防水板出厂合格证及进场检（试）验

3.2.1.14　车站聚乙烯泡沫塑料板出厂合格证及进场检（试）验

3.2.1.15　车站端头加固水泥出厂合格证及进场检（试）验

3.2.1.16　区间防水材料出厂合格证及进场检（试）验

3.2.1.17　区间管片螺栓出厂合格证及进场检（试）验

3.2.1.18　区间洞门钢筋出厂合格证及进场检（试）验

3.2.1.19　区间联络通道钢筋出厂合格证及进场检（试）验

3.2.1.20　区间联络通道防水材料出厂合格证及进场检（试）验

3.2.2　混凝土原材料、配合比设计、出厂质量证明及附件

3.2.2.1　围护结构混凝土原材料、配合比设计、出厂质量证明报告

3.2.2.2　车站主体混凝土原材料、配合比设计、出厂质量证明报告

3.2.2.3　区间联络通道、洞门混凝土原材料、配合比设计、出厂质量证明报告

3.3　结构试验报告

3.3.1　见证取样检测资料，包括混凝土试块、砂浆试块、钢筋接头、试件

3.3.1.1　围护结构导墙钢筋、混凝土试验报告

3.3.1.2　围护结构地连墙钢筋、单面搭接焊、双面搭接焊、机械连接、混凝土试验报告

3.3.1.3　围护结构冠梁支撑钢筋、机械连接、混凝土试验报告

3.3.1.4　围护结构钻孔桩钢筋、单面搭接焊、混凝土试验报告

3.3.1.5　车站钢支撑高强度螺栓试验报告

3.3.1.6　车站主体钢筋试验报告

3.3.1.7　车站综合接地紫铜排、紫铜管试验报告

3.3.1.8　车站防水材料试验报告

3.3.1.9　车站防水涂料试验报告

3.3.1.10　车站端头加固水泥试验报告

3.3.1.11　区间防水材料试验报告

3.3.1.12　区间管片螺栓试验报告

3.3.1.13　区间洞门钢筋、单面搭接焊、混凝土试验报告

3.3.1.14　区间联络通道钢筋、单面搭接焊、混凝土试验报告

3.3.1.15　区间联络通道防水材料试验报告

3.3.1.16　区间同步注浆试块试验报告

3.3.2　专项检测资料，包括地基与基础试验、主体结构实体检测、钢结构、幕墙专

项检测等

3.3.2.1　围护结构地墙超声波检测

3.3.2.2　围护结构钻孔桩低应变检测

3.3.2.3　围护结构钻孔桩抗拔检测

3.3.2.4　车站主体实体检测（混凝土强度、钢筋保护层）

3.3.2.5　车站端头加固取芯检测

3.3.2.6　车站阴角加固取芯检测

3.3.3.7　车站接地检测

3.3.3.8　区间管片实体检测（混凝土强度、钢筋保护层）

3.3.3.9　区间联络通道实体检测（混凝土强度、钢筋保护层）

3.3.3.10　区间洞门植筋拉拔检测

3.3.3.11　区间钢管片、预埋滑槽检测报告

3.3.3.12　车站二次结构植筋拉拔检测

3.3.3　见证记录

3.3.3.1　围护结构钢筋原材、焊接、机械连接、混凝土见证记录

3.3.3.2　车站主体钢筋原材、焊接、机械连接、混凝土、防水材料见证记录

3.3.3.3　区间防水材料、管片螺栓见证记录

3.3.3.4　区间联络通道钢筋原材、焊接、防水材料、混凝土见证记录

3.3.3.5　区间洞门钢筋原材、焊接、混凝土见证记录

3.4　施工记录资料

3.4.1　地下连续墙施工记录表

3.4.2　围护结构施工记录表

3.4.3　主体结构施工记录表

3.4.4　区间盾构施工记录表

3.4.5　联络通道施工记录表

3.5　检验批质量验收记录

3.5.1　地下连续墙施工检验批质量验收记录

3.5.2　围护结构施工检验批质量验收记录

3.5.3　主体结构施工检验批质量验收记录

3.5.4　区间盾构施工检验批质量验收记录

3.5.5　联络通道施工检验批质量验收记录

3.5.6　分部（子分部）验收记录

3.5.6.1　土方工程验收记录

3.5.6.2　支护工程验收记录

3.5.6.3　桩基础验收记录

3.5.6.4　防水工程验收记录

3.5.6.5　混凝土结构验收记录

3.5.6.6　接地网验收记录

3.5.7　分项（子分项）验收记录

3.5.7.1　基坑开挖及回填验收记录
3.5.7.2　地下连续墙验收记录
3.5.7.3　钢筋灌注桩验收记录
3.5.7.4　卷材防水层验收记录
3.5.7.5　接地装置安装
3.5.7.6　钢筋、模板、混凝土验收记录
3.5.8　功能性检测
3.5.9　检验批验收记录
3.5.9.1　地下连续墙施工检验批
3.5.9.2　围护结构施工检验批
3.5.9.3　主体结构施工检验批
3.5.9.4　区间盾构施工检验批
3.5.9.5　联络通道施工检验批
3.6　隐蔽工程验收
3.6.1　围护结构施工隐蔽工程验收
3.6.2　主体结构施工隐蔽工程验收
3.6.3　区间施工隐蔽工程验收

4. 竣工资料

4.1　建设工程竣工验收报告
4.2　单位工程质量竣工验收记录
4.3　工程验收报告用表
4.4　工程自评报告
4.5　勘察文件质量检查报告
4.6　设计质量检查报告
4.7　质量评估报告
4.8　工程质量保修书
4.9　验收证明书
4.10　竣工验收备案表
4.11　施工许可证
4.12　施工图设计文件审查合格证
4.13　规划、环保、消防等部门出具的认可文件或准许使用文件
4.14　档案部门验收证书
4.15　住宅室内环境检测、水电检测、门窗气密检测、空间尺寸等质量检测和功能性试验资料
4.16　固定资产及设备移交清册
4.17　无事故证明表
4.18　竣工图
4.19　声像资料［以分项对应分部（子分部）逐层向上整理组成］
凡在建设过程相关的重要活动、主要过程、建成后状况的声像（照片、录像、影片、

录音等）均应收集，经编辑整理后，立卷归档。

（二）机电装修

1. 综合文件

1.1　工程质量、安全监督手续文件

1.1.1　安监备案资料

1.1.1.1　建筑业企业信用管理手册

1.1.1.2　临时设施备案表

1.1.1.3　已备案的施工承包合同（封面带二维码）

1.1.1.4　安监申报表

1.1.1.5　工程概况（包含在安监申报表内）、施工现场安全技术措施和平面布置图（包含在安监申报表内）

1.1.1.6　施工现场周边环境和地下设施情况交底表（包含在安监申报表内）

1.1.1.7　工程项目危险性较大的分部分项工程清单（包含在安监申报表内）和安全管理措施

1.1.1.8　工程项目应急救援预案

1.1.1.9　安全文明施工措施费交付计划

1.1.1.10　三方单位安全生产文明施工承诺书（包含在安监申报表内）

1.1.1.11　工程项目参加工伤保险核定表

1.1.2　质监备案资料

1.1.2.1　施工合同、中标通知书

1.1.2.2　监理合同、中标通知书

1.1.2.3　施工图设计审查文件

1.1.2.4　五方责任书

1.2　施工许可证办理

1.2.1　工程项目立项批文

1.2.2　建设工程规划用地批准书和国土局用地批准书或土地证

1.2.3　建设工程规划许可证副本

1.2.4　施工合同、中标通知书

1.2.5　监理合同、中标通知书

1.2.6　施工图设计审查文件

1.2.7　接受工程质量和安全监督的证明资料

1.2.8　建设工程消防设计审核意见书

1.2.9　施工现场临时设施备案表

1.2.10　建设工程农民工工资支付承诺书

1.2.11　建设资金到位证明及支付担保保函（履约保函）

1.2.12　档案报送责任书

1.2.13　现场踏勘报告

1.2.14　使用预拌砂浆承诺书

1.2.15　工程所在地的社保中心出具的《××市工程项目参加工伤保险核定表》

1.3　工程概况及工程数量汇总表
1.3.1　车站设备区装修专业工程数量汇总表
1.3.2　车站通风空调专业工程数量汇总表
1.3.3　车站消防与给水排水专业工程数量汇总表
1.3.4　车站动力与照明专业工程数量汇总表
1.4　开（停、复、完）工报告
1.5　施工总结
1.6　施工单位企业法人、营业执照及资质等级证书
1.7　专业分包单位企业法人、营业执照及资质等级证书
1.8　安全生产许可证
1.9　施工管理人员一览表
1.10　分包单位施工合同文件
1.11　（单位）子单位工程、分部、分项工程划分
1.12　会议纪要
1.13　各级项目评优报奖申报资料、批准文件及证书

2. 工程管理类

2.1　施工组织文件
2.1.1　施工组织设计及审批表、重大方案审批记录
2.1.2　各类施工方案及审批表
2.1.2.1　通风空调专业工程施工方案
2.1.2.2　给水排水与消防专业施工方案
2.1.2.3　动力与照明专业施工方案
2.1.2.4　二次砌筑与装饰装修工程施工方案
2.1.2.5　临时用电工程施工方案
2.1.2.6　车站场地布置方案
2.1.2.7　安全管控策划方案
2.1.2.8　质量管控策划方案
2.1.2.9　临时用水及消防施工方案
2.1.2.10　属地管理实施方案
2.1.2.11　测量放线工程施工方案
2.1.2.12　样板间工程施工方案
2.1.2.13　脚手架搭设工程施工方案
2.1.2.14　大型设备吊装运输工程安全专项施工方案
2.1.2.15　轨行区施工工程方案
2.1.2.16　项目安全组织机构
2.1.2.17　项目质量组织机构
2.1.2.18　项目管理人员台账
2.1.2.19　特种作业人员台账
2.1.2.20　施工单位企业资质

2.1.2.21　安全、质量生产管理制度
2.1.2.22　安全生产责任制
2.1.2.23　安全文明措施费
2.1.2.24　危险源辨识
2.1.2.25　项目综合应急预案
2.1.2.26　安全生产技术操作规程
2.1.2.27　冬、雨期施工工程施工方案
2.1.2.28　材料检测计划
2.1.3　安监、质监等交底记录
2.1.3.1　业主交底记录
2.1.3.2　监理交底记录
2.1.3.3　第三方检测交底
2.1.4　工程进度计划审批、工期调整等相关资料
2.1.4.1　月度计划保监审批
2.1.4.2　季度计划保监审批
2.1.4.3　年度计划保监审批
2.1.4.4　工期节点调整审批
2.1.5　施工大事记
2.1.6　车站场地移交记录表
2.1.7　车站测量控制点交接表
2.2　图纸会审
2.2.1　设计图纸会审纪要
2.2.1.1　车站设备区装修施工图图纸会审记录表
2.2.1.2　车站通风与空调施工图图纸会审记录表
2.2.1.3　通风空调工艺施工图图纸会审记录表
2.2.1.4　车站给水排水及消防施工图图纸会审记录表
2.2.1.5　区间给水排水及消防施工图图纸会审记录表
2.2.1.6　综合管线施工图图纸会审记录表
2.2.1.7　综合支吊架设计施工图图纸会审记录表
2.2.1.8　机电接地施工图图纸会审记录表
2.2.1.9　动力配电施工图图纸会审记录表
2.2.1.10　设备区、区间照明设备施工图图纸会审记录表
2.2.1.11　公共区、出入口照明配电施工图图纸会审记录表
2.2.2　设计技术交底
2.2.2.1　车站设备区装修施工图设计交底记录表
2.2.2.2　车站通风与空调施工图设计交底记录表
2.2.2.3　通风空调工艺施工图设计交底记录表
2.2.2.4　车站给水排水及消防施工图设计交底记录表
2.2.2.5　区间给水排水及消防施工图设计交底记录表

2.2.2.6　综合管线施工图设计交底记录表

2.2.2.7　综合支吊架设计施工图设计交底记录表

2.2.2.8　机电接地施工图设计交底记录表

2.2.2.9　动力配电施工图设计交底记录表

2.2.2.10　设备区、区间照明设备施工图设计交底记录表

2.2.2.11　公共区、出入口照明配电施工图设计交底记录表

2.2.3　工程变更、签证相关资料及汇总表

2.2.4　施工图汇总表

2.3　工程质量事故报告及处理记录

2.4　施工日志

3. 工程技术类

3.1　工程测量及监测资料

3.1.1　车站控制点交接记录

3.1.2　车站控制点复测报告

3.1.3　控制点汇总表

3.1.4　施工放线报验单工程轴线测量记录

3.1.5　施工定位测量、复核记录

3.2　原材料、构配件出厂合格证及进场检（试）验资料

3.2.1　设备区装饰装修工程

主要设备、材料、构配件出厂质量证明文件及相关检测报告［钢材、门窗、防水材料、涂料、饰面材料、顶棚、地砖、静电地板、自流平、水泥、砖（砖块）、砂、石、外加剂、掺合料］

3.2.2　混凝土原材料、配合比设计、出厂质量证明及附件

3.2.3　建筑电气工程

主要设备、材料、构配件出厂质量证明文件及相关检测报告［低压成套配电柜、动力、照明配电箱、不间断电源柜、控制柜（屏、台）、照明灯具、开关、插座、风扇、电线、电缆］

3.2.4　通风空调工程

主要设备、材料、构配件出厂质量证明文件及相关检测报告［风机、风阀、消声器、镀锌板风管、复合风管、风口、支吊架、制冷设备、空调末端设备、冷却塔、空调水泵、水处理设备、加药装置、保温材料］

3.2.5　消防及给水排水工程

主要设备、材料、构配件出厂质量证明文件及相关检测报告［成套设备、水泵、各类水管、阀门、密闭提升装置、消防器材、管件、洁具及五金、保温材料］

3.3　结构试验报告

3.3.1　设备区装饰装修工程见证取样检测资料，包括：钢筋、混凝土试块、砂浆试块、钢筋接头、防火封堵材料、静电地板、吊顶吊杆、后置埋件拉拔检测

3.3.2　建筑电气工程见证取样检测资料，包括：线缆、开关、插座

3.3.3　通风空调工程见证取样检测资料，包括：复合风管、风口、风机盘管

3.3.4　消防及给水排水工程见证取样检测资料，包括：综合支吊架、锚栓、水管、阀门

3.3.5　专项检测资料，包括地基与基础试验、主体结构实体检测、钢结构、幕墙专项检测等

3.3.6　见证记录

3.4　施工试验记录资料

3.4.1　设备区装饰装修工程

3.4.1.1　钢筋拉拔试验记录

3.4.1.2　锚栓拉拔试验记录

3.4.2　建筑电气工程

3.4.2.1　电气接地电阻测试记录

3.4.2.2　电气绝缘电阻测试记录

3.4.3　通风空调工程

3.4.3.1　管道、设备强度试验记录

3.4.3.2　管道、设备严密性试验记录

3.4.4　消防及给水排水工程

3.4.4.1　系统清洗试验记录

3.4.4.2　灌水试压记录

3.4.4.3　通水试验记录

3.4.4.4　通球试验记录

3.5　检验批质量验收记录

3.5.1　设备区装修工程

3.5.1.1　找平层施工检验批质量验收记录

3.5.1.2　隔离层施工检验批质量验收记录

3.5.1.3　砖面层施工检验批质量验收记录

3.5.1.4　活动地板面层施工检验批质量验收记录

3.5.1.5　自流平地面施工检验批质量验收记录

3.5.1.6　一般抹灰检验批质量验收记录

3.5.1.7　金属门窗安装检验批质量验收记录

3.5.1.8　特种门安装检验批质量验收记录

3.5.1.9　门窗玻璃安装检验批质量验收记录

3.5.1.10　板块面层吊顶安装检验批质量验收记录

3.5.1.11　内墙饰面砖粘贴检验批质量验收记录

3.5.1.12　骨架隔墙检验批质量验收记录

3.5.2　二次结构工程

3.5.2.1　钢筋加工检验批质量验收记录

3.5.2.2　钢筋安装检验批质量验收记录

3.5.2.3　模板安装检验批质量验收记录

3.5.2.4　混凝土工程检验批质量验收记录

3.5.2.5　现浇结构工程检验批质量验收记录

3.5.2.6　砖砌体检验批质量验收记录

3.5.2.7　配筋墙砌体检验批质量验收记录

3.5.2.8　填充墙砌体检验批质量验收记录

3.5.3　通风空调系统工程检验批质量验收记录

3.5.3.1　风管与配件制作检验批质量验收记录

3.5.3.2　风管系统安装检验批质量验收记录

3.5.3.3　风管与设备防腐检验批质量验收记录

3.5.3.4　风机安装检验批质量验收记录

3.5.3.5　消声设备制作与安装检验批质量验收记录

3.5.3.6　系统测试检验批质量验收记录

3.5.3.7　空调设备安装检验批质量验收记录

3.5.3.8　制冷机组安装检验批质量验收记录

3.5.3.9　制冷附属设备安装检验批质量验收记录

3.5.3.10　系统调试检验批质量验收记录

3.5.3.11　冷冻水管道系统安装检验批质量验收记录

3.5.3.12　冷凝水管道系统安装检验批质量验收记录

3.5.3.13　阀门及部件安装检验批质量验收记录

3.5.3.14　水泵及附属设备安装检验批质量验收记录

3.5.3.15　管道与设备的防腐与绝热检验批质量验收记录

3.5.4　给水排水及消防系统工程

3.5.4.1　室内给水管道、配件及支架安装检验批质量验收记录

3.5.4.2　室内消火栓系统安装检验批质量验收记录

3.5.4.3　防水支架、喷淋管道安装工程检验批质量验收记录

3.5.4.4　喷洒关（喷头）安装工程检验批质量验收记录

3.5.4.5　给水设备安装检验批质量验收记录

3.5.4.6　消防水泵和稳压泵安装工程检验批质量验收记录

3.5.4.7　管道及设备防腐检验批质量验收记录

3.5.4.8　管道绝热检验批质量验收记录

3.5.4.9　室内给水管道、配件及支架安装（注：此表中含有冲洗、消毒内容）检验批质量验收记录

3.5.4.10　系统水压试验与调试（给水系统）检验批质量验收记录

3.5.4.11　系统水压试验与调试（消火栓系统）检验批质量验收记录

3.5.4.12　消防水系统水压、气压试验检验批质量验收记录

3.5.4.13　系统调试检验批质量验收记录

3.5.4.14　室内排水管道及配件安装检验批质量验收记录

3.5.4.15　雨水管道及配件安装检验批质量验收记录

3.5.4.16　排水设备安装检验批质量验收记录

3.5.4.17　系统水压试验与调试检验批质量验收记录

3.5.4.18　卫生器具及给水配件安装检验批质量验收记录
3.5.4.19　卫生器具排水管道安装检验批质量验收记录
3.5.4.20　试验与调试检验批质量验收记录
3.5.4.21　消防水泵接合器及室外消火栓安装检验批质量验收记录
3.5.4.22　管沟及井室检验批质量验收记录
3.5.4.23　系统水压试验与调试（消火栓系统）检验批质量验收记录
3.5.5　建筑电气工程
3.5.5.1　导管敷设检验批质量验收记录
3.5.5.2　电线、电缆穿管和线槽敷设检验批质量验收记录
3.5.5.3　成套配电柜、控制柜（屏、台）和动力、照明配电箱（盘）安装检验批质量验收记录
3.5.5.4　普通灯具安装检验批质量验收记录
3.5.5.5　专用灯具安装检验批质量验收记录
3.5.5.6　开关、插座、风扇安装检验批质量验收记录
3.5.5.7　不间断电源安装检验批质量验收记录
3.5.5.8　建筑物等电位连接检验批质量验收记录
3.5.5.9　接地装置安装检验批质量验收记录
3.5.5.10　避雷引下线及接地干线敷检验批质量验收记录
3.5.5.11　接闪器安装检验批质量验收记录
3.6　分部验收记录
3.6.1　建筑电气工程质量验收记录表
3.6.2　给水排水及消防系统工程质量验收记录表
3.6.3　通风空调系统工程质量验收记录表
3.6.4　二次结构工程质量验收记录表
3.6.5　设备区装修工程质量验收记录表
3.7　分项验收记录
3.7.1　设备区装修工程
3.7.1.1　找平层施工分项工程质量验收记录表
3.7.1.2　隔离层施工分项工程质量验收记录表
3.7.1.3　砖面层施工分项工程质量验收记录表
3.7.1.4　活动地板面层施工分项工程质量验收记录表
3.7.1.5　自流平地面施工分项工程质量验收记录表
3.7.1.6　一般抹灰分项工程质量验收记录表
3.7.1.7　金属门窗安装分项工程质量验收记录表
3.7.1.8　特种门安装分项工程质量验收记录表
3.7.1.9　门窗玻璃安装分项工程质量验收记录表
3.7.1.10　板块面层吊顶安装分项工程质量验收记录表
3.7.1.11　内墙饰面砖粘贴分项工程质量验收记录表
3.7.1.12　骨架隔墙分项工程质量验收记录表

3.7.2　二次结构工程
3.7.2.1　钢筋加工分项工程质量验收记录表
3.7.2.2　钢筋安装分项工程质量验收记录表
3.7.2.3　模板安装分项工程质量验收记录表
3.7.2.4　混凝土工程分项工程质量验收记录表
3.7.2.5　现浇结构工程分项工程质量验收记录表
3.7.2.6　砖砌体分项工程质量验收记录表
3.7.2.7　配筋墙砌体分项工程质量验收记录表
3.7.2.8　填充墙砌体分项工程质量验收记录表
3.7.3　通风空调系统工程
3.7.3.1　风管与配件制作分项工程质量验收记录表
3.7.3.2　风管系统安装分项工程质量验收记录表
3.7.3.3　风管与设备防腐分项工程质量验收记录表
3.7.3.4　风机安装分项工程质量验收记录表
3.7.3.5　消声设备制作与安装分项工程质量验收记录表
3.7.3.6　系统测试分项工程质量验收记录表
3.7.3.7　空调设备安装分项工程质量验收记录表
3.7.3.8　制冷机组安装分项工程质量验收记录表
3.7.3.9　制冷附属设备安装分项工程质量验收记录表
3.7.3.10　系统调试分项工程质量验收记录表
3.7.3.11　冷冻水管道系统安装分项工程质量验收记录表
3.7.3.12　冷凝水管道系统分项工程质量验收记录表
3.7.3.13　阀门及部件安装分项工程质量验收记录表
3.7.3.14　水泵及附属设备安装分项工程质量验收记录表
3.7.3.15　管道与设备的防腐与绝热分项工程质量验收记录表
3.7.4　给水排水及消防系统工程
3.7.4.1　给水管道及配件安装分项工程质量验收记录表
3.7.4.2　消火栓及消防喷淋系统安装分项工程质量验收记录表
3.7.4.3　给水设备安装分项工程质量验收记录表
3.7.4.4　管道防腐分项工程质量验收记录表
3.7.4.5　管道绝热分项工程质量验收记录表
3.7.4.6　管道冲洗、消毒分项工程质量验收记录表
3.7.4.7　试验与调试分项工程质量验收记录表
3.7.4.8　排水管道及配件安装分项工程质量验收记录表
3.7.4.9　雨水管道及配件安装分项工程质量验收记录表
3.7.4.10　排水设备安装分项工程质量验收记录表
3.7.4.11　卫生器具安装分项工程质量验收记录表
3.7.4.12　卫生器具排水管道安装分项工程质量验收记录表
3.7.4.13　给水管道安装分项工程质量验收记录表

3.9.2　建筑电气工程

3.9.2.1　导管敷设隐蔽工程验收记录

3.9.2.2　接地扁钢隐蔽工程验收记录（防火门、设备接地）

3.9.2.3　室外接地网（隐蔽工程验收记录出入口、冷却塔等接地网）

3.9.3　通风空调工程管道安装隐蔽工程验收记录

3.9.4　消防及给水排水工程管道安装隐蔽工程验收记录

4. 竣工资料

4.1　建设工程竣工验收报告

4.2　单位工程质量竣工验收记录

4.3　工程验收报告用表

4.4　工程自评报告

4.5　勘察文件质量检查报告

4.6　设计质量检查报告

4.7　质量评估报告

4.8　工程质量保修书

4.9　验收证明书

4.10　竣工验收备案表

4.11　施工许可证

4.12　施工图设计文件审查合格证

4.13　规划、环保、消防等部门出具的认可文件或准许使用文件

4.14　档案部门验收证书

4.15　住宅室内环境检测、水电检测、门窗气密检测、空间尺寸等质量检测和功能性试验资料

4.16　固定资产及设备移交清册

4.17　无事故证明表

4.18　竣工图

4.19　声像资料［以分项对应分部（子分部）逐层向上整理组成］

凡在建设过程相关的重要活动、主要过程、建成后状况的声像（照片、录像、影片、录音等）均应收集，经编辑整理后，立卷归档。

（三）系统工程

1. 综合文件

1.1　工程质量、安全监督手续文件

1.1.1　安监备案资料

1.1.1.1　建筑业企业信用管理手册

1.1.1.2　临时设施备案表

1.1.1.3　已备案的施工承包合同（封面带二维码）

1.1.1.4　安监申报表

1.1.1.5　工程概况（包含在安监申报表内）、施工现场安全技术措施和平面布置图（包含在安监申报表内）

1.1.1.6　施工现场周边环境和地下设施情况交底表（包含在安监申报表内）

1.1.1.7　工程项目危险性较大的分部分项工程清单（包含在安监申报表内）和安全管理措施

1.1.1.8　工程项目应急救援预案

1.1.1.9　安全文明施工措施费交付计划

1.1.1.10　三方单位安全生产文明施工承诺书（包含在安监申报表内）

1.1.1.11　工程项目参加工伤保险核定表

1.1.2　质监备案资料

1.1.2.1　施工合同、中标通知书

1.1.2.2　监理合同、中标通知书

1.1.2.3　施工图设计审查文件

1.1.2.4　五方责任书

1.2　施工许可证办理

1.2.1　工程项目立项批文

1.2.2　建设工程规划用地批准书和国土局用地批准书或土地证

1.2.3　建设工程规划许可证副本

1.2.4　施工合同、中标通知书

1.2.5　监理合同、中标通知书

1.2.6　施工图设计审查文件

1.2.7　接受工程质量和安全监督的证明资料

1.2.8　建设工程消防设计审核意见书

1.2.9　施工现场临时设施备案表

1.2.10　建设工程农民工工资支付承诺书

1.2.11　建设资金到位证明及支付担保保函（履约保函）

1.2.12　档案报送责任书

1.2.13　现场踏勘报告

1.2.14　使用预拌砂浆承诺书

1.2.15　工程所在地的社保中心出具的《××市工程项目参加工伤保险核定表》

1.3　工程概况及工程数量汇总表

1.4　开（停、复、完）工报告

1.5　施工总结

1.6　施工单位企业法人、营业执照及资质等级证书

1.7　专业分包单位企业法人、营业执照及资质等级证书

1.8　安全生产许可证

1.9　施工管理人员一览表

1.10　分包单位施工合同文件

1.11　（单位）子单位工程、分部、分项工程划分

1.12　会议纪要

1.13　各级项目评优报奖申报资料、批准文件及证书

2. 工程管理类

2.1 施工组织文件

2.1.1 施工组织设计及审批表、重大方案审批记录

2.1.2 各类施工方案

2.1.3 工程进度计划审批、工期调整等相关资料

2.1.4 施工大事记

2.2 图纸会审

2.2.1 设计图纸会审纪要

2.2.2 设计技术交底

2.2.3 工程变更相关资料及汇总表

2.2.4 施工图汇总表

2.3 工程质量事故报告及处理记录

2.4 施工日志

3. 工程技术类

3.1 工程测量及监测资料

3.1.1 站台屏蔽门中心测量交接记录

3.1.2 站台屏蔽门中心控制点汇总表

3.1.3 设备房交接记录

3.1.4 系统设备安装定测记录

3.1.5 拉拔测试记录

3.1.6 场地及设施移交表

3.1.7 控制点交接记录

3.1.8 控制基桩控制基桩和CPⅢ测量成果

3.1.9 施工控制测量、基标数据及轨道精调数据

3.2 原材料、构配件出厂合格证及进场检（试）验资料

3.2.1 信号机、转辙机出厂质量证明及附件

3.2.2 电源设备出厂质量证明及附件

3.2.3 光缆、电缆、电源线出厂质量证明及附件

3.2.4 机柜、机架设备出厂质量证明及附件

3.2.5 计轴、信标、LTE设备出厂质量证明及附件

3.2.6 车载设备、锚栓、T型螺栓、支架、桥架、金属底座、电缆、基础槽钢、镀锌扁钢、扁铝等出厂质量证明及附件

3.2.7 400V低压柜、动力变压器、中压开关柜、控制信号屏、整流器机组、1500V开关柜出厂质量证明及附件

3.2.8 交直流屏、排流柜、隔离开关柜、均回流箱、带电显示、接触轨装置出厂质量证明及附件

3.2.9 绝缘支架、防护罩、光缆、电缆、接触轨及附件出厂质量证明及附件

3.2.10 扣件铁件出厂质量证明、附件及检测报告

3.2.11 轨下垫板、板下垫板出厂质量证明、附件及检测报告

3.2.12　轨距块出厂质量证明、附件及检测报告

3.2.13　钢轨出厂质量证明及附件

3.2.14　接地铜端子出厂质量证明及附件

3.2.15　水沟盖板出厂质量证明、附件及检测报告

3.2.16　聚氨酯密封胶出厂质量证明、附件及检测报告

3.2.17　压缩型轨道减振器出厂质量证明、附件及检测报告

3.2.18　隔离式减振垫出厂质量证明、附件及检测报告

3.2.19　道岔及交叉渡线出厂质量证明及附件

3.2.20　混凝土长轨枕出厂质量证明、附件及检测报告

3.2.21　混凝土短轨枕出厂质量证明及附件

3.2.22　钢弹簧浮置板隔振器出厂质量证明、附件及检测报告

3.2.23　钢筋原材出厂质量证明、附件及检测报告

3.2.24　钢筋焊接检测报告

3.2.25　混凝土标养试块、同养试块检测报告

3.3　设备试验报告

3.3.1　见证取样检测资料，包括电缆、电源线、线槽、锚栓、T型螺栓、疏散平台板、电缆支架等

3.3.2　专项检测资料，包括继电器等

3.3.3　见证记录

3.4　施工记录资料

3.5　检验批质量验收记录

3.5.1　单位（子单位）工程质量验收

3.5.1.1　单位（子单位）工程质量验收记录

3.5.1.2　单位（子单位）质量控制资料核查记录

3.5.1.3　单位（子单位）安全和功能检验资料核查及主要功能抽查记录

3.5.1.4　单位（子单位）观感质量检查记录

3.5.2　分部（子分部）工程质量验收

3.5.2.1　分部工程质量控制资料核查记录

3.5.2.2　分部工程安全和功能检验及抽查记录

3.5.2.3　分部工程观感质量检查记录

3.5.3　分项（子分项）工程质量验收记录

3.5.4　功能性检测

3.5.4.1　信号机性能试验

3.5.4.2　转辙机性能试验

3.5.4.3　轨道电路（计轴）性能测试

3.5.4.4　轨旁设备性能测试

3.5.4.5　车载设备性能测试

3.5.4.6　联锁功能测试

3.5.4.7　联锁功能试验报告

3.5.4.8　ATS 系统功能检验测试

3.5.4.9　ATP 系统功能检验测试

3.5.4.10　ATO 系统功能检验测试

3.5.4.11　限界检测报告

3.5.4.12　冷滑试验报告

3.5.4.13　热滑试验报告

3.5.4.14　减振效果试验

3.5.4.15　对地电阻试验

3.5.4.16　钢轨焊接形式检验

3.5.4.17　钢轨焊接周期性生产检验

3.5.4.18　钢轨焊接外观质量及焊缝质量探伤检测

3.5.5　检验批验收记录

3.5.6　隐蔽工程验收

4. 竣工资料

4.1　建设工程竣工验收报告

4.2　单位工程质量竣工验收记录

4.3　工程验收报告用表

4.4　工程自评报告

4.5　勘察文件质量检查报告

4.6　设计质量检查报告

4.7　质量评估报告

4.8　工程质量保修书

4.9　验收证明书

4.10　竣工验收备案表

4.11　施工许可证

4.12　施工图设计文件审查合格证

4.13　规划、环保、消防等部门出具的认可文件或准许使用文件；

4.14　档案部门验收证书

4.15　住宅室内环境检测、水电检测、门窗气密检测、空间尺寸等质量检测和功能性试验资料

4.16　固定资产及设备移交清册

4.17　无事故证明表

4.18　竣工图

4.19　声像资料（以分项对应分部（子分部）逐层向上整理组成）

凡在建设过程相关的重要活动、主要过程、建成后状况的声像（照片、录像、影片、录音等）均应收集，经编辑整理后，立卷归档。

五、监理资料

1. 建设施工监理机构及负责人

1.1　项目管理组织机构（项目经理部）及负责人名单

1.2　工程项目监理组织机构（项目监理部）及负责人名单

1.3　工程项目施工组织机构（施工项目经理部）及负责人名单

2. 施工管理

2.1　总监理工程师授权通知书、合同总监办人员配置（调整）通知书

2.2　监理规划、监理实施细则

2.3　涉及施工安全、质量或重要事项的会议纪要

2.4　监理工程师通知单及回复

2.5　监理工作联系单

2.6　监理月报

2.7　监理日志

3. 施工安全控制

3.1　专项安全实施方案报批表

3.2　安全事故报告及处理资料

4. 施工质量控制

4.1　监理抽查原材料及各种分项工程试验报告

4.2　监理抽查各分项工程检查记录

4.3　施工放样测量复核

4.4　监理旁站记录

4.5　中间交工证书、缺陷责任终止证书

4.6　质量事故报告及处理资料

5. 施工进度控制

5.1　施工进度计划报审表

5.2　工程开工报审表、停工令、复工令、工程延期申请表

6. 造价控制

6.1　设计变更、洽商报审与签认资料

6.2　工程变更通知单及变更令

6.3　中间计量表、中间计量支付汇总表

6.4　工程竣工决算审核资料

7. 合同管理文件

7.1　工程量清单

7.2　工程分包一览表

7.3　费用索赔申请表及审批表、索赔评估报告

8. 验收资料

8.1　单位工程竣工预验收报验单

8.2　竣工移交证书

8.3　监理竣工总结
8.4　工程质量评估报告

六、第三方资料

（一）第三方检测

1. 综合文件

1.1　企业营业执照及资质等级证书
1.2　中标通知书
1.3　合同文件
1.4　标准规范
1.5　质量保证体系文件
1.6　人员资质证书
1.7　上级部门来文
1.8　内部文件
1.9　仪器设备检定证书及检校记录
1.10　管理类文件

2. 工程管理类

2.1　现场检测工作方案
2.2　现场人员工作交底资料
2.3　现场质量报告
2.3.1　检测现场巡查表
2.3.2　检测问题处理通知单
2.3.3　第三方检测工作联系单
2.3.4　检测周报、月报、年报
2.3.5　检测专项质量报告
2.4　建设单位抽检指令单
2.5　检测工作量确认表

3. 工程技术类

3.1　检测合同
3.2　作业指导书
3.3　检验检测报告和记录
3.3.1　见证取样类
3.3.1.1　水泥检测报告和记录
3.3.1.2　钢筋原材料检测报告和记录
3.3.1.3　钢筋焊接检测报告和记录
3.3.1.4　钢筋机械连接检测报告和记录
3.3.1.5　砂检测报告和记录
3.3.1.6　石检测报告和记录
3.3.1.7　混凝土检测报告和记录

3.3.1.8　砂浆检测报告和记录
3.3.1.9　简易土工检测报告和记录
3.3.1.10　混凝土外加剂检测报告和记录
3.3.1.11　粉煤灰检测报告和记录
3.3.1.12　粒化高炉矿渣粉检测报告和记录
3.3.2　专项检测类
3.3.2.1　钢筋位置和保护厚度检测报告和记录
3.3.2.2　混凝土强度（回弹）检测报告和记录
3.3.3　备案类
3.3.3.1　土工检测报告和记录
3.3.3.2　道路结构检测报告和记录
3.3.3.3　石灰检测报告和记录
3.3.3.4　防水卷材检测报告和记录
3.3.3.5　止水带、膨胀橡胶检测报告和记录

（二）第三方测量

1. 综合文件

1.1　第三方测量企业法人、营业执照及资质等级证书
1.2　中标通知书
1.3　合同文件
1.4　管理办法
1.4.1　建设工程测量管理办法
1.4.2　工程建设测量管理规划
1.4.3　工程测量技术管理办法
1.5　会议纪要

2. 工程管理类

2.1　点位移交及技术交底
2.2　测量方案、监理细则审查
2.3　施工、监理单位测量人员、仪器审查
2.4　月度检查、日常巡检
2.5　测量周报
2.6　下发工作联系单

3. 工程技术类

3.1　首道工序放样复核
3.1.1　导墙、地连墙放样复核
3.1.2　首块底板轴线、标高复核
3.1.3　首块中板轴线、标高复核
3.1.4　洞门中心放样复核
3.1.5　首块站台板轴线、标高复核
3.2　控制测量

3.2.1　地面控制网布设及复测
3.2.2　车站底板加密控制点复核
3.2.3　盾构始发基线联系测量
3.2.4　第一次联系测量
3.2.5　第二次联系测量
3.2.6　第三次联系测量
3.2.7　管片姿态测量
3.2.8　贯通测量
3.3　铺轨 CPⅢ控制网测量复核
3.3.1　CPⅢ控制网平面测量复核
3.3.2　CPⅢ控制网高程测量复核
3.4　安装装修阶段施工测量复核
3.4.1　车站 1 米线标高复核
3.4.2　人防隔断门放样复核

4. 竣工资料

4.1　地下控制点恢复测量
4.1.1　平面地下控制点恢复测量
4.1.2　高程地下控制点恢复测量
4.2　断面测量
4.2.1　车站断面测量
4.2.2　盾构区间断面测量
4.2.3　车辆段线断面测量

(三) 第三方监测

1. 综合文件

1.1　第三方监测中标通知书、合同
1.2　单位人员资质
1.3　仪器设备检定证书、检校记录
1.4　建设单位下发文件
1.5　第三方监测项目部管理制度
1.6　第三方监测人员技术安全交底记录
1.7　收发文记录
1.8　计量支付台账

2. 工程管理类

2.1　第三方监测交底材料
2.2　第三方监测工程联系单
2.3　第三方监测巡查记录
2.4　测点修复报审表、测点验收报审表
2.5　施工监测方案审核单
2.6　施工监测资质、人员、仪器备案及变更记录

2.7　监测初值复核意见表

2.8　监测工作停测申请单

2.9　监测相关会议纪要

3. 工程技术类

3.1　第三方监测总体方案

3.2　第三方监测工点方案

3.3　第三方技术管理规定

3.4　第三方监测零状态调查报告

3.5　第三方监测控制网报告

3.6　第三方监测次报

3.7　第三方监测周报

3.8　第三方监测预警、消警记录

4. 竣工资料

4.1　监测月报

4.2　全线沉降报告

4.3　监测总结报告

注：本附录以地铁地下车站和区间为例，仅供参考，实际申报时按各奖项评选要求准备相关资料。

参 考 文 献

[1] 中华人民共和国国家标准. 地下铁道工程施工及验收规范 GB/T 50299—2018[S]. 北京：中国建筑工业出版社，2018.

[2] 中华人民共和国国家标准. 地下铁道工程施工标准 GB/T 51310—2018[S]. 北京：中国建筑工业出版社，2018.

[3] 中华人民共和国国家标准. 混凝土结构设计规范 GB 50010—2010(2015 年版)[S]. 北京：中国建筑工业出版社，2016.

[4] 中华人民共和国国家标准. 混凝土结构工程施工质量验收规范 GB 50204—2015[S]. 北京：中国建筑工业出版社，2016.

[5] 中华人民共和国国家标准. 混凝土结构工程施工质量验收规范 GB 50204—2015[S]. 北京：中国建筑工业出版社，2016.

[6] 中华人民共和国国家标准. 地铁设计规范 GB 50157—2013[S]. 北京：中国建筑工业出版社，2013.

[7] 中华人民共和国国家标准. 城市轨道交通工程测量规范 GB 50308—2017[S]. 北京：中国建筑工业出版社，2018.

[8] 中华人民共和国行业标准. 铁路轨道工程施工质量验收标准 TB 10413—2018[S]. 北京：中国铁道出版社，2019.

[9] 中华人民共和国行业标准. 铁路混凝土结构耐久性设计规范 TB 10005—2010[S]. 北京：中国标准出版社，2010.

[10] 中华人民共和国行业标准. 地铁杂散电流腐蚀防护技术规程 CJJ 49—1992[S]. 北京：中国计划出版社，1992.

[11] 中华人民共和国铁道行业标准. 钢轨焊接(通用技术，闪光焊接，铝热焊接，气压焊接)TB/T 1632.1～4[S]. 北京：中国铁道出版社，2015.

[12] 中华人民共和国国家标准. 公共建筑节能设计标准 GB 50189—2015[S]. 北京：中国建筑工业出版社，2015.

[13] 中华人民共和国国家标准. 机械设备安装工程施工及验收规范 GB 50231—2009[S]. 北京：中国建筑工业出版社，2009.

[14] 中华人民共和国国家标准. 通风与空调工程施工质量验收规范 GB 50243—2016[S]. 北京：中国建筑工业出版社，2016.

[15] 中华人民共和国国家标准. 通风与空调工程施工规范 GB 50738—2011[S]. 北京：中国建筑工业出版社，2018.

[16] 中华人民共和国国家标准. 建筑通风和排烟系统用防火阀门 GB 15930—2007[S]. 北京：中国建筑工业出版社，2018.

[17] 中华人民共和国国家标准. 建筑设计防火规范 GB 50016—2014[S]. 北京：中国建筑工业出版社，2018.

[18] 中华人民共和国国家标准. 金属覆盖层钢铁制件热浸镀锌层技术要求及试验方法 GB/T 13912—2002[S]. 北京：中国建筑工业出版社，2018.

[19] 中华人民共和国国家标准．连续热镀锌钢板及钢带 GB/T 2518—2008[S]．北京：中国建筑工业出版社，2018.

[20] 中华人民共和国国家标准．火灾自动报警系统设计规范 GB 50116—2013[S]．北京：人民出版社，2013.

[21] 中华人民共和国国家标准．火灾自动报警系统施工及验收规范 GB 50166—2007[S]．北京：人民出版社，2007.

[22] 中华人民共和国国家标准．建筑电气工程施工质量验收规范 GB 50303—2015[S]．北京：中国建筑工业出版社，2015.

[23] 中国工程建设标准化协会标准．建筑防火封堵应用技术规程 CECS 154—2003[S]．北京：中国建筑工业出版社，2003.

[24] 中华人民共和国行业标准．建设电子档案元数据标准 CJJ/T 187[S]．北京：中国建筑工业出版社，2012.

[25] 中华人民共和国国家标准．技术制图 复制图的折叠方法 GB/T 10609.3[S]．北京：中国建筑工业出版社，2009.

[26] 中国建筑业协会．创建鲁班奖工程实施指南(修订版)[M]．北京：中国城市出版社，2015.

[27] 王清勤．我国健康建筑发展理念、现状与趋势[J]．建筑科学，2018，34(9)：12-17.

[28] 张大春．江苏城市轨道交通建设管理现状及发展对策[J]．江苏建筑，2018，192(5)：6-10.

[29] 李在卿．质量目标的建立与存在的问题分析[J]．世界标准化与质量管理，2005(4)：35-37.